Wolf-Dieter Storl

Der Garten als Mikrokosmos

Wolf-Dieter Storl

Der Garten als Mikrokosmos

Biologische Naturgeheimnisse als Weg zur besseren Ernte

BAUER
Hermann Bauer Verlag
Freiburg im Breisgau

CIP-Kurztitelaufnahme der Deutschen Bibliothek

Storl, Wolf-Dieter:
Der Garten als Mikrokosmos: biolog. Naturgeheimnisse als Weg zur besseren Ernte / Werner Storl.
Freiburg im Breisgau: Bauer, 1982.
ISBN 3-7626-0262-X

Mit 136 Zeichnungen von Beat Frank
und 22 Abbildungen.

1982
ISBN 3–7626–0262–X

Satz: Bauer & Bökeler Filmsatz GmbH, Denkendorf.
Druck und Bindung:
Druck und Verlag Ueberreuter, Wien.
Printed in Austria.

Wahr ist es, ohne Lüge und sicher:
Was oben ist, ist gleich dem, was unten ist,
Und was unten ist, ist gleich dem, was oben ist – –
Fähig, die Wunder des Einen auszuführen.
Und wie alles aus Einem stammt, durch das Denken des Einen,
Rührt auch alles Gewordene durch Angleichung aus diesem Einen.
Die Sonne ist sein Vater,
Der Mond seine Mutter.
Der Wind hat es in seinem Leibe getragen,
Die Erde ist seine Nährmutter.
Dies ist der Vater aller Vollkommenheit.
Ohne Grenze ist seine Kraft, wenn sie sich der Erde zuwendet.
Trenne die Erde vom Feuer, das Feine vom Groben,
sanft und voll Sorgfalt.
Von der Erde steigt es zum Himmel empor
und steigt wieder herab auf die Erde,
Um die Kraft des Oberen und des Unteren in sich aufzunehmen.
So wirst du den Ruhm der ganzen Welt erlangen,
Alle Dunkelheit wird von dir weichen.
Hier ist die Kraft der Kräfte,
Die alles Feine überwindet und in alles Grobe eindringt:
So wurde die Welt erschaffen,
davon kommen die wunderbaren Angleichungen,
Deren Wesen hier mitgeteilt ist.
Darum nennt man mich den dreimalgrößten Hermes,
Der ich die drei Teile der Weltphilosophie besitze.
Es hat sich erfüllt, was ich über der Sonne Wirken ausgesagt habe.

Tabula smaragdina

Gut! Ein Mittel, ohne Geld
Und Arzt und Zauberei zu haben:
Begib dich gleich hinaus aufs Feld,
Fang an zu hacken und zu graben,
Erhalte dich und deinen Sinn
In einem ganz beschränkten Kreise,
Ernähre dich mit ungemischter Speise,
Leb' mit dem Vieh als Vieh, und acht' es nicht für Raub,
Den Acker, den du erntest, selbst zu düngen;

(Goethe, Faust I, Hexenküche)

Inhalt

I Der Garten an der hermetischen Quelle

Wenn er die vergilbten Schriften der alten Alchemisten, Rosenkreuzer und Neuplatoniker ein wenig durchblättert, tritt dem Menschen des zwanzigsten Jahrhunderts eine recht eigentümliche Welt vor Augen. Da wird die große Natur mit Wäldern, Tieren, Meeren, Winden, Wolken und Sternhimmel als ein riesengroßer Mensch gedacht. Dieser Riesenmensch hat einen von magischen Kräften durchdrungenen Leib, den wir als die sichtbare Natur wahrnehmen. Aber, so liest man in den Manuskripten weiter: Er hat auch eine Seele, eine *anima mundi*, die fühlend, leidend und empfindend die Weisungen eines Weltengeistes, der hinter dem Sternenzelt wohnt, wahrnimmt und ihnen in unzähligen Formen und Gestalten Ausdruck verleiht. Dieser Riesenmensch wurde mit vielen Namen belegt, wovon *Makrokosmos* wohl der geläufigste ist.

Ein Mensch, wie unsereiner es ist, wird von diesen alten Philosophen als ein getreues Spiegelbild des großen Makrokosmos angesehen, nur in ganz kleinem Format. Der Mensch ist demnach ein konzentrierter Auszug, eine Art Salzextrakt, der sämtliche Teile und jegliches Element des Großen in sich hat. Der Mensch als *Mikrokosmos* hat auch seinen kräftedurchwirkten Leib, seine wahrnehmende, leidende und fühlende Seele und einen ordnenden, individuellen Geist, der seinem Wollen und Erkennen zugrunde liegt.

Aber auch ein wohlgestalteter Garten besitzt alle diese Eigenschaften. Obwohl ein Garten aus vielen Einzelteilen und einzelnen Lebewesen besteht, fügen sich diese doch zu einem »Organismus«, einer Individualität höherer Ordnung, zusammen. Das sei nicht nur im geläufigen ökosystematischen Sinne gedacht. Schon architektonisch wird ein Garten, wie einst die Sakralbauten der alten Zivilisationen, anthropomorph, das heißt: wie der Menschenleib, gestaltet. Man betrachte nur die Skizzen der mittelalterlichen Klostergärten, der Bauerngärten[1*] oder auch der Schrebergärten nach ihrem Grundplan, um zu erkennen, daß sich da eine Menschengestalt formen will. Wie im menschlichen Leib kommt im Gartenentwurf, wenn man

* Die hochgestellten Ziffern beziehen sich auf die Anmerkungen am Schluß des Buches, die dort kapitelweise zusammengefaßt sind.

die Proportionen und Längen- und Breitenverhältnisse betrachtet, der Goldene Schnitt zum Ausdruck. Durch Wege wird der Garten in rechte und linke Hälften geteilt, in denen die Beete wie Rippen liegen. Rechtwinklig durchquert ein anderer Weg den Hauptweg, so daß sich ein Kreuz formt. Hier, in der Herzensmitte des Gartens, ist oft der Brunnen oder eine runde Mandala aus bunten Blumen, die oft mit Gartenzwergen, Gipsfröschen oder einer Statue des heiligen Franziskus geschmückt ist. Wie die feste Gehirnkapsel auf dem Körper befindet sich am oberen Ende des Gartens die brombeer- oder rosenumkränzte Laube oder der Geräteschuppen.

Anthropomorphe Gartengestaltung.

Wassertrog, Kompostplatz, Kräuterbeet, Obstbäume und Kleintierställe heben sich wie einzelne Organe aus dem harmonischen Gesamtgefüge heraus. Wie eine dicke Haut umgibt eine Hecke oder ein Zaun den Garten und trennt diese organisierte Gestaltung von dem Wirrwarr der noch undifferenzierten Natur oder schirmt vor der heutigen chaotischen Außenwelt ab. Das Wort »Garten« bedeutete auch ursprünglich einen eingezäunten, kultivierten Ort (indogerm. *ghorto* = Flechtwerk, Zaun, Eingefriedetes). Der Garten stellt daher im primären Sinne den Ursprung der Kultur dar (lat. *cultura* = Pflege des Körpers und Geistes, Landbau; lat. *cultus* = Pflege, Verehrung, Kult). Es handelt sich um einen Ort, der gepflegt wird, der friedlich ist und in dem sich die kosmische Ordnung (griech. *kosmos* = Ordnung, Anstand, Schmuck) gegenüber dem wilden, wüsten Chaos (griech. *chaos* = Leere, Durcheinander, ungeformte Masse) behaupten kann. Es ist der Garten Eden, der Midgard, in dessen Mitte der Lebensbaum wächst, den die Mythen als den eigentlichen, für die Menschen bestimmten Wohnort angeben.

In diesem Gartenleib findet ein reger Stoffwechsel statt: in und über dem Boden, zwischen dem Kleingetier und den Pflanzen und durch das Gießen, Düngen und Umgraben des Gärtners. Als eine kleine Biozönose, die ihre eigene Kräftedynamik besitzt, kann man von einem »Lebensleib« des Gartens sprechen. Als Seelenelement treten einem die summende Insektenwelt, das Frohlocken der Vögel, die krabbeligen Würmer, die Eidechsen, Mäuse und Igel entgegen, und das ordnende Geistige strömt von den kosmischen Rhythmen der Sonne, des Mondes und der Planeten.

Es ist der Gärtner, der dieses vom Makrokosmos, von der Natur Stammende individualisiert und dadurch den Garten zu einem Mikrokosmos macht. Der Gärtnermeister, die Bäuerin und der alte Schrebergärtner übertragen ihre seelischen und geistigen Inhalte in den Garten und werden zusammen mit den Naturkräften die »Eltern« dieses Gebildes. Wer nicht glaubt, daß der Gärtner seine Seeleninhalte in den Garten hineinprojiziert, der soll einmal versuchen, etwas im Garten eines leidenschaftlichen Gärtners zu verändern, einen neuen Weg anzulegen, einen Busch zu roden oder anders umzugraben. Es ist, als verletze man diesen Menschen, als beleidige man ihn. Der Garten wird zum Spiegel dessen, der ihn gestaltet: Er spiegelt den geistigen und seelischen Zustand des Gärtners wider. Wer seine Seelentriebe ständig zurückdrängt, der beschneidet mit Eifer die Büsche und Bäume; wer Verdauungsschwierigkeiten hat, konzentriert sich auf Kompostierung und Schneckenbekämpfung; wer einen Sauberkeitstick hat, jätet jedes Unkraut. Der Utilitarier (der sachlich nüchterne Praktiker; der Vernunftsmensch, der sich auf keinen Firlefanz einläßt), pflanzt nur einfache Sorten, die gute Erträge bringen; der künstlerisch Veranlagte wird eine Vielfalt exotischer Gewächse anbauen; der Offizier a. D. läßt Blumen und Gemüse wie kleine Soldaten in Reih und Glied, wie zur Musterung, antreten. Hier läßt sich nicht mehr von rationaler Gartengestaltung sprechen, denn es werden unbewußte und unterbewußte Seeleninhalte zum Ausdruck gebracht.

Dennoch sollte man sich hüten, den Garten nur in psychoanalytischem Sinne als eine Projektion in eine noch unberührte Natur zu betrachten, denn der Garten ist kein Automat, sondern ein Lebewesen: Er hat seine eigenen ökologischen Kreisläufe, er hat sein »Schicksal« und kann jahrhundertelang leben. Archäologen können unter Umständen noch nach vielen Jahrhunderten an der Bodenfarbe und am Pflanzenbestand feststellen, wo ein Garten gelebt hat.

Es ist aber nicht nur der Garten, der vom Menschen gepflegt und gestaltet wird; der Mensch wird auch von seinem Garten beeinflußt, belehrt und »kultiviert«. Der Garten wird zum Yoga (altind. *yuga* = Joch, in das der Körper gleichsam eingespannt ist) und der Gärtner zum Yogi: Seine Hände werden breit und feinfühlig, sein Leib erstarkt, sein Gesicht wird braun und gefurcht wie die Erde selbst, und seine Arbeit, die regelmäßige Pflege der Pflanzen und Geschöpfe, ist für ihn wie ein Kult. Er arbeitet mit den irdischen Kräften zusammen und erkennt das Götterwirken auf der Erde. Er lernt Hoffnung und Geduld, wenn er pflanzt oder den Samen streut, auf die Ernte wartet, auf Regen hofft. Tiefsinnige Bilder gehen vor seinem inneren Blick auf, wenn er viele Stunden, sich rhythmisch bewegend, den Boden hackt. Beim Jäten weben sich die wohlgestalteten geometrischen Pflanzenformen in sein Bewußtsein hinein. Die ruhige Arbeit läßt die Gedankenbilder wie Fische in einem Fluß vorbeifließen, und mit der geistigen Angelrute fischt er mal diesen silbernen, mal jenen goldenen »Fisch« heraus.

Hier trifft er auf die »Innenseite der Phänomene«, dort, wo man das weiße Einhorn und den Pegasus finden kann, wo man die Heinzelmännchen werkeln und die Jagdgöttin Diana durch den Wald streifen sieht. Wenn seine Seele keusch wie die einer reinen Jungfrau ist, wird ihm das Einhorn seinen Kopf in den Schoß legen; wenn er kühn ist, kann er auf Pegasus in ferne Gegenden fliegen.

Hier, im Inneren der Erscheinungswelt, trifft man auch die Individualität des Gartens, mit deren Schicksal das eigene verbunden ist. Man kann sie treffen und ansprechen, wie man einen guten Freund oder eine geliebte Freundin anspricht. Sie kann einem sagen, was der Garten braucht, welchen Minnedienst man an ihm verrichten kann. Solch ein Garten »leuchtet« so,

Jungfrau mit Einhorn.
Tractatus qui dicitur Thomae Aquinatis de alchimia. (1520)

daß Vorbeigehende stehenbleiben und sich wieder einmal wundern können wie damals, als sie noch Kinder waren. In einem solchen Garten gibt es keine Schädlingsplage, denn er ist ein Füllhorn mit vielen guten Früchten.

Oft sind wir Menschen jedoch viel zu wenig sensibel, um die Gartenseele zu sehen und mit ihr zu plaudern. Oft können wir die Runen in diesem von Götterhand geschriebenen Buch nicht entziffern, aber dann kommt »es« doch über Nacht, im Schlaf, oder durch eine plötzliche Eingebung, was, wie und zu welcher Zeit wir dieses Was und Wie, die Gartenarbeit, zu tun haben. Das geschieht ganz gewiß, wenn wir uns fleißig und voller Hingabe mit unserem Garten beschäftigen. Wie Christus in den Seelen der Menschen »gärtnert«, so sollten wir in dem uns anvertrauten Garten liebevoll pflegend wirken und die Erde dadurch alchemistisch verwandeln, sie zu ihrer Vollendung führen. Unser eigenes Schicksal ist damit verbunden.

Heutzutage muten solche Gedanken weltfremd und schwärmerisch an. Aber einst, als Gärtner und Bauern die Mehrzahl der Bevölkerung ausmach-

Christus erscheint als Gärtner.
Holzschnitt aus: Kleine Passion. (um 1510)

ten, erlebte man diese Zusammenhänge von klein auf in der täglichen Arbeit mit der Natur und brachte sie in Sagen, Bauernweisheiten und Sprichwörtern bildhaft ins Bewußtsein. Dieses Bewußtsein ist heute weitgehend verdunkelt, denn die Menschheit strebt einer anderen Vision nach: der der Maschine, des Golems, der einem die Arbeitslast abnimmt, einer elektronisch-analytischen Vision, die aber nun mit ihrem Computerorakel vielen Gelehrten und Wissenschaftlern, wie Mitgliedern des Clubs of Rom, große Angst macht. Kaum kennen wir noch die tiefgründigen Gedanken der Alten. Weil wir zu schnell leben, umgeben vom Auto, den Phantomen des

Fernsehens, Fernsprechers und Radios, die uns mit ihrer Hast und ihrem Lärm kaum Zeit lassen, uns in die tiefere Besinnung zu versenken, nach innen zu lauschen und zu wirken, machen wir unsere lebendige Erde kaputt. Ich hoffe, in diesem Gartenbuch einen von vielen Wegen andeuten zu können, die die Blumenkinder gegangen sind, die uns aus dem technomanischen Rausch, der »Brot-und-Spiele«-Philosophie der »Brave-New-World«, den Weg zurück zur Erde weisen, damit wir unseren eigentlichen Aufgaben wieder nachgehen können.

Bevor wir uns mit den erkenntnistheoretischen Grundlagen und den praktischen Aspekten des Gartenbaus, dem Pflanzen, Kompostieren und Düngen, beschäftigen, will ich noch meinen eigenen Weg aus der ahrimanischen Zauberwelt beschreiben und gleichzeitig meinen Lehrmeistern danken.

Da mir das Streifen durch Feld und Wald, das Gärtnern und die Erntearbeit bei den Bauern immer Freude bereitete, entschied ich mich als Junge dafür, Förster zu werden. Im College of Agriculture schrieb ich mich auch für das Studium der Forstwirtschaft ein, ohne damals zu ahnen, daß ich mich dem »ersten Kreis der technokratischen Hölle« verschrieben hatte. Während des Studiums erfuhr ich, daß ein Baum, obwohl er psychologisch bedingte Gemütserregungen hervorrufen kann, »nichts anderes als einen chemophysikalischen Vorgang darstellt«, den man eines Tages im Labor nachvollziehen können wird, oder daß er als ein sich selbst erneuerndes Kapital zu betrachten ist. In dieser Agrarschule wuchsen auf den staubigen, mineralisierten Böden unglückliche Pflanzen, von Kunstdünger aufgeschwollen oder mit Isotopen bestrahlt in der Hoffnung, daß eine gewinnträchtige Mutation hervorgehen könnte. Im luftgekühlten Stall standen Tiere mit einoperierten Plastikfenstern im Bauch, damit die Vorgänge bei der Verdauung studiert werden konnten. Uns, die wir der »Kader der grünen Revolution« werden sollten, wurde gesagt, daß die uneffizienten Kleinbetriebe verschwinden müßten, um einem automatisierten, industriemäßigen »Agrobusiness« Platz zu machen. Mir wurde elend bei diesem Gedanken, aber da mir die Begriffswerkzeuge fehlten, um mit diesem Unbehagen fertig zu werden, »flippte ich aus«.

Nach einer langen Wanderung zu den toltekischen Sonnen- und Mondpyramiden und zu den Cheyenne-Indianern in den Rocky Mountains kam ich zurück und studierte Völkerkunde, um erst einmal die Menschheit verstehen zu lernen. Um die Landwirtschaft kümmerte ich mich dann nicht mehr. Aber wie das Schicksal einen so oft wieder zum Ausgangspunkt zurückführt, kam ich Anfang der siebziger Jahre in die Gärtnerei einer Dorfgemeinschaft in der Nähe von Genf, wo ich eine einjährige ethnologische Studie durchführen wollte.

Das Dorf

Die Dorfgemeinschaft Village Aigues Vertes ist ethnologisch sehr interessant, da es sich nicht um ein traditionell welsch-schweizerisches Dorf handelt, sondern um eine neu gegründete Gemeinschaft, die sich dem Zusammenleben mit pflegebedürftigen und geistig behinderten Menschen widmet. In der Gemeinschaft lebten zu dieser Zeit siebzig bis achtzig Menschen, von denen zwei Drittel mehr oder weniger geistig behindert waren. Man lebt in acht einzelnen Häusern mit individueller Haushaltung. Je nach Begabung und Verlangen arbeitet man in Werkstätten (Töpferei, Weberei, Schreinerei, Reparaturwerkstatt usw.), in denen das Handwerk gepflegt und die Arbeit dem Rhythmus der Menschen angepaßt wird. Diese sich selbst verwaltende Gemeinschaft kann sich auch selbst versorgen aufgrund der mir damals noch unbekannten biologisch-dynamischen Wirtschaftsweise.

Der landwirtschaftlichen Basis stehen 30 Hektar Land zur Verfügung, von denen 13 Hektar in direkter Produktion stehen, ungefähr 1 Hektar den Garten ausmacht und der Rest von Wald und Gebäuden bedeckt ist. Auf dieser Grundlage werden die Bedürfnisse an Nahrungsmitteln (außer Kaffee, Zukker, Salz und dergleichen) gänzlich befriedigt. Für die Kunden aus der Stadt, die aus Sorge um ihre Gesundheit manchmal um biologisches Gemüse fast betteln, bleibt auch stets etwas übrig. Das Jahr hindurch gibt es aus dem Garten frisches Gemüse. Im Winter gibt es weniger, aber immerhin hat man Karotten, Lauch, Witloof (Brüsseler Endivien = Chicorée), Endivien, Zuckerhut, Schwarzwurzeln, Pastinaken, Speiserüben, Wurzelpetersilie, Rote Beete und Rosenkohl. Wenn die Ernte ausreichend war, hat man bis zum Frühling noch Kohl, Sellerie, Kürbis, Fenchel und Zwiebeln.

Fünf Gärtner, drei von ihnen geistig behindert, und aushilfsweise ein Praktikant haben das ganze Jahr über zu tun. Im Sommer ist man von der Morgendämmerung bis zum Sonnenuntergang bei der Arbeit. Im Winter hat man weniger zu tun, aber es gibt Komposte umzusetzen, Gemüse für den Verkauf herzurichten, Werkzeuge auszubessern, Witloof in warme Kästen zu pflanzen, Nüsslisalat (Feldsalat), Endivien und Zuckerhut unter Plastikzelten zu versorgen und, wenn nichts Besonderes oder Eiliges ansteht, die vielen Steine, die wie Erdäpfel aus dem Moränenboden zu wachsen scheinen, aufzulesen.

Zwei Bauern betreuen, unterstützt von fünf gut geschulten Behinderten, die vom Melken bis zum Heuen alle Arbeitsgänge gut beherrschen, Stall und Feldarbeit. Bodenfläche, hofeigene Futterproduktion und Bedarf an Mistdüngung sind sorgfältig auf acht Milchkühe, einen Stier, Schweine, Schafe, Ziegen, Hasen und Federvieh abgestimmt, so daß der Hof einen in sich geschlossenen, organischen Kreislauf erhält. Vom Hof kommen Milch, Butter und manchmal Käse sowie das Getreide für das Brot, das in der Dorfbäckerei gebacken wird. Die Versorgung funktioniert gut, nur manchmal sind Eier, Butter und Käse knapp. Rote und schwarze Johannisbeeren, Stachelbeeren, Erdbeeren, Holunderbeeren, Sanddorn, Vogelbeeren, Himbeeren und Brombeeren werden, wie auch die anderen Obstsorten, zu Saft und Konfitüre verarbeitet. Die Erntearbeiten geben den Handwerkern in den Werkstätten willkommene Gelegenheit, für einige Wochen in der frischen Luft mitzuhelfen, die reichen Gaben der Gaea in Empfang zu nehmen. Auch beim Heuen, Erdäpfelernten, Koloradokäfersammeln und Rübenvereinzeln kann man in der Gemeinschaft mit vielen willigen Händen rechnen. Weil viele Hilfskräfte vorhanden sind, ist es auch möglich, daß der Bauer oder Gärtner Ferien machen kann, wenn er dazu Lust hat. Auch Arbeiten wie Gurkeneinlegen, Sauerkraut- und Dörrobst-Machen geben den Behinderten eine sinnvolle, befriedigende Beschäftigung, die der ganzen Gemeinschaft zugute kommt.

Vor der Gründung der Dorfgemeinschaft gehörte das Land einem Schweinebauern. Als diese Familie, wie so viele andere Mittel- und Kleinbetriebe, in die Preisschere geriet und den Hof aufgeben mußte, kaufte ihn der Staat. Der Kanton Genf beabsichtigte, eine landwirtschaftliche Schule zu gründen. Dieser Plan wurde aber bald aufgegeben, weil der Boden – steiniger, humusarmer Gletscherschutt vom Rhonegletscher – zu arm war und es im Sommer zu wenig Wasser gab. Anfang der sechziger Jahre wurde das Grundstück gegen geringen Zins an die Camp-Hill-Bewegung verpachtet, die mit dem Aufbau der geschützten Dorfgemeinschaft begann. Während der folgenden Jahre entwickelte sich eine Gemeinschaft von ungefähr einhundert Menschen, die von den Erträgen eines Gutes leben, von denen vorher nicht mehr als eine Familie leben konnte. Von diesen hundert Menschen sind ungefähr zehn Prozent in der Landwirtschaft direkt tätig, während der Rest der Gruppe anderen Tätigkeiten nachgehen kann.

Bei allem muß man natürlich beachten, daß anfänglich viel Kapital, das durch Spenden und andere Beiträge aufgebracht wurde, erforderlich war, um dieses sich selbst tragende Wirtschaftssystem einzurichten. Innerhalb von fünf Jahren wurde das System landwirtschaftlich selbsttragend. Verkaufserlöse machten es möglich, daß im Garten Gewächshäuser, Teiche zum Auffangen von Regenwasser für die Sommerbewässerung sowie ein geräumiges Gartenhaus gebaut werden konnten.

Da die Haushalte ihre Bestellungen jeden Morgen aufgeben, wird das Gemüse und Obst frisch geerntet und von einem Behinderten direkt zur Küche gebracht. Statistische Aufzeichnungen der Bestellungen ergaben, daß unter dem Gärtnermeister Stauffer die Erträge mit dem Bevölkerungszuwachs Schritt hielten, ja, sich in manchen Jahren auf gleichbleibender Anbaufläche sogar verdoppelten. Zur selben Zeit nahm der Humusgehalt des Bodens zu, die Regenwürmer vermehrten sich, der Boden wurde dunkler und war leichter zu bearbeiten. Die Meinung Prinz Kropotkins, daß der Ackerboden nicht ein Naturgeschenk, sondern hauptsächlich ein Produkt des menschlichen Wirkens, des folgerichtigen Denkens und Wollens ist, hat sich in diesem Fall bewiesen.[2] Die sorgfältige Kompostierung der Abfälle, Miste und Unkräuter und die Gründüngung haben entscheidend zur Humusverbesserung beigetragen. Auch das Einführen von organischen Stoffen von auswärts, was ja eigentlich keine biologisch-dynamische Praxis ist, hat dazu beigetragen, daß der Boden eine gesunde Humusstruktur bekam.

Für einige Franken oder eine Kiste Bier konnte man die städtischen Lastkraftwagenfahrer dazu bringen, die Blätter aus den Parks, die Algen aus dem Genfer See und den Schlamm der Straßengräben nach Aigues Vertes zu bringen anstatt in die kantonalen Müllgruben. Alles Organische, was man fand, wurde kompostiert: alte Kleider, Küchenabfälle, Lederreste, Haare aus dem Friseursalon und sackweise Hühnerfedern von einer Hühnerfleischverarbeitungsfabrik. Die Weberin, die aus Versehen ihren Schlafsack und Mantel auf einem Lumpenhaufen liegenließ, fand beides eine Woche später im vollen Vergärungsprozeß. Als der Fenchel wegen zu feuchter Lagerung faulte, fand es der Kompostmeister gar nicht so tragisch, sondern er freute sich, da er den Komposthaufen vergrößern konnte. Ein Genfer Buchhändler, der dem Dorf einen Lastwagen voll billiger französischer Schmöker schenkte, hätte sich sicher gewundert, wenn er erfahren hätte, daß man sie nicht auf dem Flohmarkt weiterverkauft hatte. Statt dessen wurden die Bücher in einem Trog eingeweicht, zu einer Miete gehäuft, mit Stammkompost präpariert und mit einem Erdmantel bedeckt. Nach einem Jahr hatte diese Miete so viele Kompostwürmer, daß die neugierigen Besucher, die den Garten bestaunten, hätten meinen können, daß es sich um lebendig gewordenes Hackfleisch handele. Letztlich wurde der »Bücherkompost« doch nicht für die Gemüsekulturen genommen, denn man war sich nicht sicher, ob zu viele Schadstoffe in Papier und Druckerschwärze enthalten waren.

Trotz meiner langen Schulung als Ethnologe hatte ich es nicht leicht, die weltanschaulichen Postulate und Motive dieser Gemeinschaft zu ergründen. Landwirtschaft und Gesellschaftsordnung funktionierten gut, schienen jedoch der mir geläufigen erkenntnistheoretischen Grundlage zu entbehren. Obwohl etwas verwirrt, was die Deutung anbetrifft, machte ich meine ethnographischen Aufzeichnungen über »planetarische und lunarische Einflüsse, über unsichtbare ätherische Kräfte, über Naturwesen und Seelen, die sich inkarnieren und exkarnieren« und dergleichen mehr. Meine Notizhefte füllten sich mit Einträgen folgender Art: »Bergkristalle werden zu Pulver gerieben und in einem Kuhhorn den Winter über im Boden gelagert. Im Frühjahr werden einige Brösel davon in lauwarmem Wasser eine Stunde lang verrührt. Diese Mischung wird anschließend über den Garten gesprüht.«

Bei einem Wolkenbruch tropfte die Dachrinne des Geräteschuppens. Fleißig wie Uli, der Knecht, flickte ich den Knick. Beim nächsten Regen merkte ich, daß die Rinne wieder an derselben Stelle geknickt war und es heftig tropfte. Wieder behob ich den Schaden. Als das gleiche ein drittes Mal passierte, hörte ich den Gärtnermeister klagen: »Wer fummmelt denn da immer an der Rinne herum?« Dann erfuhr ich, daß ein mit Eichenrinde gefüllter Schafschädel unter der Traufe begraben lag, auf den das Regenwasser tropfen sollte.

Im Sommer erschienen schwarze Blattläuse auf den Bohnen. Ich war gleich zur Stelle: Ich opferte etwas von meinem Pfeifentabak, um daraus eine »Giftbrühe« zu kochen, mit der ich die Schädlinge vertilgen wollte. Der Gärtnermeister gebot aber Einhalt und meinte, man müsse sich erst überlegen, ob man überhaupt etwas unternehmen sollte. »Was gibt es da lange zu überlegen?« sagte der Amerikaner in mir. »Da ist das Problem, und hier ist die Lösung: ein biologisch abbaubares Pflanzengift, das der Ökologie wenig schadet!«

»Nein«, erwiderte der Gärtner, »wir müssen zuerst gründlich überlegen, *warum* die Blattläuse überhaupt da sind.«

Auf eine entomologische Vorlesung an der Ohio State University zurückgreifend versuchte ich ihm zu erklären, daß der Wind sie wahrscheinlich herbeigetragen hatte und daß wir schnellstens den Ungezieferherd vernichten müßten, ehe er sich weiter ausbreitete. Aber der Gärtnermeister meinte gelassen, daß die Blattläuse eher Symptome schlechter Düngung, Auswirkung falscher Fruchtfolge oder ungünstiger Wettereinflüsse seien und daß es gelte, die *Ursachen* zu erkennen. Diese könne man erkennen, wenn man ganz genau die Erscheinung beobachte und aus dem Beobachteten heraus die richtigen Schlüsse ziehe. Nachdem er so kombiniert hatte, meinte er, daß die Blattläuse innerhalb einer Woche verschwunden sein würden. Eine Kräftigung der Bohnenpflanzen mit Brennesselsud und eine Veränderung des Wetters trugen dazu bei, daß die Schädlinge auch tatsächlich verschwanden.

Wühlmäuse waren gelegentlich ein Problem im Garten. Die Mäuse, die des Gärtners Katzen fingen, wurden gehäutet und ihre Pelze zum Trocknen aufgehängt. Die Gärtnersfrau schmorte die entblößten Mäuse im Tiegel und gab sie ihren Katzen wieder zu fressen. Wenn die Venus im Zeichen des Skorpions stand, wurden die Pelze verbrannt und die Asche auf den Acker gestreut, »damit sich die Tiere ein anderes Revier suchten«.

Solche und ähnliche Aufzeichnungen füllten anfangs meine Notizbüchlein. Ich versuchte beharrlich, das so Erlebte in die angelesenen (einstudierten) Begriffsschemata einzupassen und als folkloristisches Überbleibsel, im Sinne von Frazer's »homöopathischer und sympathischer Magie« oder einer Levi-Straus'schen Strukturanalyse zu deuten. Aber damit war weniger für die Ethnologie getan als für meine eigene »kognitive Dissonanz«.

Aus dem vogesehenen einen Jahr Feldforschung wurden dann schließlich drei Jahre. Der Professor in Bern, bei dem ich promovierte, hegte schon die Sorge, daß ich die Todsünde des Völkerkundlers begangen hatte und mich zu sehr mit den Subjekten der »teilnehmenden Beobachtung« identifizierte. Auch ein Agronom vom Oberlin-College, der nach einer Studienreise durch Länder in der Dritten Welt, in denen die »Grüne Revolution« stattfand, auch Aigues Vertes besuchte, meinte, als ich ihm von homöopathischer Medizin für die Pflanzen, von kosmischen Einflüssen und Pflanzengemeinschaften erzählte, daß er den Garten gar nicht erst zu sehen bräuchte; er wisse schon: »Organic agriculture does not work.« Er freue sich jedoch, daß ich diese Beobachtungen anstellte, denn so könne man diese landwirtschaftliche Quacksalberei entlarven.

Arthur Hermes

Ein alter, weißhaariger Bauer namens Arthur Hermes kam ab und an nach Aigues Vertes, um Kurse über bäuerliches Handwerk oder »planetarisches Kochen« abzuhalten. Obwohl er schon weit über achtzig Jahre alt war, war es kein hilfloser Greis, dem man begegnete, sondern ein regelrechter Bär, der in einer Waldlichtung im Jura, hoch über dem Neuenburger See, noch immer einen kleinen Bauernhof betreibt. Von ihm habe ich das meiste gelernt. Obwohl er nicht viel vom Schreiben und Büchermachen hält, widme ich ihm dieses Buch.

Sein »Michaelshof«, der auch den alten keltischen Namen »Les Biolles« trägt, ist schwer zu finden. Wenn man jedoch nach langer Wanderung die Lichtung am Ende eines gewundenen Waldweges entdeckt, liegt ein anmutiges Bauernhaus vor einem. Es ist eng an eine überwachsene Erhöhung angeschmiegt, die mitten in der Waldlichtung liegt. In dem Gestrüpp von Eichen, Eiben, Misteln, Stechpalmen und Efeuranken liegen große Megalithsteine, von denen Hermes meint, sie seien den Druiden heilig gewesen.

Wenn Besuch den Weg heraufkommt, dann meldet es ein Buntspecht, so daß Hermes seine Arbeit beiseite legen und den Besuch empfangen kann. Abends kommen neugierige Rehe bis an die rosenumkränzte Haustür; wenn man mit Hermes auf der Bank vor dem Haus sitzt, kommen zuweilen Bienen und Schmetterlinge, als wollten sie ihm etwas mitteilen.

Hermes wurde unter einem Strohdach in der norddeutschen Heide im neunzehnten Jahrhundert geboren. Erst nach dem Zweiten Weltkrieg verschlug es ihn in den Schwarzwald, wo ihn Bauern aufsuchten, um Rat zu holen. Schweizer Bauern, die seinen Rat ebenso schätzten, hießen ihn nach Helvetia kommen, damit er ihnen näher war. Zur Bestürzung etlicher Elfenbeinturmanthroposophen zog er einmal mit sechzig Bauern in die Hallen des Goetheanums. Es war auch Hermes, der die biologisch-dynamische Bauernbewegung in der Schweiz erst richtig in Gang brachte.[3] Da er die Menschen kennt, die mit dem Kuhgeruch in der Nase zur Welt kommen, ihre Sprache spricht und ihre Nöte kennt, hatte man Vertrauen zu ihm.

Als Sechzigjähriger zog Hermes mit Familie, Vieh und Geräten auf den Michaelshof, pflügte die Scholle mit Pflug und vorgespanntem Ochsen und säte das Getreide mit der Hand, machte Heu mit Sense, Gabel und Pferdewagen. Mit Frau, Sohn und Tochter arbeitete er im Winter in der Holzwerkstatt und fertigt Schnitzereien und Kinderspielzeug. Sein Sohn, der sämtliche Aufzeichnungen des Geigenbauers Antonio Stradivari nachgerechnet hat, baut Geigen, Monochorde und andere Musikinstrumente. Er legt sein Ohr gegen die Baumstämme, um so die Qualität des Tones im Holz zu erlauschen, wenn der Wind durch die Wipfel streicht. Er lagert das Holz sieben Jahre, schnitzt die einzelnen Teile von Hand und leimt die verschiedenen Holzarten nach ihrer planetarischen Signatur zusammen. Er hofft, auf diese Weise Instrumente zu bauen, deren Töne die Tiere des Waldes lauschen lassen und den Menschen nur Gutes und Wahres in den Sinn kommen läßt. Wie sein Vater kennt er die sichtbaren und unsichtbaren Naturwesen. So sagte er mir zum Beispiel: »Jetzt kommt Äolus«; einen Augenblick später raschelte das Laub, und ein sanfter Wind huschte vorbei.

Hermes erklärt, daß jede Arbeit mit vollem Bewußtsein getan werden soll, denn wenn man Holz sägt, Korn sät oder Wasser schöpft, prägt sich das, was der Mensch in seinem Bewußtsein trägt, durch den Arbeitsvorgang in die Materie ein. Man schafft so den Nährboden für gute und böse Elementarwesen. Da der Mensch Vermittler der guten Kräfte sein soll, sollte er darauf achten, was er wie tut. In diesem Sinne werden bei Hermes die Tiere behandelt, so daß man ihnen an ihrem glänzenden Fell und ihren leuchtenden Augen die Lebensfreude anmerken kann. Mit seinen bloßen Gedanken kann er sie von der Weide in den Stall zurückrufen. Auch im Garten kommt diese ungewöhnliche Einstellung klar zum Ausdruck. Setzlinge werden so liebevoll, wie man abends Kinder zu Bett bringt, in die Erde gesetzt und mit einer Mulchdecke umgeben. Blumen blühen überall zwischen den Gemüsen. Wenn er den Samen in die Rillen streut, ist er in Gedanken bei dem Menschenbruder, der von sich sagt: »Ich bin das Leben.« Die Käfer, Maulwürfe und besonders die Ameisen werden von Hermes respektvoll als »unsere kleinen Mitarbeiter« bezeichnet.

Der nüchterne, moderne Leser wird sich vielleicht protestierend wehren und sagen: »Das sind doch Märchen, das grenzt an Schwärmerei!« Wenn man jedoch an Ort und Stelle die Atmosphäre spürt und den Michaelshof nach ökologischen Gesichtspunkten beurteilt, muß man gestehen, daß es doch irgendwie stimmt. Aus Hermes spricht nicht nur die lange, persönliche Erfahrung. Man meint, die Stimmen der Ahnen zu vernehmen, man »ahnt«, was die Vorfahren Jahrtausende hindurch erfahren haben, was sie in Mimirs Brunnen erblickten. Hermes versucht, sein Schauen seinen Mitmenschen verständlich zu machen, indem er es in die Begriffsformeln Rudolf Steiners faßt. Aber auch Theophrastus Paracelsus und Agrippa von Nettesheim, deren Schriften auf den staubigen Regalen in der Stube zu sehen sind, geben dem Geschauten Formulierung. Viele Themen, die in diesem Buch Ausdruck finden, wurden bei Kaffee und Bauernkuchen in gemütlicher Unterhaltung auf dem Michaelshof »durchwandert«.

Alan Chadwick

Zuletzt sei noch zu erwähnen, daß meine eigene praktische Erfahrung diesem Buch zugute kommt. 1974 konnte ich einen biologischen Selbstversorgungsgarten für ein kleines Heim für geistig Behinderte im Berner Land anlegen. Die Bauern auf ihren Sonntagsspaziergängen lobten die schön gewachsenen Gemüse, aber die Unkräuter, die ich wegen ihrer bodenschützenden und ausgleichenden Wirkung absichtlich hatte stehenlassen, riefen bei den Bauern, die ihr Feuerholz sorgfältig aufschichteten und den Miststock kunstvoll flochten, nur Kopfschütteln hervor. Von 1975 bis 1978 gab ich an einem College in Oregon einen Kurs in dieser biologisch-hermetischen Gartenbaumethode.

Zu dieser Zeit lernte ich auch den Gärtnermeister Alan Chadwick kennen, der, wie in der Legende vom Juden Chider (Koran, 18. Sure), in dessen Gegenwart in den Wüsten herrlichste Gärten aufblühten und Quellen flossen, in den kargen Landschaften Kaliforniens wunderbare Blumen- und Gemüsegärten angelegt hat. Er nennt seine Methode die »bio-dynamische, französische Intensivmethode«. Sie beruht auf der esoterisch-hermetischen Weltanschauung, gepaart mit der hocheffizienten »jardinage maraîcher«, die sich Ende des letzten Jahrhunderts in Paris entwickelte. Diese Marktgärtner trieben einen äußerst intensiven Gemüseanbau am Rand der Metropole, wo die hohen Grundstückspreise nur begrenzte Anbauflächen ermöglichten. Der Boden wurde tief gelockert und mit dem Pferdemist der Pariser Droschken intensiv gedüngt. Die Beete waren dicht bepflanzt und wurden sofort nach der Ernte weiterbepflanzt. Chadwick, der drahtige Engländer, der früher auch Darsteller in Shakespearestücken gewesen war, herrscht unter seinen Lehrlingen wie ein Abt. Sein Vorbild sind auch die großartigen Klostergärten aus der Zeit der Renaissance.

II Es war einmal ...

Die verschütteten Grundrisse der ersten festen Hütten, verkohlte Körner, Tonscherben und Ziegenknochen – diese zaghaften Anfänge des seßhaften Bauern- und Gärtnertums fanden Archäologen im Zagros-Gebirge oberhalb des Zwischenstromlandes. Nach neuesten Datierungen muß das Neolithikum vor elftausend Jahren begonnen haben. Legenden erzählen, daß die Götter die Menschen weiterbringen wollten und Zarathustra mit dem goldenen Pflug auch das Wissen um den Ackerbau gaben, während die Urgeschichtler vom Aussterben des jagdbaren Großwilds und vom Bevölkerungsdruck schreiben, um die Anfänge der Agrikultur zu erklären. Ein Dichter meint schlicht:

> Kürbisblüten im Abfallhaufen.
> Anfang des Ackerbaus.
> Kühe lassen sich nicht vertreiben.
> Anfang der Herden.
>
> Gary Snyder: *Dem Höhepunkt entgegen.*

Wie dem auch sei: Elftausend Jahre sind eine lange Zeit, in der sich viele Beobachtungen und Erfahrungen ansammeln können und denen obendrein noch hunderttausendjährige Urerfahrungen naturverbundener Jäger und Sammler zugrunde liegen.

Die Stämme der Wanderfeldbauern und Brandroder verfestigten sich allmählich zu den ersten Zivilisationen, die durch erbliche Arbeitsteilung und Städtebau gekennzeichnet sind. Feudale Standes- oder Kastengesellschaften bildeten sich im alten Asien, in Ägypten und in Mittelamerika auf der Grundlage der von Bauern erzeugten Nahrungsmittel und Rohstoffe. Städtische Handwerker verarbeiteten die Waren weiter, und Händler sorgten für deren Verteilung. Krieger, die die Gesellschaft schützten, und Priester, die den Willen der Götter erkundeten, bildeten die oberen Kasten. Von Tempeln, Pyramiden und Ziggurats (Turm von Babylon) aus wurden die Sterne als Götterschriften gedeutet, die lebenswichtigen agrikulturellen Kalender errechnet, Opfer vorgeschrieben und magische, fruchtbarkeitserhaltende

Zeremonien ausgeführt. So stabil erwies sich die agrarische Gesellschaftsordnung, daß die Priester lehren konnten, daß selbst der Urmensch (Meganthropus) aus vier Teilen bestanden habe. Aus seinen Füßen seien die Arbeiter und Bauern (Sudras) entsprungen, aus dem Bauch die Handwerker und Kaufleute (Vaisyas), aus den Armen die Krieger (Ksatryas) und aus dem

Die vier Stände.

Haupt die Brahmanas. Die Krischnajünger des A. C. Bhaktivedanta Swami Prabhupada, die man auf den Straßen der Großstädte Europas singen und betteln sieht, predigen noch immer diese Kasteneinteilung als Lösung der sozialen Probleme.

Im Gegensatz zu den Schamanen der freilebenden Wildbeuter und den autarken Wanderfeldbauern wurde den Priestern dieser Hochkulturen der direkte Zugang zu den Geistern und Göttern, der Seelenflug, immer mehr verschlossen. Die Hierophanten machten sich daran, das überlieferte Wissen über die Götter und Kräfte der Welt zu großen Lehrgebäuden aufzubauen, deren Inhalte mit der Zeit in die religiösen und naturkundlichen Vorstellungen der Bauern eingingen und zum Teil bis in die Neuzeit erhalten blieben. Andererseits aber behielt das einfache Landvolk viele schamanistische Eigenschaften und gab das Wissen darüber mündlich von einer Generation zur anderen weiter.

Eine ähnliche Entwicklung läßt sich auch in Europa aufzeigen, wo bis weit in die christliche Zeitrechnung hinein Barbarenstämme nördlich der Alpen Wanderfeldbau (Schwenden) betrieben. Landes- und Ortsnamen wie Schweden, Schweiz, Schwanden, Rütti, Rode usw. gehen auf diese Praktik zurück. Mit der Bevölkerungsvermehrung und dem Zusammenwachsen mit römischen Kulturelementen zur Zeit Karl des Großen nimmt die europäische Bauernkultur ihre charakteristischen Züge an. Es regierte der waffentragende Adel, und die Römische Kirche besaß das weltanschauliche Monopol. Die Bauern lebten in eingefriedeten Dörfern (Markgenossenschaften), umgeben von drei großen Feldern (Zelgen), wo jede Familie einen Ackerstreifen (Gewann), je nach der Größe der Familie, bearbeiten durfte. Ein vorgeschriebener Fruchtwechsel fand statt, indem in einem Feld das Wintergetreide (Korn, Roggen) und in einem anderen das Sommergetreide (Gerste, Hafer oder auch Bohnen) gesät wurde. Die dritte Zelge lag brach und wurde als Weide benutzt, bis dann im Juni (Brachmonat) gepflügt wurde, um im Herbst die neue Wintersaat einzusäen. In dieser Dreifelderwirtschaft war es notwendig, daß jeder zur selben Zeit seinen Streifen im Zelg bearbeitete, denn es gab keine Wege zwischen den Gewannen. Man konnte daher nicht zu jeder beliebigen Zeit auf sein Feld fahren, ohne des Nachbarn Getreide zu zertrampeln. Diese gemeinsame Arbeit führte zu gemeinsamen Jahresfesten und erzeugte ein festgefügtes Gesellschaftsleben.

Das Vieh wurde vom Dorfhirten auf die gemeinsame Weide (Allmende) geführt. Der Schweinehirt trieb die Schweine des Dorfes im Herbst in den Eichenwald, und Kinder hüteten die Gänse. Im Gemeindewald konnte jeder Holz, Pilze und Kräuter suchen und seine Schweine mit Eicheln, Bucheckern

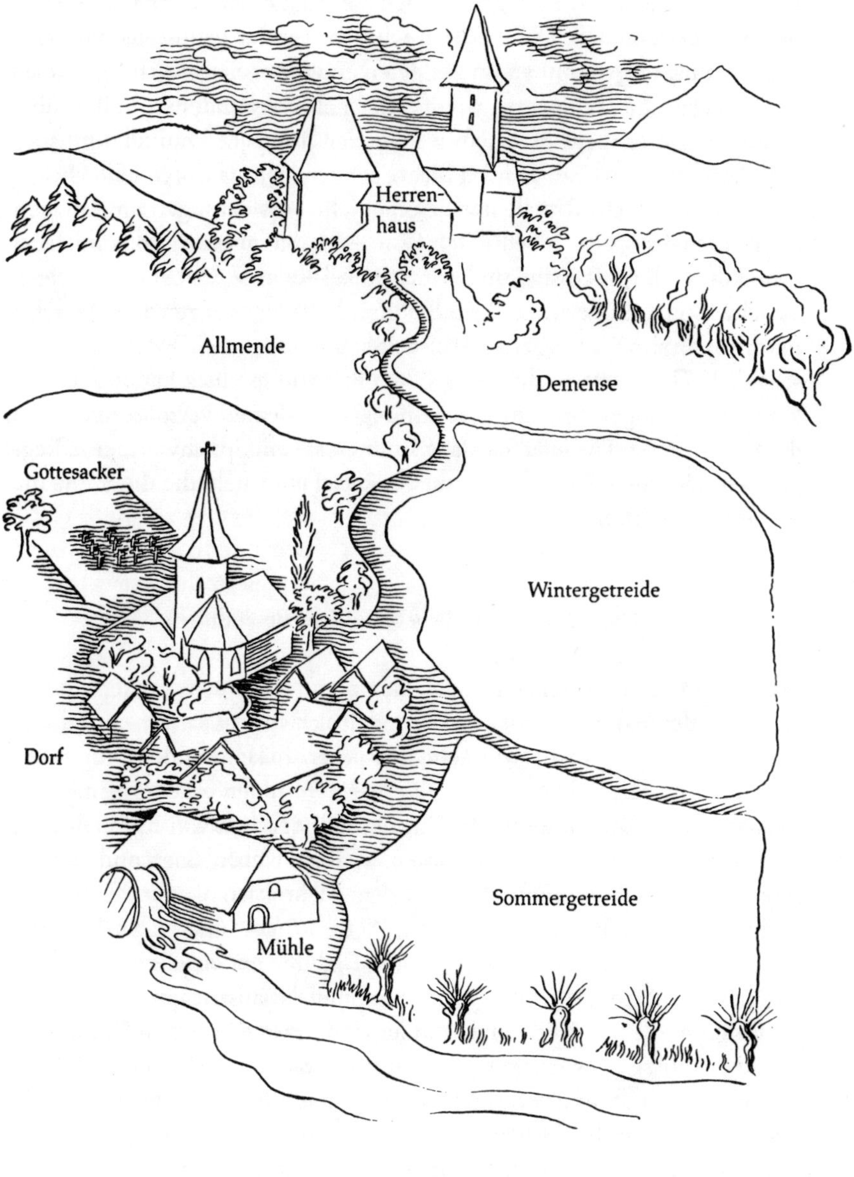
Herren-
haus
Allmende
Demense
Gottesacker
Wintergetreide
Dorf
Sommergetreide
Mühle

und Kastanien mästen. Die Jagd war jedoch den Rittern vorbehalten. Im Dorf gab es Gärten (Pünten) als Privateigentum, in denen die Frauen Küchengemüse, Hanf, Flachs und Ölpflanzen anbauen konnten. Im Dorf waren auch die Baumgärten angelegt, in denen die Hühner Auslauf hatten und die Bienenstöcke standen. Diese Gärten wurden von der genossenschaftlichen Flurnutzung ausgenommen und bildeten einen Arbeitsbereich der Frauen.

Das Leben dieser Bauern, wie das der naturverbundenen Völker überhaupt, existierte nicht in einem weltanschaulichen Leerraum (Nihilismus und Agnostizismus gab es noch nicht), sondern wurde durch halb christliche, halb heidnische Rituale und zeremonielle Verrichtungen untermauert. Durch die jahreszeitlich bedingten Feste – Maibaumsetzen, Johannisfeuer, Erntekranz, Flurprozession und Winterorakel – wurde das Leben geleitet. In Sprichwörtern, Bildern, heiligen Statuen, Balladen, Tänzen und Märchen machte man sich die tradierten Weisheiten und kollektiven Erfahrungen anschaulich. Die Ältesten, die den größten Erfahrungsschatz hatten sammeln können und ungewöhnliche Erscheinungen zu deuten vermochten, waren die Kulturträger. Für jede Sachlage kannten sie ein Sprichwort, eine Regel oder ein Liedchen. Sie konnten zudem Rätsel aufgeben, die die Sinne und Gedanken schärften.

Das naturverbundene bäuerliche Bewußtsein

Schwere körperliche Arbeit mit den Tieren und der Erde verankern das Bewußtsein tief in den Leib hinein. Es handelt sich vorerst um eine nur dumpf bewußte Erfahrung in den Muskeln, im Rücken, in keuchenden Lungen und im Puls- und Herzschlag, ehe es zu einer denkenden erkenntnismäßigen Realisation im Kopf kommt. Die Glieder befinden sich von Kindheit an in rhythmischer Bewegung beim Hacken, Melken, Heuen, Säen und anderen Arbeiten. Sie stehen unmittelbar mit dem Makrokosmos, mit der äußeren Natur, mit Erde, Steinen, Lebewesen, Wetter, Tages- und Nachtrhythmen und dem Jahreskreislauf in Verbindung. Dadurch entwickelt sich ein ganz anderes Bewußtsein, als wir es in unserer intellektualistischen, bürgerlichen Zivilisation erleben. Kühe und Hühner sind unter demselben Dach, keine Geräuschkulisse oder Luftkühlung wehrt die Elemente ab, und nichts Geschriebenes erklärt und vermittelt die Erlebnisse. Wieviel stärker müssen damals die Natureindrücke gewesen sein!

Durch die eintönigen, rhythmischen Arbeiten wird das kombinierende, diskursive Kopfdenken, nicht anders als bei dem eintönigen Trommeln,

Tanzen und Singen des Schamanen, zurückgedrängt. Da denkt man nicht mehr, sondern erlebt Bilder, die in ihren unzähligen Verwandlungen der Natur zugrunde liegen. Da steigt die Innenseite der Welt vor dem geistigen Auge auf, und die Trennung zwischen Diesseits und Jenseits, zwischen natürlich und übernatürlich, verschwimmt.

> Die Bauern . . . bauten ihre Beziehungen zur Natur nicht nach dem Typ, der Subjekt-Objekt-Beziehung auf, sondern gingen von der Überzeugung aus, daß Natur und Mensch organisch verwandt und magisch gleichermaßen beteiligt sind, daß sie eine intime Einheit bilden und sich wechselseitig durchdringen.[1]

Auf dieser Ebene erlebte man damals die durch das kulturelle Erbe vermittelte mythische Ausgestaltung der Naturkräfte unmittelbar. Man erlebte die Riesen, Zwerge, Nixen, Hausgeister, Waldfrauen, Kobolde oder Frau Holle. Die Mittagsfrau erschien den müden Schnittern in der Mittagspause bei der Ernte, oder ein Mädchen wurde ins Moor geschickt, um die Regentrude zu wecken, wenn eine Dürre herrschte.

Solchen in der Natur waltenden Wesen begegnete man mit Besprechungen und Zauberworten, oder man hielt sie fern mit kraftgeladenen Gegenständen, mit Knoblauch, Zwiebeln oder Brennesseln, mit dem Kruzifix oder der Hostie, die man aus der Kirche gestohlen hatte. Man sah, wie die Wesen wandeln und sich verwandeln konnten, wie sie zu erscheinen und zu verschwinden vermochten, wie alle Dinge, unter bestimmten Umständen, von Zauber erfüllt sein und manchmal sogar reden konnten.

Alles ist wandelbar! Verwandelt die Kuh nicht Gras zu Milch, das Feuer Wasser zu Dampf, ein nasses Jahr die Gerste zu Lorch und den Roggen zu Trespe? Wenn die schöne Nachtigall aufhört, zu schlagen, verwandelt sie sich nicht in einen einfachen Sperling? Entstehen nicht Würmer und Geschmeiß im Kuhdung? Können Hexen nicht mit Wölfen und Raben, ja sogar mit Bäumen und Steinen reden, wenn sie die richtigen Beschwörungen wissen, oder in der Form von Krähen durch die Lüfte fliegen oder in der Gestalt einer schwarzen Katze durch die Nacht streichen? Gibt es nicht kraftgeladene Wesen, wie die Kreuzspinne, die das Kreuz des Heilands als Zeichen tragen, und den Marienkäfer, der von der heiligen Jungfrau gesandt wird? Mit all diesem muß man umgehen können. Für die Baumgeister läßt man als Opfergabe die letzten Kirschen oder Äpfel hängen, einige Beeren und Pilze läßt man den Waldgeistern übrig, eine Schüssel Milch und Brei den Hausgeistern, den Toten pflanzt man Blumen auf das Grab. Böse Geister vertreibt man mit frommen Gesängen, mit Blumen oder mit dem Kreuz. Man sperrt den Ziegenbock in den Pferdestall, damit der Teufel in ihn fahre und nicht in die Rosse.

Da alles lebt und alles in Sympathie miteinander verbunden ist, kann man die Saat durch Enthaltsamkeit oder rauschende Lustbarkeit beeinflussen. Wenn die Weiber ihren Flachs säen, sollen sie Röcke so blau wie die Flachsblüten tragen und in die Höhe springen, damit der Flachs recht hoch wachse. Ihre Schürzen sollen sie beim Kohlpflanzen zwischen den Beinen ballen, damit die Kohlköpfe recht fest werden, und Zwiebeln im Zorn stekken, damit sie scharf und hitzig werden.

Die alten Weißhaarigen im Dorf wußten viel über diese Zusammenhänge, mehr noch als die Pfaffen. Noch mehr wußten die alten Weiber, die kräutersammelnd Wälder und Felder durchstreiften. Als Hebammen wußten sie, wie man die neuen Menschen über die Schwelle bringt, und auch, wie man die Kranken heilt, die an dieser Schwelle liegen. Am meisten wußten aber die Hirten, die lange Zeit in der Wildnis hausten, über die magischen Zusammenhänge. Bis in die Neuzeit waren Schäfer die bevorzugten Tierärzte der Bauern, denn sie konnten »in die Tiefen steigen«, mit den Tieren reden und erkennen, welcher Geist oder welcher Zauber das Tier siech machte.

Dieses von der Urzeit übermittelte Wissen blieb auch im Christentum erhalten. Vieles wurde als Aberglaube gebrandmarkt, aber ansonsten kümmerte man sich nicht um die sogenannte »niedere« Mythologie. Es galt hauptsächlich, den Menschen klarzumachen, daß über den zu Teufeln degradierten oder zu Engeln verwandelten alten Göttern der Christus als wahrer Gott und wahrer Mensch waltet. Erst lange nach der Reformation, im Zeitalter der Hexenverfolgungen und dann in der Periode der Aufklärung, versuchte man, mit Gnomen, Hexen, Sylphen und anderen Geschöpfen der niederen Mythologie aufzuräumen.

> Ihr seid noch immer da! nein, das ist unerhört.
> Verschwindet doch! Wir haben ja aufgeklärt!
> Das Teufelspack, es fragt nach keiner Regel.
> Wir sind so klug, und dennoch spukt's in Tegel.
> Wie lange hab' ich nicht am Wahn hinausgekehrt,
> Und nie wird's rein; das ist doch unerhört!
>
> (Goethe, Faust I, Walpurgisnacht)

Aber bleiben wir noch eine Weile in der mittelalterlichen Welt, die uns eine breitere Grundlage zum Verständnis des hier behandelten biologisch-hermetischen Gartenbaus geben kann. In jenen Zeiten wurden die einzelnen Tage im Jahreslauf mit den Namen von Heiligen belegt. Durch die Verehrung des Heiligen an »seinem« Tag war dieser nicht nur abstrakte Ziffer auf einem Kalenderblatt, sondern hatte qualitative Charaktereigenschaften. So hatten Pankratius, Servatius und Bonifazius (12., 13. und 14. Mai) die Eigenschaft, kaltes Wetter mit sich zu bringen und wurden deshalb die »Eisheiligen« genannt. Die besondere Eigenart der einzelnen Tagesheiligen wurde von den analphabetischen Bauern mündlich in gereimten Regeln weitergegeben. Da heißt es zum Beispiel:[2]

Vinzent Sonnenschein (22. Januar)
bringt Korn und Wein.

Georg (23. April) und Marx (25. April)
bringen oft viel Args.

Simon Jude (28. Oktober)
wirft Schnee auf die Bude.

Die heilige Barbara (16. November) konnte dem hoffnungsvollen Jungfräulein zeigen, ob sie im nächsten Jahr heiraten werde. Indem die Kirschenzweige, die sie am Barbaratag in einer Vase in die warme Stube stellt, blühen oder nicht, erhält sie die begehrte Antwort. Mit dem Heiligen, an dessen Namenstag man geboren war, hatte man ein besonderes Verhältnis und trug auch oft dessen Namen, ein Brauch, der bei den lateinamerikanischen Campesinos noch heute lebendig ist.

Die Heiligen waren auch die Schutzpatrone aller Gewerbe und Tätigkeiten. So war der heilige Georg Beschützer des ackernden Bauern und Gambrinus der Heilige der Bierbrauerkunst. Der heilige Fiaker, dessen Tag auf den 30. August fällt, ist der Beschützer des Gemüsebaus. Er wird mit einem Spaten und einem aufgeschlagenen Buch dargestellt. Sein Name ist übrigens in die Sprache als Synonym für Droschke eingegangen, weil die Pariser Lohnkutschen beim Hotel St. Fiacre parkierten. Aber auch da wirkte der Heilige segnend auf den Gemüsebau, denn der Pferdemist dieser Droschken wurde die Grundlage der Düngung in den berühmten Pariser Marktgärten.

Wie die anderen übersinnlichen Wesen konnten diese Tagesregenten angesprochen werden; man konnte ihnen opfern oder sie im Zustand der Verzückung »sehen«. Wenn diese nichts auszurichten vermochten, konnte der mittelalterliche Mensch immer noch zur Frau Holle gehen oder die älteren

Der heilige Fiacre.

Naturgeister zu Hilfe rufen. Man brauchte nur dreimal an Holz zu klopfen und ihren Namen zu rufen, dann kamen sie. Die Beziehung der Landbevölkerung zu den Heiligen erweist sich ähnlich der Verehrung von Ahnen und Vorfahren bei den afrikanischen Pflanzern oder den chinesischen Gartenbauern.

Klostergärten

Natürlich gab es im Mittelalter nichts, was sich mit der modernen wissenschaftlichen Forschung vergleichen läßt. Was man am ehesten als Forschung auffassen könnte, war die Tätigkeit der Mönche, besonders der Zisterzienser und Benediktiner, die überall Klostergärten und Klosterhöfe anlegten. Grobgemüse, Bohnen, Erbsen und Rüben kamen nicht in die Gärten, sondern wurden feldmäßig angebaut. Die feineren Gemüse kamen in den von einer Mauer umgebenen Hortus.

Im berühmten karolingischen Klostergarten von St. Gallen tritt uns wieder die anthropomorphe Gartengestaltung vor Augen. Der Hortus ist durch ein Wegkreuz in zwei Hälften geteilt. Nach beiden Seiten laufen zehn feste Wege, die wie die zehn Rippenpaare zwischen den Beeten liegen. Am Ende ist ein Herbularius, der als Gewürz- und Kräutergarten eine wichtige Rolle in der mittelalterlichen Arzneiversorgung spielte. In manchen Klöstern findet man noch einen Meditationsgarten mit Kreuzgang, in dem die der Jungfrau Maria geweihten Veilchen, Margeriten, Majoran und Rosmarin neben weißen Lilien, die die Reinheit darstellen, und roten Rosen, die das Martyrium symbolisieren, wachsen. Im Hortus wachsen Zwiebeln, Lauch, Gurken, Salat, Pastinaken, Mohn, Kerbel, Kümmel und andere uns bekannte Arten. Daneben wachsen die seither verwilderten Pflanzen, die man heute zu den Unkräutern zählt, wie Bürzelkraut (Portulaca oleracea), Gemüsesenf, Malve oder Käsepappel und die Melde. Auch Pflanzen zum Färben und zur Textilbereitung wie Karde (Dipsacus sativa), Schafgarbe und Färberwaid (Isatis tinctoria) wurden hier gepflegt.

Zu neuen Einsichten gelangte man durch Meditation, Kontemplation und der Autorität der alten Manuskripte anstatt durch kontrollierte Experimente. Die alten Erfahrungen der Griechen und Römer blieben uns erhalten durch das fleißige Kopieren der landwirtschaftlichen Manuskripte des Plinius, Cato, Theophrastus und Vergilius. Diese Einsichten wurden schließlich in den Schatz der Bauernregeln und Sprichwörter des einfachen Volkes aufgenommen und durch eigene Beobachtungen ergänzt.

Renaissance

Im 12. und 13. Jahrhundert gelangten viele alte griechische Texte, darunter astrologische, meteorologische und landwirtschaftliche Abhandlungen, die die Araber aufbewahrt hatten, in den Westen. Ein neues Interesse an Gartengestaltung, seltenen Pflanzenarten und Kräuterkunde erwachte. Der größte der Gelehrten und Alchemisten seiner Zeit, Albertus Magnus (1193 bis 1280), schrieb ein Werk, das die Gartenbaukenntnisse dieser Zeit zusammenfaßt: *De vegetabilibus liber septimus de mutatione plantae ex silvestritate in domesticationem.*

Mit dem neuen Zugang zur Antike drängten die mythologischen Gestalten, die Götter und Heroen, erneut in das Bewußtsein der abendländischen

Völker. Neuplatonische Philosophen hoben die sieben Planetengötter, mit oder ohne christliche Übertünchung versehen, in den Bereich des seriösen, wissenschaftlichen Gesprächs. Dazu kam die Astrologie, die sich mit den Tierkreiszeichen, mit dem Meganthropus und dem Wirken der Götter im Kosmos und auf der Erde erneut befaßte. Es handelte sich um eine Wissenschaft, die hauptsächlich Qualitäten zu ermitteln suchte, nicht Quantitäten wie unsere moderne Wissenschaft. Die kosmologischen Bilder, die uns hier entgegentreten, sind Ausdruck qualitativer Verhältnisse. Viele dieser Qualitäten sind heute noch bedingt gültig und haben ihre Zufluchtsstätte in den Gärtnerweisheiten und Bauernregeln gefunden.

Die sieben Bereiche dieser antiken Götter, die auch vage mit den Sphären der Engel und Erzengel identifiziert wurden, sind nicht nur in den Wandelsternen zu suchen, sondern hauptsächlich hier auf Erden. Ihr Einfluß ist durch ihre Signaturen (lat. *signatura* = Siegelzeichen), die sie allen Geschöpfen aufprägen, zu erkennen. Jedes Metall, jeder Stein, jede Blume, jedes Tier, jeder Tag und die Landschaft sowie jede seelische und moralische Eigenschaft in Mensch und Natur tragen diese Siegeleindrücke. Man bemühte sich, die Welt nach diesen sieben Mustern einzuteilen.

Die Glückstage und Wochentagsregeln der Bauern gehen auf diese Zeiten zurück. Man liest da in einer Aufzeichnung aus Basel im Jahr 1674:

> Es sey unglücklich, wann ein Knecht oder eine Magd an dem
> Mittwuchen einen Dienst antrete.
> Man soll den Donnerstag Abend feyren.
> Man soll am Freytag die Essig füllen.
>
> (B. Anhorn: *Magiologia*, Basel 1674)

Der Mittwoch gehört dem Merkur, der in seinem negativen Aspekt ein Lügner und Dieb ist. Feste und gemütliches Feiern gehören dem »jovialen« Jupiter, dem Gott des Donnerstags. Freitag ist der Tag der milden Venus, aber auch der Tag, an dem man den Gekreuzigten mit Essig tränkte.

Wenn Arthur Hermes die roten Nacktschnecken aus seinem Garten mit einer Brühe aus gekochten frischen Rottannenzweigen (Picea abeis) vertreibt, bewegt er sich ganz in der Tradition dieser Renaissance-Philosophen. Die weichen, schleimigen Schnecken gehören ganz dem wässrigen Mond, aber ihre rötliche Farbe und gierige Freßlust verrät, daß auch der aggressive Mars in ihnen ist. Dem nassen, kalten Mond setzt man, nach dem Prinzip »contraria contrariis«, den trockenen, warmen Saturn entgegen, indem man aus Zapfen und Zweigen der Fichte, die die Signatur des Saturns trägt, eine

Mondschnecke und Saturntanne.

duftende Brühe bereitet, die man mit der Gießkanne um den Garten herum gießt. Wenn die Mondtierchen in diese Saturnzone kommen, bäumen sie sich erschreckt auf und kehren eiligst um, denn sie fürchten, in einen trockenen, warmen Tannenwald hineinzukommen. Wenn man dieses am Samstag, dem Tag des Saturn, macht, dann steigert sich die Wirkung. Arthur Hermes legt im Winter auch Fichtenzweige auf die Gartenbeete, damit die »für die äußeren Sinne nicht spürbare« Saturnwärme die Knollen und Stauden schützt.

Man kann die Schnecken aber auch nach dem Prinzip »similia similibus« mit dem Mond selbst bekämpfen, indem man sie mit Bier, das man in Konservendosen in den Boden setzt, anlockt und dann vernichtet. Bier ist aus Gerste gemacht, die das Siegel des Jupiters trägt, ist aber ganz »Mond« geworden durch den Vergärungsprozeß.

Ein Gärtner oder Bauer arbeitet mit dem Signaturdenken, wenn er einen sandigen Boden (der Mars, Jupiter und Saturn angehört), auf dem natürlicherweise Wachholder (Jupiter), Heidelbeeren (Saturn) und Tannen (Saturn) als dominante Vegetation wachsen, mit Kalk (Mond) und Kuhmist (hauptsächlich Mond) düngt. Er balanciert einfach die obersonnigen mit den untersonnigen Planeten aus.

Auf die Signaturenlehre kommen wir später zurück; wir wollen erst einen weiteren Überblick über die »ländliche« Wissenschaft tun.

Bauernregeln

Der Tierkreis ist ein Ring von Fixsternen, an denen die Planeten, die Sonne und der Mond in ihren Kreisläufen vorbeiziehen. Dieser Ring wurde schon seit babylonischen Zeiten in zwölf verschiedene Regionen geteilt, die jeweils einer Körperstelle des Menschen entsprachen. Es war der große kosmische Mensch, der Meganthropus, dessen Abbild der Mikrokosmos, der kleine Mensch auf Erden, ist. Von dem Tierkreiszeichen des Widders empfand man herunterströmende Kopfkräfte, vom Stier Halskräfte, von den Zwillingen Schulter- und Armkräfte und so weiter durch den ganzen Tierkreis, bis man zum Zeichen der Fische kam, von denen die Fußkräfte des Meganthropus herunterstrahlten.

Durch den Tierkreis wirken die Urbilder auf die Erde herab. Diese Kräfte der Urbilder werden aber jeweils verändert, verstärkt oder geschwächt, wenn sich ein Planet in einem der Zeichen befindet. Man kann sagen, daß ein Mars, der vom Skorpion her leuchtet, weniger Gutes verheißt, als wenn

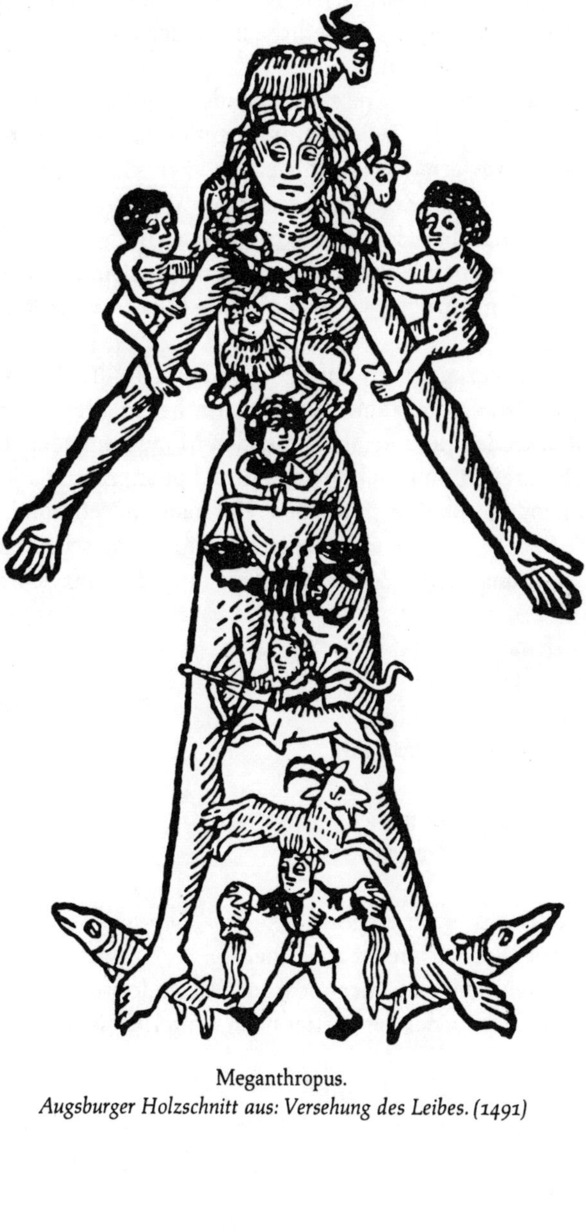

Meganthropus.
Augsburger Holzschnitt aus: Versehung des Leibes. (1491)

er von der Jungfrau her leuchtet. Eine Sonne im Löwen (August) ist eine heißere, stärkere Sonne, als wenn sie matt von der Richtung des Steinbocks oder Wassermanns (Februar) her leuchtet. Ein Vollmond im Stier hat eine andere Qualität als einer in den Fischen. Für den Landmann waren diese Qualitätsunterschiede wichtig genug, daß etliche mündlich überlieferte Regeln hierfür zurechtgemacht wurden.[3]

Möhren sollen nicht im Krebs gesät werden, heißt es da, sonst treiben sie zu viele kleine Wurzeln. Zwiebeln, im Steinbock gesetzt, werden fest wie Stein, aber im Wassermann faulen sie. Die bayrischen Bauersfrauen säten Hanf und Flachs in den Zeichen des haarigen Widders und des Löwen. Bei den Hillbillies im Appalachen-Gebirge ist es noch immer Brauch, das Gemüse, das zum Einmachen bestimmt ist, nicht im Zeichen des Skorpions oder der Fische zu pflanzen, denn sonst würden die Konserven sehr unangenehm riechen.

Viele Regeln bezogen sich auf die Mondphasen, die das Wachsen und Vergehen, Aufbauen und Faulen zur Signatur haben. Man soll Hecken, Reben und Klauen der Tiere im abnehmenden Mond schneiden, Gemüse mit oberirdischen Teilen im zunehmenden Mond pflanzen und Wurzelgemüse im abnehmenden Mond säen. Bohnen setzt man im Neumond.

Weitere Regeln bezogen sich weniger auf kosmologische Zeichen als auf Naturbeobachtungen, mit denen man die nähere Zukunft deuten konnte.

Bienenschwarm im Mai
ist wert ein Fuder Heu.
Aber ein Schwarm im Juli,
der lohnt sich kaum der Müh.

Gibt's der Eichenblüten viel,
füllt sich auch des Kornes Stiel.

Sonnt der Dachs in der Lichtmesswoche (2. Februar),
geht er vier Wochen wieder zu Loche.
(Vier Wochen bedeuten hier nicht vier Kalenderwochen, sondern eine recht lange Zeit, in der das Wetter noch winterlich ist.)

Regnet es Johanni sehr (24. Juni),
sind die Haselnüsse leer.

Wiederum andere Regeln geben dem Landmann Anleitung, was er zu tun hat und worauf er zu achten hat, um sein Werk zum günstigsten Zeitpunkt zu verrichten.

Frühe Saat hat nie gelogen,
allzuspät hat oft betrogen.

Zur Gartenarbeit lass dir raten
wenn die Erde sich löst vom Spaten.
(Solange der Boden gefroren oder zu naß ist, so daß die Erde an den Geräten klebt, soll man nicht auf die Beete.)

Benedikt (21. März)
macht Zwiebeln dick.

Gertrud (17. März)
säe das Chrut.

Andere Regeln sind wiederum einfach Bauernhumor:

Fällt der Regen auf den Roggen,
bleibt der Weizen auch nicht trocken.

Jeder, der längere Zeit mit einem naturverbundenen Landvolk zusammengelebt hat, wird diese Regeln und viele Sprichwörter, die jeder Begebenheit und Angelegenheit einen Inhalt geben, gehört haben. Dazu kommen noch die Rätsel, deren Lösung ein anstrengendes Denken in Analogien, Gleichnissen und Signaturen erfordert. An manchen kalten Winterabenden, wenn ich zu Besuch bei Arthur Hermes war, unterhielten wir uns, indem wir einander uralte Rätsel aufgaben. Oft dauerte es mehrere Tage, bis einem die treffende Antwort einfiel.

Aus dem Igel, eins, zwei, drei,
schlüpft das braune, runde Ei.
(Kastanie in der Schale)

Kurz, rund, bunt, voller Blut,
im Sommer ich entstehe,
im Winter komm ich nicht,

auf einem Bein ich gehe,
auswendig bin ich weich,
inwendig bin ich hart,
was ist doch das für eine wunderbare Art?
(Kirsche)

Vorn lebendig,
Mitten tot,
Hinten mags gern Käs und Brot.
(Ochse, Pflug und Bauer)

Diese bunte Volkswissenschaft wurde nach der Erfindung der Buchdrukkerkunst von Wissenden wie Paracelsus, Agrippa und Trithemius mit neuplatonischem und kabbalistischem Gedankengut kombiniert und systematisiert und führte zu einer großen Anzahl von Zauberbüchern, Kräuterbüchern und Kalendern, die ihrerseits wiederum die Volkswissenschaft befruchteten.

Die Kalender

Die Kalender spielten eine immer größere Rolle, denn nach der Reformation konnten immer mehr Leute lesen und schreiben. Solche Kalender waren bei den Bauern beliebt, da sie die Bauernregeln abdruckten, astronomische Daten enthielten, Ratschläge erteilten und auch die Tage der Heiligen nannten. Großes Ansehen genoß der *Hundertjährige Kalender* (1702), der auf ein Jahrhundert das Wetter voraussagen wollte aufgrund einer siebenjährigen Periodizität der Planeten. Da einige Planeten heiße, andere kalte, einige feuchte, andere wiederum trockene Eigenschaften haben, meinte der Zisterzienserabt Mauritius Knauer (1612 bis 1664), man könne sich errechnen, wie das Wetter wird, wenn man weiß, welcher Planet in welchem Jahr herrscht.

Die Kosmologie, auf der diese Kalender und das Bauernwissen aufbauten, verfiel immer mehr. Das allmähliche Fortschreiten des Frühlingspunktes und das damit verbundene Auseinandergehen der Erfahrungen mit den Regeln sowie die Kalenderreform des Papstes Gregor XIII. im 16. Jahrhundert, der dabei den Kalender um elf Tage verschob und den bäuerlichen Jahresbeginn vom 25. März (Maria Verkündigung) auf den 1. Januar verlegte, brachte viel Verwirrung um die Regeln. Die Qualitäten der Heiligen wurden immer weniger glaubwürdig, und dies nicht nur bei den Protestanten. Kalender enthielten Regeln, die nicht überall und in jedem Ökotop anwendbar waren. Das war besonders der Fall bei den Einwanderern in Amerika, wo ganz andere ökologische Umstände herrschten, die den Kalender und die damit verbundene Weltanschauung ungültig machten.

Strukturwandel im Lande, der Wandel von der selbstversorgenden Naturalienwirtschaft zur Geldwirtschaft und die damit verbundene weltanschauliche Veränderung, die ihren Höhepunkt in der Aufklärung fand, ließ die alte Bauernwissenschaft zum Aberglauben werden. Man schüttete das Kind mit dem Bad aus und wandte sich der materialistischen, naturwissenschaftlichen Denkweise zu. Nur einige Hinterwäldler und Kräutersepps hielten an ihren alten Anschauungen fest. In der DDR, wo die industrialisierte, produktionsgenossenschaftliche Landwirtschaft allein maßgebend ist, traf ich jedoch eine Bäuerin, die immer noch am Karfreitag Osterwasser schöpft und sich jedes Jahr einen astrologischen Bauernkalender aus dem Westen herüberschmuggeln läßt.

Wir sehen, daß der biologisch-hermetische Gartenbau tiefe Wurzeln hat, die durch die Jahrtausende zu den Urerfahrungen der Schamanen und dem Weisheitsgut der Hierophanten zurückreichen. Verborgenes Gold liegt da unter dem Schutt des Aberglaubens, verachtet von der aufgeklärten, skeptischen Wissenschaft. Wir werden sehen, ob wir dieses Gold durch die Scheidekunst der Alchemie nicht läutern können, um dann die kränkelnde Landwirtschaft unserer Tage damit zu tingieren.

III Die neue Landwirtschaft und Rufer in der Wüste

Der neue experimentalwissenschaftliche und kommerzielle Geist des liberalen Bürgertums brachte eine Verbesserung nach der anderen mit sich. Die Aufklärung und die Französische Revolution beendeten allmählich den Zehnten, die Allmende, die Zelgen, Frondienste und andere feudale Einrichtungen. Kleinbauern und Tagelöhner wanderten ab in die Industriestädte und überließen das Land den größeren Bauern, die sich nunmehr auf ertragreiche Sorten spezialisierten und den Anbau neuer Pflanzenarten wie Mais, Kartoffeln und Tabak ausprobierten, die Brache mit Hackfrüchten und Textilfaserpflanzen bebauten, Stallfütterung einführten und den Mist besser verwerteten. Die Industriebevölkerung der Städte war Abnehmer der Agrarprodukte und lieferte gleichzeitig die nötigen Maschinen und Geräte. An den Rändern der Großstädte entwickelten sich die großen Marktgärtnereien, und frühere Landbewohner richteten sich kleine Blumen- und Schrebergärten ein.

Mehr Mist, Abschaffung der Brache, Einführung der Kartoffel, das Drillen des Getreides, Zwischenfrüchte und Klee-Einsaaten führten, zuerst in Großbritannien und dann in den anderen Ländern, zu enormen Ertragssteigerungen. Bürgerlicher Forschungseifer und Erfindergeist brachten im 19. Jahrhundert in Amerika die ersten Mähdrescher, Dampfpflüge, Kartoffellegemaschinen, Dränagen und andere technische Entwicklungen hervor, die menschliche Arbeit auf dem Lande immer mehr ersetzten. Zur selben Zeit begannen Sortenzüchtung, Anwendung der Pharmakologie, Leistungsprüfungen, Versuchsanstalten und Ausstellungen eine Rolle zu spielen.

Als größte Leistung wurde damals die Kunst- oder Mineraldüngertheorie des Chemikers Justus von Liebig angesehen. Diese Theorie, auf deren Verwirklichung der Aufschwung der großen agrarchemischen Industrie zurückzuführen ist, nimmt an, daß die in den Ernten weggetragenen Mineralstoffe im Boden ersetzt werden müssen. Ob man nun den Boden mit Mist oder mit Mineralsalzen düngt, ist einerlei, denn Stickstoff bleibt Stickstoff, Phosphor bleibt Phosphor und Kalium bleibt Kalium. Man kann also gut mit mineralischen Salzen düngen und braucht sich nicht mehr mit schmutzigem, klebrigem Tierkot abzugeben. In England begannen J. B. Lawes und der Chemiker J. H. Gilbert die industriemäßige Kunstdüngerherstellung, indem sie Knochen oder Kalkphosphatgestein »vitriolisierten«, d. h. mit Schwefelsäure zu Superphosphat machten, und mit Erfolg vermarkteten. Die großen Schlachthäuser lieferten das Rohmaterial. Es wird sogar berichtet, daß Knochen von auf Schlachtfeldern Gefallenen verarbeitet wurden. In Rothhamstead stellten die zwei Unternehmer Experimente an, darunter den endlosen Feldversuch, bei dem ein dreigeteiltes Feld Jahr für Jahr mit Weizen bestellt wurde. Eine Parzelle bekam überhaupt keinen Dünger, die zweite wurde mit Stallmist behandelt, während die dritte nur Kunstdünger bekam. Jahrein, jahraus wurde bestätigt, daß der Kunstdünger ebensogute Ernten hervorbrachte wie der Mist, und dabei war er billiger, leichter herzustellen und zu verwenden. Diese Experimente in Rothhamstead schienen eindeutig den Weg in eine glückliche Zukunft zu weisen. Der apokalyptische Reiter auf dem fahlen Pferd, der Hunger, schien auf ewig gebannt. Das lang ersehnte Pays de cocagne, das Schlaraffenland, das sich die Menschen schon so lange ersehnt hatten, schien in Aussicht.

Die materialistische Wissenschaft, die den Ackerboden als Rohstoff für die zucker- und stärkeproduzierenden, sonnenenergiebetriebenen Pflanzenfabriken begreift, hatte den Sieg davongetragen. Die sich entwickelnde Schwerindustrie lieferte Phosphor, der in Form von Thomasschlacke als Nebenprodukt der Stahlerzeugung entsteht. Kali konnte in Bergwerken (Staßfurt) im Tagebau gewonnen und auf dem leistungsfähigen Transportnetz der Eisenbahnen verfrachtet werden. Stickstoff ($Na\ NO_3$), eigentlich uralter, abgelagerter Mövendung, wurde aus Chile eingeführt oder auch als Nebenprodukt bei der Verkoksung von Kohle gewonnen. Von sich aus interessierten sich die Bauern wenig für den Kunstdünger. Ausnahmen waren die Großgrundbesitzer, die dadurch kostenaufwendige Arbeitskräfte sparen konnten und sich einer erweiterten Profitspanne erfreuten.

Durch die Kriege bekam die chemisierte Landwirtschaft ihren größten Auftrieb. Als die Blockade der Alliierten den Zentralmächten im Ersten Weltkrieg die Einfuhr von Nahrungsmitteln und Chilesalpeter sperrte, entwickelte man Fabriken, in denen die energieaufwendige Ammoniaksynthese im Haber-Bosch-Verfahren stattfinden konnte. Es ging hauptsächlich um die Munitions- und Sprengstoffherstellung, die ja auf Stickstoffverbindungen basiert. Nach dem Krieg blieben die Fabriken bestehen und erzeugten Kunstdünger für die Landwirtschaft.

Aus den Forschungen für die Herstellung von Giftgasen und chemischen Kampfstoffen zwischen den beiden Weltkriegen ergaben sich die Pflanzenschutzmittel (Insektizide). Auch hier hatte man die industriellen Kapazitäten für eine Produktion entwickelt, obwohl man beiderseits aus Furcht vor den Konsequenzen im Zweiten Weltkrieg auf die Anwendung verzichtete. Diese Produkte wurden umfunktioniert für einen Krieg gegen die Kerbtiere. Als erster der chlorierten Kohlenwasserstoffe wurde DDT von den Alliierten 1943 in Neapel zur Bekämpfung von Läusen eingesetzt und propagandistisch ausgeschlachtet.

Auch der Vietnamkrieg hatte seine *spinn offs* für die dummen Bauern. Herbizide und andere Pflanzenvernichtungsmittel wie Agent Orange wurden vom Chemiekonzern Dow Chemical in Massen hergestellt, um die Urwälder Südostasiens zu entlauben, damit der Feind sichtbar und seine Nahrungsmittelgrundlage zerstört wurde. Die Überproduktion wird, da nun dieser Krieg vorüber ist, als gewinnbringender Unkrautvertilger in die Landwirtschaft weitergeleitet.

Die Herstellung der Kernwaffen hat auch ihren Einfluß auf die Landwirtschaft. Man verspricht sich besonders ertragreiche Sorten, die aus der radioaktiven Bestrahlung des Pflanzenerbgutes hervorgehen sollen. Die erdölsüchtige, moderne Landwirtschaft hofft auf neue Energiequellen. Heizungsrohre, von den Kernkraftwerken aus unter überdachte Felder verlegt, versprechen witterungsunabhängige Nahrungsmittelerzeugung. Man lese nur die Zukunftsprojektionen der Technokraten!

Reformbewegungen

Im Laufe der soeben charakterisierten Entwicklungen fragten sich einige nachdenkliche Gemüter, ob trotz der wissenschaftlichen Errungenschaften nicht doch ein Pferdefuß an der Sache sei. Schon vor der Jahrhundertwende gab es Reformer (Waerland, Kneipp, Graham u. a.), die einer bedrohten Lebensqualität mit natürlicher Nahrung und demgemäßen Kuren begegnen wollten. Anfang des 19. Jahrhunderts entstanden nach englischem Vorbild die »Armengärten«, die es armen Proletariern erlaubten, Parzellen zu pachten, um dort frische Luft zu schnappen und etwas Gemüse anzubauen. Um 1870 entstanden dann die Schrebergartenbewegung und die Kleingärtnerkolonien der verschiedenen Naturheilvereine, des Roten Kreuzes und anderer Reformgruppen. Hier und da meldete sich sogar eine Stimme, die ganz und gar »zurück zur Natur« wollte, aber im großen und ganzen glaubte man fest an den Fortschritt und lehnte diejenigen, die sich kritisch stellten, als Naturapostel, Fanatiker, Reformköstler und Spinner, die im Laufe des weiteren technischen Fortschrittes schon verstummen würden, ab.

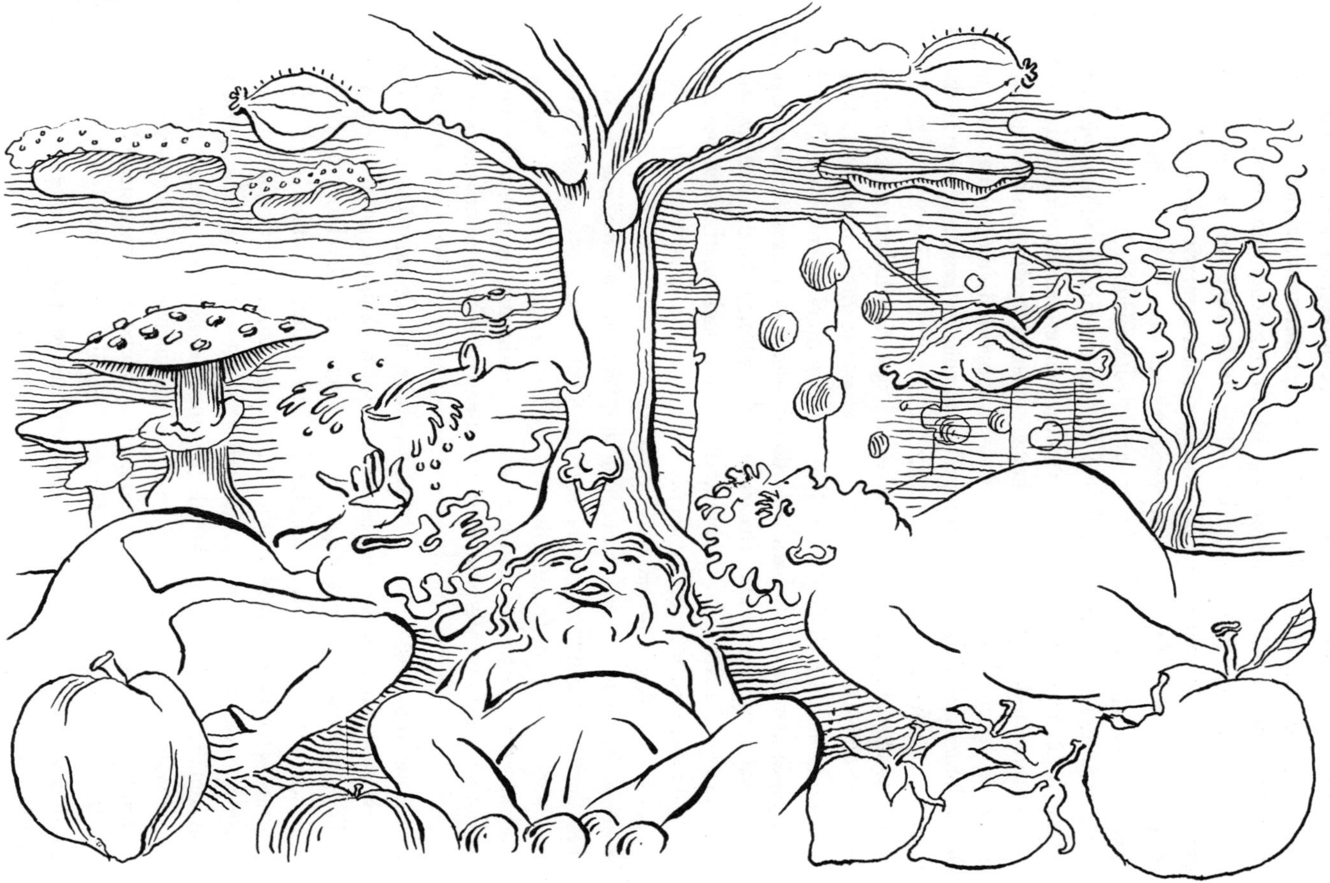

Das Schlaraffenland.

Erst nach dem Ersten Weltkrieg, als die Kunstdüngerproduktionskapazitäten voll genutzt wurden, hob Rudolf Steiner mit seiner weltanschaulich fundierten Kritik an, und eine »biologisch-dynamische« Bewegung kam in Gang. Kurz darauf erschienen noch andere Bewegungen, die auf eine giftstofffreie, ökologisch orientierte Landwirtschaft zielten, wie die »biologisch-organische« Bewegung des Schweizer Nationalrates Dr. Hans Müller und das Organic Agriculture Movement von Sir Albert Howard.

Die biologisch-dynamische Methode fand in ihren ersten Jahren viel Anklang. Begeisterte junge Leute, den Wandervögeln ähnlich, verbreiteten sie in mehrere Länder. Neben zahlreichen Kleingärtnern waren es auch stattliche Höfe des ostelbischen Adels, die sich mit dieser Methode befaßten. Im Kriegsjahr 1941, als die Erzeugungsschlacht voll im Gang war, wurde die biologisch-dynamische Landwirtschaft im Deutschen Reich verboten und ihre Praktikanten des Okkultismus beschuldigt. Das geschah, nachdem der Stellvertreter des Führers, Rudolf Hess, der sich offen für diese Methoden eingesetzt hatte, nach England geflogen und zum Verräter erklärt worden war. Nach dem Krieg blieb diese Methode auch in den sozialistischen Ostblockstaaten verboten.[1] Die schwierige philosophische Basis sowie die Sektiererei und Geheimniskrämerei mancher Anthroposophen haben den Zugang zur biologisch-dynamischen Methode für etliche Leute versperrt.

Auch die biologisch-organische Methode Müllers litt unter dem Krieg, da er mit seiner Bauernheimatbewegung und Jungbauernbewegung, die sich als kulturelle Organisation zur Pflege bäuerlicher Art und Kultur begriff, immer näher den Grundsätzen des nationalsozialistischen Blut-und-Boden-Gedankens kam.[2] Nach dem Krieg war die Bewegung politisch nicht mehr existent, aber die Lehre vom naturgemäßen Anbau von Nahrungsmitteln (Gebrauch von Gesteinsmehl anstatt Kunstdünger, Flächenkompostierung) und ihre wissenschaftliche Untermauerung durch die Theorien von Dr. H. Rusch fanden im Laufe der Zeit zahlreiche Anhänger.[3]

Die »organische« Bewegung in den angelsächsischen Ländern geht auf Sir Albert Howard zurück, der nach jahrelanger Forschung und praktischer Erfahrung seine Werke *An Agricultural Testament* (1941) und *Soil and Health* (1947) herausgab. Zur selben Zeit entwickelte sich die biologische Methode von Lemaire-Boucher in Frankreich. In den frühen fünfziger Jahren verbreitete sich das Interesse an biologischem, natürlichem Landbau endlich auch in den fortschrittsgläubigen Vereinigten Staaten, wo unsachgemäße Bodenbearbeitung zu Bodenerosion und Staubstürmen geführt hatte, wobei weite Landschaftsteile verwüstet und Milliarden Tonnen Humus verloren gegangen waren.

Dieses allgemeine Interesse am Bio-Landbau hielt jedoch nicht lange an, denn da nun die Nachkriegswirtschaft in eine expansive Phase geriet, schien die biologische Bewegung doch geschlagen. Spottbilliges Öl, das preisgünstige Kunstdüngerherstellung und Maschineneinsatz ermöglichte, sowie neokolonialistische Handelsstrukturen begünstigten den Sieg der Technokraten. Die Bewegung schien die Flause unzufriedener Naturkäuze, Gesundheitsköstler, Quacksalber und anderer Neurotiker zu sein. Man beachtete kaum, daß die Bodenstruktur immer schlechter wurde, daß es immer mehr chemischer Hilfsmittel bedurfte, um die Erträge auf der Höhe zu halten, und daß Schmetterlinge und Singvögel verschwanden, während Schädlinge nur mit starken Giftbehandlungen in Schach gehalten werden konnten. Wer dachte schon, daß die Zunahme an Zahnkaries und Krebs vielleicht etwas mit der so erzeugten Nahrung zu tun haben könnte?

Die Euphorie hielt an, bis die Biologin Rachel Carson das nun klassische Buch *Der stumme Frühling* (1963) herausgab. Wie die Stimme der um ihre Kinder besorgten Mutter Erde erhob sie Klage, so daß sogar Präsident Kennedy aufhorchte und das Wort ecology (Ökologie) zum allgemein geläufigen Modewort avancierte. Zur Zeit, als das Buch erschien, fragte ich einen Professor der Entomologie, der auch als Ratgeber einer Chemiefirma tätig war, wie er das Buch von Rachel Carson beurteilte. »Es ist just die Ansicht einer hysterischen Frau. Man soll lernen, mit dem Gift zu leben, denn entweder sind wir es oder die Schädlinge, die überleben werden«, gab er zur Antwort.

Zehn Jahre später erschien ein Delegierter der amerikanischen Indianer in Europa. Man hatte ihn geschickt, um Adlerfedern zu holen, denn in den USA gab es fast keine Adler mehr. Man braucht ihre Federn zu heiligen Zeremonien. DDT, das berüchtigte Insektengift, das die Kalkschale der Eier dünn werden läßt, hatte den American bald eagle, das Wappentier der USA, an den Rand des Aussterbens gebracht.

Die sechziger Jahre sind Aufbruchsjahre. Die »Grenzen des Wachstums« machen sich spürbar. Der materialistische Fortschrittsglaube gerät ins Wanken. Man sucht nach Alternativen. Unzählige junge Menschen durchwandern fremde, »unterentwickelte« Länder und versuchen, den eisernen Klammern der Technokratie zu entgehen. Sie werden auch für die Gedankengänge der Naturkäuze, Reformkostler und anderer Außenseiter zugänglich. Sie experimentieren mit anderen Bewußtseinsformen, mit Meditationspraktiken sowie mit Pflanzendrogen. Nicht wenige haben den Gärtner in sich entdeckt, als sie Zauberdrogen suchten und ihren eigenen Marihuana oder Ololiuqui anzubauen begannen. In den achtziger Jahren sind viele dieser Ideen schon gar nicht mehr so verrückt. Fortschreitende Verwüstung der Landschaft, drohende Energieknappheit und die damit verbundene allgemeine Teuerung machen Selbstversorgergärten und Gemeindegärten nach biologischem Prinzip immer populärer, bis schließlich sogar verkrampfte, gutmeinende Akademiker und zuletzt die Behörden sich dafür interessieren.

Sir Albert Howard (1873 bis 1948)

Kaum einer hat mehr für die biologische Landwirtschaft im englischen Sprachraum getan als Sir Albert Howard. Als junger Mykologe (Pilzkenner) und Dozent für Agrikultur wurde er 1905 Reichsbotaniker der indischen Kolonialregierung. Diese Stelle, die er bis 1924 innehatte, und ähnliche Aufgaben in Afrika brachten ihn täglich in Berührung mit den Kleinbauern dieser Länder. Da leuchtete ihm ein, daß der Spezialist, der »Einsiedler« im Labor, weit davon entfernt ist, die vielen biologischen Wechselwirkungen innerhalb der Landwirtschaft zu erkennen. Die Bauern wiesen ihm den Weg zu einer ganzheitlichen Auffassung der Lebenszusammenhänge, der Aufbau- und Abbauprozesse im Boden, in der Pflanzen- und Tierwelt, die sich im ewigen Kreislauf bewegen. Dieses »Rad des Lebens« gilt es zu achten. Die Kompostierung ist ein wesentlicher Teil dieses Lebensrades, der Kunstdünger hingegen unterbricht den Kreislauf. Mit diesem Gedanken im Sinn entwickelte er in Indien die *Indore-Kompostierungsmethode.*

In seinen Arbeiten macht Sir Howard auf die wichtige Rolle der Pilzwurzeln (Mycorrhizae) aufmerksam, die in guter Erde mit den Wurzelhärchen symbiotisch verwachsen. Sie versorgen die höhere Pflanze mit Wachstumshormonen, gewähren ihr Resistenz gegen anderen Pilzbefall und versorgen sie mit Mineralien, die sie aus dem Kristallgitter herauslösen. Die grüne Pflanze ihrerseits versorgt die Pilzwurzeln reichlich mit Zucker und anderen Kohlehydraten. Die Mycorrhizae, reichlich in gutem Boden vorhanden, verschwinden, wenn der Boden chemisch behandelt wird.

Gesunder Boden ohne Einschaltung von chemischen Substanzen oder Giften ist die Grundlage für das Gedeihen der Pflanzen, Tiere und Menschen. Fruchtbarkeit und Gesundheit resultieren aus sorgfältiger Humuspflege mit Kompostierung aller organischen Abfälle. Diese Ansicht konnte Sir Howard beweisen, als seine Rinderherde von Maul- und Klauenseuche verschont blieb, die bei den Kunstdüngerbetrieben der Nachbarn wütete. Er konnte auch zeigen, daß der Schädlingsbefall in erträglichen Grenzen gehalten werden kann, wenn Kompostierung als Grundlage dient. Auf Charles Darwins letztes großes Werk über die Regenwürmer[4] machte er die biologische Landwirtschaft aufmerksam. Diese Tiere, als Garanten der Bodenfruchtbarkeit, verdauen nach Darwins Schätzungen ungefähr zehn Tonnen Erde pro acre (0.4 ha) und Jahr und reichern die verarbeitete Erde mit Nährstoffen an. Kunstdüngersalze vertreiben diese hilfreichen Tiere. Mit Ammoniumsulfat tötet man absichtlich die Regenwürmer auf den Golfspielplätzen, damit ihre Häufchen auf dem kurzgeschorenen Rasen den Golfbällen nicht in die Quere kommen können.[5]

Die bereits über hundert Jahre laufenden Experimente in Rothhamstead, wo man Jahr für Jahr Weizen in drei Parzellen, eine ohne Düngung, eine mit Mistbehandlung und eine mit Kunstdünger, anbaut, nahm Sir Howard unter die Lupe. Er stellte fest, daß das Experiment nicht beweist, was es zu beweisen vorgibt:

1. Die Parzellen sind zu klein, und der Umstand, daß hundert Jahre ununterbrochen Weizen angebaut wird, entspricht keinem normalen Feld oder Garten.
2. Die Parzellen können nur mit Mühe unkrautfrei gehalten werden. Schon das ist ein Zeichen, daß die Natur sich gegen diese Vergewaltigung wehrt.
3. Man hat den Boden der Parzellen nicht genug isoliert. Regenwürmer und andere Organismen wandern hinein, werden von Kunstdünger getötet und stellen durch ihre Leiber eine Düngung dar.
4. Jedes Jahr wird neues Saatgut von anderswo gebracht. Hätte man vom gleichen Beet den Samen bezogen, so wären aller Wahrscheinlichkeit nach die Experimente weniger überzeugend verlaufen, und man hätte sehen können, daß die Lebenskraft, die Keimfähigkeit, über einige Generationen stark zurückgegangen wäre. Gerade die Degeneration des Saatgutes ist ja eines der größten Besorgnisse der modernen Landwirtschaft.

Man griff Sir Howards Arbeiten als »wissenschaftlich nicht standhaft« an und legte sie auf Eis. Howard vermutete hinter dieser feindseligen Haltung mit Recht die kommerziellen Interessen der Chemiekonzerne. Er antwortete seinen Kritikern: Ist denn das Ausstreuen von Salzen, die sich ja als schädlich erweisen, so viel wissenschaftlicher als die genaue Beobachtung der Verrottung, das sachgerechte Aufsetzen einer Kompostmiete und das Verfolgen der Wirkungen im Erdboden? Nicht Wissenschaft, sondern Mißbrauch der Wissenschaft zugunsten finanzieller Interessen sei das Problem.

Der Einfluß dieses Pioniers der biologischen Landwirtschaft ist trotz seiner Ablehnung durch die »Spezialisten« enorm. Lady Eve Balfour, die am eigenen Leib spüren konnte, wie sich ihr labiler Gesundheitszustand besserte, als sie mit der Indore-Kompostierung begann, gründete und leitete die einflußreiche *Soil Association*. E. F. Schumacher, der den Begriff der angepaßten »sanften« Technologie prägte, war für eine Zeit Vorsitzender dieser Association. Friend Sykes, ein Züchter von Vollblütern, wurde von der Methode überzeugt, als seine Rennpferde schneller liefen und leichter fohlten, wenn ihr Futter biologisch gewachsen war.

Der wohlhabende amerikanische Publizist I. J. Rodale, von den Schriften Howards begeistert, kaufte sich eine Farm in Pennsylvanien, stellte eigene Untersuchungen an und gründete bald darauf das Organic Gardening Movement, das sich zu einer regelrechten Volksbewegung entwickelt hat. Die monatlich erscheinende Zeitschrift Rodales, das *Organic Gardening and Farming Magazine*, hat inzwischen eine Auflage von über 800 000 Exemplaren erreicht. Hunderttausende alte Damen, Rentner und Studenten gehören den von ihm gegründeten Organic Gardening Clubs an.

Rudolf Steiner (1860 bis 1925)

Für das Festland Europas ist es der österreichische Philosoph Rudolf Steiner, bekannt geworden durch seine Anthroposophie, der für die Ausbreitung der biologischen Landwirtschaft bahnbrechend war. 1924 wurde er von schlesischen Großagrariern gebeten, auf der Basis seiner anthroposophischen Wissenschaftstheorie Ratschläge für die von immer neuen Problemen bedrängte Landwirtschaft zu erteilen. Die Zuckerrüben wurden zunehmend von Fadenwürmern befallen, das Saatgut verlor an Keimfähigkeit, und die Luzerne, die man früher gut dreißig Jahre lang hatte ernten können, gedieh nur noch ein Dutzend Jahre, zuletzt hatte man sie nur noch vier oder fünf Jahre. Früher, so sagten die besorgten Bauern, nahm man das eigene Saatgut für Roggen, Hafer, Weizen und andere Getreide, aber nun degenerierten die Sorten so, daß man gezwungen war, immer neue Sorten zu kaufen. Zur selben Zeit hatte man Unfruchtbarkeit, schwieriges Werfen sowie Krankheiten im Stall zu beklagen. Zu Pfingsten 1924 hielt Steiner dann auch acht Vorträge auf dem Gut von Graf Keyserlingk in Koberwitz. Diese waren Anlaß zur Gründung eines Versuchsrings, dessen Mitglieder die stenographisch festgehaltenen Angaben des Kurses wissenschaftlich erforschen und in der Praxis anwenden wollten. Auf den Versuchsring geht die Bezeichnung »biologisch-dynamisch« zurück.

Unvorbereitet kann man die landwirtschaftlichen Vorträge Steiners nicht lesen. Selbst wenn man in der Landwirtschaft tätig ist, wird man Schwierigkeiten haben, denn Steiner baut auf einer anderen als der geläufigen, auf Kant zurückgehenden Wissenschaftstheorie auf. Wie auch Sir Howard verwirft er die Wissenschaft nicht, sondern preist sogar die Disziplin und Gedankenschulung derselben, ja, warnt sogar vor einseitigem Mystizismus, vor dem bloßen Zurück zur Natur, dem »atavistischen« Denken. Nur ist seine Wissenschaft auf anderen Grundlagen aufgebaut als die materialistische. Es gibt auch eine wissenschaftliche Tradition, die neben der empirischen Beobachtung und der mathematischen Abstraktion kräftemäßige, seelische und geistige Instanzen in das Wissen einbezieht und dadurch vermeidet, reduktionistisch vorzugehen. Man kann Steiner als einen Repräsentanten einer Wissenschaft ansehen, die sich bis in die Antike zurück verfolgen läßt und hier und da im Neuplatonismus, im Paracelsismus, im Rosenkreuzertum, in der Alchemie, der Homöopathie, im Mesmerismus und in Goethes naturwissenschaftlichen Ansichten erkennbar wird.

Durch Bekanntschaft mit einem Kräutersammler im Wienerwald und durch seine Mitarbeit an der Kürschner-Ausgabe der naturwissenschaftlichen Schriften Goethes in Weimar kam der junge Steiner als Student mit dieser okkulten (lat. *occultus* = verborgen) Strömung in Berührung. Es war Steiners Anliegen, die Einsichten, die aus dieser okkulten Wissenschaft stammen, dem modernen Verständnis nahezubringen und dem Landmann wieder eine ganzheitliche Anschauung zu vermitteln, die sein praktisches Tun begleiten kann.

Wie schwer Steiners Grundsätze zu verstehen waren – die Generation, die seit dem letzten Weltkrieg aufgewachsen ist, hat weniger Schwierigkeiten damit –, zeigt die Abneigung eines so kühnen Denkers wie Sir Albert Howard, der Steiners Methode als »muck and magic« (Mist und Zauberei) bezeichnete und dabei meinte, auf solchen Hokuspokus könne man verzichten. Auch der populäre Gartenbuchautor John Seymour konnte sich nicht enthalten zu schreiben:[6]

> Einige Befürworter des organischen Gartenbaus haben recht exzentrische Methoden, wie zum Beispiel den Anbau von Pflanzen in Übereinstimmung mit den Mondphasen oder das Verstreuen winziger Mengen geheimnisvoller Substanzen auf den Boden und so weiter . . . In der Lehre von den organischen Zusammenhängen haben derart unsinnige und abergläubige Vorstellungen keinen Platz. Der organische Gartenbau beruht auf beweisbaren Tatsachen und wissenschaftlichen Erkenntnissen, und die Durchführung erweist sich als wirkungsvoll und damit als richtig.

Unterscheidung der biologischen und der biologisch-dynamischen Landwirtschaft

Haben wir es doch nicht mit den gleichen Begriffen und Praktiken zu tun? Wenn man die biologisch-dynamische Literatur liest, wie z. B. Koepf, Schaumann und Pettersons *Biologische Landwirtschaft*,[7] könnte man meinen, daß es sich, abgesehen von einigen Präparaten aus Heilkräutern, um ein und dieselbe Sache handelt. Überall, wo biologische oder organische Landwirtschaft betrieben wird, hat man es mit einer ganzheitlichen, ökologisch orientierten Praxis zu tun. Dem gesunden Menschenverstand wird gegenüber den Abstraktionen der Labortechniker der Vorzug gegeben. Man arbeitet mit der Natur, nicht gegen sie; man vollzieht natürliche Prozesse nach, denn die Natur ist weiser als wir. Statt Düngersalze nimmt man Kompost, statt chemischer Gifte nimmt man die Mittel, die die Natur selbst gibt. So bekämpft man Schädlinge mit Marienkäfern, Gottesanbeterinnen, Trichogrammawespen oder spritzt zur biologischen Abwehr mit Knoblauch- und Chilepfefferbrühen. Das Ziel ist, gesunde Nahrung auf der Basis eines gesunden, lebendigen Bodens zu ernten.

Die biologisch-dynamische Landwirtschaft widersetzt sich diesen Zielen nicht, aber ihr Anliegen ist viel weiter gefaßt. Zur Ganzheit gehören nicht nur die unmittelbaren Gegebenheiten wie der Boden, die Pflanzen, Tiere und Werkzeuge, sondern auch die geologischen Gebilde, Längen- und Breitengrad, der Einfluß der Sonne, des Mondes, der Sterne und des Menschen. Nicht nur, wie er den Boden bearbeitet, sondern was er dabei fühlt und denkt, ob er ihn liebt oder gleichgültig bleibt, all das zeigt seine Wirkung. Um sich über die Kräfte und großen Kreise der Natur (Makrokosmos) und ihren Zusammenhang mit dem Denken, Wollen und Fühlen des Menschen (Mikrokosmos) klar zu werden, braucht es eine Bewußtseinserweiterung über den gewöhnlichen Grad des Bewußtseins hinaus. Diese Bewußtseinserweiterung ist ein Bestandteil der biologisch-dynamischen Methode. Wenn das Bewußtsein entsprechend geschult ist, dann steigt der Gedanke in einem auf, daß die Erde selbst ein lebender Organismus ist. Man wird auf wunderbare, ja magische Zusammenhänge aufmerksam, und man empfindet, wie man karmisch mit diesem Erdorganismus verbunden ist.

Das Gärtnern und Bauern wird dann ein Dienst an der Erde. Was man ihr antut, bestimmt mit das Karma des eigenen Lebens und der Menschheit. Man arbeitet an der Zukunft des Universums. Nur aus dem richtigen Verhältnis zur Erde und zum Kosmos wird dann, fast nebenbei, eine menschenwürdige Nahrung hergestellt. »Sorget nicht um euer Leben, was ihr essen und trinken werdet . . . sehet die Vögel unter dem Himmel an . . . Trachtet am ersten nach dem Reich Gottes und nach seiner Gerechtigkeit, so wird euch solches alles zufallen« (aus der Bergpredigt).

Biologisch zu gärtnern, um gesunde Nahrung zu haben, ist verfeinerter Materialismus. Die gesunde Nahrung ergibt sich von selbst, wenn der Mensch seine Aufgabe an der Erde erfüllt. Wichtiger als die gesunde Nahrung ist, was man mit der Kraft, die einem die Nahrung spendet, anfängt.

Der Biodynamiker ist ein Alchemist, der einer alt werdenden Natur neue Kräfte vermittelt, der nicht nur die Natur walten läßt, sondern mit Präparaten und Heilmitteln die Natur unterstützt und ihr durch bewußtes Handeln neue Sternenkräfte vermittelt. Ein Hauptaxiom des Biodynamikers ist es, die positiven Kräfte zu unterstützen und nicht Energien zu verschwenden, indem man verbissen die negativen Kräfte bekämpft und unterdrückt. Man bekämpft nicht die Schädlinge, von einer Notmaßnahme abgesehen, auch nicht mit »biologischen« Mitteln, sondern man unterstützt die Gesundung der Felder und Gärten durch Humuspflege, Tierschutz, Anlegen von Hecken und Teichen und ähnlichen Maßnahmen. Man arbeitet an den Ursachen, die oft so tief verborgen liegen, daß es dem Unwissenden »mystisch« oder komisch vorkommt, wenn er einem bei der Arbeit zusieht. Man schult sich in der genauesten Beobachtung, damit auch jeder Zugriff folgerichtig ist.

IV Altertümliche Begriffe

Uralte Begriffe über das Wesen der geschaffenen Welt, die man Generationen hindurch den Phänomenen abgerungen hat, sind heute noch größtenteils geeignet, das Leben im Garten und dessen ständige Verwandlungen und Erscheinungen zu erfassen. Die angemessenen Begriffe sind ebenso wichtig wie die richtigen Zugriffe und Eingriffe, ja, sie geben den letzteren erst Sinn und Bedeutung. Viele dieser Begriffe liegen der biologisch-dynamischen Methode zugrunde.

Die vier Elemente

Schon zur vor-sokratischen Tradition im alten Griechenland gehörte die Auffassung, daß die Schöpfung aus vier Elementen, dem Feuer, der Luft, dem Wasser und der Erde zusammengesetzt ist. Diese Auffassung hielt sich

Die vier Elemente.

bis zum Anfang des 19. Jahrhunderts, worauf sie von dem Periodensystem Mendelejews ersetzt wurde. Die alte Elementenlehre wirkt recht primitiv im Vergleich mit den rund hundert Elementen, mit der die moderne Chemie arbeitet. Man sollte sich jedoch nicht täuschen, denn was man früher »Element« oder Grundstoff nannte, bedeutete etwas anderes als das, was man heutzutage mit dem Wort meint.

Aristoteles formulierte es folgendermaßen:[1] Urgrund der Dinge ist das Chaos, der verwirrte, durchmischte Urstoff, der als Möglichkeit alle Formen in sich trägt. Diese Formen haben nur potentielles Sein. Nur wenn sie vom Kosmos, von den ordnenden Kräften, durchdrungen werden, können sie in Erscheinung treten und manifestieren sich in vier Grundqualitäten, in vier Elementen. Kosmos sowie Chaos können nicht als solche in Erscheinung treten. Sie lassen sich nur in Form von verschiedenen Mischungen erkennen. Alle Erscheinungen können auf feurige, luftige, wässrige oder irdische Grundformen reduziert werden. Die Erscheinungen sind nicht bloße Zusammensetzungen, sondern innig vermischte Kombinationen, die sich ständig ineinander verwandeln können und nie in reiner Form, sondern nur in irgendeiner Vermischung zu erleben sind.

Jedes Element hat zwei Haupteigenschaften, die sich mit den anderen Elementen verbinden.[2] Das Feuer ist trocken und heiß. Die Erde ist auch trocken, aber kalt. Trocken bedeutet soviel wie nicht klebrig oder haftend, im Gegensatz zum Wasser, das benetzt, oder der Luft, die auch an allem haftet. Das Wasser ist kalt wie die Erde, aber feucht, und die Luft ist trocken und heiß. Die Elemente Feuer und Wasser sowie Luft und Erde bilden Gegensatzpaare und stehen in dialektischer Beziehung, die durch die Mittelpaare aufgelöst oder vermittelt wird.

Erde und Wasser sind die schweren, passiven Elemente: Luft und Feuer die leichten, beweglichen und aktiven Elemente. Feuer, das leichteste Element, bildet schon eine Übergangsstufe zur unsichtbaren, geistigen Welt und wirkt verwandelnd, läuternd und transmutierend auf die anderen Elemente. Alles, was heiß, bunt, schnell und belebt wirkt, läßt das Feuerelement in sich erkennen. Ob es sich um ein brennendes Holzscheit oder ein heißes, cholerisches Temperament handelt, die Feuerqualität ist in beiden. Im Gegensatz dazu ist das Erdelement manifest in allem, was dunkel, fest und kalt wirkt, ob nun im Blei oder im schwermütigen, melancholischen Gemüt. Wasser ist auch kalt und dunkel, aber es fließt, bewegt sich und läßt sogar Licht durch sich hindurch. Es umfließt alles und nimmt jegliche Form an. Wasser kann die Härte der Erde auflösen. Die Luft ist noch leichter und lebendiger als das Wasser. Sie hat das Fließende, Feuchte, aber auch schon das

Warme in sich und gibt sich im Wind, im Dampf und im sanguinischen Temperament zu erkennen. Sie zeigt ihre Verwandtschaft zur Seele im Atem (pneuma).

Jede Erscheinung ist ein Gemisch der vier Elemente, aber einmal herrscht das eine Element vor, ein andermal das andere. Im Holzfeuer erkennt man das Feuerelement zu der Hitze und den tanzenden Flammen, die Luft erkennt man im Licht und Rauch und am Geruch. Das Wasser kommt zum Vorschein im schmelzenden Harz, und die Asche gibt das Erdelement zu erkennen.

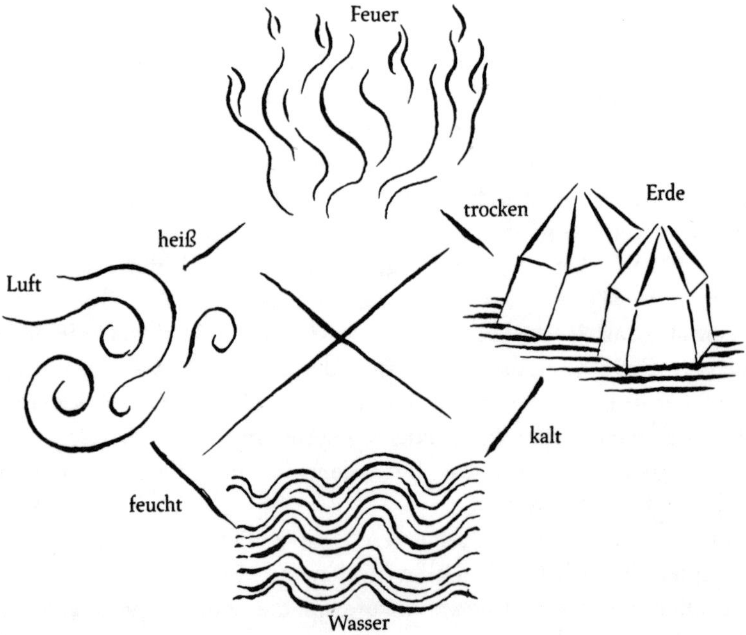

Das Elementenkreuz.

Nicht nur in der anorganischen, mineralischen Welt manifestieren sich die Grundstoffe, sie geben auch allen Lebenserscheinungen Substanz. In der Wurzel der Pflanze herrscht das Erdelement vor, das Wasserelement dominiert in Stengel und Blättern. Die Luft zeigt sich in der Leichtigkeit und den Düften der Blüten, und das Feuer gibt den Samen und Früchten ihre Reife und Süße.

Man kann die Pflanzenarten nach ihrer Vorliebe für das eine oder andere Element charakterisieren. Erdäpfel, Rote Beete und Weißkohl liegen dem Erd- und Wasserelement viel näher als Getreide, Kräuter und Blumen, die eine Vorliebe für das luftige und feurige Element zeigen. Im Menschen- und Tierorganismus gehören die schweren Knochen und die Nerven dem Erdelement, die Lymphe und Drüsen dem Wasser, die Respiration der Luft, und das Feuerelement zeigt sich im pulsierenden, warmen Blut. Auch die Temperamente der Tiere und Menschen zeigen den elementischen Einfluß auf die Seelenäußerungen. Die Kuh und der Phlegmatiker sind stark mit dem Wasserelement verbunden; im Schwein, im Hund und im Melancholiker liegen eine gewisse Erdenschwere; das Pferd und der Sanguiniker sind der Luft zugehörig; der Hahn und der Choleriker sind der Gereiztheit des Feuers verwandt.

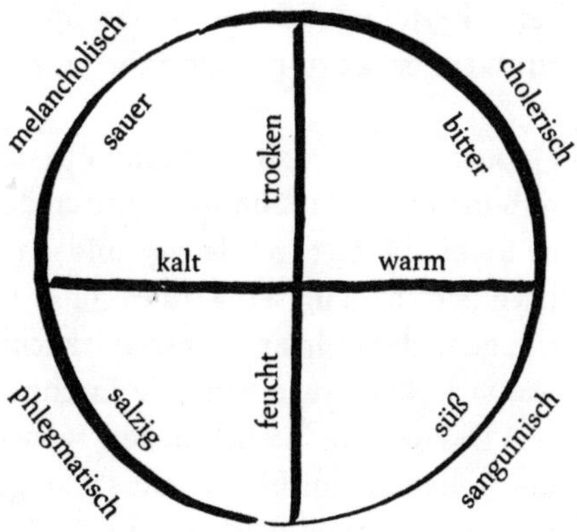

Im allgemeinen gehören das Mineralreich dem Erdelement, das Pflanzenreich dem Wasser, das Tierreich dem Luftelement und das Menschenreich dem Feuerelement.

Was hat das alles mit Gärtnern oder Bauern zu tun? *Die Manifestation der vier Elemente sind unseren Sinnen direkt zugänglich* im Gegensatz zu den rund hundert Elementen des mendelejewschen Periodensystems, die man errechnen und gedanklich erfassen, aber nur begrenzt direkt beobachten kann. Daß die Sinne wieder geschärft werden und der Gärtner sich auf sie verlassen kann, daß er seine Urteile aufgrund *seiner erlebten Erfahrungen* folgerichtig fällen kann und nicht von den Meinungen wissenschaftlicher Experten, von Computern und komplizierten Analysen abhängig wird, darauf kommt es an! Wir werden sehen, daß die Vorstellung der vier Elemente nicht ein abstraktes Schema darstellt, sondern daß es sich gut damit arbeiten läßt, wenn man die Jahreszeiten, die Wachstumsgesten der Pflanzen, die Qualität der Dünger oder die Verrottungsvorgänge der Komposte beschreiben will.

Es ist eine gute Angewohnheit, wenn der Gärtner sich im Erkennen der vier Elemente und dessen Verwandlungen übt und seine Beobachtungen im Garten auf diese Art beschreibt. Viele Geheimnisse der Natur offenbaren sich dann auch ohne Bodenanalysen, mikroskopische Untersuchungen, komplizierte Instrumente, Tests und Begriffszwangsjacken. So konnte Arthur Hermes zum Beispiel durch die Beobachtung von Wolkenformationen das Wetter auf 72 Stunden voraussagen, während sein Nachbar, der sein Vertrauen zur eigenen Beobachtung verloren hatte, sich an die Wettervorhersage des Rundfunks hielt. Die unmittelbare Beobachtung, gerade in diesem unberechenbaren Bergklima, hatte dann meistens eher recht als die vom Satellitenbild entzifferte, vom Sender einer Großstadt ausgestrahlte Aussage. Das Wettererkennen ist immerhin eine wichtige Angelegenheit des Landwirtes.

Überhaupt muß gesagt werden, daß man schon in der Schule von dem Vertrauen zur unmittelbaren Wahrnehmung entfremdet wird. Wenn ein Kind meint, daß die Sonne im Osten aufsteigt und im Westen untergeht oder daß die Erde flach oder hügelig sei, wird es sofort belehrt, daß das eigentlich nicht stimme, denn der Erdplanet sei in Wirklichkeit rund und kreise um die Sonne. Das sich dem Auge bietende Erscheinungsbild wird als Täuschung bezeichnet. Das mag im intellektuellen, wissenschaftlichen Sinn stimmen und hat die weltanschaulichen Voraussetzungen geschaffen, die den Bau von Raketen und Kernkraftwerken und die Mondlandungen ermöglichen; phänomenologisch und auf die Verhältnisse auf dem Erdboden bezogen stimmt es jedoch nicht: Für die Pflanzen, mit denen es der Gärtner zu tun hat, geht die Sonne im Osten auf und im Westen unter, die Erde ist flach und der Mittelpunkt des Geschehens.

Man muß sich im Erkennen der Erscheinungsoffenbarungen der vier Elemente üben. Man kann das zum Beispiel tun, indem man Eis tauen und das Wasser verdampfen läßt, indem man es zum Kochen bringt. Man kann das vielleicht mit dem Übergang vom Festen zum Luftigen beim Trockeneis (Kohlendioxid) vergleichen. Was ist da für ein Unterschied? Kochen, besonders auf einem lebendigen Holzfeuer, ist eine der allerbesten meditativen Praktiken, um die Verwandlung der Grundelemente ineinander kennenzulernen. Fertiggerichte aus Konservendosen verderben nicht nur den Magen, sondern berauben uns der Möglichkeit, grundsätzlich Erfahrungen zu machen. Jedes Handwerk – Gerben, Töpfern, Malen, Färben – ist geeignet, diese Erfahrungen zu übermitteln. Es sind praktische Meditationen und Kontemplationen dieser Art, die die Alchemisten betrieben, um die Geheimnisse der Verwandlung eines Stoffes in einen edleren zu erfahren, um zu lernen, wie man Blei in Gold verwandelt, aber auch, wie man ein schlechtes Leben verwandelt, damit sich das Gold der Weisheit und der Edelstein des klaren Gemüts manifestieren können.

Die ätherischen Kräfte

In früheren Zeiten stellte man sich die Kräfte, die hinter den Grundstoffen und ihren Verwandlungen stehen, als *Elementarwesen* vor. So erlebte man bildhaft im irdischen Element das Schaffen der Gnomen und Zwerge in den Wurzeln, Metallen und Kristallen. Im wäßrigen Element, bei sprudelnden Quellen und dunklen Tümpeln, sah man Nixen und Undinen. In der Luft umwirkten Sylphen und Feen die Schmetterlinge und Blumen, und im Feurigen westen die Salamander oder Feuergeister. In der biologisch-dynamischen Forschung, wie sie auf Rudolf Steiner zurückgeht, spricht man von diesen Kräften als *ätherische Bildekräfte*. Man spricht vom *Wärmeäther* (Kräfte, die im Feuerelement wirksam sind), *Lichtäther* (Luftelement), *Klang*- oder chemischen *Äther* (weil Klang, Töne und chemische Verwandlungen mit dem Wasserelement viel gemeinsam haben) und *Lebensäther* (das Erdelement, dessen Kräfte an allen Lebenserscheinungen teil haben).

Die Ätherarten als formative Kräfte kann man nicht unmittelbar erleben. Höchstens ein Hellsichtiger kann diese Bildekräfte direkt wahrnehmen. Sie können jedoch an allen Erscheinungen abgelesen werden. Der Gärtner kann in den Wachstumsgesten seiner Pflanzen lesen, was für Bildekräfte in ihnen wirken. Wie unsichtbare Bildhauer geben sie unserer sichtbaren Welt Form und Kontur.

So entdeckt man in der Physiognomie der Hanfpflanze die Licht- und Feuerkräfte, die die fleischige Blattsubstanz fast wegschmilzen lassen und nur noch feine Spitzen, voll von duftendem Harz, zurücklassen. Im Gegensatz dazu sieht man in den dicken, satten Blättern des Kohls die Erd- und Wasserbildekräfte wirken. Im übrigen haben solch gegensätzliche Pflanzenarten einen ausgleichenden Einfluß aufeinander, so daß man gerne Hanf in das Kohlbeet sät (Nachbarschafts-Pflanzenwirkungen). Auch im menschlichen Magen lassen sich schwere, irdisch-wäßrige Pflanzen besser vertragen, wenn man feurig-luftigen Kümmel oder Wachholder zum Würzen beigibt.

Ätherische Kräfte.

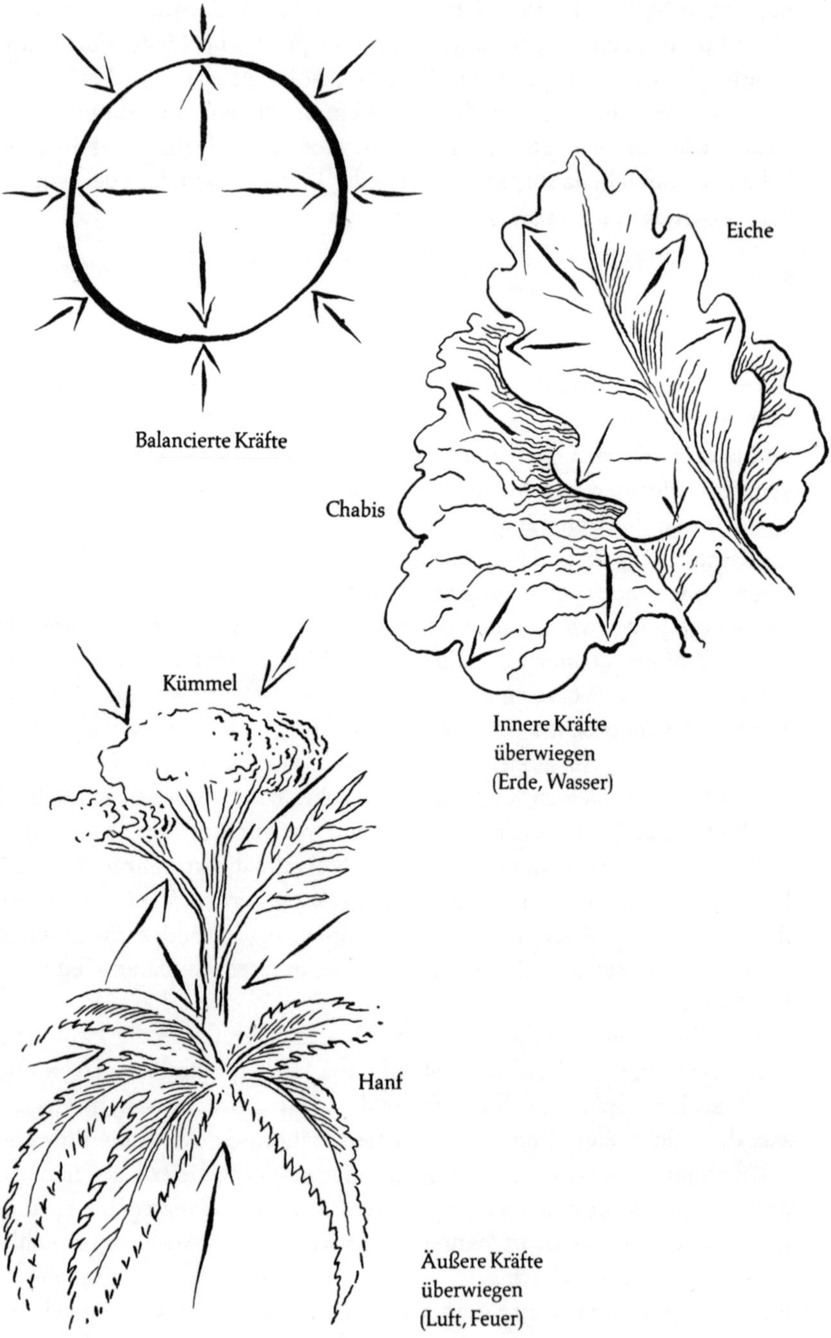

Der Gärtner kann mit diesem Wissen um die ätherischen Bildekräfte praktisch umgehen. Er pflanzt zum Beispiel diejenigen Arten, die eine Neigung zum Irdisch-Wäßrigen haben, in die kühleren, schattenreicheren Beete, denn wenn sie zu viel Licht und Hitze ausgesetzt sind, schießen sie in die Blüte. Präparate, die nicht nur auf die äußere Erscheinung einwirken, sondern auch im ätherischen Bereich die Kräftewirkungen unterstützen und steigern, werden wir in einem späteren Abschnitt beschreiben.

Es gibt anthroposophisch orientierte Wissenschaftler, die versucht haben, die unsichtbaren, ätherischen Kräfte in sichtbare Erscheinungen umzusetzen. Wenn man Eisblumen, die sich im Winter auf den Fensterscheiben bilden, oder die »Kraftlinien«, die sich auf abkühlender Milch formen, betrachtet, hat man es mit einem Sichtbarwerden von Kräften zu tun. Staub auf einer dünnen Platte, die an einer Geige festgemacht ist, ordnet sich zu harmonischen, organischen Formen, wenn man mit dem Bogen über die Saiten streicht. Durch diese sogenannten *Chladni-Figuren* werden Töne sichtbar gemacht. Um festzustellen, welche ätherischen Bildekräfte in einer Pflanze wirksam sind, hat Frau Dr. Kolisko die sogenannten »Steigbilder« entwikkelt. Eine Filterpapiersäule wird in eine Schale mit einer Silbernitratlösung gestellt, die den zu prüfenden Pflanzensaft enthält. An den Markierungen, die die aufsteigende Flüssigkeit am Filterpapier hinterläßt, werden die unterschiedlichen Wirkungen abgelesen. Frau Dr. Kolisko zeigt damit, daß charakteristische Unterschiede zwischen biologischen und kunstgedüngten Gemüsen bestehen. Sie konnte auch feststellen, daß die Mondphasen einen Einfluß haben.[3]

In ähnlicher Weise ging Ehrenfried Pfeiffer mit seiner Kupferchloridkristallisation vor, indem er pflanzliche, tierische und menschliche Gewebe in einer Kupferchloridlösung, zwischen Glasplatten gepreßt, zu charakteristischen Kristallbildern trocknen ließ.[4] Ein anderer Versuch ist die Tropfenbildmethode Schwenks zur Unterscheidung der Wasserqualitäten, wobei er genau gewogene Tropfen in Glyzerin fallen läßt und die charakteristischen Gestalten, die sich im Glyzerinsubstrat bilden, photographisch festhält.[5]

Diese und andere Versuche,[6] die Bildekräfte anschaulich zu machen, werden leichtfertig von der quantifizierenden Wissenschaft als eine fortgeschrittene Art der Kaffeesatz- oder Teeblattwahrsagerei oder des schamanistischen Schulterblattorakels aufgefaßt. Diese Verfahren haben auch verdachterregende Vorgänger in dem alten arbor philosophica der Alchemisten, wo man gleichfalls Kristallisationserscheinungen mit einer quecksilberversetzten Silbernitratlösung erzeugte und die sichtbar gewordenen pflanzenähnlichen Kräftelinien zu deuten suchte. Ähnlich bestaunten die al-

Christus als Herr der Elemente.
de Glanville: Le Propriétaire des choses. (1487)

ten Laboranten den Signatstern (stella antimonii), eine plötzlich erscheinende kristalline Struktur, die sich auf der abgekühlten Antimonoberfläche bildete, nachdem man Schwefelantimon mit Soda ausgeschmolzen hatte. Obwohl man die Erscheinungen der Bildekräfte nicht in Zahlen fassen (quantifizieren) kann, ergibt sich doch ein starker Hinweis, daß es sich um reale, unterschiedliche Wirkungen handelt, die hier zum Vorschein kommen. Die Kunst liegt in der korrekten Deutung der Erscheinung. Da muß der Wissenschaftler klar zwischen dem Phänomen und seinen Einbildungen unterscheiden können.

Die vier Elemente können nicht erwähnt werden, ohne das fünfte Element, die Quintessenz, die über die anderen vier waltet, zu beachten. Kompost braucht feste, irdische Substanz, genügend Feuchtigkeit (Wasser) und muß locker gestapelt sein, damit der Sauerstoff (Luft) den Stoffwechsel beschleunigt und es zu einer hitzigen Umsetzung (Feuer) kommen kann. Von sich selbst aus können diese vier Elemente jedoch keinen Kompost schaffen. Um die richtige Zusammensetzung zu haben, bedarf es des Gärtners als *quinta essentia*, dessen Bewußtsein die Teile ordnet und in Harmonie zueinander bringt. Wie man in der christlichen Mythologie Christus als Herrn der vier Elemente des Makrokosmos darstellt, so ist im Bereich des Gartenmikrokosmos der Gärtner der Ordner im Elementischen. Hier haben wir vielleicht eine Andeutung der Stellung des Menschen in der Natur überhaupt.

Die Prozesse: Sal, Mercurius, Sulphur

Außer den vier Elementen, in denen sich alles Existierende offenbart, erkannten die Alchemisten drei *Prozesse*, die die Funktionen, Bewegungen und Veränderungen des Geschaffenen charakterisieren. Da ist der Sal- oder Salzprozeß, der Kristallisation, Präzipitation (Ausflockung) und Verhärtung beschreibt. Ihm entgegengesetzt ist der Sulphur- oder Schwefelprozeß, der Auflösung, Dissipation, Sublimation und Verflüchtigung bedeutet. Der Mercurius- oder Quecksilberprozeß vermittelt zwischen den beiden Extremen, dem zentrifugalen Sulphurvorgang und dem zentripetalen Salzvorgang.

In der typischen Pflanze zeigen die harten, knorrigen Wurzeln am stärksten den Salzprozeß. Der Merkurprozeß tritt am klarsten im Luftaustausch, Stoffwechsel und Safttransport in Blättern und Stengeln zutage. Die Blüten, die Düfte, Staub und schließlich Samen an ihre Umwelt abgeben, zeigen den Sulphurprozeß am klarsten. Wenn man eine einfache, blühende Pflanze im Jahreslauf betrachtet, so findet man, wie die Pflanze aus dem gedrängten Wurzelstock oder harten Samen (Sal) zuerst dicke, runde, fleischige Blätter ausbildet (Merkur), wie diese nach oben zu immer feiner und spitzer werden und schließlich in die duftenden, bunten, stäubenden Blüten übergehen (Sulphur).

Die Jahreszeiten liefern ebenfalls ein anschauliches Beispiel der Vorgänge. Der Winter wirkt kristallisierend auf das Wasser, die Vegetation zieht sich zurück in die feste Geborgenheit der Knospe, der zusammengezogenen Rosette oder der Samen. Die Vögel fliegen in Scharen gruppiert; den Kühen macht es nichts, dicht gedrängt im Stall zu stehen; andere Tiere ziehen sich zum Winterschlaf zurück. Dieser Salzprozeß wird im Frühling vom Merkurprozeß abgelöst. Man sieht es im raschen Wachstum der Pflanzenwelt und im Gebären der Lämmer und Kälber, dem Ausbrüten der Eier, den bewegten lauen Winden. Im Hochsommer und Herbst schlägt die Natur in den Sulphurprozeß um, die Landschaft duftet nach Heu und Blumen, Löwenzahn- und Distelsamen fliegen durch die warme Luft, Blätter färben sich bunt, und

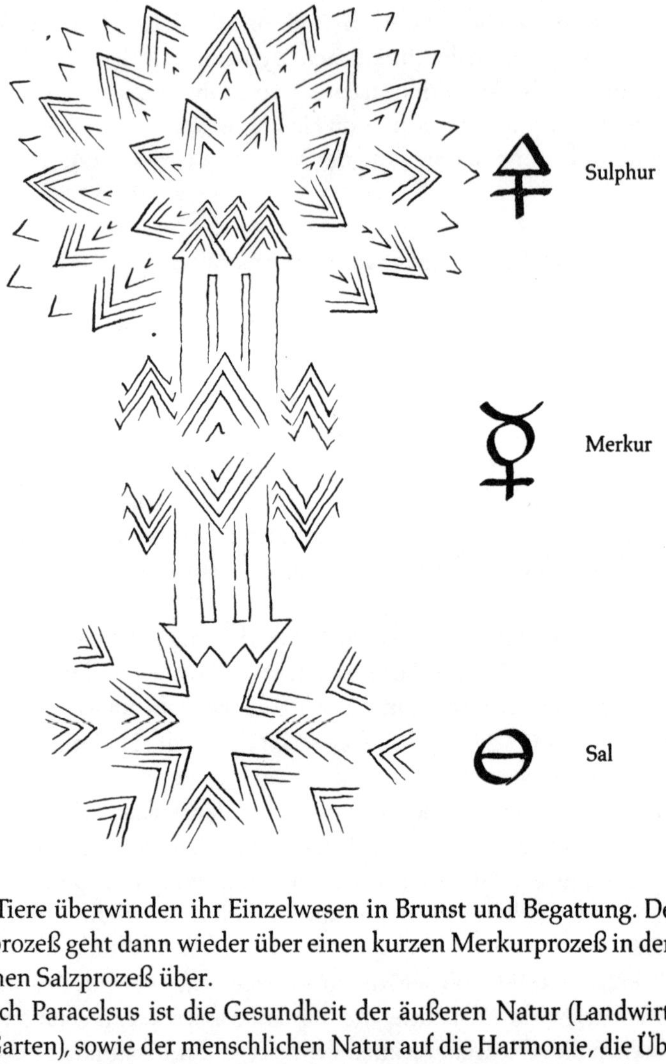

viele Tiere überwinden ihr Einzelwesen in Brunst und Begattung. Der Sulphurprozeß geht dann wieder über einen kurzen Merkurprozeß in den winterlichen Salzprozeß über.

Nach Paracelsus ist die Gesundheit der äußeren Natur (Landwirtschaft und Garten), sowie der menschlichen Natur auf die Harmonie, die Übereinstimmung der drei Prozesse angewiesen. Das Gleichgewicht zwischen ihnen wird durch den Archeus (Ätherleib) hergestellt. Wenn der Archeus nicht funktioniert, fallen die Prozesse auseinander, ein Teil verbrennt, verrottet oder verfault, während ein anderer Teil verhärtet oder verkrustet. Der Gärtner kann in seinen Erden, Komposten und Pflanzen Einseitigkeiten und Abnormitäten in den Prozessen feststellen und sie dementsprechend behandeln. Wenn Obstbäume harte Knoten bekommen und holzige Früchte tragen, liegt ein zu starker Salzprozeß vor. Wenn andererseits die Pflanzen fau-

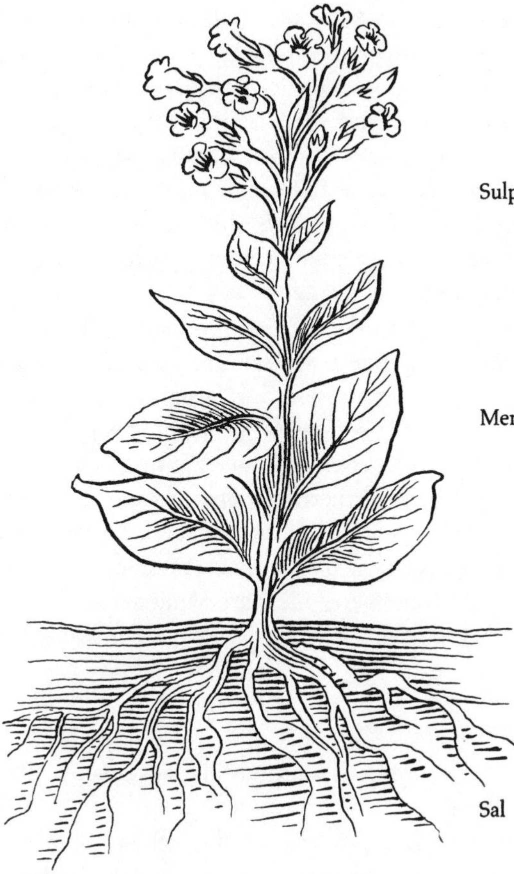

len, schleimig werden und unnatürliche Gerüche entwickeln, so hat sich ein Sulphurprozeß an der falschen Stelle zur falschen Zeit entwickelt.

Ohne daß man der Hilfe besonderer Geräte und Instrumente bedarf, kann man sich üben, die Prozesse wie auch die Elemente überall wahrzunehmen. Man hat sie offensichtlich vor Augen im Kochen, Backen und Töpfern, wenn man das Feuer betrachtet (Rauch und Hitze = Sulphur, Zischen und Züngeln der Flamme = Merkur, Asche = Salz). Im Gartenhandwerk findet man die drei Elemente selbstverständlich überall.

Bei Doldenblütlern wie den Karotten kann man sagen, daß der Sulphurprozeß von den feinen Blüten bis in die orangefarbene, würzige Pfahlwurzel schießt. Bei den Tannen merkt man, wie der Salzprozeß bis in die Blüten (Tannenzapfen) steigt und sie hart und holzig macht, dagegen aber der Sulphurprozeß den ganzen Baum mit duftendem Harz durchdringt. Übelriechende Komposte, die ihre Substanz als Sumpfgas (Methan), faulen Eiergeruch (Schwefelwasserstoff) und Ammoniak von sich geben, zeigen einen eindeutig zu starken Sulphurprozeß, den man mit etwas Steinmehl (Salzprozeß) dämpfen kann. Regenwürmer, die Pflanzenreste nach unten in die Erde tragen, mit Ton von den unteren Bodenschichten mischen und beide in der Gegenwart von Kalk verdauen, erfüllen eine merkuriale Funktion im belebten Boden. Ein zu starkes Salzen mit Kunstdünger verhindert ihre ausgleichende Funktion und läßt den Boden verhärten (Salzprozeß). Solche Beispiele können beliebig fortgesetzt werden.

Die alten Alchemisten fanden diese Dreiheit nicht nur in der äußeren physischen Natur vor, sondern auch als Prozesse der Seele und des Geistes. Der Gärtner, der ja die Quintessenz des Gartens ist, muß in sich das Salz des klaren, kristallinen Denkens, den Merkur einer beweglichen, mitfühlenden Seele und das Schwefelfeuer eines in der Welt wirkenden Willens entwikkeln. Diese Aspekte des Gärtnerns gehören ebenso zur Landwirtschaft wie die äußeren Verrichtungen. Diese inneren Eigenschaften geben eine teilweise Erklärung für so etwas wie den »Grünen Daumen« oder den Backster-Effekt, eine durch Galvanometer meßbare Veränderung in der elektrischen Spannung in Pflanzen, die durch die Gegenwart von Menschen hervorgerufen wird.

Mikrokosmos – Makrokosmos

Die Elemente und Prozesse, die wir eben betrachtet haben, sind in der Natur (Makrokosmos) und im Menschen (Mikrokosmos) zu finden. Der Skeptiker des zwanzigsten Jahrhunderts steht »allein auf weiter Flur«, denn dieser Grundgedanke bewegte die Naturvölker ebenso wie die alten Philosophen. Der Mensch ist die »kleine Welt«. In ihr befinden sich alle Elemente, Prozesse und Eigenschaften, die in der »großen Welt« zu finden sind. Beide Welten haben eine innere und eine äußere Seite. Der Mensch lebt in der äußeren Seite des Makrokosmos, die vom kleinsten Sandkörnchen bis in die Sternenwelt reicht und alle Mineralien, Pflanzen und Tiere beinhaltet. Durch seine Gedanken, Gefühle, Instinkte, durch Träume, Erinnerungen, Imaginationen und Intuitionen kann der Mensch auch die Innenseite des Makrokosmos wahrnehmen, die Weltenseele und den Weltengeist erkennen. Da der Mikrokosmos Mensch die gleichen Eigenschaften hat wie der Makrokosmos, kann man daraus die erkenntnistheoretische Formel ableiten, daß es keine Erkenntnisgrenzen geben kann. Man kann Goethe zustimmen, der den Erdgeist zu Faust sagen läßt: »Du gleichst dem Geist, den du begreifst, nicht mir.« Man versteht nur insoweit, als man voll Mensch geworden ist.

Die Philosophie des 19. Jahrhunderts, die sich als so bestimmend für unsere heutigen naturwissenschaftlichen Ansichten erwies, ja, die gesamte Philosophie des Westens seit Descartes hat das Sein und das Verstehen so weit auseinandergerückt, daß man meinen könnte, man habe es mit zwei verschiedenen Welten zu tun. Nach Kant liegen Wahrnehmung und Denken im subjektiven Bereich, während die äußere, objektive Natur, ungeachtet des Denkens, Wollens und Fühlens des Menschen, ihr eigenes Dasein als *Ding-an-sich* hat. Die sibirischen Schamanen, die Hopi-Medizinmänner, die Brahmanen, die Kräutersammler im Wienerwald ebenso wie die hermetischen Gärtner können dem nicht zustimmen. Sie wissen, daß es eine direkte Erkenntnis und einen nahtlosen Zusammenhang zwischen Mikrokosmos und Makrokosmos gibt.

Die großen Gelehrten der Renaissance wie Giordano Bruno, Agrippa von Nettesheim, Ficino, Paracelsus und andere formulierten den Zusammenhang der großen und der kleinen Welt innerhalb der hermetisch-kabbalistisch-neuplatonischen Tradition.[7] Die Schöpfung des Makrokosmos und des Mikrokosmos geschah demnach in einer Folge von Pulsationen. Der reine Göttliche Geist (Wesen) brachte die Seelenwelt (Wirken) aus sich hervor. Die Seelenwelt veräußerte sich in einen Ozean der lebenden Kräfte (Weltenäther), und diese wiederum brachten die physische Erscheinungswelt (Werk) hervor, wie eine Schnecke ihr Gehäuse aus sich heraus erzeugt. Nach der Ansicht einiger Philosophen entwickelt sich der Mensch parallel zum Makrokosmos, nach anderen Ansichten ist er das Produkt des Makrokosmos. Es werden wohl beide Ansichten stimmen; es kommt auf den Blickwinkel an. Bildhaft imaginiert man diesen unvorstellbar erhabenen Vorgang in dem Schöpfungsbericht (1. Moses), wo der Vatergott alle Elemente – den Erdklumpen – zusammenfügt und den Menschen als imago dei (Bild Gottes) daraus erschafft, nachdem der Makrokosmos durch das Wort (Fiat) schon geschaffen war.

Ein anderes Bild ist das des Osterhasen (Weltenseele), der die wunderlichen bunten Eier (Mikrokosmi) in die Nester (Erde, Paradies, Midgard) legt.

Erschaffung des Mikrokosmos.
Schedel: Das Buch der Chroniken und Geschichten. (1493)

Allen solchen Bildern und Gedanken liegt das Verständnis zugrunde, daß sich Mensch und Natur gleichen, daß sie wesensidentisch sind. In allen Aspekten und in jeder Hinsicht gibt es *Entsprechungen* (Korrespondenzen) und *Sympathien* zwischen beiden. Sie sind zueinander Spiegelbilder, wie es das Meditationsmantram des Hermes Trismegistos einprägsam ausdrückt:

Himmel oben, Himmel unten;
Sterne oben, Sterne unten.
Alles was oben ist, ist auch unten.

Osterhase legt Mikrokosmi
in das Midgard-Nest.

Dasjenige, was man als Milliarden Einzelteilchen in den Naturreichen ausgebreitet findet, konzentriert im Menschen, dem Sal der Erde. Was man als die Tierwelt im Makrokosmos wahrnimmt, findet sich in den Leidenschaften, Gefühlen, Begierden und anderen Seelenäußerungen, die ihren Sitz im Herzschlag, im Atem und in den Muskelgeweben des Menschen haben. Das ewig wechselnd Wachsende, Keimende, Welkende und Vergehende der Pflanzenwelt findet man in den Phantasien, Träumen und Bildervorstellungen der Menschen, das seinen Sitz in den Lymphen und im vegetativen System hat. Das Reich der Mineralien, das der strengen, kausalen Gesetzmäßigkeit der Physik und Chemie unterworfen ist, findet man im Mikrokosmos in den strengen Gesetzen der Logik, im klaren Denken, das seinen Sitz in den Knochen und Nerven hat, den mineralisiertesten und am wenigsten lebendigen Zellgeweben des Körpers. Das ist auch ein Grund, daß das logische, abstrakte Denken des verhärteten Kopfes so gut mit der physischen, materiellen Welt zurechtkommt, denn hier bewegen wir uns im Bereich der Mechanik, dessen Gesetze abstrakt und mathematisch präzis formuliert werden können. Dieses mechanistische (tote) Denken ist jedoch nicht ausreichend für ein Verständnis der lebendigen Welt der Pflanzen und Tiere, mit denen der Gärtner täglich umgeht. Da muß ein tieferes Verstehen, ein lebendigeres, den Organismen gerechter werdendes Denken, das die richtigen Bilder (Imaginationen) entstehen läßt, zur Geltung kommen. Da muß mit dem Herzen und auch mit den Nieren, der Milz und den Füßen gedacht werden.

Mikrokosmos – Makrokosmos.
Hildegard von Bingen: Liber divinorum operum. (12. Jahrh.)

Korrespondenz

Mir wurde das zum persönlichen Erlebnis, als ich an einem heißen Sommertag, barfüßig vor mich hinträumend, die Tomatenpflanzen im Aigues Verter Garten an ihren Pfosten festband. Es war, als rutsche plötzlich das Bewußtsein, bis ins Physische spürbar, vom Schädel in die Herzregion. Wie eine verhärtete Kruste fiel das abstrakte, an den Universitäten erworbene Denken von mir ab und machte der Einsicht Platz, daß das gesamte Universum von Lebenskräften durchtränkt ist, daß wir nicht in einem toten Universum, auf einem unbedeutenden kleinen Planeten, der dem Zufall überlassen ist, dahinvegetieren.

Nach der Einsicht der Naturphilosophen der Renaissance ist die Natur ein veräußerlichter Mensch, ein Meganthropus oder Riesenmensch, und der kleine Mensch eine verinnerlichte Natur. Daher wurde der Lehrsatz aufgestellt, daß man den Menschen studieren soll, wenn man die Natur verstehen will, und die Natur beobachten soll, wenn man den Menschen erkennen will. Ähnliches meint Arthur Hermes, wenn er behauptet, daß ein guter Arzt im vorhergehenden Leben ein Bauer oder Landmann gewesen sein müsse.

Die Entsprechungen dieser beiden Hälften des Universums erstrecken sich in alle Bereiche, den physischen, den ätherischen, den seelischen sowie den geistigen.

Auch hier können wir nur andeutungsweise einige Beispiele aus der unermeßlichen Fülle bringen. Wo findet man zum Beispiel Adler und Spatzen im Mikrokosmos? Sind das nicht die erhabenen, edlen Gedankenflüge oder das Geflatter der täglichen kleinen Sorgen? Und Schnecken, wo findet man sie im Menschen? Ist es nicht in der schmeckenden Zunge, in der Völlerei und Trägheit? Und Blitz und Donner? Sind die nicht in dem Blitz des Zorns oder im plötzlichen Aufleuchten einer Idee zu finden? Beide, den äußeren und den inneren Blitz, haben die Alten als Ausdruck der Gottheit, Thor, Jupiter, Indra, des Donnervogels oder Michael erkannt.

Die Signaturenlehre

Eine andere Ur-Einsicht der Menschen, die auch in der neuplatonischen Renaissance wieder formuliert wird, ist, daß die Schöpfung in sieben Bereiche oder Göttersphären unterteilt sei. Man benannte diese Bereiche nach den Planetengöttern Mond, Merkur, Venus, Sonne, Mars, Jupiter und Saturn. Ihre Bereiche, aus der heutigen Astrologie weitgehend bekannt, sind nicht nur auf die kleinen Lichtpünktchen, die man zufällig am Nachthimmel sehen kann, beschränkt, sondern sie durchdringen die Seelenwelt, die ätherische Kräftewelt, das Tier-, Pflanzen- und Mineralreich, und sie haben ihre Konstellationen ebenso im Mikrokosmos.

So gesehen ist der Mond nicht nur ein lebloser Satellit des Erdplaneten, sondern es gehören zu ihm Wachstum und Vergehen, das Säuglingsalter, Phantasie und Einbildung, Milch, Flüsse, Tümpel und Wassertiere, Hunde, die den Mond anheulen, Schnecken, Pilze und blütenlose Gewächse, ferner das Metall Silber. Im Mikrokosmos gehören zu ihm der Gehirnbrei und die Nerven, die Monatsblutung und die Exkremente. Der Venus gehören die Keuschheit und die Erotik, die Jugend, der Liebestraum, Eifersucht; liebliche, zarte Pflanzen wie die Birke und Myrte, das Metall Kupfer; im Leib die Nieren, die Hoden, die Scham und das Fett. Dem Merkur gehören die Beweglichkeit, die Kindheit, das Schwatzen, Handeln, Heilen, Quecksilber, schnellwüchsige Pflanzen und flinke Tiere, Schlangen, Heilkräuter, die Lunge, Zunge und die tätige Hand. Der Sonne gehören Aufrichtigkeit, Rhythmus, das Süße, das Gold, das Herz sowie edle, starke und mutige Tiere und Pflanzen, die sich mit der Sonne drehen und entfalten wie der Lotus. Der zornige, feurige Kriegsgott Mars, der das Eisen, die Röte, das Blut und die Galle beherrscht, hat seine Signatur im Tierreich bei den wilden und stolzen Tieren wie den Pferden und in den stacheligen und brennenden Pflanzen wie den Disteln, Kakteen und Brennesseln. Jupiter, dessen Signatur sich in der gelben Farbe, der Leber, in edlen Lebewesen wie dem Hirsch, Adler, der Eiche aber auch in dem Leberblümchen zeigt, repräsentiert die Weisheit und Würde des reifen Alters. Dem alten, bitteren Saturn gehören die dunklen Farben, die schwarzen Tannen und Buchen, das Trockene, das Warme, aber auch die Kälte, die Säuren und die Zeit (Kronos).

Man sieht, daß jeder Planet eine Signatur hat, die durch die formativen Bildekräfte ihren Stempel einem jeglichen Wesen des Makrokosmos und des Mikrokosmos aufdrückt, daß jedem dieser Götter ein bestimmter Bereich der Schöpfung zuerkannt wird, in dem er wirken kann. Eine solche Anschauung, die Signaturen und planetarische Einflüsse als gegeben akzeptiert, wirkt natürlich befremdend auf den wissenschaftlich denkenden, modernen Menschen. Man belächelt das alles als eine interessante, historische Denkart, die aber in unserer schnellebigen Zivilisation der Maschine, des Computers, Fußballs, des Kommerz und der Elektronik wenig Platz hat. Aber all das verrät eigentlich nur den Merkur in seinem negativen Aspekt, der im Zeichen des Dollars ($ = Äskulapstab) der Zivilisation sein Siegelzeichen aufgeprägt hat.

Wir sind gewohnt, in kausalen, genetischen oder morphologischen Zusammenhängen zu denken, die sich auf der horizontalen Ebene der »realen« Welt abspielen. Im Garten jedoch ist man viel eher mit der vortechnologischen Denkweise verbunden. Da wird man gewahr, daß neben der »funktionellen« horizontalen Seinsweise auch andere, vertikale, magische Verbindungen bestehen. Man spürt das, wenn man zum Beispiel beim ruhigen Vereinzeln der Roten Beete oder beim Häufeln der Kartoffeln die Gedanken im Kopf wie einen Fluß vorbeifließen sehen kann und man bemerkt, wie diese Gedanken eine synchronische Harmonie mit der Naturwelt erlangen. So merkt man vielleicht nebenbei, wie die Ameisen ihre Blattläuse, die sie wegen deren Zuckersaft melken, am selben Frühlingstag auf den Hollunderbusch bringen, an dem der Bauer seine Kühe zum ersten Mal auf die Weide läßt. Werden nicht beide von ähnlichen Kräften motiviert? Vielleicht von der Sonne? Man ahnt geheimnisvolle Beziehungen, wenn man gerade an der Stelle im Garten, wo man im vergangenen Jahr viele Blattläuse hatte, dieses Jahr viele Marienkäfer entdeckt. Hatte man nicht damals gedacht: Wie schön, wenn doch die Marienkäfer da wären! Oder man träumt von einem Ackergaul und findet dann am selben Tag ein altes Hufeisen in der Scholle, und man ahnt, daß Donar (Jupiter) die Arbeit mit guter Ernte segnen wird. Man hat es hier also mit unbekannten – man geht nicht fehl, wenn man sagt – magischen und okkulten Zusammenhängen zu tun, die, um es bildlich auszudrücken, eine vertikale Dimension herstellen, bei der die festen Grenzen Subjekt – Objekt ins Schwanken geraten.[8]

Diese Dimension war einmal Gegenstand einer Wissenschaft – man lese Werke von Agrippa oder Paracelsus –, ehe die kausale, »objektive«, materialistische Wissenschaft zu ihrer Monopolstellung gelangte. Diese »vertikale« Wissenschaft ist nicht so einfach, wie die heutigen Zeitungsastrologen es uns glauben machen möchten. Die Planetensphären durchdringen einander, ihre Einflüsse sind lebendig und wandelbar. Eine stechende Sonne kann eine marshafte Sonne genannt werden. Die gelbblühende Narzisse ist eine Mondpflanze mit einer Jupiterblüte. Korn gehört dem Jupiter, ist aber in der Keimung dem Mond, im Wachstum dem Merkur und der Sonne und im Samen dem Saturn zugehörig; ein roter Rost auf der Ähre ist das Merkmal des negativen Mars. Ein grüner Apfel ist Merkur und Venus, ein reifer Apfel ist Sonne; Apfelsaft ist Mars, Apfelwein ist Jupiter und Apfelessig ist Saturn.

Man muß sich in dieser Naturkunde üben. Man kann sie nicht aus toten Buchstaben lesen. Tote Buchstaben sind ein Salz, das erst mit dem lebendigen Merkur tingiert werden muß. Mit anderen Worten: Man kann nicht einfach die Tabellen, die in den Zauberbüchern angegeben werden, auswendig lernen, man muß es selbst »im Licht der Natur« (Paracelsus) lesen lernen.

Wieder einmal fragen wir uns, was für eine Bedeutung eine solche Anschauung für den Gärtner und Landwirt hat. Sie kann auf geheimnisvolle Beziehungen und subtile Einflüsse aufmerksam machen, die einem sonst entgehen würden. Wie schult man sich in dieser Anschauungsweise?

Der Chemiker mußte sein Ich vergessen und sich in die Natur einleben können. Dafür gab es Zaubergetränke, die eine gesteigerte geistige Aktivität – bis hin zum Rausch – ermöglichten. Man kannte die Wirkungen von Alraune, Stechapfel, Bilsenkraut . . . ebenso wie die von Haschisch, und es ist anzunehmen, daß man derartige Hilfsmittel benutzte, um in Visionen und Träumen die Geheimnisse der Natur erschauen zu lernen.[9]

Auch das Hilfsmittel des Kaffees wurde von den arabischen Alchemisten benutzt, um Aufmerksamkeit und Kombinationsfähigkeit herzustellen.

Drogen waren der eine Weg. Ein schwererer Weg, um die klare Beobachtung und passende Imagination, das richtige Deuten der Signaturen und Aufdecken der Ketten von Zusammenhängen zu bewirken, war die moralische und geistige Seelenübung. Ebenso, wie man klare Sinne braucht, um die äußere Welt korrekt wahrnehmen zu können, braucht man einen klaren Geist, der nicht durch Wunschgedanken, Leidenschaften und schlechten Willen getrübt ist, um die »innere« Welt wahrzunehmen. Der Alchemist weiß, daß man nicht mit dem Gehirn denkt, sondern daß das Gehirn die Funktion hat, die Wahrnehmungen des ganzen Wesens in das Bewußtsein hineinzuspiegeln. Das Gehirn und der Spiegel gehören der lunarischen Sphäre an, denn der Mond ist ja selbst ein Spiegel der Sonne. Wenn ein Spiegelglas zerkratzt oder schmutzig wird, entstellt es die Spiegelbilder. Das gleiche geschieht, wenn der Seelenspiegel durch unmoralische Lebensführung »unglatt« oder durch Lügen und Unwahrhaftigkeit getrübt wird; dann spiegelt er auch die Wahrnehmungen nicht mehr genau. Auch die Drogen erweisen sich oft als sehr trügerische Spiegelungen! Für den Gärtner bedeutet das, einen guten, wahrhaftigen Lebenswandel zu führen, denn nur so kann er klar die tieferen Zusammenhänge, die hier angedeutet sind, erkennen.

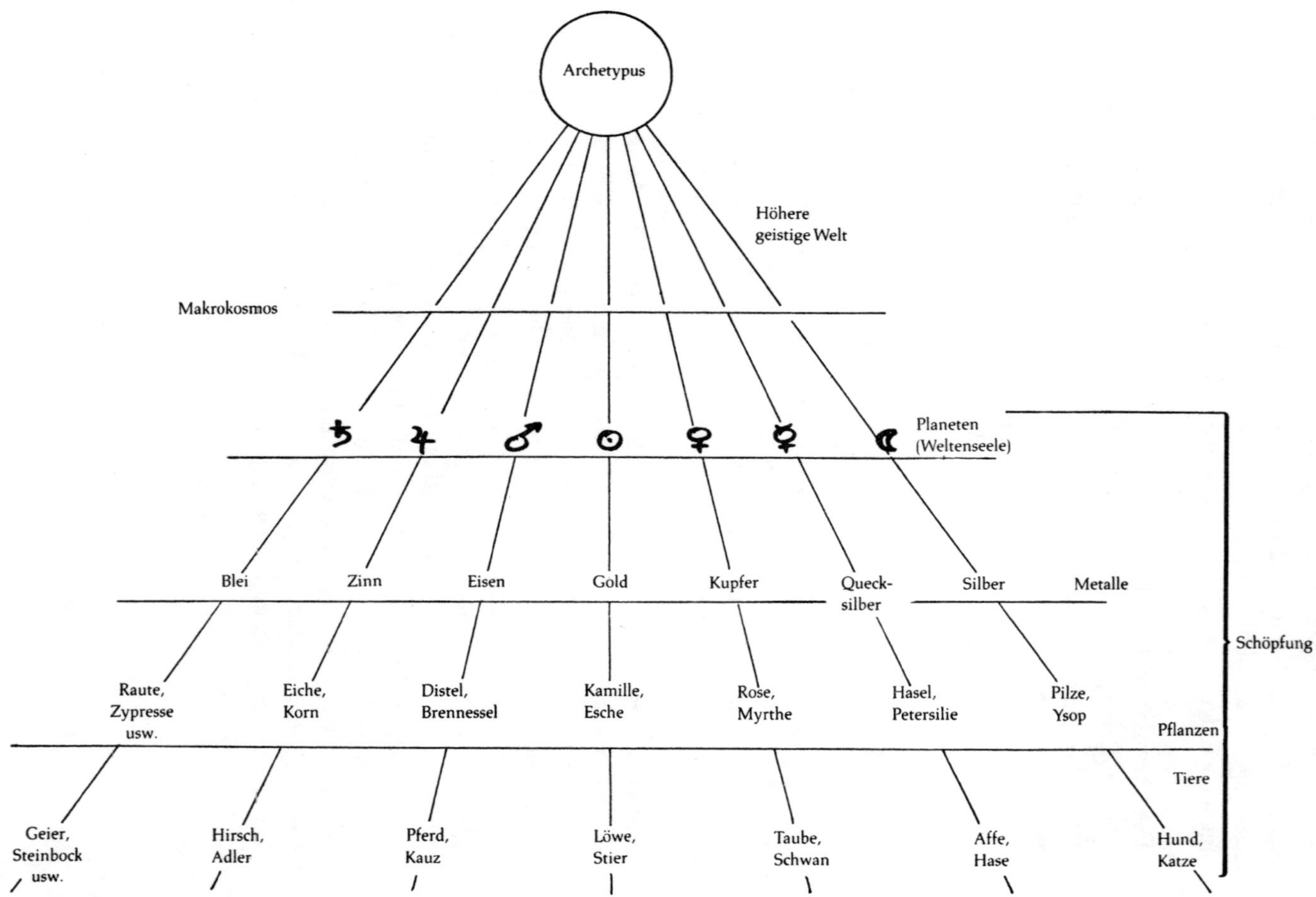
Archetypus
Höhere
geistige Welt
Makrokosmos
♄ ♃ ♂ ☉ ♀ ☿ ☾
Planeten
(Weltenseele)
Blei
Zinn
Eisen
Gold
Kupfer
Queck-
silber
Silber
Metalle
Schöpfung
Raute,
Zypresse
usw.
Eiche,
Korn
Distel,
Brennessel
Kamille,
Esche
Rose,
Myrthe
Hasel,
Petersilie
Pilze,
Ysop
Pflanzen
Tiere
Geier,
Steinbock
usw.
Hirsch,
Adler
Pferd,
Kauz
Löwe,
Stier
Taube,
Schwan
Affe,
Hase
Hund,
Katze

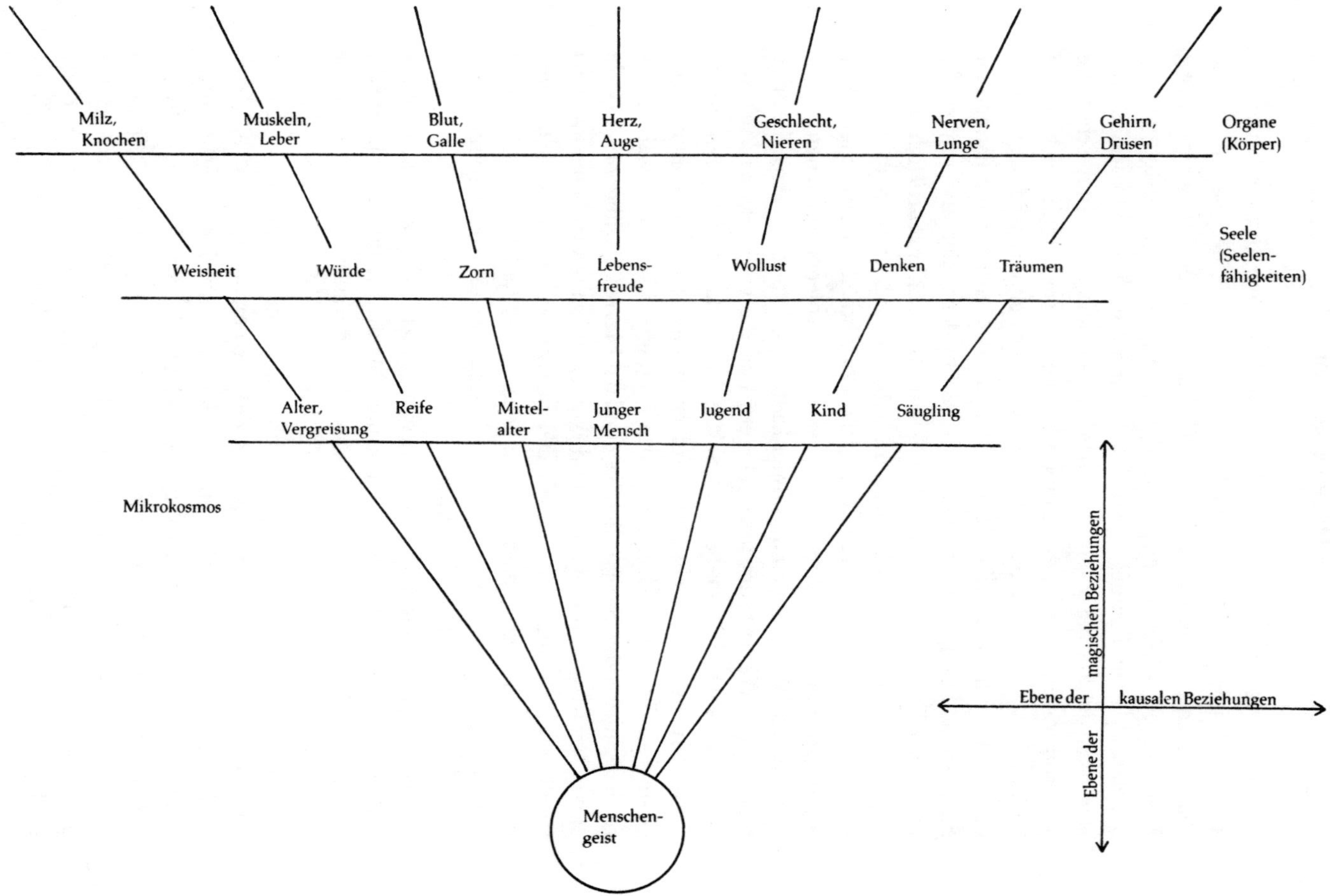

Milz, Knochen
Muskeln, Leber
Blut, Galle
Herz, Auge
Geschlecht, Nieren
Nerven, Lunge
Gehirn, Drüsen
Organe (Körper)
Weisheit
Würde
Zorn
Lebens-freude
Wollust
Denken
Träumen
Seele (Seelen-fähigkeiten)
Alter, Vergreisung
Reife
Mittel-alter
Junger Mensch
Jugend
Kind
Säugling
Mikrokosmos
Menschen-geist
Ebene der magischen Beziehungen
Ebene der kausalen Beziehungen

Den Überlieferungen der Naturvölker entnehmen wir, daß das Universum aus vielen übereinanderliegenden Sphären und Reichen besteht, die als Wohnungen der Geister, Götter und Dämonen dienen. Die urtümlichsten Kosmologien, wie zum Beispiel die der schamanistischen Völker, verwenden das Bild eines Baumes, der in der Weltenmitte wächst und dessen Wurzeln bis in das Reich der spinnenden Schicksalsmütter, der chtonischen Riesen und Zwerge und des schlummernden Drachen hinabreichen. Der Stamm dieses Baumes durchstößt die Menschenwelt und wächst in die sieben (oder neun, oder zwölf) Himmel empor. An seinen Ästen hängen die Planeten und Sterne, auf seiner Krone wacht der Adler und funkelt der Polarstern. Dieser makrokosmische Weltenbaum, der *Yggdrasil* (Ich-träger), hat sein mikrokosmisches Ebenbild im Leib. Vom unbewußten, wurmähnlichen Gedärm erstreckt sich das Rückgrat bis zum Schädel; dazwischen liegen die Organe und Lebenszentren (Chakras) auf verschiedenen Ebenen.

In seinen Mußestunden im Winter kann der Gärtner, wie einst die Schamanen, den Weltenbaum hinaufklettern und die vielgestaltige Welt von verschiedenen Höhen aus betrachten. Was wird er da sehen? Fangen wir mit der äußeren, sinnlich wahrnehmbaren Natur an. Hier erlebt man das feste Gestein als Grundlage. Über dieser Grundlage erstreckt sich der wäßrige Bereich der fließenden Ströme, der Seen und des Meeres. Darüber hinaus sieht er den Bereich der Lüfte, Wolken und Winde, und ganz am oberen Rand der sinnlichen Welt sind Licht und Wärme, die von der Sonne, dem Mond und dem Sternenzelt herunterstrahlen. In genau dieser Reihenfolge erlebt man die *Hierarchie der Elemente*, obwohl vermischte und umgestülpte Zwischenformen immer möglich sind.

Manche Geschöpfe fühlen sich in einem dieser elementaren Bereiche wohler als in einem anderen. Die Würmer, Maulwürfe und Pilze lieben die dunkle Erde. Die Fische und Algen brauchen das Wasser, und der Adler, die Schmetterlinge und Blütenpflanzen fühlen sich am wohlsten im Licht und der durchwärmten Luft. Diese Geschöpfe leben in den Elementen, stellen jedoch mehr als bloße Manifestationen dieser Elemente dar. Als *Lebewesen* sind sie von den *Lebenskräften*, die den Elementen ihre Form geben, durchdrungen. Diese gestaltenden Lebenskräfte, auch ätherische Bildekräfte genannt, sind durch Vitalität, Symmetrie, Polarität, durch Leichtigkeit im Gegensatz zur Schwerkraft – Steine fallen, aber Sprosse schießen nach oben – und durch ein endloses Wiederholungsvermögen gekennzeichnet. Diese endlosen Wiederholungen zeigen sich bei der Zellteilung, der DNS-Duplikation, beim Wachstum der Pflanzen von Knoten zu Knoten und des Wurmes von Segment zu Segment. Betrachtet man die Pflanzenwelt phänomenologisch, dann kann man sie beschreiben, indem man sagt, sie besteht aus den Elementen oder aus physischer Materie (physischer Leib) und aus Lebenskräften (ätherischer Leib).

Weitere Organismen bestehen nicht nur aus einem physischen und ätherischen Leib. Bei ihnen wird der endlos wuchernden Vitalität Einhalt geboten und ihr eine neue Richtung gegeben. Die konstante Wiederholung von gleichartigen Zellen, Knoten und Segmenten hört auf. Dafür dienen diese Kräfte einer neuen Richtung, die sich als Empfindung, Gefühl, Leidenschaft und schließlich als Bewußtsein kund tut. Organismen, bei denen das geschieht, werden Tiere genannt. Bei ihnen ist das vegetative, unbewußte Wachstum nach innen metamorphosiert. Es entstehen die inneren Organe, die Nerven und Sinne, die nicht mehr, wie ein Sproß oder eine Knolle, regenerierende Kraft besitzen. Die Fortpflanzungskraft zieht sich auf spezialisierte Geschlechtsorgane zurück. Indem die Tiere fühlen, leiden, wahrnehmen und bewußt reagieren, sind sie auf einer höheren Stufe als die Pflanzen. Sie haben eine inkarnierte *Seele* (anima). Man kann Tiere seelische Wesen nennen, die einen physischen und ätherischen Leib als Grundlage haben.

Auch der Mensch hat einen physischen Leib, einen Ätherleib und eine Seele (Astralleib), aber dazu hat er die Möglichkeit des symbolischen, abstrakten und moralischen Denkens, das über die Sympathien und Antipathien des simplen Seelenlebens hinausgeht. Max Scheler sieht in der Möglichkeit des Menschen, »Nein« zu seinen Trieben, Begierden und Instinkten zu sagen, die Andeutung des *Geistes*.[10] Der Mensch befindet sich hier im Bereich der Ichhaftigkeit; er hat einen um sich selbst wissenden Wesensmittelpunkt, der auf die Frage: »Wer ist es, der da denkt, will, fühlt und empfindet?« antworten kann: »Ich bin es!«

Diese Welt der Elemente, Pflanzen, Tiere und Menschen ist die *natürliche Welt*, der Ort, den die Götter den Menschen als Wohnort zugewiesen haben. In der altnordischen Mythologie wird dieser Bereich *Midgard*, der Garten in der Mitte, genannt.

Midgard – die Menschenwelt.

Die unternatürliche Welt

Unterhalb der natürlichen Welt befinden sich die Regionen, die man früher imaginativ als die Wohnsitze der Dämonen, Teufel und bösen Geister angesehen hatte. Sie lauern auch im Mikrokosmos, in den dunklen Schichten des Unterbewußten, und im Makrokosmos in den untersinnlichen Bereichen, die nicht mehr konkrete Materie ausmachen. Der Naturwissenschaftler nimmt ihre Hüllen als Magnetismus, Elektrizität und als Kernkraft wahr. Unmittelbar sind diese Kräfte nicht wahrzunehmen, sondern es bedarf der technischen Instrumente des Labors und der Begriffsmechanismen der höheren Mathematik, um sie in den Griff zu bekommen. Man könnte diese Kräfte als negative Spiegelbilder der ätherischen Lebenskräfte auffassen, was sich auch dadurch feststellen läßt, daß sie in gemessener Dosierung einen Einfluß auf die Lebewelt ausüben. Man ist heutzutage versucht, die Pflanzen mit elektrischem Strom zu schnellerem Wachstum zu reizen (Elektrokultur)[11] und neue Sorten zu kreieren durch radioaktive Bestrahlung der Keimsubstanz. Diese Versuche werden sich nach einiger Zeit als Irrtümer, als Versuchungen dämonischer Wesen entpuppen. Die Lebensgefährlichkeit dieser Kräfte, wenn sie unmittelbar mit Lebewesen in Berührung kommen, ist ja offensichtlich.

Die übernatürliche Welt

Ebenso wie es eine natürliche und eine unternatürliche Welt gibt, gibt es auch eine übernatürliche. Die Weisesten der Menschheit haben nie daran gezweifelt, daß es Wesen gibt, die nicht bis in das Physische hineinreichen. Schon Gedanken und Träume sind von dieser Natur. Die Möglichkeit besteht, daß es Elementarwesen, Engel und andere Geschöpfe gibt, die vielleicht nur einen Ätherleib und eine Seele (Astralleib) besitzen oder nur einen Astralleib und einen Geist, daß diese Wesen hinter den Phänomenen existieren können, aber nicht durch unser materialistisches Denken und Schauen wahrgenommen werden können. (Wenn wir vermeinen, solche Wesen mit physischen Augen zu sehen, dann halluzinieren wir sicherlich.)

Schon im imaginativen Denken erscheinen diese nicht-physischen Wesenheiten dem menschlichen Wahrnehmen innerlich. Wie wäre es sonst möglich, daß der Mensch, wie man der Völkerkunde entnehmen kann, zu allen Zeiten und in jeder Kultur von solchen Gestalten wie Einhörnern, Drachen, Hexen, Gartenzwergen, sprechenden Tieren und Sphinxen zu zeugen weiß? Die kulturellen Traditionen der Mythen, Sagen, Bräuche und Künste deuten diese nicht-materiellen Wesen und Kräfte in historisch und ethnisch geprägte Bildgestalten um, die dem Menschen als solche zugänglich sind und es ihm ermöglichen, konsequent mit ihnen umzugehen. So entwickelte jedes Volk seine Methoden, um diese Wesen zu locken oder zu bannen, ihre Hilfe zu erbitten oder sie theurgisch zu zwingen. Ein wahrer Magier kann das erfolgreich tun, aber ein Abergläubischer führt Rituale aus, deren Wirkungen nicht zutreffen oder andere Folgen haben, als er glaubt. Viele Gärtner stellen Bildsäulen vom heiligen Franziskus, der die Liebe zur Natur verkörpert, oder das Bild der Jungfrau, die in diesem Fall die Mutter der Naturgeschöpfe darstellt, oder Gartenzwerge, die die Elementarwesen des Gartens verkörpern, als Sinnbilder und Verdeutlichung der waltenden Kräfte in ihre Gärten. Auch das Rühren und Spritzen von Präparaten, seien diese von der chemischen Industrie oder sorgfältig hergestellte Kräuterpräparate, stellen zum Teil magische Handlungen und Versinnbildlichung dar. Der biologisch-hermetische Gärtner muß sich in solchen Bereichen bewegen, er muß über den sogenannten »reinen Menschenverstand« des materialistischen Wissens hinaus, um sich mit den Wesen und Kräften im Gartengefüge im echten Dialog und in Mitarbeit zu verbinden. Durch die Entwicklung dieser inneren Vision, der *wahren Imagination,* kann der Gärtner die Bilder der *astralen* und *elementaren Welt wahrnehmen.*

Über der astralen Welt liegt ein Universum höherer Ordnung, die Welt, die die Rosenkreuzer als die *Welt der Inspiration,* als Götterwelt oder *Harmonie der Sphären* bezeichneten. Hier reicht die bloße Imagination nicht mehr aus, sondern man nimmt diese Welt der Harmonien durch die Gabe der *Inspiration* wahr. Wahre Inspirationen sind die Erlebnisse einiger weniger begabter Menschen, wie zum Beispiel Beethoven, Dante oder Shakespeare. Aus einer noch erhabeneren Welt, der *höheren geistigen Welt,* der Welt der Urbilder, kommen die *Intuitionen,* die sich den größten Söhnen der Menschheit offenbaren. Diese Intuitionen bestimmen dann die menschliche Kultur auf Jahrtausende. Die Einsicht in die Ursachen des Leidens des großen Buddha, die Lehre der Sittengesetze des Konfuzius oder die Intuition, die nach der Sage zur Entdeckung der Landwirtschaft durch Zarathustra führte, gehören hierher.

Diese Sphären oder Ebenen des Seins werden in verschiedenen Traditionen unterschiedlich benannt. Die indisch-theosophische Lehre spricht von dem physischen Plan, dem Astralplan, Rupa Devachan (Lower Mental World) und Arupa Devachan (Higher Mental World). Paracelsus spricht von der Erde, dem Himmel (astrale Welt), Welt der Intelligenzen und Welt der Urbilder (Archetypen), über denen der Schöpfer thront.

Aus Träumen und übersinnlichen Erfahrungen erkennt man, daß sich Zeit und Raum radikal verändern, wenn man die physische Welt verläßt. Trotzdem hat man versucht, die verschiedenen Welten oder Sphären sinnbildlich in räumlicher und zeitlicher Dimension zur Darstellung zu bringen. Man bezieht die astrale und elementare Welt auf die Planetensphären. Die Vorgänge in der astralen (gr. *astra* = Stern) Welt hängen mit den makrokosmischen Bewegungen der sieben sichtbaren Planeten zusammen. Die Welt der Inspiration hat ihren makrokosmischen Wirkungsbereich in der Region der Fixsterne, im Tierkreis, an denen sich die Planeten in Schleifen vorbeibewegen. Die Welt der Intuition entspringt der Region hinter den Fixsternen, dem »Kristallhimmel«. In der christlichen Mythologie, wie sie von Dionysius, dem Areopagiten, im fünften Jahrhundert aufgestellt wurde, sind diese drei himmlischen Regionen von den neun Chören der himmlischen Heerscharen bevölkert.

Die für das bloße menschliche Auge unsichtbaren Planeten Uranus, Neptun und Pluto gehören nicht zu den Bereichen der übernatürlichen (himmlischen) Welt, sondern sind die kosmischen Entsprechungen, die ihr Gegenbild im untersinnlichen Bereich des Magnetismus, der Elektrizität und Kernkraft haben. Diese Planeten wurden auch zu ungefähr den Zeiten entdeckt, als die Wissenschaft diese Bereiche erschloß und nutzte: Uranus, 1781 von Herschel entdeckt, entspricht der Faszination des Magnetismus; Neptun wurde im Zeitalter der elektrischen Forschung entdeckt; Pluto, der 1930 zum ersten Mal gesichtet wurde, kündigte das nukleare Zeitalter an.

	Sphäre	Mineralien	Pflanzen
Übersinnliche Welt oder Übernatürliche Welt	Göttliche Welt (Primum Mobile)	Geist (Ich) der Mineralien	
	Harmonie der Sphären	Seele der Mineralien	Geist der Pflanzen
	Astrale oder elementare Sphäre	Ätherleib der Mineralien	Seele der Pflanzen
	Elementarwesen	Gnome	Undinen
Sinnliche Welt Welt, Welt der Inkarnation	Erdensphäre (Midgard)	Steine, Mineralien Physischer Leib	Pflanzen Physischer Leib und Ätherleib
Untersinnliche Welt oder unter-natürliche Welt	Unterirdisch	Schwerkraft	Elektrizität

Tiere	Mensch	Art der Wahrnehmung	Hierarchien
		Intuition	Krystall- Himmel Logos
		Inspiration	Zwölf Regionen des Tierkreises: ♉ ♈ ♓ ♊ Cherubime ♒ ♋ Seraphime ♑ ♌ ♍ ♎ ♏ ♐
Gruppengeister der Tiere		Imagination (Bilder)	Throne ♄ Saturn Kyriotetes ♃ Jupiter Dynamis ♂ Mars Exusai ☉ Sonne Archai ♀ Venus Erzengel ☿ Merkur Engel ☾ Mond
Sylphen	Feuergeister		
Tiere: Leib, Ätherleib und Seele (Astralleib)	Mikrokosmos: Leib, Ätherleib, Seele, Geist (Ich)	Sinne und Vernunft	Erde
Magnetismus	Kernkraft	Besondere Instrumente und Mathematik	Höllen (niedere Hierarchien) ♅ Uranus ♆ Neptun ♇ Pluto

Wer hat nicht schon darüber gestaunt, daß sich die Lachse nach Jahren an ihre Laichplätze »erinnern«, daß die Zugvögel ihren Weg nach Süden und zurück finden und wie kunstvoll sie ihre Nester bauen, wie die Raupen kunstfertig ihre Puppen spinnen oder wie die Wespen schon seit Jahrtausenden die Papierherstellung kennen? Wer kann da eine weise Führung anzweifeln? Wenn unsere Wissenschaftler diese Wunder zu erklären versuchen, sprechen sie von »Kausalmechanismen des arttypischen Verhaltens«, von »selbstregulierenden Systemen, die über Rückkopplungsvorgänge bestimmte Gleichgewichtszustände anstreben«, oder sie vertuschen ihr Unwissen mit dem Wort »Instinkt«, das sie auf endogener sinnespsychologischer, neurologischer oder hormonaler Grundlage zu erklären versuchen. Aber nichts in den kleinen Gehirnen oder den Drüsen der Tiere läßt auf solch weisheitsvolles Verhalten schließen.

Endogene Verhaltensmechanismen zu suchen wäre in etwa vergleichbar dem Bemühen, die Ursache der Bewegung der Zeiger einer Uhr in den Zeigern selbst zu suchen. Man kann die Zeiger unter die Lupe nehmen und ihre Geschwindigkeit messen, so oft und so lange man will, aber wenn man den unsichtbar dahinterliegenden Mechanismus des Uhrwerks nicht beachtet, kommt man nie zu einer vernünftigen Erklärung. Bei den Tieren ist der »Mechanismus« ihres Verhaltens in der übersinnlichen, elementaren oder astralen Welt zu suchen, wo die Tiere ihre Gruppen-Egos, ihre führenden Geister haben. Diese Region befindet sich »angrenzend« an unsere sinnliche Welt. Man findet sie in der Region der Planetenbahnen, die sich gegen den festen Hintergrund des Zodiaks (gr. *zoon* = Tier), oder Tierkreises bewegen. Bei den kalifornischen Indianern wohnen die Tierherren im Berg Mount Shasta; bei den Eskimos wohnt Sedna, die Herrin der Meerestiere, auf dem Meeresboden. Man kann daher sagen, daß die Ichzentren (Egos) oder Geister der Tiere nicht wie beim Menschen inkarniert, also im »Fleisch« zu finden sind, sondern daß nur ihr physisch-ätherischer Leib und ihre Seele der Erscheinungswelt angehören. Deswegen hat das Tier auch nicht die Merkmale des menschlichen Ego: Sprache, Selbstbewußtsein und das Gefühl für Sünde (altgerm. verwandt mit sondern, absondern), die ein Losgelöstsein von der göttlichen Ordnung darstellt.

Jede Tierart ist in der sichtbaren Welt in viele Einzelwesen aufgesplittert, aber in der Astralwelt trifft man die geistigen Individualitäten der Tierarten. Hier haben wir den Schlüssel zum Verständnis des Phänomens, wie es bei primitiven Völkern den Schamanen, Medizinmännern oder Zauberern möglich ist, mit den Tieren zu »reden«, und wie die Tiere ihnen in menschlicher Form erscheinen und Anweisungen geben können. Die alten Jagdvölker konnten sich durch überlieferte Praktiken wie Fasten, Tanzen, Trommeln, Rückzug in die Einsamkeit oder durch psychotropische Kräuter mit den »Großvätern« oder *animal bosses* in Verbindung setzen und Gunst, Schutz oder Jagdglück erbitten. Junge Indianer begaben sich ebenfalls auf diese Art in die imaginative Sphäre und suchten einen tierischen Schutzgeist, der ihr Leben führen half und ihnen ein Lebensziel gab. Als Gegenleistung wurde vom Tiergeist immer verlangt, daß besondere Tabus beachtet, Opfer gebracht oder ein moralisch sauberes Leben geführt wird. Nur diejenigen Ethnologen, deren tieferen Sinne verschlossen sind, wollen diese Tatsachen als irgendwelche »sozio-psychologische Verhaltensmuster« abstempeln. Zu welch fruchtbaren Einsichten kommt dagegen der biologisch eingestellte Gärtner, wenn er seine Schädlinge, Vögel und die Düngewirkungen der Tiermiste von dieser imaginativen Warte aus betrachtet!

Wir Menschen haben unser Ichbewußtsein ganz in der physischen Welt; die Tierarten haben es in der astralen Welt; die Pflanzen aber erleben ihre Gruppenegos in der Region der Sphärenharmonien, der unteren geistigen Welt. Diese Sphäre, die nach rosenkreuzerischer Lehre durch die wahre Inspiration wahrnehmbar ist, ist in seiner Lage »weiter entfernt« als die astrale Welt. Sie ist tief unter der Erde oder auch weit draußen im Bereich der Fixsterne. Hier, in den zwölf Häusern des Zodiakus, weilen die Pflanzenarchetypen, die Geister der Pflanzen. Von hier aus dirigieren und leiten sie die vielen Kräuter, Bäume, Sträucher und Blumen, die ja nur als physische und ätherische Wesen auf der Erde verkörpert sind. So schreibt Paracelsus in *De caducis*:[12]

> Wo sind die Meister, die die Formen der Lilien und Rosen schneiden, die so schön im Felde wachsen? Wo sind ihre Werkstätten und Werkzeuge? Die characteres der Lilien und Rosen findet man im astralen (Sternen-) Licht, und die Werkstatt ist die Natur. Eine Blume kann nicht aus Kot gemacht werden, noch ein Mensch aus Lehm. Und wer die bildenden Kräfte des astralen Lichtes verleugnet und glaubt, daß die Formen aus den Körpern selbst entstehen, der glaubt etwas, was unmöglich ist.

Anderswo bringt der Hohenheimer die Pflanzenwelt mit den Sternen in Verbindung:

Die Sterne sind die Model, Patronen, Formen, Matrices aller Kräuter. Durch attraktivische Kraft zeucht jeder Stern seinesgleichen Kraut aus der Erden. (Traktat I, De Pestilitate)

Auch nach Arthur Hermes ist jede Blume durch einen unsichtbaren Strahlenfaden mit einem der Sterne verbunden; wir bewegen uns durch ein Strahlenmeer.

Aus dieser Sternenwelt, von wo die pythagoräische Sphärenmusik herströmt, wird das Universum mit Harmonie, Rhythmus und Ordnung durchdrungen, die man dann in der Gesetzmäßigkeit der Atome, der Geometrie der Blumen und dem geordneten Lauf der Himmelskörper erlebt. Die eurhythmischen Tänze und die Musik der Landvölker sind als ein Mit- und Nachempfinden dieser Harmonien zu verstehen und üben ihrerseits wieder einen Einfluß auf das Pflanzenwachstum und Tiergedeihen aus. Afrikanische Hackbauern und zum Teil noch die Weingärtner im Waadtland bestellen ihre Äcker mit Begleitung von Gesang, Trommel und Pfeife. Daß Kühe mehr Milch geben, wenn im Stall gesungen wird, konnte ich auf einem Hof im Emmental miterleben. Zum Heiligen Abend wurden den Kühen bei ihren Futterkrippen Weihnachtslieder von den Hofbewohnern vorgesungen. Drei Tage lang danach hielt die größere Milchleistung an. Wissenschaftliche Untersuchungen ergaben, daß Musikschwingungen das Pflanzenwachstum beeinflussen.[13]

Diese Sternenregion ist auch diejenige »weit entfernte«, in denen die Toten wohnen und von wo aus sie auf das Wachstum und Gedeihen der Vegetation ihren Einfluß nehmen. In fast allen Ackerbaugesellschaften, sei es in Afrika, Ozeanien oder Ostasien, glaubt man, daß die Ahnengeister für die Fruchtbarkeit der Felder verantwortlich sind. Man opfert den Toten, man speist sie und schmückt ihre Gräber mit Blumen. Mitunter geht man sogar für sie auf Kopfjagd. Als Gegenleistung gewähren sie durch das Naturgeschehen ihre Hilfe vom Makrokosmos aus. Nordamerikanische Hortikulturisten wie die Irokesen glaubten, daß die Toten die Milchstraße entlang zu ihren Ackerbaudörfern in den Fixsternen wandern. Hippokrates beschreibt in seiner *Geoponika*, daß die Winde (die Seelen der Toten) den Pflanzen und allen Geschöpfen ihr Leben schenken. Auch die Germanen opferten den Toten bei der Aussaat im Frühling und bei der Ernte im Herbst, ein Brauch, der sich vermutlich als Kornmutter- oder Kornmannverehrung bei den Bauern bis in die jüngste Zeit erhalten hat. Die Beziehung der Toten zur Pflanzenwelt wird durch das Bepflanzen und Schmücken der Gräber mit Blumenkränzen und Lebensbäumen unbewußt auch in modernen Zeiten bestätigt.

Die Vorstellung, daß die Toten im weißen Hemd auf Wolken sitzend Harfe spielen und mit den Engeln psalmodieren, ist eine grobe Vereinfachung der Imagination der himmlischen Sphärenharmonie.

Das Pflanzen-Ich, das vom Fixsternhimmel aus wirkt, wird von den sieben Wandelsternen, den Planeten, in seiner Wirkung beeinflußt und modifiziert. Die täglichen, jährlichen und mehrjährigen Rhythmen der Pflanzenwelt können ohne solche Beeinflussung gar nicht verstanden werden. Hier, in den Planetensphären, in der Nachbarschaft der Tiergruppengeister, befinden sich auch die Seelen der Pflanzen, deren Königin Nana heißt. In den Planetenrhythmen sehen wir die Seelenbewegungen der Pflanzen. Für den Gärtner ist das eine wichtige Angelegenheit, denn er sollte die richtigen Zeiten zum Säen und Pflanzen daraus ablesen können.

Die Steine und Mineralien haben nur ihren stofflichen Leib auf Erden. Ihre Bildekräfte (Ätherleib) befinden sich im selben Bereich wie die Pflanzen-Nana und die Tiergruppengeister. Die Seelen der Mineralien wohnen in den Fixsternen bei den Pflanzen-Egos; ihre Egos jedoch liegen in der Welt der Urbilder, im höchsten Himmel. Wir können dieses scheinbar leicht mit unseren Gedanken nachvollziehen, aber um es sich richtig zu vergegenwärtigen, bedarf es der »schwer erreichbaren Kostbarkeit« der Intuition, der Gnade der himmlischen Vernunft, des sogenannten »Steins der Weisen« (lapis). Dieser Stein befindet sich in der Sphäre, die die alten Weisen als den *Kristallhimmel* bezeichneten. Eine alte Legende erzählt, daß die Fixsterne auf keinen Fall feste Körper sind, sondern Löcher, durch die der Himmel hindurchscheint. Sie entstanden, als der liebe Gott, auf seinen Stab gestützt, den Himmel durchwanderte und überall, wo er mit dem Stab aufstieß, machte er ein Loch; die Stücke fielen als Edelsteine herunter. Auch die australischen Ureinwohner kennen eine ähnliche Anschauung; wenn sie ein Kristall finden, meinen sie, es sei vom Sitz der uranischen Gottheit abgebröckelt.

Die Beziehung der Steinwelt zu den höchsten und tiefsten Mysterien kommt in der Theophanie der Steine bei vielen Völkern zum Ausdruck, unter anderem bei der Kaaba in Mekka, den Menhiren der Kelten oder dem Marmorkegel (genannt Omphalos = Nabel der Welt) in Delphi. Der Schöpfergott selbst wird als Mikrokosmos aus dem Stein (Bethel, Zentrum des altisraelischen Steinfetisch – baitylos) geboren und gründet auf dem Stein (gr. *Petros* = Fels) seinen Kultus. Die Altäre und Opfertische der Völker sind Steine. Bei den Christen enthielten die Steinaltäre die Knochen der Heiligen und wurden Ort der *unio sacramentalis* mit dem Herrn.

Obschon diese Auslegung der Seinsebenen und Sphären kompliziert erscheint, handelt es sich doch um die gröbste Vereinfachung. Wir haben uns erlaubt, einen flüchtigen Blick in diese immensen Regionen zu werfen, da wir es uns als Gärtner und Bauern nicht erlauben können, nur nach dem engen materialistischen Begriffsschema zu handeln, denn wir haben es mit lebenden Wesenheiten zu tun. Die Tabelle, obwohl äußerst vereinfacht, deutet diese Verhältnisse an. Das Verständnis kann vertieft werden durch das Versenken des Gemüts in die Naturerscheinungen sowie ein Studium der theosophischen Werke und der Alchemie, der Folklore und des völkerkundlichen Datenmaterials.

Wenn es sich bei diesen Dingen um Wahrheiten handelt und nicht um Täuschungen oder Hirngespinste, dann muß es doch möglich sein, die Kräfte des Bergkristalls durch Präparierung aufzuschließen und mit den Pflanzen und Tieren zu »reden«. Der Gärtner sollte dann den Großvater der Raupen bitten können, seine Kohlköpfe zu schonen, oder die Vögel, Kröten und Blindschleichen in seinen Garten rufen können. Wie sonst kann man die Riesenkohlköpfe und die Blumenpracht im ungewöhnlichen Garten von Findhorn im hohen Norden Schottlands erklären, wo man mit dem Naturgeist *Pan* und den Devas der Pflanzen »spricht«?[14] In Anbetracht dessen sind die alemannisch sprechenden Amisch-Bauern in Pennsylvanien vielleicht gar keine so rückschrittlichen Hinterwäldler, wenn sie stur Maschinen, Schlepper und Elektrizität als Teufelsmachwerk ablehnen und bei ihren Pferden und arbeitsintensiven Methoden bleiben. Die Amisch haben ja die vorbildlichsten Farmen in Amerika, ohne Verarmung der Böden und Schädigung der Agrarbiozönose.

V Transmutation, werdender und vergehender Stoff

Außer bei einigen unverbesserlichen Schwärmern scheint es, als sei die Alchemie heute in Verruf geraten. Ihre Sprache und Symbolik mutet oft wie das irrsinnige Gefasel eines Schizophrenen an. Und dennoch war die Alchemie die höchste der Wissenschaften und wurde im alten Europa, im Nahen Osten sowie in Indien und China fleißig und ernsthaft praktiziert. Sie war die Wissenschaft der Verwandlung und Rückverwandlung der Substanzen, Kräfte und Wesen. Sie war die Kunst, das Stoffliche mit den formgebenden geistigen Kräften zu durchdringen und dem Geist einen stofflichen Träger zu schaffen. Das Endziel kann man in Goethes Worte fassen:

> Was kann der Mensch im Leben mehr gewinnen
> Als daß sich Gott-Natur ihm offenbare,
> Wie sie das Feste läßt zu Geist gerinnen
> Wie sie das Geisterzeugte fest bewahre.

Es ist die gegenseitige Durchdringung des groben Stoffes (prima materia) mit den geistig kosmischen Kräften (spiritus), die, nach Ansicht der Alchemisten, die vorherbestimmte Entwicklung (Entelechie) der Natur ist. Langsam reifen die Metalle in der Erde, und die Geschöpfe und Wesenheiten entspringen ihr in den Generationsfolgen; aber es ist ein langsamer und schmerzhafter Prozeß, und im Laufe der Äonen wird die Natur immer müder. Da muß der Mikrokosmos als Alchemist dem Makrokosmos zur Hilfe kommen. Durch seine Arbeit, sein Präparieren und Tingieren kann er den Vorgang beschleunigen und über die materia media hinaus zur Vollendung als ultima materia führen.

> Was die Natur am Anfang getan hat, können wir ebenfalls vollbringen, wenn wir das Verfahren, das sie angewandt hat, bis zu seinen Anfängen zurückverfolgen. Was sie vielleicht noch, mit Hilfe der Jahrhunderte, in ihrer unterirdischen Einsamkeit unternimmt, können wir ihr helfen und günstige Bedingungen schaffen. So wie wir Brot backen, können wir Metalle herstellen. Ohne uns würde die Ernte auf den Feldern nicht reifen;

das Korn würde ohne unsere Mühlsteine nicht zu Mehl werden, noch das Mehl ohne Kneten und Backen zu Brot. Verständigen wir uns also mit der Natur über die Arbeit an den Mineralien, wie auch über die Arbeit des Ackerbaus, und die Schätze werden sich uns erschließen. (Jean Reynaud)[1]

Der Vorgang ist der gleiche, ob es sich nun um die Veredlung der Metalle handelt oder um das Backen oder Kochen, Modellieren oder Malen, um das Kompostieren oder das Hervorbringen der Ernte aus dem Gartenboden. Immer hat man es mit einem beabsichtigten Verwandlungsprozeß, mit einem Wechselspiel der Elemente, der kosmischen und terrestrischen Kräfte zu tun. In liebevoller Zusammenarbeit führt der Meister die Natur über sich selbst hinaus. Der Narr und Unwissende kann da viel Unheil anstiften, aber der wissende Meister kann die Natur ihrem vorbestimmten Ziel der *chymischen Hochzeit*, wo sich Geist und Materie wohltuend und heilsam einander durchdringen, entgegenführen.

Langes Studieren, Beobachten und Miterleben der Umwandlungsprozesse und der Naturgesetze gehen dem Werk voraus. Wo immer man sie findet, haben die Alchemisten die Pflanzenmetamorphosen, die Kompostierung, Verbrennungsprozesse, das Werden und Vergehen der Stoffe nach ihren Gesetzmäßigkeiten studiert. Im Athanor, dem Ofen, im Kochtopf, im eigenen Leib, im Gartenbeet, im Komposthaufen und in der Jauchegrube beobachtet der Alchemist, wie alles dem Wandel unterworfen ist, wie sich alles durch die Elemente wandelt, vom Festen zum Wäßrigen, zum Luftigen und Warmen und wieder zurück. Er sieht die Materie frisch und undifferenziert in Erscheinung treten als frisch fallender Schnee, als Milch aus dem Euter, als neugeborene Säuglinge und als Eier; er sieht sie aus dem wäßrigen Mondenhaften kommen, durch das rasch wechselhafte Merkurstadium schnellen, durch Sonne, Mars und Jupiter schreiten, bis sie wieder im Saturn vergehen, wo die Materie alt wird, wo sie erkaltet, verwest und verstaubt oder in Hitze verdampft und sich sublimiert. Hier, auf dieser letzten Stufe, ist der Stoff fein gezeichnet wie das Gesicht des Greises, wie die Rinde alter Eichbäume oder zerklüfteter Fels.

Der Alchemist hält an der Erkenntnis aus seinen Kontemplationen fest, daß der feste, dichte, schwere Stoff sich nicht leicht verwandeln läßt; er vermittelt höchstens die Erdkräfte (Magnetismus, Elektrizität) oder die Kräfte der äußersten Planeten. Als Flüssigkeit aber ist der Stoff für Einflüsse zugänglich; er kann sie empfangen, sie spiegeln und abbilden. In das Flüssige können neue *In-formationen* eingebracht werden, ganz gleich, ob es sich um den Foetus im wäßrigen Mutterschoß handelt, auf den die Sternenkräfte

Hieronymus Brunschwig (um 1450 bis 1533).
Der alchemische Garten.
(Straßburg, 1500)

formgebend wirken, oder um das Begießen der Saat im Beet. Auch die Taufe wird mit der Absicht vorgenommen, dem Täufling durch das Wasser eine neue Seelenkonfiguration zu geben.

In seiner imponderablen, bewegten, leichten Luftmanifestation ist der Stoff höchst wandelbar. Als Gas (gr. *chaos*) ist er den verschiedenen mikrokosmischen und makrokosmischen *Einflüssen* am offensten. Im Feuerelement verschwindet häufig die Materie, sie wird ganz vergeistigt und völlig transmutiert.

Umwandlungen.
Le Songe de Poliphile. (1600)

Da die verschiedenen kosmischen Einflüsse in den Transformationen maßgebend sind, betrieben die Alchemisten ernsthaft Astrologie. Die Planeten wurden nach ihren Positionen, den Tages- und Jahreszeiten genau einbezogen. Das innere Firmament, die Seelenkonfiguration, wurde ebenso genau beobachtet, denn dieser innere Kosmos hat einen in gleicher Weise formgebenden und transmutierenden Einfluß auf die bewegte und undifferenzierte Materie wie der makrokosmische Planetenstand. Die innere Konfiguration leuchtet durch die Augen, die Fenster der Seele, als Ströme, ganz wie die Sterne vom Kosmos hereinfunkeln. Auch das Wort, der Hauch, der Körperdunst, die Absonderungen und die Strömungen aus den Fingern offenbaren das Wirken des inneren Kosmos. Wenn man in den alten Manuskripten liest, dann weiß man oft nicht, ob da der innere oder der äußere Kosmos gemeint ist. Damit sein innerer Kosmos gut und edel ist und damit er in seinem Werk nicht aus Versehen ein Monstrum schafft, wie es Dr. Frankenstein oder der Rabbi Löw in Prag getan hatten, gibt sich der Alchemist Seelenübungen hin und lebt in Reinheit und Tugendhaftigkeit. Dann werden auch die Umwandlungen richtig vor sich gehen, wird die richtige Tinktur gefunden und das grobe, kränkelnde Unvollkommene in das heilsame, vollkommene Gold verwandelt und multipliziert werden können.

Die materialistische Chemie

Im 18. Jahrhundert fing man an, Zweifel an der Richtigkeit der Alchemie zu hegen. Die widersprüchliche mythologische Symbolik wurde immer anrüchiger in einem Zeitalter, in dem Vernunft und die Beobachtung nach der empirischen Methode die träumerische, übersinnliche Bilderwelt immer weiter verdrängte. Scharlatane, Quacksalber und betrügerische Goldmacher trugen mit dazu bei, so daß der Chemiker Robert Boyle (1626 bis 1691) die Transmutationslehre, die Idee der vier Elemente und die Goldmacherei als völligen Unsinn verurteilen konnte.

Ein neues Verständnis der Materie faßte Fuß. Antoine Laurent Lavoisier (1743 bis 1794) entwarf das *Gesetz der Erhaltung des Stoffes*: »Nichts entsteht, nichts vergeht, es verändert sich lediglich der Zustand des Stoffes.« Seither wurden große Fortschritte im Labor gemacht. Mit dem Aufstellen des Periodensystems (1869) von D. L. Mendelejew nach Atommasse (Kernladungszahl) und Gewicht wußte man, was Materie ist: Materie besteht aus Atomen, die sich zu Molekülen vereinigen können, hat Masse, besteht in räumlicher Dimension und ist den physikalischen Gesetzen der Schwerkraft, Trägheit und dem 2. thermodynamischen Gesetz unterworfen. Als wissenschaftlich begründet galt die Kant-Laplacesche Theorie eines »Urknalls«, der explosionsartig die Urmaterie in Bewegung setzte und nun langsam, wie aufgewirbelter Staub, der sich allmählich wieder setzt, dem Wärmetod, der Entropie, der ewigen Ruhe entgegengeht. So meinte man, die Sonne werde einst wie eine glimmende Kohle verlöschen und als kalte Schlacke übrigbleiben. Das Leben sei nur Schaum auf einer Welle, und der Geist ein dünner Hauch, ein Epiphänomen des großartigen, aber sinnlosen, kosmischen Geschehens. Man stehe auf dem festen Boden der konkreten, nackten Wirklichkeit, meinte man, und belehrte Bauern und Gärtner, daß ihre Kobolde und Naturgeister nur Einbildungen, daß die Pflanzenentwicklung lediglich ein chemischer Vorgang und daß Tiere eigentlich Maschinen seien. Nun konnte man getrost die Tiere durch Maschinen auf dem Land ersetzen und den lebenden Humus durch Kunstdünger.

Die Alchemie wurde bestenfalls als der primitive, von Aberglauben infizierte Anfang der Chemie gedeutet oder einfach nur als Schwindel dargestellt. Auf der anderen Seite sah der Psychologe C. G. Jung in der Alchemie lediglich psychologische Vorgänge, die auf die tote, gleichgültige, äußere Welt projiziert wurden, während der Okkultist Franz Hartmann in der Alchemie nur ein Bild des spiritualistischen Strebens der Menschheit sah.

Der Scharlatan

Alchemie als okkulte Wissenschaft

Die königliche Kunst ist jedoch ein unsterbliches Wesen. Man kann sie zwar von der Akademie bannen, aber sie wird weiterhin die Gemüter der Menschen ergreifen. Ganz am Rande, bei den Hirten, Kräuterweibern und Gärtnern oder im Untergrund bei Außenseitern wie Anton Mesmer (1734 bis 1815) mit seinem *tierischen Magnetismus* und bei Samuel Hahnemann (1755 bis 1843), dem Gründer der *Homöopathie*, findet die Sophia (die alte Weisheit) Unterschlupf.

Hahnemann läßt sich von Paracelsus anleiten in der Meinung, daß alle Stoffe des Makrokosmos für den Mikrokosmos Gift seien: »Alles ist Gift, die Dosis macht's allein.« Die mineralische, pflanzliche oder tierische Substanz, die beim gesunden Menschen Krankheitssymptome hervorruft, wenn sie ihm in zu großen Dosen zugeführt wird, ist aber auch geeignet, zum Heilmittel zu werden. Sie soll in winziger Dosis dem Kranken als Gegengift verabreicht werden nach dem alchemistischen Grundsatz »Similia similibus curantur« oder »Ähnliches heilt Ähnliches«. Es reizt und aktiviert die mikrokosmischen Gegengifte. Weiter lehrt Paracelsus: Es ist die Kraft (Geist), nicht der Stoff, der da heilt. Hahnemann verfährt ganz wie der Alchemist, der den Geist vom Stoff durch rhythmisches Schütteln trennt (separatio), dann dem Medium des Wassers oder Alkohols überträgt und zuletzt eine heilende Tinktur (Arkanum) gewinnt. Die ursprüngliche Lösung wird lange Zeit rhythmisch geschüttelt, dann 1:10 weiter verdünnt (D1), dieses weiter rhythmisiert und nach geraumer Zeit wieder 1:10 verdünnt (D 2) und so weiter, bis die allerhöchsten Verdünnungen, in denen die potenzierte Substanz vielleicht gar nicht mehr enthalten ist, erreicht werden. Man meinte, Hahnemann sei ein Quacksalber, seine Medizin ein *Placebo*, deren Wirkung auf nichts als auf Einbildung beruhe. Dennoch konnte Hahnemann Patienten heilen, die von der offiziellen chemotherapeutischen Medizin aufgegeben worden waren. Wir werden sehen, daß diese Methode der Potenzierung eine wesentliche Rolle in der biologisch-dynamischen Anwendung der Heilkräuterpräparate in der Landwirtschaft spielt.

Der junge Goethe, dessen Leben durch ein alchemistisch zubereitetes Elixier gerettet worden war, studiert mit seiner Freundin Susanne von Klettenberg ernsthaft die Alchemie des Paracelsus, Basilius Valentinus und van Helmonts; er hat Freude an dem liquor silicum, der aus dem Verschmelzen eines Quarzkristalles mit Alkali entsteht, und läßt zahlreiche alchemistische Einsichten in seine *Farbenlehre*, *Metamorphose der Pflanze* und andere wissenschaftliche Werke, die Steiner später bearbeitet, einfließen.[2] Mit Goethe erfährt die alte Verwandlungswissenschaft ihre eigene Verwandlung.

Im 19. Jahrhundert findet der Österreicher Baron von Herzeele im Laufe von rund fünfhundert Experimenten Andeutungen der Transmutation von Elementen, die in der lebenden Pflanze vor sich gehen. Er konnte quantitativ aufzeigen, daß der Aschegehalt bestimmter Mineralien bei der Keimung von Samen in distilliertem Wasser zunimmt. Er behauptete, daß eine Reihe von Transmutationen Kohlensäure in Magnesium, Mg in Kalzium, Ca in Phosphor und P in Schwefel verwandeln können. Weiter ist es möglich, daß in der geheimen Alchemie der Pflanze Stickstoff zu Kali verwandelt werden kann. Herzeele kommt zu dem Schluß, daß die Pflanzen ihre mineralische Grundlage weitgehend selbst bestimmen: »Nicht der Boden bringt die Pflanzen hervor, sondern die Pflanzen schaffen ihren Boden.« Er spricht überzeugt von der vegetabilischen Entstehung der anorganischen Stoffe.[3]

Die Gedankengänge Rudolf Steiners, der 1924 seine landwirtschaftlichen Vorträge hält, verraten, daß wir es gleichsam mit einer Weiterführung der alchemistischen Kulturströmung zu tun haben. Er findet Formeln dafür, wie man aus Kuhmist, Quarz und extra behandelten Heilkräutern Präparate herstellen kann, von denen winzige Mengen stark verdünnt, rhythmisch gerührt und potenziert werden, um sie den kosmischen Kräften aufzuschließen. Zum Gedeihen der Landwirtschaft werden sie als Arkanum dem Kompost, dem Boden und den Pflanzen zugeführt. Die stofflichen Mengen sind so gering, daß hier, wie bei der homöopathischen Medizin, die offizielle Wissenschaft nur Scharlatanerie vermutet. Die Präparate sind auch als

Medizin für den Erdorganismus gedacht, denn die Kräuter, die als Arznei im Mikrokosmos des Menschen wirksam sind, sollten auch im Makrokosmos wirksam sein können.

Liest man alchemistische Traktate, so spürt man die Wesensverwandschaft der biodynamischen Präparate mit den Elixieren der Alchemisten. Der Spanier Raimundus Lullus (1232 bis 1316) schreibt zum Beispiel:[4]

> Im Frühling belebt der Lapis die Pflanzen durch seine große und wunderbare Wärme. Wenn du etwas davon, in der Größe eines Kornes, in Wasser auflösest und von diesem Wasser, so viel in die Schale einer Haselnuß geht, nimmst und damit einen Rebstock begießest, wird dein Rebstock im Mai reife Trauben tragen.

Auch Alexander von Bernus vertritt die Ansicht, daß die biologisch-dynamische Methode eine Weiterentwicklung der Alchemie darstellt:[5]

> Ein Irrtum aber ist es, wenn von anthroposophischer Seite aus behauptet wird, das biologisch-dynamische Düngungsverfahren . . . sei etwas völlig Neues, noch nie Dagewesenes. Die das behaupten, wissen eben nichts von Alchymie und ihrem Wesen; es wäre ihnen sonst bekannt, daß das Problem der Düngung, das der Verwesung, Fäulung und Verbrennung, das eigentliche Grundproblem der ganzen Alchymie ist.

Auf dünnes hermetisches Eis tritt Steiner, wenn er angibt, daß die erdfernen Planeten (Mars, Jupiter und Saturn) über Kiesel qualitäts- und aromaerzeugend auf das biologische Geschehen einwirken, während die erdnahen Planeten (Mond, Venus und Merkur) über Kalk am Aufbau der Quantität der Biomasse wirksam sind. Er spricht eindeutig von der Möglichkeit der Transmutation der Elemente im organischen Bereich:[6]

> »Ich weiß sehr gut: derjenige, der eingefuchst ist in die heutige Denkweise, wird sagen: ›Aber du sagst uns ja gar nicht, wie man den Stickstoffgehalt des Düngers verbessert.‹ Ich habe fortwährend davon gesprochen, namentlich indem ich von Schafgarbe, Kamille, Brennessel gesprochen habe, weil nämlich im organischen Prozeß eine geheime Alchemie liegt, die zum Beispiel das Kali, wenn es nur in der richtigen Weise drin arbeitet, wirklich in Stickstoff umsetzt und sogar den Kalk, wenn der richtig arbeitet, wirklich in Stickstoff umsetzt.«

Weiter sagt er:[7] »Das Silizium wiederum wird umgewandelt im Organismus in einen Stoff, ... der gegenwärtig unter den chemischen Elementen überhaupt nicht aufgezählt wird.«

In seinen früheren Vorträgen trifft er die Unterscheidung von Erdenstoffen, die sich vergeistigen, und geistigen Substanzen, die in die materielle Erscheinung treten. Zu den ersteren gehören solch feinziselierte Substanzen, die schon durch viele Verwandlungen und Metamorphosen gegangen sind, wie der Staub der Schmetterlingsflügel, Blütenstaub, das Gefieder der Vögel, Tropfsteingebilde und die Knochen des Skeletts. Zu den neuen geistigen Substanzen hingegen zählt er frischen Schnee, Tau, Milch, Sternschnuppen, Eiweißflüssigkeit, den Speckansatz der wachsenden Ferkel und andere frisch in Erscheinung tretende »kosmische« Stoffe.[8] Steiner verfolgt die Verdauungsstufen durch die vier Elementenbereiche; er zeigt, wie das Feste (Erde) zerkaut und eingespeichelt (Wasser) wird, in den Gedärmen Gase (Luft) erzeugt und als Kraft (Wärme) durch die Darmwand in den Mikrokosmos dringt. Er vergleicht diesen Vorgang mit der Metamorphose der Pflanze, wenn sie aus dem festen, wäßrigen Boden in die Luft und Wärme wächst und dort in den Makrokosmos hinein verblüht und verstäubt. Solche und andere Ideen, die mit Verwandlungen, Energieströmen, Rhythmen und anderem hermetischem Gedankengut zu tun haben, trifft man immer wieder in Steiners Werk. Nun liegt es an uns, nachzuprüfen, ob man damit etwas in der Landwirtschaft anfangen kann oder ob es sich lediglich um veraltete Vorstellungen und Übertragungen der Psyche in die passive Natur handelt.

Gegen Ende dieses 20. Jahrhunderts kommt uns der Ideenschatz der Alchemisten weniger eigenartig vor als damals zu Steiners Lebzeiten. Vieles hat sich verändert. Schon am Anfang des Jahrhunderts erfuhr die Selbstsicherheit der materialistischen Wissenschaft Momente des Unbehagens mit der Entdeckung der radioaktiven Elemente. Der feste Boden des primitiven Materialismus begann zu beben, als Einstein beweisen konnte, daß sich Stoff in Energie und Energie in Stoff verwandeln kann. Transmutation war etwas weniger unglaubwürdig geworden.

Die Entdeckung von Spurenelementen, die von den Pflanzen in den allerfeinsten Mengen für das Wachstum gebraucht werden – Molybdenum wird in der Menge von 50 g/ha gebraucht – ließ den Gedanken der homöopathischen Dosierung weniger wirklichkeitsfremd erscheinen. Der Kalziumverlust bei Astronauten während ihres Raumfluges, die Entdeckung von Antimaterie (Positronen, Antiprotonen und Antineutronen), »Schwarze Löcher« und ähnliche Phänomene der modernen Physik rücken die Idee des Werdens und Vergehens der Materie wieder in ein besseres Licht. Fred Hoyle vom Cambridge Observatory läßt das Gesetz der Erhaltung der Materie ganz fallen, denn er postuliert die Neuschaffung der Materie im kosmischen Raum aus dem Nichts, hervorgerufen durch die Gegenwart schon existierender Materie.[9] Um ihre materialistische Ausgangsbasis beibehalten zu können, sprechen progressive Marxisten immer lauter von parmamateriellen Eigenschaften der Materie (Ernst Bloch), schreiben ihr Bewegung, Dialektik, Leben, ja »Geist« zu und befürworten die Psi-Forschung. Mit der Entdeckung von über zweihundert sub-atomaren Teilchen können die Physiker nicht mehr sagen, was Materie eigentlich ist. Die Materie ist ent-materialisiert und sieht immer mehr aus wie das, was der Inder Maya nennt.

Neuere alchemistische Forschungen

Hier und da findet alchemistisches Gedankengut wieder Bestätigung. Rudolf Hauschka, der Direktor des WALA-Heilmittel-Laboratoriums, überprüfte die Forschung von Herzeele und konnte sie teilweise bestätigen.[10] Kressesamen, die er in destilliertem Wasser in hermetisch verschlossenen Ampullen keimen ließ und mit sehr genauen Wagen wog, zeigten rhythmische Gewichtsschwankungen auf. Diese feinen Gewichtsveränderungen fanden synchron mit den Mondphasen statt. Hauschka hatte jedoch Schwierigkeiten, seine eigenen Versuche zu wiederholen und meinte, daß ein noch unbekannter Faktor im Spiel sein müsse.

Zur selben Zeit, in der Mitte der vierziger Jahre, entdeckte Henri Spindler, daß sich der Jodbestandteil des Riementangs bis zu einhundert Prozent verändern kann, auch wenn diese Alge in festverschlossenen Gefäßen, in die keine Fremdsubstanz eindringen kann, versiegelt ist.[11] In demselben Experiment konnte Spindler auch eine Zunahme von fünfzehn Prozent Kalium in der Alge feststellen. Er kommt zu dem Schluß, daß viele sogenannte anorganische Stoffe ursprünglich von Lebewesen ausgeschieden worden sein müssen, ungefähr auf die Weise, wie ein Baum seine Rinde nach außen abstößt. Diese Experimente veranlaßten Prof. Pierre Baranger vom Laboratorium für organische Chemie der Ecole Polytechnique in Paris, sich mit dem Problem zu befassen. Nach zehn Jahren und Tausenden von Versuchsreihen konnte er nicht leugnen, daß er elementare Transmutationen innerhalb des Pflanzenorganismus festgestellt hatte. Uns noch unbekannte Kräfte müssen da am Werk sein, meinte er zu seinen Forschungsresultaten.[12]

Louis Kervran beschreibt in dem Buch *Transmutations Biologiques*, daß Pflanzenfresser mehr Stickstoff ausscheiden, als sie mit der Nahrung aufnehmen, daß Regenwürmer die chemische Zusammensetzung des Bodens verändern, daß der Schwefel-, Phosphor-, Magnesium- und Kalkgehalt in getrocknetem Obst zunimmt, daß der Phosphorgehalt beim Keimen der Linsen zunimmt, daß bei keimenden Pflanzen der Kalk besonders stark zunimmt, wenn das Medium wenig Kalk enthält, und daß ein Kücken, wenn es ausschlüpft, viermal soviel Kalk enthält als das Ei ursprünglich hatte. Überall in der Natur findet er Anzeichen der Verwandlung der Stoffe. Seine Experimente zeigen, daß Hühner, denen kein Kalk gegeben wird, das Kalium aus Glimmerschiefer in Kalk für ihre Eierschalen umwandeln. Er schreibt, daß organisches Silizium, wie es im Schachtelhalm zu finden ist, die Hornhaut der Fingernägel schneller wachsen läßt und gebrochene Knochen schneller zusammenkittet, da es im Körper zu Kalk transmutiert wird. Das Gesetz der Entropie (Wärmetod) trifft für den lebendigen Organismus nur bedingt zu. Kervran formuliert, daß die Experimente, die im Labor mit abgetöteten Zellgeweben durchgeführt werden, ein falsches Bild von den biologischen Vorgängen geben. Er warnt vor Verallgemeinerungen: » . . . denn die Transmutationen sind an ganz bestimmte enzymatische und physiologische Vorbedingungen gebunden. Eine Pflanze kann eine Transmutation vollbringen, die einer anderen Pflanzenart unmöglich ist.«[13]

Unsereiner ist nicht in der Lage zu sagen, ob diesen Forschungen Fehler zugrunde liegen. Anscheinend sind sie schwer nachzuvollziehen. Vielleicht spielt die Einstellung des Forschers eine Rolle, indem sie einen Faktor beim Gelingen oder Mißlingen der Beobachtungen darstellt. Wir können es noch nicht wissen, doch scheint es durchaus möglich zu sein. Im Versuchsfeld von Rothhamstead, wo schon über hundert Jahre jährlich Weizen ohne jegliche Düngung angebaut wird, hat man immerhin eine geringe Ernte Jahr für Jahr. Die vom Regen und Staub hereingebrachten Nährstoffe können unmöglich den Verlust an Mineralien, die bei der Ernte weggetragen werden, wieder ausgleichen. Ähnlich in einem Kleeversuchsfeld in Rothhamstead, wo zwei bis drei mal pro Jahr, siebzehn Jahre lang, geerntet wurde, ohne irgendwelche Düngung zu geben.[14]

> Die Ernten waren so ergiebig, daß man über 5700 Pfund Kalk, 2700 Pfund Magnesium, 4700 Pfund Kali, 2700 Pfund Phosphor und 5600 Pfund Stickstoff hätte geben müssen, im ganzen mehr als zehn Tonnen. Von wo sind alle diese Mineralien hergekommen?

Pfeiffer konnte beobachten, daß Elementeansammlungen bei bestimmten Pflanzen nachzuweisen sind, obwohl diese Elemente im Boden nicht

Sterndeutung

vorhanden sind. Er zeigte, daß einige Gräser und Leguminosen Kupfer akkumulieren in Böden, die kein Cu enthalten, daß Eichen Kalk in ihre Rinde absondern (bis zu sechzig Prozent im Aschengehalt), auch wenn sie auf sandigen, kalkarmen Böden wachsen. Am merkwürdigsten fand er die wurzellose Hängepflanze Spanisch Moos (Tillandsia), die in den Südstaaten der USA an Ästen und Telephondrähten hängt und sich aus der Luft ernährt. Die chemische Zusammensetzung dieser Pflanze kann sich schwerlich aus dem, was Staub und Regen enthalten, ergeben. Pfeiffer glaubte nicht an Transmutation, sondern an Aufnahme und Auslese »feinststofflicher« Substanzen aus der Luft.[15]

Daß die Planeten einen Einfluß auf die irdische Materie haben, wie die Alchemisten immer wieder behaupteten, findet in verschiedenen Forschungen Bestätigung. Kolisko konnte zeigen, daß Planetenkonstellationen auf die Kristallisation von Metallsalzen Einfluß nehmen und daß sich die Pflanzen nach kosmischen, besonders lunarischen Rhythmen entfalten.[16] Prof. Giorgio Piccardi vom Institut für physikalische Chemie in Florenz konnte feststellen, daß kosmische Ereignisse wie Sonnenflecken Einfluß auf das Wasser im Labor haben. Er nimmt an, daß das auch im lebendigen Organismus der Fall sein muß.[17]

Bild 27

Auch der subjektive Einfluß, der vom Menschen ausgeht und in das Verwandlungsgeschehen einströmt, konnte in Versuchsreihen angedeutet werden. In siebenhundert Experimenten mit einhundertfünfzig Versuchspersonen wurde gezeigt, daß Konzentration und Gebet das Gedeihen von Pflanzen beeinflussen. Auch scheint es bewiesen, daß sich die Keimzahl erhöht, wenn eine geeignete Person mit »guten Ausstrahlungen« die Samen vor dem Säen in den Händen gehalten hat.[18]

Es besteht kein Zweifel, daß diese Forschungen einen Kern der Wahrheit enthalten und der agronomischen Wissenschaft Anlaß geben sollten, ihre philosophische und erkenntnistheoretische Basis genau zu überprüfen. Für alte Naturkenner wie Arthur Hermes sind diese Experimente jedoch überflüssig. Für ihn und andere alte Gärtner ist es ohne wissenschaftlichen Beweis offensichtlich, daß die Ströme aus den Händen die Saat beeinflussen, daß der Mond und die Sterne Wirkung auf die Pflanzen haben und daß überall in der Natur wunderbare Verwandlungsvorgänge stattfinden.

VI Goetheanistische Wissenschaft

Goethe war ja nicht nur Künstler; er befaßte sich auch mit wissenschaftlichen Fragen seiner Zeit, entdeckte den Zwischenkieferknochen des Menschen (os intermaxillare), studierte das Wetter, entwickelte eine andere Auffassung der Farben als Newton, die dem Kunstmaler mehr Freude macht als dem Physiker, studierte die Entwicklung der Tier- und Pflanzenformen und klopfte mit seinem Hammer an die Granitfelsen der Alpen, um die Mineralwelt zu erforschen. Im hohen Alter bekennt er: »Auf alles, was ich als Poet geleistet habe . . . bilde ich mir gar nichts ein. Es haben treffliche Dichter mit mir gelebt, es lebten noch trefflichere vor mir, und es werden ihrer nach mir sein.« Auf seine wissenschaftlichen Leistungen gab er hingegen viel.[1]

Für uns Massenmedienkonsumenten sind Goethes Schriften oft schwer zu lesen. Es drängt sich uns die Frage auf, wie aktuell seine Einsichten und seine allegorischen Anspielungen auf die griechische Sagenwelt eigentlich sind. Sicher hat uns auch ein Pauker in der Literaturstunde einen Zugang dazu verkorkst. Rudolf Steiner, der als junger Philosoph als Redakteur bei einer Weimarer Ausgabe[2] der naturwissenschaftlichen Schriften Goethes tätig war, macht darauf aufmerksam, daß es weniger der Inhalt als die Denkart ist, die uns bei Goethe interessieren sollte. Diese Denkart überwindet das Verhaftetsein in wissenschaftlichen Schablonen, die zwar für die anorganische, physikalische Welt angemessen sind, aber mit der organischen, belebten Welt nichts Gescheites anzufangen wissen. Diese Methode Goethes, die den Erscheinungen der organischen Welt gerecht wird, nennt Steiner die *goetheanistische Methode*, oder *Goetheanismus*.

Dieser Goetheanismus ist ein wesentlicher Bestandteil der biologisch-dynamischen Landwirtschaft, daher wollen wir ihn uns etwas näher ansehen. Ich kam zum ersten Mal mit dieser Methode in Berührung, als wir im Garten von Aigues Vertes einen starken Bohnenlausbefall hatten. Wie in der Einführung schon geschildert, war ich sofort zur Hand mit einer starken Tabakbrühe, mit der ich die Läuse besprühen wollte. Der Gärtnermeister Manfred Stauffer ließ das jedoch nicht zu, sondern hockte sich hin, strich sein Kinn, kratzte seinen Kopf und murmelte Unverständliches, ehe er sagte, daß wir überhaupt nichts unternehmen sollten. Er hätte eben überlegt, wie das

Phänomen der Läuse zu bewerten sei, anstatt blindlings schematisch darauf zu reagieren. Fruchtfolgen, Wetter und Düngung hatte er an seinem geistigen Auge vorbeiziehen lassen. »Es gilt, die angemessenen Gedanken dem Phänomen gegenüberzustellen, nicht Hypothesen aufzuzwingen!« belehrte er seinen erstaunten Zuschauer. Der Vorgang war eine Lektion in der goetheanistischen Methode.

> Bei Betrachtung der Natur im großen wie im kleinen hab ich unausgesetzt die Frage gestellt: Ist es der Gegenstand oder bist du es, der sich hier ausspricht? (Sprüche in Prosa)

Dem Goetheanismus liegt eine genaue Naturbetrachtung, ein radikaler Empirismus zugrunde. Aus dieser Betrachtung selbst sollen die richtigen Gedanken fließen, die der Erscheinung angemessen sind, nicht irgendwo erlernte Begriffe, Schablonen, Hypothesen oder voreilige Schlüsse.

> Es ist eine schlimme Sache, die doch manchem Beobachter begegnet, mit einer Anschauung sogleich eine Folgerung zu verknüpfen und beide für gleichgeltend zu achten. (Sprüche in Prosa)

> Theorien sind gewöhnlich Übereilungen eines ungeduldigen Verstandes, der die Phänomene gern los sein möchte und an ihrer Stelle deswegen Bilder, Begriffe, ja oft nur Worte einschiebt. (Sprüche in Prosa)

Ebenso wie Goethe die schnelle Schlußfolgerung verwirft, weist er auch den primitiven Empirismus ab, der nur die Tatsachen sammelt und addiert. Für ihn ist die Beobachtung der an den Menschen von außen herantretenden Erscheinungen nur die halbe Sache. Diese äußere Erscheinungshälfte muß ergänzt werden durch die von innen aufsteigende Idee. Jedes Wesen hat eine äußere Erscheinungsform und eine innere, zugrundeliegende Idee, die das klare, reine Denken wahrnehmen kann. Das Denken ist also ein Wahrnehmungsorgan! Während die genaue, ungetrübte Beobachtung der Erscheinungen nur einzelne Wesen, nur Einzeldinge und Spezialfälle ermittelt, gibt das Denken uns das Allgemeine, den grundliegenden »Typus«, die *Idee* des Organismus. Wir sehen verschiedene, einzelne Würmer, aber wir erkennen die Wurmheit durch das klare Denken. Wenn dieses innere Prinzip fehlen würde, dann würde die Erscheinungswelt in eine zusammenhanglose Masse von Einzelheiten zerfallen. Dieses innere Prinzip, das die Urbilder und Ideen wahrnimmt, nennt Goethe die *anschauende Urteils-*

kraft. Das Erkennen kommt von innen, ungefähr wie geistreiche *Ein-fälle*. Wir denken also nicht *über* die Dinge nach, sondern in die Dinge, in ihr Wesen hinein.

Dies ist eine ganz andere Erkenntnistheorie als diejenige, die in der heutigen Wissenschaft gepflegt wird, in der man von einer objektiven Welt »da draußen« spricht, die nicht viel mit unserer inneren »subjektiven« Welt der Gedanken zu tun hat, höchstens daß wir wie Computer Informationen von außen in unsere Datenbanken im Gehirn aufnehmen. Nach Goethe ist die innere Welt der Gedanken weder nur subjektiv noch eine Akkumulation von aufgespeicherten Informationen, sondern sie ist ein ebenso objektiver wie ideeller Bestandteil der Welt, in der wir leben. Die Gedanken nehmen eben die Innenseite des Universums wahr wie die Augen und Sinne die Außenseite.

Natürlich kann man falsch denken, genau so wie man falsch beobachten kann. Die schnellen, lauten, abstrakten Hypothesen und Gedankengerüste sind meistens falsches, den Phänomenen nicht entsprechendes Denken. Ebenso sind hastige, oberflächliche Beobachtungen oder durch umständliche, technische Instrumente vermittelte Beobachtungen falsch, das heißt, sie verzerren die Erscheinungen.

> Mikroskope und Fernrohre verwirren eigentlich
> den reinen Menschensinn! (Sprüche in Prosa)

Der greise Goethe hat aus diesem Grund nicht einmal Brillengläser tragen wollen. Sein Faust drückt es folgendermaßen aus:

> Ihr Instrumente freilich spottet mein,
> Mit Rad und Kämmen, Walz und Bügel:
> Ich stand am Tor, ihr solltet Schlüssel sein;
> Zwar euer Bart ist kraus, doch hebt ihr nicht die Riegel.
> Geheimnisvoll am lichten Tag
> Läßt sich Natur des Schleiers nicht berauben,
> Und was sie deinem Geist nicht offenbaren mag,
> Das zwingst du ihr nicht ab mit Hebeln und mit Schrauben.

Die durch die anschauende Urteilskraft gewonnene Idee ist holistisch und ganzheitlich, wie wir sie in der Landwirtschaft und im ökologischen Gartenbau so dringend brauchen. Sie ist das Gegenteil der Bruchstücke, Teilansichten und Prokrustesbetten, wie sie uns vom Labor zurechtgemacht werden.

Der Goetheanismus kennt kein experimentelles Ausschalten von »unwesentlichen und irrelevanten Faktoren«. Alle Faktoren, die zur Erscheinung dazugehören, geben den Erscheinungszusammenhang, zu dem die Idee gehört. Es ist des Teufels (Mephistopheles) Rat an den naiven Studenten, im experimentellen Modell »unwesentliche« Umstände aus dem Spiel zu lassen:

> Wer will was Lebendigs erkennen und beschreiben,
> Sucht erst den Geist herauszutreiben,
> Dann hat er die Teile in der Hand,
> Fehlt leider! nur das geistig Band.

In der *Iatromathematik*, einer Heilmethode der Renaissance, wußte man, daß man nicht schablonengläubig verallgemeinern oder Teile der Erscheinung weglassen kann. Man hatte da alle Aspekte einer Krankheitserscheinung einbezogen: den seelischen und physischen Zustand des Patienten, den Stand der Sterne und die Disposition des Arztes. Man suchte für jeden Einzelfall die Kräuter und stellte bei günstigem Horoskop die Medizinpräparate her.

Der Shoshone-Medizinmann Rolling Thunder wehrt sich gegen den Versuch einer medizinwissenschaftlichen Kommission, bei ihm diejenigen Elemente zu isolieren, die seine schamanistische Methode so erfolgreich machen:[3]

> Es gibt keine Experimente. Es gibt nur die wirkliche Situation. Wie kann denn überhaupt die »Wissenschaft« die Medizin der Indianer bewerten, wenn sie nicht einmal begreift, daß *alle* Umstände zur wirklichen Situation gehören. Es gehört die Hoffnung auf ein ungewöhnliches Ergebnis, der Glaube an dieses Ergebnis, eine besondere Einstellung zur Sonne, zur Erde und zur ganzen Natur dazu . . . Es fehlt »Objektivität« und Skepsis.

Vom Sichtbaren zum unsichtbar Wahren

Im Garten trifft ähnliches zu. Wir dürfen nicht unsere schlauen Theorien, die wir uns von der Schule oder dem Buch geholt haben, gedankenlos auf den Garten übertragen. Unsere Gedanken müssen sachlich, aus dem was vor uns liegt, hervorgehen.

Im Januar jeden Jahres wird in Dornach an der naturwissenschaftlichen Sektion des Goetheanums ein Ausbildungskurs für junge Gärtner und Landwirte veranstaltet. Es wird versucht, ihnen die schöpferischen Ideen, die in der Natur walten, bewußt zu machen. Man versucht, die Formen und Bewegungen in den Naturreichen durch körperliche Bewegungen nachzuvollziehen oder sie mit Farbe und Modellierton nachzugestalten. Jeden Tag, ob Regen oder Sonnenschein, unternimmt man einen Spaziergang durch die Natur und erlebt das gleiche Stück Weg bei verschiedenen Licht- und Witterungsverhältnissen. Man wird nicht aufgefordert, die Beobachtungen zu erklären oder mit einer Nomenklatur zu belegen, sondern ständig nur wahrzunehmen, bis die entsprechende »Idee« sich selbst aus den beobachteten Erscheinungszusammenhängen herausschält.

Der Pfad führte immer an einer merkwürdigen, alten, dreistämmigen Eiche vorbei, an deren Südseite ein Stand junger Tannen wuchs. Ihre schweren Hauptäste wuchsen gegen Nordosten; die Stämme waren mit jungen Sprossen bewachsen, als hätte man Pfeile in sie hineingeschossen. »Versucht einmal aus der Betrachtung heraus die Frage zu beantworten, warum dieser Baum so eigenartig gewachsen ist,« forderte uns der Leiter auf.

Übung in Erscheinungszusammenhängen.

Wir schauten. Der Boden war Kalkmergel, der üblicherweise hier eine Eichen-Buchenklimavegetation hervorbringt. Wir zählen die Knoten an den Tannen: Es waren zwölf. Wir zählten die Jahresabschnitte an den Sprossen am Eichenstamm: Sie waren zehn Jahre alt. Dann ergab sich vor dem inneren Blick das Bild, wie es vor einem Dutzend Jahren hier ausgesehen hatte. Wo die Tannenbäumchen jetzt wachsen, da stand ein hoher Wald. Dieser Baum am Nordsaum dieses Waldes war als einziger stehengelassen worden. Seine Südseite war beschattet gewesen, daher die Richtung des Wachstums der Hauptäste nach Norden. Nachdem man den Wald gefällt hatte und Licht auf den Stamm fiel, erwachten die schlafenden Sprossen und begannen zu wachsen. Zur gleichen Zeit wurden junge Tannen gepflanzt. Und warum hat der merkwürdige Baum drei Hauptstämme? Vor noch viel längerer Zeit hatte man den jungen Baum einmal gefällt. Drei Seitensprossen wuchsen dann zu einem neuen Baum heran.

Wir waren erstaunt, wie genau man sich ein Bild machen kann von etwas, was nicht mehr sichtbar ist, wenn man, wie ein Indianer die Fußspuren, die Phänomene so genau liest. Ohne zu phantasieren hatten wir uns ein wahres Bild vom nicht mehr Sichtbaren anhand des noch Sichtbaren geschaffen.

Der Gärtner sollte sich ähnlich darin üben. Er muß ja ungefähr wissen, wie sein Garten im nächsten Jahr aussehen wird und muß sich merken, wie sich seine Gestalt von Jahr zu Jahr verwandelt hat. Er muß sich ein inneres Bild davon machen können, wie weit auseinander die Setzlinge und Bäume zu pflanzen sind. Anfänger säen und pflanzen immer alles zu dicht.

Um diese Fähigkeiten zu entwickeln, kann man folgende Übungen machen. Man kann einen Samen in die Hand nehmen, sich genau Schritt für Schritt vorstellen, wie er keimt, seine Blätter und Wurzeln entfaltet, wie er blüht und neue Samen hervorbringt. Dann denkt man sich den ganzen Vorgang wieder rückwärts, bis zum Samen, den man in der Hand hält. Dabei darf man nicht in andere Vorstellungen oder in die Phantasie abschweifen, sondern muß getreu bei der Sache bleiben. Etwas ähnliches wird von den Priestern der Pueblo-Indianer in ihren Kivas im Winter gemacht. In diesen unterirdischen Tempeln nimmt einer der Priester-Zauberer ein Maiskorn in die Hand, läßt es keimen, sprossen und aufblühen, bis es zum reifen Kolben herangewachsen ist; dann läßt er es sich wieder zum Samenkorn zurückentwickeln. Dieses geschieht innerhalb weniger Stunden. Die Indianer schwören, daß es sich tatsächlich um echten Mais handelt. Sie »sehen« eben in ihren dunklen, subterranen Zeremonialräumen das Wesen des Maises. Dieses Wesen nimmt dann mannigfache Gestalt in der Erscheinungswelt im Sommer in den Feldern der Pueblo-Indianer an.

Gleichfalls durch die Kraft der Imagination konnte Albertus Magnus im Jahre 1248 einen vollblühenden Garten mit frischen Früchten vor den Augen des Königs Wilhelm II. erscheinen lassen. Wem sollte es nicht bekannt sein, daß der Mensch durch solch starke Imaginationsbilder alle Wesen in Erscheinung rufen oder sie aus der Erscheinung verbannen kann?

Imaginative Perzeption

Um in das Wesen der makrokosmischen Natur einzusteigen, brauchen wir klare Sinne. Wir dürfen unsere Beobachtungen nicht durch Übertragungen von Wunschdenken, Abstraktionen oder Phantasien trüben. Jede innere und äußere Wahrnehmung braucht jedoch Begriffe, Worte und Bilder, die die Träger des Gedankens sein können und durch die man sie mitteilen kann. Wir können zwar rein wahrnehmen, aber zum Mitnehmen der Wahrnehmung wählen wir uns treffende Sinnbilder. Der Wein des klaren Geistes braucht Schläuche, Flaschen und Fässer. Diese Hüllen und Einkleidungen werden durch die mythologischen Strukturen, ja durch die Sprache selbst gegeben, die eine Kultur im Laufe der Jahrtausende entwickelt hat. Märchenbilder, Sagen und alchemistische Allegorien können die Träger des Verständnisses ganz genau erkannter Naturvorgänge sein. Nur muß man diese allegorische Sprache, ihre Metapher und Grammatik beherrschen, um sie zu verstehen.

Goethe bevorzugte die reiche Bilderwelt der alten Griechen und kleidete sein unübertreffliches Naturverständnis in die Sagenmotive und Götternamen dieser Kultur. Weil man sich weitgehend von der klassischen Bildung entfernt hat und heutzutage dafür die Allegorien der Maschine und Elektronik bevorzugt, versteht man kaum mehr, was der Dichter Wesentliches zu sagen hatte. Wer kann sich denn noch etwas unter Oberon, Daphne, Epaphos, Circe und ähnlichen Namen vorstellen?

Nehmen wir als Beispiel ein physisch wahrnehmbares Ereignis. Im Spätherbst oder im Vorfrühling wandeln wir durch unseren Obstgarten. Frostkristalle glitzern auf den schwarzen Ästen im sanften Licht der Morgendämmerung. Plötzlich brechen die ersten Sonnenstrahlen über den Horizont und fallen auf die Zweige. Die Eiskristalle lösen sich und purzeln raschelnd auf die trockene Bodenstreu. Das Geräusch hält so lange an, bis die Sonne frei über dem Horizont steht. Der Rauhreif ist verschwunden.

Eine sachliche, materialistsche Wissenschaft legt diesen Erscheinungen folgende Deutung zugrunde: »Wenn der Planet Erde in der diurnalen Rotation seine relative Position vis-à-vis der Sonne soweit verändert hat, daß die vom Stern ausgehenden Photonen direkt auf die Borke strahlen, dann beschleunigt sich die Browńsche Molekularbewegung der im Kristallgitter gebundenen H_2O-Moleküle. Weil der Periderm der Rinde dunkel ist, absorbiert er das ganze Lichtspektrum. Die photoenergetischen Einheiten werden da zu thermischen Einheiten umgewandelt. Beim Übersteigen des Schmelzpunktes (0° Celsius) disassoziieren sich die Moleküle aus dem kristallenen Bereich. Durch die Schwerkraft der relativ viel größeren Masse des Planeten angezogen, bewegen sich die halbflüssigen Kristalle in Richtung des Oberbodenhorizontes, wo sie akkustisch meßbare Vibrationen beim Aufprall erzeugen, ehe sie in das Edaphon tropfen.«

Eine imaginative Erklärung des gleichen Phänomens entnimmt seine Bilder weniger den Meßinstrumenten und abstrakt formulierten Gesetzen der Physik und Chemie, sondern uralten, überlieferten Bildern, wie man sie im Märchen oder Mythos findet: »Der Sonnenkönig Helios kommt. Seine Schwester Eos, die schöne, rosenfarbige Morgenröte, ihr Wagen von den beiden Rossen Lampos (Glanz) und Phaieton (Schimmer) gezogen, hat seinen Zug schon angekündet. In wüster Eile ziehen sich die Gnomen, die sonst in den dunklen Kristalladern und Erzlagern der Erde arbeiten, vor dem Licht in die dunkle Erde zurück. Sie können die Sylphen nicht leiden und das Sonnenlicht nicht direkt vertragen; sie lassen sich viel lieber von den Wurzeln erzählen, was die Sonne tagsüber und im Jahreslauf macht. Hastig versuchen sie, die schönen Frostkristalle mitzunehmen, aber raschelnd entgleiten ihnen diese und fallen ins Laub. Die schalkhaften Undinen erhaschen die Kristalle und verwandeln sie spielend in glitzernde Wassertropfen, gerade als der goldene Sonnenwagen über die Berge gerollt kommt.«

Hier haben wir zwei Deutungen des Phänomens, eine wissenschaftliche und eine imaginative. Auf die Frage, welche richtig und welche falsch ist, können wir nur antworten: Beide sind richtig. Der Unterschied besteht darin, daß die wissenschaftliche Deutung vom Standpunkt der Meßinstrumente und mathematisch-abstrakten Formulierungen ausgeht, vom Bereich des Untersinnlichen (der »ahrimanischen« Imagination), die die Welt als ein System von leblosen Kräften auffaßt. Hingegen geht die bildhafte, mythologische Deutung vom Bereich der übersinnlichen Imagination aus, mit der man die Lebendigkeit und die Seelendurchdrungenheit der Welt wahrnehmen kann. Es handelt sich nur um verschiedene Standpunkte des Beobachters.

Warum sollte es etwas ausmachen, wie man die Phänomene deutet? Wie man eine Sache anschaut und begreift, so wird man sie auch behandeln. Wenn man, als krasses Beispiel genommen, Behinderte als untermenschliche Fehlprodukte der Natur ansieht, wird man sie anders behandeln, als wenn man sie als Gotteskinder betrachtet, die Schwierigkeiten haben, sich in der physischen Welt zu inkarnieren. Ebenso ist es mit dem Gartenbau und der Landwirtschaft. Im Garten haben wir es mit unmeßbaren und unzähligen Wesen, mit Mineralien, Pflanzen, Insekten, Vögeln, Wetter und kosmischen Einflüssen zu tun, und eine auf Messen und Zählen eingestellte Wissenschaft vergewaltigt diese Komplexität. Eine imaginative Anschauung kann viel besser Bilder schaffen, die der komplexen Realität mit ihren unzähligen Verwandlungen eher gerecht wird. Bilder können mit Ganzheiten besser fertig werden als das mathematische und diskursive Denken. Die Gärtner wissen das unbewußt und stellen sich deshalb ihre kitschigen Heinzelmännchen, den heiligen Franz und einen Wunschbrunnen mit Steinfröschen in den Garten. Die Bilder und Imaginationen repräsentieren tatsächlich vorhandene, übersinnliche Sachverhalte, die im Garten wirksam sind, oder, modern ausgedrückt: Sie machen auf Parameter aufmerksam, die außerhalb unseres konzeptuellen Systems liegen.

Die Menschheit wird sich langsam dessen bewußt, daß die Ansichten der materialistischen Wissenschaft »teuflische« Eingebungen sind, die die Seele und das eigentlich Lebendige außer acht lassen, mit chemischen Giften, mit NPK-Salzen, Bioziden (gr. *bios* = Leben, lat. *caedo* = töten), schweren, lauten Maschinen und stinkenden Abfallprodukten die Lebensgemeinschaft (Ökologie) zerstören. Goethe läßt den Lebenshaß des Teufels im Faust zum Ausdruck kommen:

Und dem verdammten Zeug, der Tier- und Menschenbrut,
Dem ist nun gar nichts anzuhaben:
Wie viele hab' ich schon begraben!
Und immer zirkuliert ein neues, frisches Blut.
So geht es fort, man möchte rasend werden!
Der Luft, dem Wasser, wie der Erden
Entwinden tausend Keime sich,
Im Trocknen, Feuchten, Warmen, Kalten!
Hätt' ich mir nicht die Flamme vorbehalten,
Ich hätte nichts Aparts für mich.

Lebendiges, imaginatives Denken wird dem landwirtschaftlichen Organismus, dem Gartenmikrokosmos als durchseeltes Wesen, viel eher gerecht. Ehrfurcht vor dem Leben und ein offenes Seelenauge begleiten dieses Denken. Zu unterscheiden von diesem Denken sei jedoch die Sentimentalität, die oft faschistoiden Typen anhaftet, die bodenlose Kitschphantasie des kalifornischen Schwarzmagiers Walt Disney oder der triviale Okkultismus und spiritistische Unsinn, der heute wieder zunehmend populär wird. Auch die durch Rauschmittel erzeugten Verzerrungen der inneren Vision gehören zu dieser Gefahr. Hier hat man es nicht mit den toten Abstraktionen des sogenannten ahrimanischen Denkens zu tun, sondern mit einer rauschhaften, schwärmerischen Verringung, die Steiner die »luziferische Versuchung« nennt. Nein, des Gärtners Imaginationen sollten wahre Bilder, keine Trugbilder sein.

Die Urpflanze und die Eigenschaften des Lebendigen

Goethe hat durch seine »anschauende Urteilskraft« manche Naturrätsel lösen können. Auf seiner langen Italienreise sah er, daß bekannte Pflanzenarten im sonnigen, südländischen Klima fast nicht wiederzuerkennende Formen und Gestalten annahmen. Ihm kam dabei die Idee der »Urpflanze«, die sich in jedem Kraut und Strauch der Erde auslebt, aber nur mit dem inneren Blick zu erfassen ist. Es handelt sich weder um eine genetische Urform noch um eine induktive Abstraktion, sondern um einen realen Aspekt des Pflanzenwesens. Mit der Formulierung der Urpflanze hat Goethe überhaupt eine Methodologie geschaffen, mit der man die Eigenart des Lebendigen besser verstehen kann als mit dem schwärmerischen Pantheismus der Romantiker oder den mechanistischen Erklärungen der Aufklärer (Descartes), denen das Uhrwerk als Begriffsmodell diente.

Drei Begriffe, die das Wesen des Lebendigen auszeichnen und es von dem toten Mechanismus unterscheiden, hat Goethe bei seinen Pflanzenbeobachtungen hervorgehoben:

1. *Polarität.* Ein dynamischer Zweierrhythmus und sich ständig steigende Metamorphosen machen das Wesen der Urpflanze aus. Die Polarität drückt sich in der Pflanze in einem dauernden Wechselspiel von Ausdehnen und Zusammenziehen aus. Das fest gefügte Samenkorn dehnt sich zu Keimblättern aus, in den Achsen zieht sich die Pflanze jedoch wieder in eine zusammengeballte Knospe zurück, die sich dann wiederum als Blätter ausdehnen. In fortschreitender Metamorphose verengen sich die obersten Blätter der Idealpflanze zu kleinen Kelchblättern, erweitern sich zu Blütenblättern, ziehen sich zu Stempel und Staubblättern zusammen, erweitern sich wieder in der Frucht und ruhen schließlich konzentriert im neuen Samenkorn. Ein Gesetz der Dialektik, des Yin-Yang, tritt uns vor Augen, wobei jeder Wider-

spruch auf einer weiteren Stufe verwandelt und gelöst wird. Man kann diese Stadien nie alle auf einmal sehen, immer manifestiert sich nur ein beschränkter Teil vor unseren Augen. Die Ganzheit steht aber vor dem inneren Auge. Es ist die Ganzheit, die die eigentliche Pflanze ausmacht, nicht nur der eben materialisierte Teil.

In dieser Polarität macht sich eine senkrechte Stengeltendenz und eine waagrechte, flächenbildende Tendenz bemerkbar, die sich einander durch das spiralförmige Drehen der Blätter um den Stengel ausgleichen. Wir können Pflanzentypen danach beurteilen, welche Tendenz vorherrscht. Beim Getreide herrscht die vertikale Stengeltendenz, beim Kürbis und den Blattgemüsen hingegen herrscht die horizontale Blattendenz vor. Eine weitere Gegensätzlichkeit im Pflanzenreich besteht im Wachstum der oberirdischen Teile in Richtung des Zenit gegenüber dem Wurzelwachstum in Richtung der Erdmitte (Nadir). Die Schwerkraft und das entgegengesetzte Prinzip der *Leichtkraft* kommen hier zum Ausdruck. Ein Bauer, der wahrscheinlich einmal Ruskin gelesen hatte, drückte es so aus: »Newton wollte wissen, warum ihm der Apfel auf den Kopf gefallen ist. Ich will aber wissen, wie er überhaupt auf den Baum gekommen ist.« Die Polarität Tier (Biene) und Pflanze (Blume) stellen eine weitere der vielen Polaritäten im Lebensbereich dar.

2. *Metamorphose.* Das Lebewesen verwandelt sich und metamorphosiert von einem unsichtbaren Inneren heraus. Was für ein Wunder, wenn der steinhart gefrorene Boden taut und im März zarte, duftende Krokusse, Schneeglöckchen und Himmelsschlüssel hervortreibt und wenn im Mai der einst harte, scheinbar tote Apfelzweig Blätter und Blüten hervorzaubert. Maschinen und leblose Automaten können nur durch Addition von außen her gebildet werden, eine innere Entfaltung in diesem Sinne gibt es nicht. Ein Samenkorn wächst nicht nur zu einem Riesensamen heran, sondern es verwandelt sich andauernd. Legt man uns einen uns unbekannten Samen vor die Augen, können wir nicht im voraus wissen, was für Blätter, Blüten oder Früchte darin verborgen sind, auch wenn wir den Samen unter das Mikroskop legen und ihn genaustens sezieren.

3. *Steigerung.* Je länger eine Maschine läuft, um so eher wird sie abgenutzt und verbraucht Treibstoff, bis sie stillsteht. Rein mineralisch-physikalische Gebilde zerfallen nach einer Zeitspanne. Das Gegenteil ist bei einem biologischen System der Fall. Je mehr Leben in einem Ökosystem ist, um so mehr Leben kann es tragen. Eine Monokultur oder viehlose Landwirtschaft braucht immer ein Übermaß an Fremdenergie, um zu funktionieren. Aber wenn Pflanzen- und Tiervielfalt da ist, steigert sich die allgemeine Lebensaktivität. Man kann dann ohne weiteres von einem landwirtschaftlichen

Organismus sprechen, der selbstregenerationsfähig ist. Sich gegenseitig steigernde Lebenskreisläufe und Geselligkeit (Symbiose), nicht abbauende Konkurrenz der Arten, kennzeichnen diesen gesunden Organismus.

Der Gärtner muß sich diese anschauende Urteilskraft, mit der er hinter die Erscheinungen sehen kann, erwerben. Dieses Hellsehen erlaubt es ihm, mit dem Wesen und nicht nur mit den äußeren Symptomen zu arbeiten. Bei jeder Erscheinung muß er sofort die dazugehörige Polarität erkennen, auch wenn diese nicht sofort sichtbar ist. Er muß die Stufen der Metamorphose kennen, damit er weiß, ob sich die Pflanzen auch artgemäß entwickeln. In seinem Inneren muß er jeden Schritt, den das Lebewesen im Makrokosmos vollzieht, mitvollziehen. Er muß die Ganzheit im Auge behalten, damit er Einseitigkeiten erkennen kann. Er muß die Polaritäten zu steigern wissen und den Garten zu einer immer vollkommeneren Lebendigkeit führen.

VII Evolution – Involution

Ist es nicht ein bißchen übertrieben, wenn wir uns in einem Gartenbuch mit dem Ursprung und der Entwicklung der Natur und ihrer Reiche befassen, wenn wir in die Sümpfe der kosmologischen und metaphysischen Spekulationen hineinwaten? Wagen wir es doch, ausgerüstet mit der goetheanistischen Methode, den Naturreichen zu ihrem Ursprung nachzugehen, denn wir wollen genau erkennen, mit was für Wesen wir es zu tun haben. Liegen ordnende Gedanken in den Erscheinungen oder eine Entelechie in ihnen? Haben wir es mit einer zufälligen Komplexifizierung der Moleküle zu tun? Fragen wir die Alten und schauen wir tief in die Zusammenhänge!

In den alten statischen Kastengesellschaften, wie man sie in Indien und auch in Europa hatte, nahm man den ewigen Kreislauf des Wechsels und der Verwandlungen wahr, aber der Gedanke einer Entwicklung, einer Evolution in der Natur, stand weniger im Vordergrund. Man richtete das Augenmerk auf die ewigen Urbilder und weniger auf die Unbeständigkeit der weltlichen Dinge, in denen sich diese Urbilder manifestieren. Nach den Überlieferungen dieser Kulturen ist die Welt die Schöpfung der Götter, die zuerst den Makrokosmos als androgynen Ur-Adam (Adam Kadmon, Ymir, Purusha oder Gayomard) schufen und dann im zweiten Schöpfungsakt den kleinen Menschen, den zweigeschlechtlichen Mikrokosmos hervorbrachten. »Da machte Gott der Herr den Menschen aus Erde vom Acker und blies ihm den Odem des Lebens in die Nase.« (1. Buch Mose, 2. Kap.).

Diese Offenbarung verblaßte zunehmend und erstarrte über die Jahrtausende zu einer Karikatur, die im 19. Jahrhundert niemand so recht glauben kann. Da stellte die »vernünftige« materialistische Wissenschaft die Materie, den unbelebten, unbeseelten Stoff, als Grundlage und Ursprung hin. Mit Ernst und Würde erklären die Hohenpriester des neuen Glaubens, daß sich Leben, Seele und Bewußtsein aus der molekularen Komplexität der Materie entwickelt haben, als Epiphänomen, wie eine Art Schaum oder Abgas. Darwin, Haeckel und Huxley beschreiben detailliert diesen Weg der Materie vom leblosen Zustand bis zur heutigen Entwicklung.

Dieses materialistische Gedankengut, das bis heute seine Gültigkeit an den Hochschulen bewahrt, war – und ist – den wirtschaftlichen Zielen der

Gesellschaft angemessen und erlaubt rücksichtslose Ausbeutung der lebenden Welt – Massentierhaltung, Mechanisierung, genetische Manipulation, Giftanwendung, Versalzung des lebenden Bodens, Entfremdung des Menschen von seiner Berufung bezüglich der Entwicklung der Erde, denn es handelt sich ja im Grunde genommen doch nur um leblose chemo-physikalische Vorgänge. Wir wollen uns in diesem Abschnitt zu einer neuen Auffassung der Phänomene durchringen.

Theosophische Esoteriker wie Madame Blavatsky, Franz Hartmann und Rudolf Steiner haben zur Zeit Darwins den Versuch unternommen, den evolutionären Vorgang umzukehren.[1] Sie wollten zeigen, daß die Materie ein Endprodukt des Lebens ist, und diese ist wiederum als Schöpfung des Geistes zu verstehen. Sie stellen sich eine vierstufige, absteigende Entwicklung vor, die von den geistigen Archetypen über die Weltenseele in die Lebenskräfte und schließlich in die sichtbar manifestierte Materie verläuft. Diese Entwicklung vollzieht sich in einer Serie von Impulsationen, zwischen denen Ruhepausen liegen. Es sind die Tage und Nächte Brahmas.

Steiner nennt die erste der vier Impulsationen den »alten Saturn«, in dem das Bewußtsein dem kataleptischen Tiefschlaf gleicht. Den zweiten Anstoß nennt er »alte Sonne«, in dem das Bewußtsein dem Schlaf der Pflanzenwelt gleicht. Den dritten nennt er »alten Mond«, wo das Bewußtsein dem Träumen der Tiere gleicht. Als vierten Impuls kommt unser Erdenstadium, wo sich das wache, selbstbewußte Denken entwickelt hat. Man kann entnehmen, daß das Gestein immer noch im »alten Saturn« verweilt, die Pflanzenwelt noch auf der alten Sonne lebt, die Tiere im Mondstadium verweilen, nur der Mensch bis jetzt zum Erdenbewußtsein gekommen ist. Die Engel sind jedoch über diese Stufe schon hinaus. Diese Evolution ist noch nicht zu Ende, denn weitere Stadien der Bewußtseinsentfaltung stehen bevor. Die ersten drei Stufen finden in der übersinnlichen Welt statt und lassen sich nur mit dem geistigen Blick beobachten. Nur in der vierten Stufe, in der Erdenstufe, hat man es mit einer physischen Manifestation zu tun, die der Naturwissenschaft, die mit den fünf Sinnen und dem Verstand arbeitet, zugänglich ist. Hier kommen die Geologen und Paläontologen mit ihren Ausgrabungen, Steinen und Knochen zurecht. Den Sinn ihrer Entdeckungen kann aber nur eine seriöse Geisteswissenschaft erfassen.

Wenn wir versuchen, die Forschungsresultate der Naturwissenschaft mit den geisteswissenschaftlichen Anschauungen in Einklang zu bringen, dann ergeben sich interessante Perspektiven. Man ahnt einen großartigen alchemistischen Vorgang, indem der Geist die Materie erfaßt und stufenweise durchdringt. Man sieht, wie am Anfang dieser Erdenentwicklung, im Präkambrium, die Urmaterie von den Lebenskräften erfaßt und durchdrungen wird. Man sieht, wie dann vom Paläozoikum bis zum Mesozoikum die Seelenkräfte (Weltenastralität) die frische Lebenssubstanz erfassen und durchseelen, wobei es zu einer Vielfalt von tierischen Erscheinungen kommt. Im Zänozoikum erleben wir, wie der um sich selbst wissende Geist (Welten-Ich) durch die physische, ätherische und seelische Hülle hindurchstößt und in einem Primaten (Menschenaffe) menschenähnliche Form annimmt und beginnt, sich in der äußeren Welt als Mikrokosmos zu manifestieren. Betrachtet man dies, so sieht man einen Involutionsprozeß in der Evolution, in dem sich der Makrokosmos durch vier Hauptstufen hindurch in unzählige Mikrokosmen verwandelt. Der Meganthropus streut seinen Samen aus, und es entstehen die Millionen. Der Kosmos vervielfältigt sich über die Äonen. Auch Steine, Pflanzen und Tiere sind auf verschiedenen Stufen weilende zukünftige Mikrokosmen.

Der Weg vom Makrokosmos zum Mikrokosmos

Die Naturwissenschaft geht von der These aus, daß sich im Urmeer des Archäozoikums, vor über zwei Milliarden Jahren, unter Einwirkung kosmischer Strahlungen und elektrischer Entladungen (Blitze) komplizierte Moleküle gebildet hatten, die schließlich über Proteine, Nukleinsäuren, Polysaccharide und andere hochpolymere Stoffe die ersten reproduktionsfähigen Urorganismen bildeten (A. I. Oparin). Das nun klassische Experiment von S. L. Miller (1953), indem man im Labor eine Methan-Helium-Wasserstoff-Uratmosphäre nachbildet und diese dann mit elektrischen Entladungen durchzuckt, wobei sich tatsächlich Aminosäuren bilden, geben der Hypothese der »Ursuppe«, des mit organischen Substanzen angereicherten Ozeans, eine bedeutende Stütze. Einen solchen Vorgang können wir als das Abbild des Ergreifens der prima materia durch die ätherische Kräftewelt verstehen. Der Äther formt die Materie um, er schafft die Muttermilch, an der sich die unzähligen Lebenskeime entwickeln können.

Die ersten Urpflanzentiere tummeln sich in diesem Nährmedium und entwickeln verschiedene Ausgestaltungen. Im Kambrium sind die Pflanzen (Algen und Planktone) und Tiere (Wechseltierchen, Wurzelfüßler, Geißeltierchen) schon voneinander getrennt, und alle wirbellosen Tierstämme, bis auf einen, sind schon unter den Fossilien vorhanden. In diesem Zeitraum des Kambrium greift die Astralität in das physisch-ätherische Geschehen ein und bildet sich die Träger ihrer Manifestation, indem sie mit unsichtbaren

Fingern die runden, hohlen Kugeln der Zellenkolonien, wie die Hohltierchen, einstülpt. Mit der tieferen Einstülpung formen sich Innenflächen im Gegensatz zu Außenflächen. Der Ansatz eines vom Makrokosmos abgewandten Mikrokosmos ist gegeben. Es entstehen Zellen, die den makrokosmischen Bildekräften nicht mehr unmittelbar ausgesetzt sind. In den Embryos der Säugetiere wiederholt sich diese Einstülpung, wenn die aus dem Ei hervorgehende Hohlkugel (Blastula) zum Becherkeim (Gastrula) wird. Diese Einstülpung ist ein Schritt, den die Pflanzen nie machen. Als rein ätherische Wesen bleiben sie dem Makrokosmos unmittelbar zugewandt.

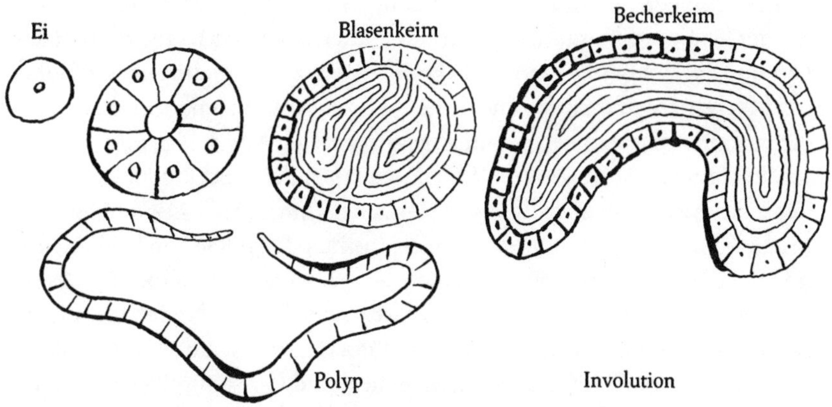

Wie das Ei und der Samen des Menschen ihr makrokosmisches Ebenbild in den Urtierchen haben, so hat der Becherkeim des Embryos sein makrokosmisches Ebenbild in den Polypen, Quallen, Korallentierchen und Schwämmen. Wie alle niederen Organismen sind diese Tiere noch völlig unspezialisiert. Es fehlen die besonderen Organe für Stoffwechsel, Vermehrung, Blutführung, Ausscheidung und so weiter. Man kann sie sogar durch ein Sieb quetschen: sie finden sich wieder zur Zellgemeinschaft zusammen. Ihre Organe sind noch im Makrokosmos: das salzige Meereswasser ist das Blut, das die Zellen bespült; ihr Herzschlag ist das Lappen der Wellen, und die Vermehrung geschieht asexuell durch Zellteilung, Jungfernzeugung (Parthenogenese) oder hermaphroditisch. Die Astralität, die bekanntlich stark mit der Sexualität zusammenhängt, ist noch schwach manifestiert.

Wenn wir den Spuren der Entelechie weiterfolgen bis zu den Muscheln, Gliederfüßlern, Stachelhäutern (Echinodermata), Weichtieren (Mollusca) und Würmern, dann finden wir viel klarer entwickelte und spezialisierte Organe. Die Astralität greift immer entscheidender in die Lebensvorgänge ein. Mit der Entwicklung der geschlechtlichen Vermehrung wird der Tod viel eher zur Wirklichkeit, als es bei der einfachen, asexuellen Zellteilung der Fall ist. Die strahlige oder radialsymmetrische Körperform wird von einer zweiseitig-symmetrischen abgelöst und ermöglicht dadurch eine Orientierung im Raum (Hinten-Vorne, Oben-Unten). Man spürt, wie sich diese Tiere der »irdischen« Dimension der Zeit und des Raumes nähern. Auch entwikkeln sich in diesem Stadium die ersten harten Schalen, die äußeren Kalkpanzer, die ihnen Schutz gewähren: Sie verbinden sich fester mit der Stofflichkeit, obwohl ihre Larven den freischwimmenden, weichleibigen Modus der früheren Stadien der Evolution noch immer durchgehen.

In silurischen Zeiten kriechen schon die ersten Gliederfüßler, die Vorfahren der heutigen Skorpione und Tausendfüßler, aus dem Meeresschoß in die Luft und das Licht des Strandes. Während eine Vervielfältigung der wirbellosen Meerestiere und Entfaltung der Algenwelt stattfindet, konzentriert sich die schöpferische Entelechie auf die Wirbeltiere. Aus den primitiven Fischen, die zuerst noch wie die Wirbellosen mit äußeren Schutzplatten versehen sind, entwickeln sich Tiere mit biegsamem innerem Gerüst und beweglichem Kiefer. Im Devon findet man die fossilen Zeugnisse von Fischen, die nun die Flüsse und Frischwassergebiete besiedeln. Da ihre Körperflüssigkeit noch salzig wie das Meerwasser ist, müssen sie sich durch Nieren und einen Blutkreislauf, der durch ein zweikammeriges Herz fließt, der neuen Realität anpassen. Unter diesen Frischwasserfischen sind Quastenfloßler und Lungenfische, denen es möglich ist, zeitweilig die feuchte Umwelt zu verlassen, nach Luft zu schnappen, auf ihren Flossen durch den Schlamm zu kriechen und so eventuell eine vorübergehende Vertrocknung des Baches oder Tümpels zu überleben.

Im Steinkohlenzeitalter (Karbon) entfaltet sich über solche Fische die Welt der an feuchten Ufern lebenden Urlurche (Amphibia). In ihrer sumpfigen Umwelt treffen sie auf die blütenlosen Farne, Riesenmoose und Bärenlappgewächse. Kerbtiere und Schnecken sind auch schon da. Diese Urlurche sind schon recht weit auf dem langen Weg zum Mikrokosmos, denn sie atmen mit Lungen, haben ein dreikammeriges Herz, das ihnen einen inneren Rhythmus schlägt, bewegen sich frei auf vier Beinen und geben die ersten mikrokosmischen Töne in den Makrokosmos zurück, wenn sie vor Lust quaken. Aber um an diesen Punkt zu gelangen, müssen sie immer wieder zurück in den Ursprung. Sie müssen ins Wasser zum Laichen, wobei das Männchen sich an den Rücken des Weibchens klammert, um gleichzeitig den befruchtenden Samen zu spenden. Dann geht es den langen Weg von Anfang an, von der Gallertmasse zum Blasenkeim, zum Becherkeim, zum Wurm und kiemenatmenden Fisch, bis dann das Wesen als Erwachsener das Wasser wieder verläßt. Daß diese Tiere noch stark mit dem Makrokosmos verbunden sind, sieht man, wenn man heutzutage Frösche und Molche beobachtet, deren Lebensrhythmen noch ganz von Sonnen- und Mondrhythmen bestimmt werden. Wie stark das Ätherische noch bei diesen Wesen hereinwirkt, empfindet man an ihrer grünlichen, pflanzenähnlichen Färbung, ihrer großen Vermehrungskraft und daran, daß sie wie die Fische mitunter zeitlebens wachsen.

Im Perm schreitet die Involution des Makrokosmos mit dem Aufkommen der Kriechtiere (Reptilien) weiter. Sie befreien sich schon mehr vom Makrokosmos als die Amphibien, denn sie sind zur Fortpflanzung nicht auf das Wasser angewiesen. Männchen und Weibchen haben schon ineinanderpassende Genitalien; die Weibchen legen Eier mit harten Schalen, die einen Miniaturtümpel darstellen, in dessen Nährflüssigkeit sich die Larven entwickeln können. Die Reptilien können sich daher weit entfernt von Sumpf, Tümpel oder Fluß in das trockene Land wagen, um sich in den Wäldern der Nacktsamer, der Nadelhölzer und Ginkgos des Mesozoikums auszubreiten. Ihre Haut ist vor der Trockenheit durch einen Schuppenpanzer geschützt.

Obwohl sich die Kriechtiere im Mesozoikum in die vielfältigsten Arten verzweigen – zu riesigen pflanzenfressenden Brontosauriern und fleischfressenden Tyrannosauriern, als Ichthyosaurier die Meere und als Pteridosaurier die Luft besiedeln – läßt sie der göttliche Plan der Entelechie beiseite und stößt in die Richtung der Warmblütler vor. Die makrokosmische Wärme hält Einzug in den Mikrokosmos und baut sich im Vogel und Säugetier ein vierkammeriges Herz. Mit dem Herzen keimt auch die mikrokosmische Liebe in Form der Paarbindung und Brutpflege. Bei den Vögeln wird nicht einfach begattet und werden die Eier im warmen Sand von der Sonne ausgebrütet, sondern die Eltern helfen einander beim Nestbau, Brüten und Füttern. Zusammen mit Blütenpflanzen und Schmetterlingen tritt diese edle Inkarnation der Astralität am Ende der Kreidezeit und gegen Anfang des Tertiärs auf.

Organisch und physiologisch ist die Involution der Weltenseele bei den höheren Säugern fertig. Die von Sonne, Mond und den Planeten stammenden Lebensimpulse und -rhythmen werden nicht mehr von unbestimmten Zellenmassen vermittelt, sondern finden ihren Brennpunkt in den fertigen, spezialisierten Organen. Die Mondrhythmen, die die Reifung der Eier und Paarung der primitiven Tiere bestimmen, werden bei den Säugetieren zu inneren Brunst-, Estrus- und Menstruationsrhythmen. Die äußere Sonne, die die großen klimatischen Kreisläufe, Wind- und Wasserzirkulation in Gang

Saurier des Mesozoikums.

hält, gibt den Amphibien und Kriechtieren ihre Wärme. Bei den Säugetieren hingegen ist es die »innere Sonne«, die das Blut zirkulieren läßt und die Temperatur bei 37°C hält, einer Temperatur, bei der Wasser chemisch am reaktionsfähigsten ist. Theodor Schwenk konnte im Buch *Das sensible Chaos*[2] nachweisen, wie die archetypischen Bewegungen der Luft und des Wassers in fester Form bei den tierischen Organen zum Ausdruck kommen, wie Herz, Gedärme und das Innenohr die großen Wirbelbewegungen in sich nachbilden. Die Rhythmen der Ebbe und Flut finden ihr mikrokosmisches Ebenbild im Atemrhythmus. Das saline Blut trägt in sich verschiedene Blutkörperchen, wie einst der Urozean die Protozoen. Wie die Planeten um die Sonne kreisen, so sind die Organe mit dem Herz durch den Blutkreislauf verbunden. Der gelöste Kalk ist in der Evolution über die äußeren Schalen nach innen gewandert und ist im Mikrokosmos zu Knochen geworden.

Bei den fortgeschrittenen Säugetieren wird das Verhalten immer mehr von den Impulsen des Nervensystems, von dem im Gehirn zentralisierten Bewußtsein, bestimmt. Nirgends ist das Bewußtsein besser ausgebildet als bei der Ordnung der Primaten, der Affen und Menschenaffen, die vor rund sechzig Millionen Jahren auftauchten. Teilhard de Chardin ist auf der richtigen Spur, wenn er in der sich sprunghaft entwickelnden Gehirnausbildung die Richtung der Entelechie erahnt.[3] Immer mehr sind es die inneren Impulse, die das Leben bestimmen, im Gegensatz zu den durch Notochorde, Ganglien, Cilia und Antennen vermittelten makrokosmischen Impulsen. Mit der Konzentration auf das Hirn als Substrat bereitet die Entelechie die nächste Metamorphose der Entwicklung vor, die Involution des Geistes.

Sehr spät in der Erdneuzeit, im Laufe der Eiszeiten, kommt der neue Impuls zum Ausdruck. Nachdem sich in den Urzeiten des Erdaltertums die ätherischen Kräfte der prima materia bemächtigten und im Erdenmittelalter sich die Weltenseele vom Fisch bis zum Säugetier inkarnierte, nimmt der Weltengeist eine Gruppe von afrikanischen Menschenaffen, um sich mikrokosmisch zu manifestieren. In der Altsteinzeit sieht man diesen innewohnenden Geist sich zum ersten Mal manifestieren in einer primitiven Werkzeugherstellung. In der Mitte des Pleistozän beherrscht homo erectus das Feuer: ein äußeres Zeichen des innewohnenden Lichtes, das bis zur Zeit der kunstvollen Wandgemälde in den Höhlen der Pyrenäen immer heller leuchtet. In diesen Höhlengemälden sehen wir eine innere Landschaft aufleuchten; die herrliche Schöpfung lebt als innere Welt in diesen Frühmenschen. Der Menschengeist verläßt aber zur selben Zeit das *Atlantis* des Makrokosmos. Die makrokosmischen Götter zürnen, daß Prometheus den Menschen das Feuer und die Künste gegeben hat!

Jeder sich inkarnierende Mensch macht alle Stufen dieser langen Evolution noch einmal durch, vom Embryo im Meer des mütterlichen Schoßes, zum Säugling, Kind und Jugendlichen. Dann ist der Mensch physisch erwachsen. Die ätherischen Kräfte, die dies ermöglicht haben, ihn aufrichteten, ihn wachsen und sich bewegen ließen, sind nun freigesetzt, um bewußt dem Geiste zu dienen. Dieser Geist drückt sich in Wort und Gesang aus. Es ist ein weiter Weg von den stillen Fischen im rauschenden Meer, von den Kröten und Heuschrecken, die mit Beinen und Schallblasen quakende und zirpende Laute von sich geben, zu den singenden Vögeln. Aber alles das ist noch ein Ausdruck der Astralität. Erst im Menschen haben die Laute mehr als Signalbedeutung. Erst im Menschen werden sie zu Wort und Sprache, mit denen gesegnet und geflucht und Inhalte zum Ausdruck gebracht werden können, die es in der manifestierten Welt sonst gar nicht gibt. Wir Menschen können durch das Wort unser Verhältnis zur Welt, zum Makrokosmos, objektivieren; wir können Abstand nehmen, aber uns auch verwirren. Wir können einer höheren Bestimmung dienen als nur essen, schlafen, zeugen, uns erhalten. Wir können zum größten Teil unsere weitere Entwicklung und die Zukunft der Erde von nun an selbst bestimmen. Das können wir trotz unserer Schwächen: Eine blinde und taube Helene Keller konnte, dank des innewohnenden Geistes, Tausenden von Behinderten zum Vorbild und Tröster werden; Beethoven konnte die Neunte Symphonie den Göttern abringen, obwohl er völlig taub war. Im Gegensatz dazu ist ein blindes, stummes oder krankes Tier ein armes Wesen, weil ihm das Licht noch nicht von innen leuchtet. Deshalb verläßt es den Leib, um in die Arme des Makrokosmos zurückzukehren, wo sein Geist übersinnlich lebt.

Die Evolution ist die Geschichte der Herausgestaltung des Mikrokosmos aus dem Makrokosmos. Unsere Tierbrüder haben uns bis zu einem Punkt begleitet, bleiben aber dem Himmelsvater und der Erdenmutter treu. Insoweit sie zu Haustieren werden, wird der Mensch ihnen zu Vater und Mutter. Diesen Perspektiven müssen wir, die wir mit den Naturreichen arbeiten, uns bewußt sein, um ihnen gerecht zu werden.

Pflanzenevolution

Die Pflanzenwelt hat sich aus den unbestimmten Einzellern, den Bakterien und Algen des Urmeeres heraus, entwickelt. Sie metamorphosierte sich in den undifferenzierten Sporen- und Gefäßpflanzen, die sich in den feuchten Nischen des Devons aus dem Wasser wagten, und weiter zu den Riesenfarnen und Schachtelhalmen der Steinkohlenwälder des Karbons, dann zu den

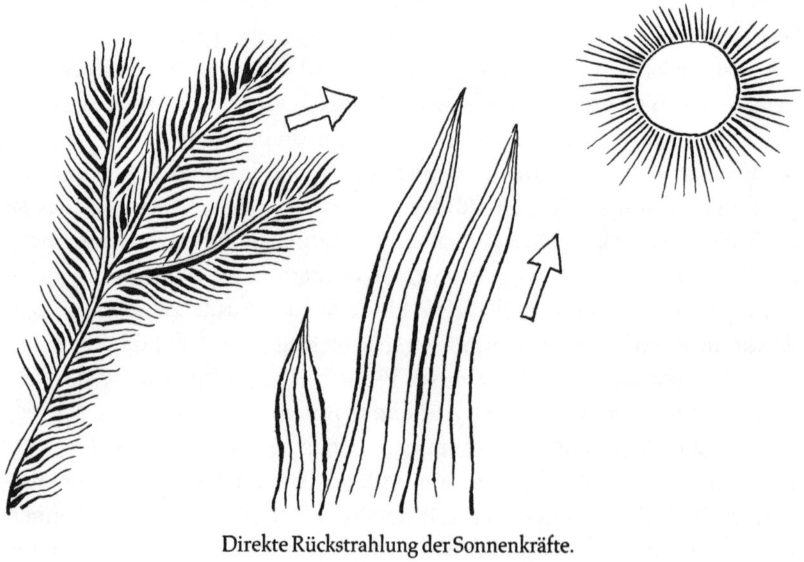

Direkte Rückstrahlung der Sonnenkräfte.

windbestäubten Nacktsamern, die das trockene Land im Zeitalter der Saurier allmählich kolonialisieren, und schließlich zu den blühenden Bedecktsamern und Gräsern des Tertiärs. Gleich zu Anfang dieser Entwicklung ergriff die Sonne diese Lebewesen, brachte sie zum Ergrünen, gab ihnen die Möglichkeit, das Sonnenlicht direkt aufzunehmen, und wirkte formend und gestaltend an ihren Leibern. Man sieht die Beziehung zwischen Sonnenlicht und Gestaltung klar, wenn man Kartoffeln im dunklen Keller ihre gestaltlosen Keime austreiben sieht, oder wenn man an das formlose Wurzelgeflecht der Pilze in der dunklen Erde denkt. Überhaupt kann man das Wachstum und die Lebensrhythmen der Pflanzen nicht begreifen, wenn man sie nicht in Bezug zur Sonne sieht.

Die Pflanzen geben getreuen Ausdruck der ätherischen Kräfte: ewig wachsend, unaufhörlich ein Segment an das andere gliedernd, lautlos, symmetrisch und harmonisch. Geräusch und Bewegung gehören schon zur astralischen Welt. Die ursprünglichen Pflanzen wuchsen noch ziemlich gestaltlos im Wasser (Tang und Algen) oder klebten an schattigen, feuchten Orten (Pilze), hoben sich aber immer mehr aus dem wässrigen, irdischen Element in die Luft und dem Licht entgegen, in diesem Zustand klar zu unterscheidende Teile entwickelnd. Moose haben schon Leitgefäße und richten sich in die Senkrechte auf; Farne und Schachtelhalme sind bereits in Wurzel, Stengel und Blatt gegliedert; Nacktsamer und Gräser haben schon Blüten,

Gebogene, nach innen gewandte Strahlen.

aber ihre Blätter sind einfach und parallelnervig, ein Zeichen dafür, daß sie die ätherischen Sonnenenergien direkt in den Kosmos zurückstrahlen. Die zweikeimblättrigen Bedecktsamer, die bunt blühenden Pflanzen, haben bogen-, fieder- oder netznervige Blätter, ein Zeichen dafür, daß die Ätherkräftelinien in sich kreisen und nicht direkt nach außen gestrahlt werden.

Trotz dieser Differenzierung der Teile kommt es nirgendwo zu einer richtigen Organbildung, wie es im Tierreich geschieht. Nie überschreitet die Pflanze die Flächenform oder Kugelform. Goethe hat das schon mit seiner Urpflanze erkannt. Nie kommt es zur Einstülpung (Gastrikulation), zur Becherkeimbildung. Wir erkennen daran, daß die Pflanze die Astralität nicht in sich aufnimmt, wie es das Tier tut. Sie bleibt stumm, festgewurzelt, dem Makrokosmos zugewandt. Das Seelische (die Astralität) berührt sie nur von außen an der Oberfläche, wenn das Insekt die Blüte umschwirrt, der Wind durch das Laub fegt, ein Tier kotet oder der Engerling an der Wurzel nagt.

Manchmal lastet das Astralische schwer auf der Pflanze, wenn zum Beispiel eine Wespe (Cynipiden) in ein Eichenblatt sticht und dort ihre Eier hineinlegt, wobei sich die rötlich verfärbten, runden, organähnlichen Markgallen bilden, in denen sich die Wespenlarven entwickeln. Ähnlich animalisch-astralisch wirken die von Gallmücken (Cecidomyiden) hervorgerufenen Beutelgallen an Buchen, Erlen und Weiden. Die Filzgallen (Erieen vom gr. *erion* = Wolle) werden von Gallmilben verursacht. Ebenso wie die rötlichen, hohlen Geschwülste sind Haare, Wolle und Pelz ein Merkmal des Astralischen, wie es im Tier hervortritt. Hier ist es aber der Pflanze aufoktroyiert und gehört nur bedingt diesem Ätherwesen an. Diese in den Pflanzen erzeugte Astralität hat wegen des hohen Gerbstoffgehalts der Galläpfel (35 Prozent Gerbstoff) eine astringierende, kreislaufstärkende Wirkung auf den menschlichen Mikrokosmos.

In den Blumenkelchen, Hülsen, Schoten und Kapseln macht die Pflanze einen schönen, aber schwachen Versuch, Organe zu bilden, die ein Inneres dem Äußeren entgegensetzen. Sie nehmen dabei auch herrliche Färbung an. Diese Färbung, die an und für sich ein Zeichen der Astralität ist, wirkt daher auch auf Seele und Gemüt des Menschen. Mit Blumen und Früchten (Liebesäpfel) verleiht der Mensch seinen seelischen Regungen Ausdruck. Kaum ist jedoch dieser Anfang gemacht, da kommt das Pflanzenwesen schon an seine Grenze. Es zerstäubt, verduftet, vertut sich in Aroma und Pollen und vergeudet sich in der Frucht. Die Blütenblätter haben nicht die vegetative Lebenskraft der Stengel, Wurzelstöcke oder grünen Blätter, sie verwelken, und das Pflanzenwesen zieht sich in den winzigen Samen zurück, um wieder in das Meer der ätherisch-vegetativen Kräfte einzutauchen und von neuem zu beginnen. Nur Giftpflanzen und »fleischfressende« Pflanzen tragen das Siegel der Astralität und wirken dadurch etwas unheimlich, etwas animalisch.

Giftpflanzen

Wir wollen die Beziehung der Pflanze zur Astralität etwas genauer betrachten. Rudolf Hauschka[4] hebt hervor, daß die organische Chemie der Pflanzen hauptsächlich eine Chemie des Kohlenstoffs, Sauerstoffs und Wasserstoffs ist, die in Kohlehydraten, Zucker, Stärke, Zellulose und Lignin zum Ausdruck kommt. Im Gegensatz dazu ist die Biochemie der Tiergewebe und Tierprodukte eine Chemie, in der der *Stickstoff* zusätzlich zu dem C, O und H eine große Rolle spielt. So wie Sauerstoff der Lebensträger und Kohlenstoff der Gerüstbildner der Pflanze ist, so ist demnach der Stickstoff der stoffliche Träger des Astralischen, das sich in Bewegung, Empfindung und Schall kundtut. Daß Tiere sich frei bewegen können, fühlen und leiden können und dem durch Geräusche Ausdruck geben können, verdanken sie dem Stickstoff. Schießpulver ist eine zusammengeballte Stickstoffverbindung, die sich mit gewaltigem Schall und massiver Bewegung entlädt. Stickstoffsalze wirken ebenfalls treibend auf Pflanzen und ziehen Astralwesen (Insekten) an, die als Schädlinge den Stickstoffüberschuß absaugen oder wegfressen.

Normalerweise wirkt der Stickstoff, der 79 Prozent der atmosphärischen Luft ausmacht, von außen auf die Pflanze ein. Wir wir schon gesehen haben, wird er von außen durch die Bodenbakterien, Knollenbakterien und Tiermiste an die Pflanzen herangebracht. Aber es wäre falsch zu sagen, daß es in der Pflanze keinen Stickstoff gibt. Im Gegenteil: In jeder Zelle (Nukleinsäuren) wirkt er und wird von den Wurzeln als Ammoniak oder Nitrat aufgenommen und zu Pflanzenproteinen in den Samen und Blüten verwandelt. Der Stickstoff befindet sich jedoch im schnellsten Transit durch die Pflanze hindurch und ist hauptsächlich in den schnellwachsenden Sprossen und Spitzen, wie im jungen Gras, zu suchen. Die Aminosäuren sind wasserlöslich, was ihren Transport beschleunigt. Diese Bewegung endet in den Blüten, deren Geruch und Farben durch Proteinabwandlungen entstehen, und in den abgekapselten, eiweißreichen Samen, die das Ende der vegetativen Phase der Pflanze darstellen und schon in den Bereich der Insekten hineinragen.

Was passiert nun, wenn eine Pflanzenart aus irgendeinem Grund den Stickstoff im Gewebe festhalten will, wenn sie das Tierstadium der Entwicklung vorwegnehmen will und wenn sie auf Stickstoff gierig wird? Sie zeigt eine verzerrte Astralität und wird giftig, wobei sie Abbauprodukte des Eiweißes wie Harnstoffe und Blausäure akkumliert. Da Pflanzen keine Ausscheidungsorgane wie Nieren, Blasen und Harnleiter haben, verlassen diese Gifte die Gewebe nie und werden gespeichert. *Alkaloide* machen den größten Teil der unvollständig abgebauten, angereicherten Proteine aus. Daß die Alkaloide etwas mit der Astralität, mit dem Seelischen zu tun haben, zeigt sich in ihrem Einfluß auf das Nervensystem, die Gefühle und seelischen Erregungen in Mensch und Tier. Sie können Sinnestäuschungen, Visionen, Betäubung, Rausch, Schmerzlinderung oder Nervenparalyse hervorrufen.

Dem Rauschgiftfreund ist das Alkaloid Morphium vom Schlafmohn, Cocain vom Cocablatt, Mescalin von einem Kaktus und Psilocybin vom mexikanischen Zauberpilz wohlbekannt. In den Samen der großblühenden, weißen und blauen Winden befinden sich dreizehn verschiedene Alkaloide nebst einem beträchtlichen Anteil Lysergsäurediäthylamid (LSD). Die aztekischen Priester im alten Mexiko nannten die Droge *Ololiuqui* und benutzten sie, um mit der Federschlange, dem Quetzalcoatl, in Verbindung zu kommen. In den sechziger Jahren ließ die amerikanische Regierung die Samen der Windensorten Pearly Gates und Heavenly Blues, die im Handel zu kaufen waren, verbieten oder mit Brechmitteln beizen, denn es stellte sich heraus, daß Hippies die Samen aufkauften, um sich damit intensive übersinnliche Erlebnisse zu verschaffen. Zu oft kann das Erlebnis jedoch nicht wiederholt werden, da eines der Alkaloide das hochgiftige, akkumulative Strychnin ist.

Die bürgerliche Gesellschaft hat Nikotin (Tabak), Koffein (Kaffee) und Theobromin (Schwarztee) institutionalisiert. Im Mittelalter wurden Hexensalben aus den alkaloidreichen Pflanzen, Bilsenkraut, Tollkirsche und anderen Nachtschattengewächsen gebraut. Sieben Kräuter im ganzen benutzte man, die man mit Schmalz vermischte, an die Schläfen, Genitalien oder Achselhöhlen schmierte, um dann in der niederen, astralen Welt umherzuschwirren. Der Stechapfel, den Carlos Castanedas Zauberer Don Juan benutzt, kam erst nach der Entdeckung der Neuen Welt zu den Hexenkräutern. Zuweilen wurden Bauern vom Antoniusfeuer ergriffen, tanzten herum, redeten und sahen wirres Zeug, weil sie aus Versehen das alkaloid- und LSD-haltige Mutterkorn (Claviceps purpurea), das auf der Roggenähre wächst, mit in das Brot gebacken hatten. Der Heilige Antonius, der Bezwinger aller Dämonen, wurde um Schutz angefleht. Coniin ist das Alkaloid, das dem Sokrates auf Verordnung des Staates den Tod brachte. Es ist im Saft des Schierlings enthalten, dessen Giftigkeit in der Signatur eines violett-purpur gefleckten Stengels und des üblen Gestanks zu erkennen ist.

Diese Giftpflanzen haben fast alle eine starke tierische Signatur, die uns erkennen läßt, daß hier Vorsicht am Platze ist. Sie haben entweder ungewöhnlich grell scharlach-rote oder tief purpurschwarze Beeren (Tollkirsche, Aaronstab, Zaunrübe-Bryonia dioeca usw.) oder sie haben einen stinkenden, unangenehmen Geruch (Schierling, Hundspetersilie). Da sie keine inneren Organhüllen bilden können, ziehen sie sich am liebsten vor den photochemischen Sonnenkräften in den Schoß der Erde zurück, wie viele Pilze, die nur zum Fruchten erscheinen, die Herbstzeitlose (Colchicum autumnale), die Alraunwurzel (Mandragora officinarum) und der Death Camus, (Zigadenus venenosus) der sich fast das ganze Jahr hindurch versteckt.

An zwei Beispielen wollen wir zeigen, was für extreme rituelle und magische Wirkungen diese astralisierten Pflanzen beim Menschen hervorrufen. Der Fliegenpilz (Amanita muscaria) hat weniger mit dem Insekt zu tun als mit dem Fliegen in der astralen Welt. Die Schamanen der ganzen zirkumpolaren Region in der Alten und Neuen Welt benutzten ihn dafür. So kostbar ist das Alkaloid *Muskarin*, daß man in Sibirien den Urin des Schamanen trinkt, da das darin aufgelöste Gift dadurch weiter verwertet werden kann. Die furchtlosen, wildrasenden Krieger der nordischen Stämme, die Berserker, präparierten sich mit dem weißbetupften, rothütigen Pilz. Berserker heißt »Bärenhäuter« was so viel bedeutet wie ein völlig Tier gewordener Mensch, der ganz und gar in der Astralität aufgegangen ist. Die Alraune (altd. *alb runen* = Elfengeflüster), auch Mandragora oder Galgenmännlein genannt, ist mit ihrer inkorporierten Astralität soweit fortgeschritten, daß die menschenähnlichen Wurzeln angeblich schreien, wenn man sie aus der Erde zieht. Die kraftgeladene Wurzel wurde in vorchristlichen Zeiten unter dem Galgen der Odin Geweihten und im Mittelalter dort, wo man Diebe gehenkt hatte, ausgegraben, da man glaubte, sie entspringe dem im Todeskrampf vergossenen Samen des Gehenkten. Da derjenige, der sie ausgräbt, stirbt, band man die Wurzel mit einem Faden an den Schwanz eines Hundes, den man dann rief. Paracelsus gibt den Rat, daß man dabei vorsichtshalber einen magischen Kreis ziehen, sich salben und nach Westen schauen soll. Die so gewonnene Wurzel wird gebadet, gekleidet und in ein schmuckes Kästchen gelegt. Sie erfüllt die niederen astralen Wünsche und Begierden nach sinnlicher Liebe, Macht und Reichtum.

Insektenfangende und fleischfressende Pflanzen stellen eine weitere Gruppe dar, die ein eigenartiges Verhältnis zum Stickstoff entwickelt hat und die Signatur der Astralität aufzeigt. Der Sonnentau (Drosera rotundiflora) lockt Insekten mit Leimtropfen, die wie Tau aussehen. Die Fangarme sind so feinfühlig, daß sie ein Insekt von einem Krümel Gelatine unterscheiden können. Die Fangarme bewegen sich bis acht Millimeter pro Minute, um dann den angeklebten Gast zu verdauen. Viel schneller hingegen ist die Venus-Fliegenfalle (Diocea muscipula), die ihre Klappen in einer Zeit von 0,01 bis 0,02 Sekunden zuschlagen kann. Die Kalifornische Schlauchpflanze (Darlingtonia) hat ein völlig tierartiges Aussehen: Ein krebsroter, kobraähnlicher Kopf mit fischschwanzähnlichen Lappen stülpt sich über den Verdauungssäfte enthaltenden Schlund, in den das Insekt, vom Duft des falschen Nektars angezogen, hineinfällt. Durch solche Fang- und Lockmechanismen befriedigen die Insektivoren ihre Stickstoffsucht.

Auch die Schmetterlingsblütler verraten eine besondere Beziehung zum Stickstoff. Schon die Blüten erinnern entfernt an einen sitzenden Tagfalter. Die Pflanze formt immer neue Blüten, während unten am Stengel die Hülsenfrüchte schon reifen. Es ist keine klare Unterscheidung zwischen dem Vegetativ- und dem Blütenstadium vorhanden wie bei den »normalen« Pflanzen. Die Astralität steigt tief den Stengel hinunter, sogar bis in die Wurzeln, wo die Knöllchenbakterien Stickstoff binden. Einige Schmetterlingsblütler, wie Lupine, Goldregen und Besenginster, sind sogar alkaloidhaltig. Wegen ihrer Wirkung im seelischen Bereich hat Pythagoras seinen Schülern abgeraten, Leguminosen (Bohnen, Erbsen) zu essen, da diese Nahrung die Seele an das Irdisch-astralische binde und nicht zu den höheren Formen des Bewußtseins führe.

Wenn Stickstoff der Träger des Astralischen ist, was ist dann die Wirkung einer starken Stickstoffdüngung in unseren Nahrungspflanzen? Daß es mehr Schädlinge auf den Acker bringt, ist bewiesen.

Pflanzen als Ekstatiker

Obschon man sagen kann, daß sich die Pflanzenwelt weiterentwickelt hat, muß man doch eingestehen, daß dies fast ausschließlich innerhalb des Makrokosmos geschehen ist. Nirgends findet man ein auf sich selbst zurückführendes Innenleben, innere Organe, Sinne oder Gefühle, die auf eine Reflektion, auf einen und sei es noch so trüben oder schwachen Bewußtseinsmittelpunkt schließen lassen. Pflanzen sind nach außen gerichtet. Sie sind Ekstatiker (gr. *ek-stasis* = aus sich heraustreten), wie Max Scheler sie nennt.[5]

> Ich spreche bei der Pflanze daher von »ekstatischem« Gefühlsdrang, um dieses totale Fehlen einer dem tierischen Leben eigenen Rückmeldung von Organzuständen an ein Zentrum, dieses völlige Fehlen einer Rückwendung des Lebens in sich selbst, einer noch so primitiven re-flexio eines noch so schwach »bewußten« Innenzustandes zu bezeichnen.

Dieses von Max Scheler nicht gefundene Bewußtseinszentrum liegt außerhalb der Pflanze im Makrokosmos. Sonne, Mond und Planeten sind die Organe der Pflanzen, nicht ein inneres Herz, Niere, Gehirn, Leber oder Milz. Wir können diesen nach außen gestülpten Zustand der Pflanzen vielleicht besser verstehen, wenn wir einen schlafenden Menschen betrachten. Es liegt da auf seinem Bett als lebendiges physisches Wesen, aber sein Geist und seine Seele sind nicht »da«, sondern sie weilen »außerhalb« im Makrokosmos. Erst wenn er aufwacht, kommt der Mensch wieder im Leib zu sich.

Unmittelbar tritt die Astralität in der stickstoffhaltigen Luft, im Gewitterregen und in der Tierwelt an den Pflanzenleib heran. In der grandiosen Entwicklung seit dem Archäozoikum wird die Pflanzenwelt Schritt für Schritt von ihren tierischen Doppelgängern begleitet: Bakterien und Protozoen; die Algen der Urmeere und die wirbellosen Tiere; die Amphibien und die Riesenschachtelhalme, Bärlappgewächse und Farne des Karbon; die Ginkgos und Koniferen und die mächtigen Reptilien des Erdmittelalters; schließlich die Blütenpflanzen und die Säugetiere, Vögel und Schmetterlinge der Erdneuzeit. Diese innige Beziehung zwischen Pflanze und Tier ist überall aufzuspüren – es ist die Beziehung des inkarnierten Weltenäthers zur inkarnierten Weltenseele. Es gibt keine Landschaft ohne ihre tierischen Komponenten. Die reichen Prärieböden wären ohne die Büffelherden nicht entstanden. Daher ist eine tierlose Landwirtschaft, wie es sich einige fanatische Vegetarier vorstellen, eine Absurdität.

Auch im Garten, wenn man nicht mit Giften drauflosgeht, erlebt man die innige Verbindung spezifischer Pflanzen zu einzelnen Tiergattungen, besonders Insektenarten. Die grün-schwarz-weiße Raupe des Schwalbenschwanzschmetterlings findet man nur auf den Doldengewächsen, den Kohlweißling auf dem Kohl, den Wolfsmilchschwärmer auf den Wolfsmilchgewächsen, der Admiral ist mit der Brennessel verbunden und der Koloradokäfer mit den Nachtschattengewächsen. Doldenblütler, die unangenehm nach fauligen Stoffen riechen, werden von Fliegen bestäubt, und Taubnesseln und Rotklee können nur von Hummeln bestäubt werden. Die Beziehungen der Pflanzen zum Tier sind oft lebenswichtige Symbiosen: Nur die Yukkamotte kann die Yukkaagave bestäuben, und nur die Feigenwespe die Feigen. Nachtfalter bestäuben die farblosen, duftenden Blüten, die sich nur nachts öffnen. Duftlose, grellbunte Blumen werden vom Kolibri besucht, und es gibt sogar dunkle Blüten mit einem mausähnlichen Duft, die von Fledermäusen bestäubt werden.[6] Obwohl die Insekten an den Pflanzen fressen, enthalten ihre Ausscheidungen verschiedene Wuchsstoffe, Enzyme und Fermente, die regulierend und auch stimulierend auf die Pflanze zurückwirken wie ein nach außen verlegtes Hormonsystem. Das gleiche trifft auch für die Wirkungen des Mistes der höheren Tiere zu.

In den Tieren und im Menschen befinden sich die Verdauungsorgane im Innern des Organismus. Die Nahrung wird durch die Zähne zerkleinert und gemahlen, eingespeichelt und von Enzymen und Säuren im Verdauungstrakt bearbeitet; zuletzt werden die Nahrungskräfte von den haarähnlichen Zotten des Dünndarms aufgesogen. Wo findet ein ähnlicher Prozeß in der Pflanze statt? Um die Antwort zu finden, muß man wiederum außerhalb der Pflanze suchen: Die organische Substanz wird von Insekten zerkaut und zerkleinert, dann wird sie von Kleinlebewesen weiterverarbeitet, bis sie dann als Humussubstanz von den zottenähnlichen Wurzelhärchen der Pflanzenwurzeln aufgesogen werden kann. Der Humusboden bildet den Speisebrei der Pflanzen! Die Wurzelhärchen sind das makrokosmische Gegenbild der Darmzotten! Die meisten Probleme der Kulturpflanzen haben mit der Bodengesundheit zu tun, nicht mit den Pflanzen selbst. Daher ist es wohl angebracht, die Arzneien, die man zur Regulierung der Magen- und Darmtätigkeit bei Tier und Menschen anwendet, auch in geeigneter Dosierung und Zubereitung dem Boden zu geben. Es eignen sich dazu Kamillentee, Knoblauchsaft, Baldrianwein, die Präparate von Löwenzahn, Eiche und Schafgarbe sowie die Jauchen von Kapuzienerkresse, Brennessel, Beinwell und Hirtentäschel. Es gibt da für biologische Gärtner noch vieles zu erforschen. Auch die Zwischenpflanzung von Arzneikräutern hat wegen der Wurzelausscheidungen seine Wirkung im »Speisebrei« des Pflanzenreiches.

Wo finden wir bei den Pflanzen das rhythmische System des Herzschlages, der Blutzirkulation und der Lungen? Auch hier müssen wir in den Makrokosmos schauen. Die täglichen Assimilationsrhythmen, die den Säftekreislauf in der Pflanze bestimmen, und der jährliche Sonnenzyklus, der das Wetter, die Präzipitation und damit den größeren Kreislauf der Transpiration und Flüssigkeitszirkulation durch die Pflanze und Atmosphäre bestimmt, sind Herzschlag, Kreislauf und Atemzug der Pflanzenwelt. Die Sonne ist das Herz der Pflanze und zugleich die Quelle der Wärme für sie. Diese Beziehung wurde von den Azteken und anderen Indianern kultisch dargestellt, indem die Priester auf den Sonnentempeln Menschen opferten und die noch zuckenden Herzen und das Blut der Sonnengottheit darreichten, damit sie sich ihrerseits in das Pflanzenwachstum ergieße und die Ernten reichlich würden. Die Chlorophyllkörperchen im grünen »Blut« der Pflanze haben ihr genaues Spiegelbild in den roten Blutkörperchen (Hämoglobin) des Menschenblutes. Sogar in der chemischen Formel ist das der Fall; nur befindet sich in der Mitte des makromolekularen Prophingerüstes ein Eisenatom im Hämoglobin, während im Chlorophyllmolekül ein Magnesiumatom an dieser Stelle zu finden ist.[7] Es kann sich jedoch kein Chlorophyll formen, ohne daß Eisen als Katalysator dabei ist, genauso wie zur Blutbildung Magnesium vorhanden sein muß. Auch die Farben Rot und Grün, mit denen wir es hier zu tun haben, sind einander Spiegelbilder, denn starrt man lange genug in das Rot hinein, so erzeugt die Netzhaut die Gegenfarbe Grün und umgekehrt. In der Atmung der Tiere und in der Photosynthese der Pflanze haben wir ebenfalls eine Widerspiegelung. Die Pflanze assimiliert Kohlenstoff und gibt Sauerstoff von sich, das Tier atmet Sauerstoff ein und gibt Kohlenstoff ab.

Wo finden wir das kalkhaltige Knochengerüst der Pflanze? Wir finden es nach außen gelagert in den Dolomitenfelsen, Kalkgesteinen und Mergelschichten. Wo ist die Stimme, das Lied und der Schrei der Pflanze? Wir finden sie im Rauschen des Windes, im Donner, im Gesang der Vögel und im Gezirpe der Insekten, die in der Pflanzenwelt leben. Auch die Bestäubung und Befruchtung der Pflanze verrät noch so wenig innige Leidenschaft, daß schon Goethe sich nicht mit dem Gedanken der Sexualität der Blumen zufriedengeben konnte. Man findet den Zeugungsakt der Vegetation eher im Einströmen der kosmischen Bildekräfte in den Schoß der Erde im Winter, aus dem sich dann die grünende Welt neu gebiert.

Arbor Inversus

Die Pflanze ist ein makrokosmisches Bild des Menschseins. Wo der Mensch sich als Mittelpunkt des Universums empfindet, empfindet die Pflanze die Peripherie des Universums als ihr Wesen. Unser »Ich« strahlt aus der Mitte unseres Seins; dagegen strahlt das »Ich« der Pflanze vom äußeren Universum auf sie ein. Es ist ein umgekehrtes Verhältnis, als wenn man einen Gummihandschuh umstülpend von der Hand streift.

Dieses entgegengesetzte Verhältnis des Menschen zur Pflanze formulierte Platon, indem er sagte, daß der Mensch ein umgekehrter Baum sei, dessen Wurzeln in die Himmel und dessen Blätterkrone in die Erde wachse. Im Otz Chiim, dem Lebensbaum der Hebräer, und in den blutbetupften Zauberbäumen, die von den australischen Ureinwohnern umgekehrt eingepflanzt werden, kommt dieses Verhältnis zum Ausdruck; auch wenn man in der Bhagavadgita (15. Gesang) liest:[8]

Die Rishis wissen um den Baum Asvattha
Im Himmel wurzelnd, Stamm nach unten wachsend.
Jedes Blatt bringt die Vedas hervor.
Wer dieses weiß, weiß alles.

Man kann diese Imagination in der folgenden Weise erklären: Der Mensch hat sein Verhältnis zum Kosmos umgekehrt. Im Vergleich zur

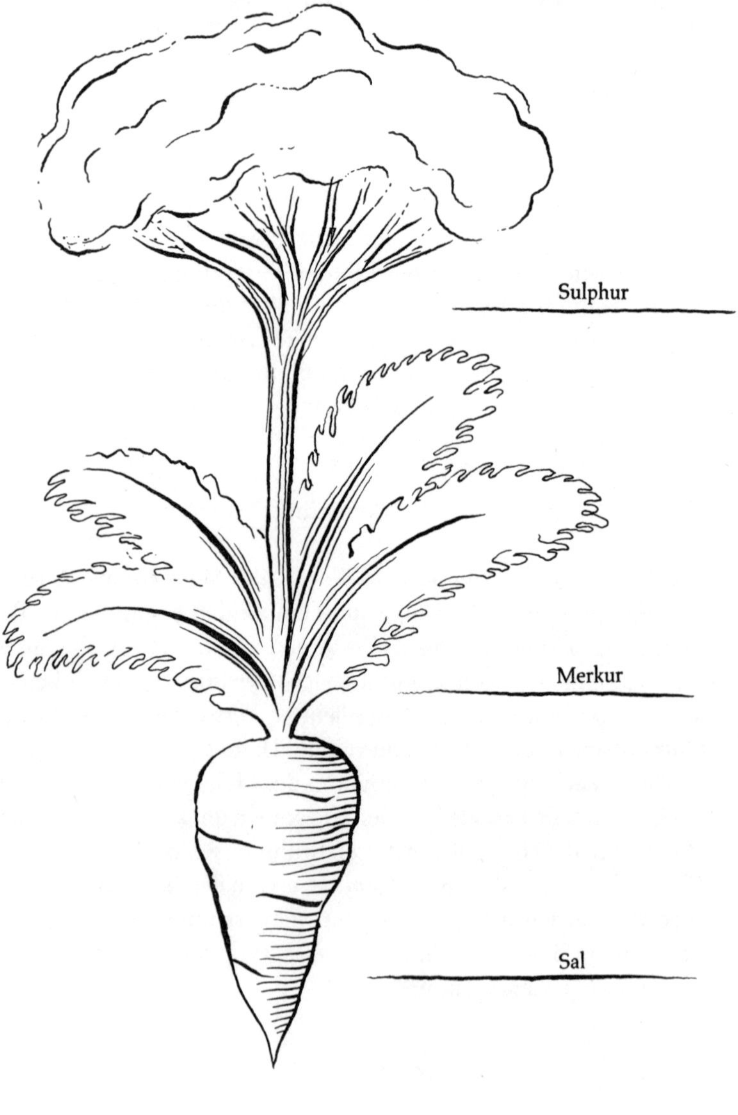

Pflanze hat er damit für sich einen großzügigen Freiheitsraum zum Handeln erworben, auch wenn dieser oft gefährliche Irrwege in sich birgt. Das Tier steht in dieser Entwicklung zwischen dem Menschen und der Pflanze. Das läßt sich schon an der relativen Ausrichtung im Raum ablesen: Die Pflanze wächst von Knoten zu Knoten in die Höhe; der Mensch wächst eigentlich als Embryo vom Kopf aus in die Länge nach unten, und das Tier bleibt in der Vertikalen.

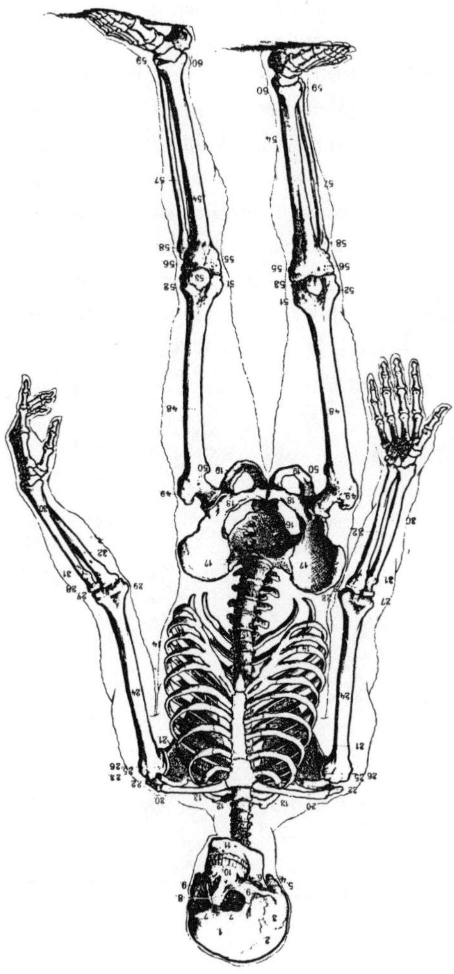

Die Pflanze ist so an den Makrokosmos gebunden, daß ihre festen Wurzeln, in denen der Salz-Prozeß überwiegt, in der Erde verankert sind, daß in Blatt und Stengel die Merkurprozesse dominieren und daß in Blüte und Frucht die Pflanze sich in einem Sulphurprozeß verstäubt, verduftet und sublimiert. Im Menschen ist der Salzprozeß im knochigen, konzentrierten Haupt, der Merkurprozeß in der Lunge und im Herz und der Sulphurprozeß in den Gerüchen, Ausscheidungen und -flüssen der Sexual- und Verdauungsvorgänge offenbar. Aus dieser Erkenntnis verwendet die naturopathische Medizin Wurzeln für den Kopf (z. B. Meerrettich für Migräne), Blattgrün für Herz, Lunge und Blutkreislauf (z. B. Brennessel, Spinat für Blutarmut) und Blüten für die Verdauung (z. B. Kamille für den Magen).

So dargestellt erkennen wir, daß die Pflanze kein individualisiertes Einzelwesen ist wie der Mensch oder ein höheres Tier, sondern ein höchst komplizierter Teil des größeren, makrokosmischen Geschehens. Die Pflanzenwelt ist das Lichtsinnesorgan der Erdorganismus.[9] Die hauchdünne Schicht des grünen Protoplasmas, die die Pflanzendecke der Erde ausmacht, kann mit der lichtempfindlichen Netzhaut der Tieraugen verglichen werden. Diese Chlorophyllschicht ist das Auge der Erde, das in den Kosmos hinausschaut. Das empfangene kosmische Licht wird von den Pflanzen durch die Wurzeln an die Kleinlebewesen bis tief in den Boden weitergeleitet. So wird den lichtscheuen Wesen in der Erde auch das kosmische Licht zuteil.

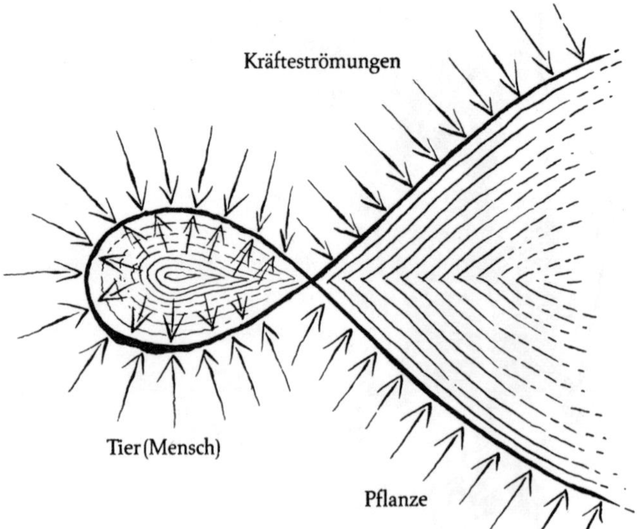

Involution

Die Pflanzenwelt ist auch als das rhythmische System des Erdorganismus zu verstehen, denn die Erde atmet die Pflanzenwelt in ihrer vielfältigen Ausgestaltung im Frühling aus dem Boden aus; im Herbst wird sie wieder in die Erde eingeatmet, in Samen und Wurzel zurückgezogen. Dieser Vorgang wurde von den Griechen in der schönen Sage der *Persephone* zum Bild gestaltet. Persephone – die Pflanzenseele –, Tochter des Himmelsgottes Zeus und der Erdenmutter Demeter, wird vom dunklen Herrscher der Unterwelt, Pluto, gefangen, in die Unterwelt entführt und gezwungen, den schwarzen Gebieter zu heiraten. Sie wird zwar von Hermes (Merkur) befreit, aber weil sie einen Granatapfelsamen gegessen hatte, muß sie alle sechs Monate wieder in die Unterwelt zurückkehren, wo die Toten weilen. Das zeigt, wie die Pflanzenseele durch den Samen an die Erde gebunden ist. Bei den nordischen Völkern hieß die Pflanzenseele *Nana*. Sie ist die geliebte Ehegattin des Sonnengottes Baldur, die im Herbst dem tödlich verwundeten Gatten in die Totenwelt der Hel folgt.[10]

Nana oder Persephone, die zwischen der Lichtwelt und der dunklen Unterwelt pendeln, die als Pflanze ihre Wurzeln zum Nadir in die Tiefen strekken und ihre Blüten und Blätter zum Zenit emporheben, deuten auf eine Funktion im Erdorganismus hin. Sie weisen auf den Merkurprozeß des Erdenorganismus hin, der zwischen den astralen Welten des Tieres, der Insekten und Winde und dem physisch-mineralischen Bereich vermittelt. Diese Vermittlungsfähigkeit zwischen dem Astralischen und dem Physischen macht die Pflanze auch zur geeigneten Quelle der Arznei. Gegen jedes Übel ist ein Kraut gewachsen!

Wir können zusammenfassen: Der Mensch ist ein Mikrokosmos, der die physische Substanz der Mineralwelt, die ätherische Kraft der Pflanzenwelt, die tierischen Triebe und Leidenschaften und das Licht des Geistes in seinem »Ich« in sich zusammengefaßt hat. Die Pflanze hingegen, die nur als physischer und ätherischer Leib manifestiert ist und von außen ihre Seele und ihren Geist auf sich wirken läßt, ist im wesentlichen ein makrokosmisches Geschöpf. In der anthroposophischen Kosmogonie wird sich die Pflanze erst in der nächsten Inkarnation des Erdorganismus, im »Jupiterstadium«, als tierähnliches, beseeltes Wesen manifestieren; erst in einer noch späteren Inkarnation der Erde, im »Venusstadium«, erleben sich die Pflanzen als »Menschen«, als Mikrokosmen. Die esoterische Aufgabe des Gärtners ist es eigentlich, die Keime der »Venusmenschen« zu hüten.

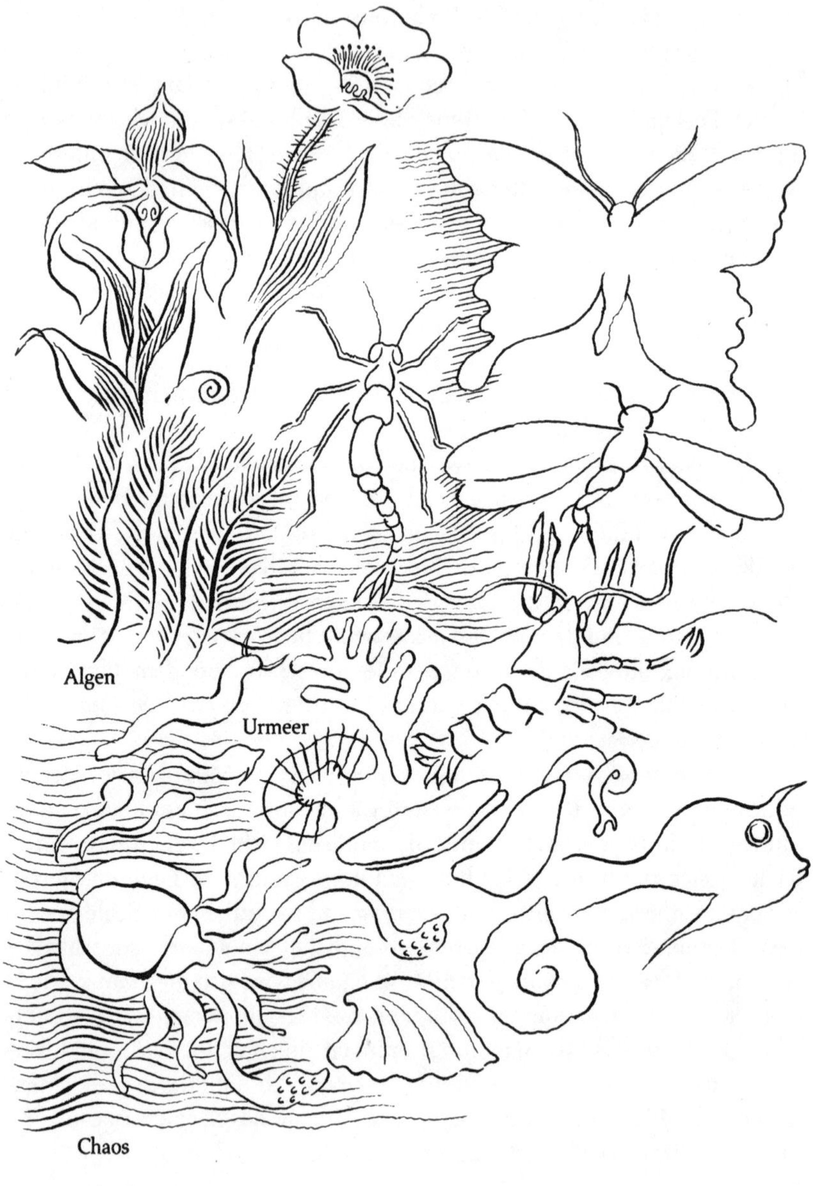
Algen
Urmeer
Chaos

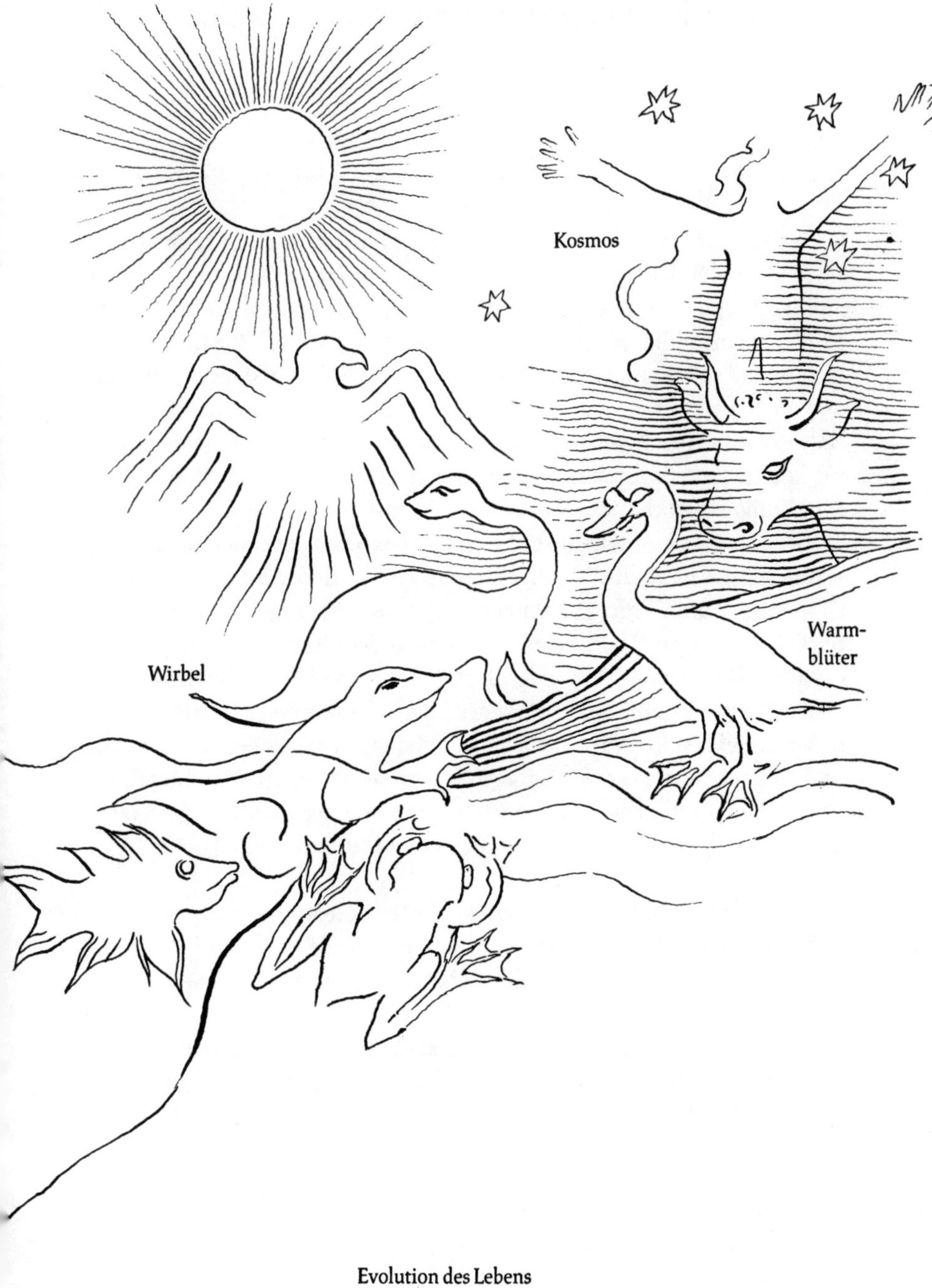

Evolution des Lebens

VIII Der irdische Faktor: Der Boden

Bis vor einiger Zeit sah die materialistische Wissenschaft im Erdboden nur einen Stoff, der den Pflanzen eine Stütze gibt und ihnen Mineralien für den Stoffwechsel liefert. Die Versuche mit bodenlosen Wasserkulturen (Hydroponik), wo man Pflanzen in reiner Nährlösung wachsen läßt, scheinen diese Auffassung zu bestätigen. Daß man das flüssige Medium dauernd erneuern und mit Sauerstoff durchspülen muß und daß die Pflanzen dazu neigen, die Nährstoffe in einseitiger Weise zu absorbieren, zu hypertrophieren und wenig keimfähiges Saatgut zu erzeugen, scheint darauf zu deuten, daß es mit dem Erdboden doch mehr auf sich hat, als man meint.

Zu einer Zeit, ehe man die Erde mit den Begriffen der chemischen Analyse und der mechanischen Gesetze anging, war der Boden buchstäblich heilig. Es war die Mutter Erde, aus der alle Lebewesen geboren wurden und in deren Schoß sie wieder zurückkehrten. Diese Erdenmutter, ewig jungfräulich, ewig empfänglich und immer fruchtbar, wurde in vielen Formen und unter vielen Namen verehrt, als Prithivi der Inder, als Gaia bei den Griechen, Terra Mater bei den Römern, Dana bei den Kelten, Nerthus bei den Germanen und Siva bei den Slaven. Wir können es dem seit Urzeiten mit seiner Scholle verbundenen russischen Bauern nachempfinden, wenn er in einer Hymne der Altgläubigen (Starowerzen) von den drei Müttern singt:

Unsere erste Mutter ist die Heilige Mutter Gottes,
Unsere zweite Mutter ist die feuchte Mutter Erde,
Unsere dritte Mutter, die uns in Schmerzen gebärt.

Die Hymne erzählt weiter, daß der Erdenmutter die Last der sündigen Menschheit zu schwer wird, daß sie ihren Schoß öffnen und sie alle verschlingen möchte, worauf Christus ihr antwortet:

O Mutter, feuchte Mutter Erde,
Von allen Kreaturen leidest Du am Allermeisten.
Die Sünden der Menschheit haben Dich geschändet.

Habe doch ein wenig Geduld, bis ich komme!
Dann wirst Du, O Erde, frohlocken und springen,
Du wirst leuchten wie der weiße Schnee,

Ich werde Dich in den allerschönsten Garten verwandeln,
Wo die Paradiesblumen Dir blühen werden!
Ihr, meine auserwählten Seelen, freuet Euch.[1]

Bei ackerbauenden Völkern wird die Erde oft als Gemahlin des Himmels, des Vatergottes dargestellt, deren fruchtbringende Vereinigung in heiligen Zeremonien wie bei der Hierogamie auf dem mesopotamischen Ziggurat, den Sexualriten des Tantrismus, in der Tempelprostitution – wobei die heiligen Mägde die Göttin darstellen – oder in orgiastischen Riten zelebriert

CONIVNCTIO SIVE
Coitus.

O Luna durch meyn umbgeben/und süsse mynne/
Wirstu schön/starck/und gewaltig als ich byn.
O Sol/du bist uber alle liecht zu erkennen/
So bedarfstu doch mein als der han der hennen.

Erde und Kosmos als Sol und Luna.
Rosarium philosophorum. (1550)

wird und ein menschliches Miterleben dieser unergründlichen Vorgänge darstellt. Bei den Alchemisten gilt die Erde als Ausdruck der amorphen prima materia, als Chaos, das für die Eindrücke des makrokosmischen und mikrokosmischen Geistes empfänglich ist. Als Frucht dieser Zeugung entstehen die Geschöpfe, entsteht das Korn und der Saft der Rebe, welches der Leib und das Blut des Herren sind. In der Erde ruhen die Samen und die Leiber der Toten; die Ahnen sprechen aus ihr. Das Beackern der Scholle, die Agrikultur, wird sakraler Kultus, das Öffnen des Schoßes, wie der Coitus das Öffnen des mikrokosmischen Schoßes ist.

Verbindung mit der Erde verlieren bedeutet Unheil. Der auswandernde Bauer nimmt ein Brösel Heimaterde mit, damit das heilige Band bestehen bleibt.

Die Phänomenologie des Bodens

Der erste Schritt, um den Erdboden kennenzulernen, ist ihn genau anzusehen, zu beriechen und mit den Fingern zu zerkrümeln; erst dann gehen einem die tieferen metaphysischen Zusammenhänge auf. Wir wollen goetheanistisch vorgehen und nicht die Erscheinungen mit unseren Phantasien oder Theorien überrumpeln. Wie sieht die Scholle aus? Ist sie hell oder dunkel? Fühlt sie sich speckig, körnig oder krümelig an? Riecht sie frisch, erdig

Bodenprofil.

wie ein eben gepflügtes Feld oder riecht sie sauer oder moderig? Wieviel Regenwürmer sind da, und wie gedeihen eigentlich die Unkräuter?

Nun müßte man mit dem Spaten einen Schacht ausheben, um zu sehen, wie das Bodenprofil, die Bodenwand aussieht, damit man erkennt, wie tief die durchwurzelte, belebte Humusschicht ist, was für Grundgestein da ist und wie die *Bodenhorizonte* dazwischen aussehen.

Gleich unter der lockeren Bodenstreu findet man den dunkleren, durchwurzelten und stark belebten Teil des Bodens, den *A-Horizont*, die Lebenszone (Edaphon). Dann folgt im *B-Horizont* die heller gefärbte Verwitterungsschicht, die mit ausgespülten Mineralien, Silikaten, Ton und Eisen angereichert ist. Im *C-Horizont* stößt man schon auf den unbelebten Untergrund. Dieses Grundgestein trägt in Zusammenwirkung mit anderen Faktoren wie Klima, Temperatur, Regen und Hangneigung, viel dazu bei, was für Eigenschaften der Boden haben wird. Sandstein und Granit geben in der Regel leichte, sandige Böden, die sich schnell erwärmen und schnell abkühlen, das Wasser schlecht halten und die alkalischen, wasserlöslichen Mineralien (Ca, K, Na, Mg) leicht auswaschen, während sich Silizium, Eisen und Alumi-

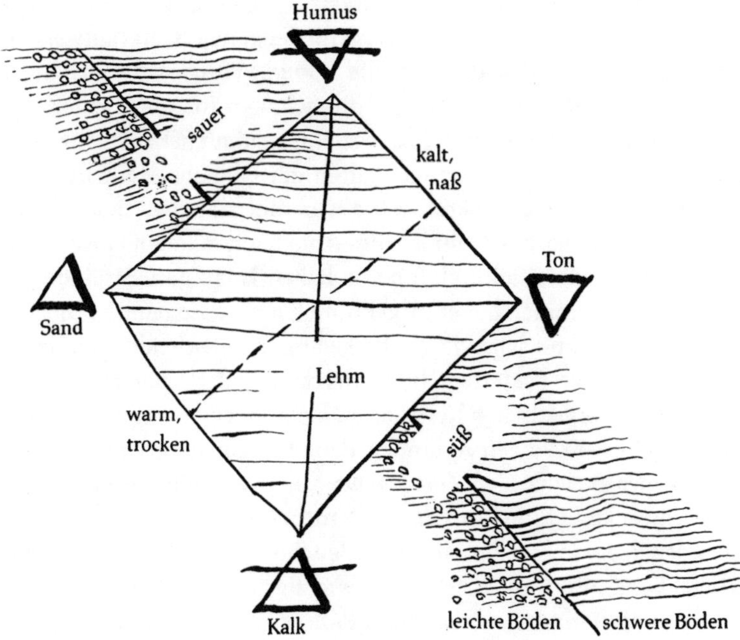

Bodenkreuz.

nium anreichern, die den Boden leicht sauer werden lassen. Solche Böden leiten Licht-, Luft- und Wärmeäther gut in die Tiefe, was man an einer guten Möhren-, Rüben- und Spargelentwicklung ablesen kann. Auch Reben und duftende Kräuter machen sich auf solchen Böden gut, da sie ja auf zwei obere Ätherarten besonders angewiesen sind.

Mergel- und Kalkböden sind auch locker und leicht zu bearbeiten. Wie man im Jura sehen kann, ist bei ihnen Wasser ein Problem, aber die Fruchtbarkeit kann gut sein. Da sie alkalisch sind, gedeihen die Leguminosen gut auf solchen Böden. Extreme Humusböden wie Moose und Moorböden sind dagegen sauer, wasserreich und kalt. Tonige Böden sind schwer, naß und kalt, aber reich an Nährstoffen.

Wenn man das *Bodenkreuz* genauer betrachtet, ahnt man schon eine Beziehung zu den vier Elementen. Auch hier hat der Gärtner als Quintessenz die Mitte zu finden und sich durch die richtige Mischung den idealen Gartenboden herzustellen. Die Kunst des Gärtners kann schweren, kalten Tonboden durch Kalkgaben lockern und aufschließen und mit hitzigem Pferdemist mürber machen. Sandboden kann durch Beimischung von Tonstaub und Humus (Torf, Kompost) solider gemacht werden. Der trockene Kreideboden kann mit Humus und Wasser belebt werden.

Der Gärtner bemüht sich, einen lockeren, »daunigen«, porösen Boden herzustellen, der eine gute *Bodenstruktur* (Bodengefüge, Gare) aufweist. Die Bodenstruktur ist etwas anderes als die *Körnung* (Textur), die sich auf die Größen der einzelnen Mineralkörner, die sich vom Ton über Schluff, Sand und Kies bis zu den Steinen erstreckt, bezieht. Struktur hat vielmehr mit der Zusammenballung, dem Zusammenhaften der Bodenbestandteile zu tun. Ein Boden hat eine gute Struktur, wenn man eine Handvoll Erde zu einem Ball formen kann, der durch ein leichtes Anklopfen mit dem Finger wieder auseinanderkrümelt. Sand und Tonerde haben keine gute Struktur: Sand läßt sich nicht zusammenkneten; Ton krümelt nicht auseinander. Die lockere, krümelige Struktur wird durch die klebrigen Ausscheidungen der Mikroorganismen, der Bakterien, Bodentierchen und Pilzfäden verursacht. Wenn sich diese organischen Kolloide (gr. *kolla* = Leim) mit den anorganischen Ton-Silikat-Kolloiden verbinden, dann hat man die erwünschte materia ultima des Bodens, den *Ton-Humus-Komplex*. Eine bessere, lockere, ätherdurchtränktere Erde kann man sich nicht vorstellen. Wie wir noch sehen werden, kann so eine Ton-Humuserde achtmal soviel Wasser halten wie gleichviel Sand, die Auswaschung der wichtigsten Nährstoffe (Ca, Mg, K, NH_3 usw.) unterbinden und durch ein *Puffervermögen* eine einseitige Verschiebung in den sauren oder alkalischen Bereich verhindern. Das Gegenteil einer solchen Gare ist der tote, mineralisierte Boden, der durch Kunstdüngergaben versalzen und durch schwere Landmaschinen in einen Zustand der Bodenverdichtung gebracht wurde.

Bodenreaktion und Anzeigerpflanzen

Die Bodenreaktion, ob der Boden *süß* (alkalisch, basisch), *sauer* (azidisch) oder *neutral* ist, wird von der Bodenkunde nach der Zahl der vorhandenen freien Wasserstoff-Ionen in der Bodenlösung, dem sogenannten *pH-Wert*, gemessen. Die Skala verläuft vom azidischen Pol (1) bis zum alkalischen Pol (14), wobei 7 neutral ist.

1	3.5	7	10.5	14
Sauer		Neutral		Süß

Die sauersten Böden liegen um pH-4. Das entspricht dem Säuregrad von Tomatensaft, Bier oder Grassilage und ist nur bei Sand- und Moorböden des regenreichen Nordens zu finden, wo die Alkalien (Kalk und Pottasche) auswaschen. Die extrem basischen Böden in trockenen Wüstengebieten, wo die Verdunstung die Salze und den Kalk zur Oberfläche bringt, haben bis zu pH-8, was dem Meerwasser oder dem Eiweiß entspricht. Die Gartenpflanzen fühlen sich erst im neutralen Bereich zwischen pH-6,5 und pH-7 wohl, obwohl die Schmetterlingsblütler (Leguminosen) es etwas über pH-7 lieben und die Beeren (Erdbeeren, Himbeeren, Preiselbeeren, Heidelbeeren usw.) sauren Boden bevorzugen.

In diesen Verhältnissen sahen die Alchemisten die Dialektik des sal (Alkahest, Laugen, Ätzkalk) mit dem sulphur (Schwefel, Vitriolöl, Säuren), die sehr stark aufeinander reagieren. In der Mitte liegt der mercur als Ausgleich.

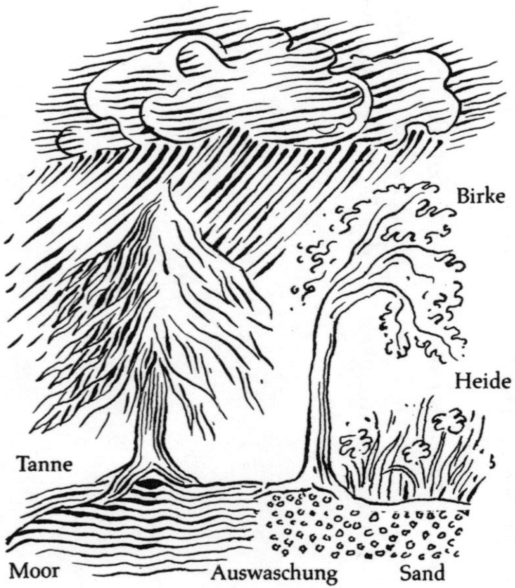

sauer

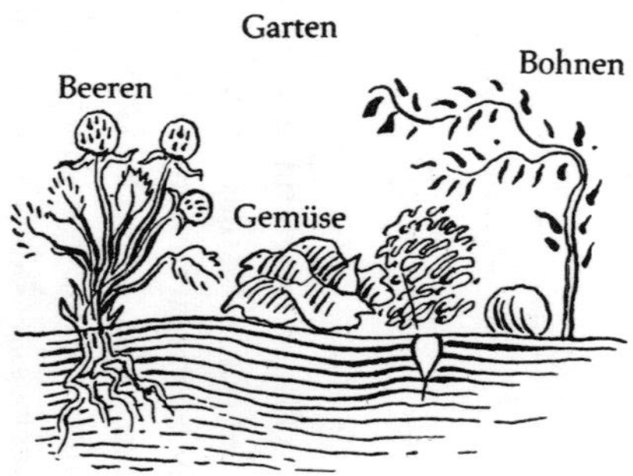

neutral

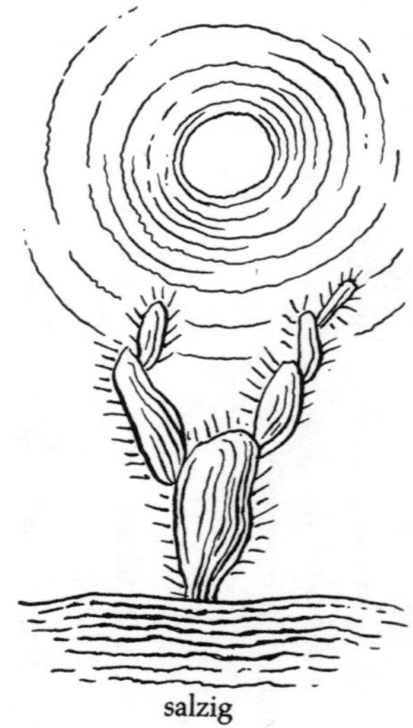

alkalisch

Ein richtiger Gärtner braucht keinen Bodentest, um zu sehen, ob ein Boden süß oder sauer ist, denn die *Bodenanzeigerpflanzen* (Leitpflanzen) geben dem kundigen Auge zuverlässig Auskunft. Säurenanzeiger oder kalkmeidende Pflanzen sind der Sauerampfer, Ackerschachtelhalm, Knöteriche, Hahnenfuß, Hohlzahn, Ehrenpreis, Hederich, Ackersporgel, Drahtschmiele, Wollgras, Sandstiefmütterchen und Borstgras. Kalkliebende Unkräuter, also säuremeidende Pflanzen sind Rittersporn, Kleine Wolfsmilch, Nadelkerbel, Ackerhellerkraut, Ragwurz, Huflattich, Saudistel, Storchschnabel, Steinklee, Klette und etliche andere. Man kann natürlich nicht von einem alkalischen Boden reden, wenn nur diese oder jene kalkliebende Pflanze dort zu finden ist. Erst das Vorkommen mehrerer Anzeiger läßt sichere Schlüsse auf diese Eigenschaften zu.

Die meisten Kunstdünger lassen den Boden versauern und haben zur Folge, daß man mit Kalkgaben versuchen muß, das labile Säure-Basenverhältnis wieder auszugleichen, was bedeutet, daß man sich dauernd um den pH-Wert zu kümmern hat. Der biologische Gärtner hingegen braucht auf dem pH-Wert kaum achtzugeben, denn der belebte Humus mit seinen Mikroorganismen schützt sich selbst gegen überschüssige Säuren oder Basen, indem er Wasserstoff-Ionen freigibt, wenn die Reaktion zu azid wird, und Kalzium-Ionen freigibt, wenn die Reaktion in das Basische geht. Falls der Gärtner eine besondere Kultur hat, die etwas süßeren Boden braucht, wie Schmetterlingsblütler etwa, dann kann er ein wenig gelöschten Kalk oder gemahlenen Kalkstein geben. Um einen saueren Boden für eine Beerenkultur zu haben, kann er den Boden mit Tannennadel- oder Eichenblättermulch bedecken oder im Kleingarten Kaffeesatz dazu verwenden.

Wie entsteht der Boden?

Der fruchtbare Mutterboden ist das Ergebnis der Einwirkung der kosmischen Kräfte, die durch das Klima, die Temperatur und den Regen das harte Gestein zertrümmern, durchfrosten und durchspülen. Zu diesen Vorgängen, die man in der Pedalogie die *mechanischen* nennt, kommen noch die vielen *chemischen* Vorgänge wie die Oxidation, Reduktion, Hydration und Säurebildung dazu. Aber damit hat man noch längst keinen lebendigen Mutterboden. Es sind die Lebewesen selbst, die den Boden zu dem ihnen angemessenen Substrat aufbauen.

Wir sehen dieses Eingreifen des Lebens in die anorganische Welt sehr deutlich, wenn wir den bodenbildenden Vorgang in einem alten Steinbruch auf einem blanken Fels beobachten. Es dauert nicht lange, dann erscheinen auf dem glatten, entblößten Gestein die ersten lederigen Flechten. Wie ist es unter solchen harten Bedingungen, Frost, Sonne und Wind ausgesetzt, möglich, daß sich bald ein bunter Flechtenteppich ausbreitet? Wenn man die Flechte unter die Lupe nimmt, stellt sich heraus, daß sie eigentlich aus zwei Lebewesen besteht: aus einer Alge und einem Pilz, die sich in einer *Symbiose* (gr. *sym* = zusammen mit, *bios* = leben) befinden und sich wie ein einziges Lebewesen verhalten. Die Alge, in deren Blattgrün die Photosynthese stattfindet, erzeugt die notwendige Menge Zucker und Stärke für sich und ihren Partner. Der Pilz seinerseits schützt die Alge durch seine zähe Haut, saugt Wasser aus der Atmosphäre, nagt mittels organischer Säuren an dem Gestein und löst dadurch die zum Stoffwechsel nötigen Mineralstoffe. Unter der Flechte zerkrümelt der Stein langsam. Mineralteilchen und abgestorbene Teile der Flechte bilden eine dünne Staub- und Krümelschicht, in der die Sporen der Moose Fuß fassen können. Mooskissen überziehen diese Stellen, nehmen Wasser auf wie ein Schwamm und zersetzen den Stein weiter mit Kohlensäuren und anderen Ausscheidungen. Ältere Generationen der Moose bilden das Substrat für weitere Generationen und schaffen somit die Bedingungen, unter denen die Sporen der Farne keimen können. Schließlich können sogar die weiterentwickelten Nacktsamer und Blütenpflanzen ihr starkes Wurzelwerk entfalten und damit das Gestein spalten und sprengen. Kleine Tiere finden nun auch eine Nische, in der sie sich entwickeln können. Obwohl sie an den Pflanzen fressen, tragen sie zum Wohlgedeihen der Pflanzen durch ihre Ausscheidungen und winzigen Kadaver bei. Es handelt sich bei diesem Bild um eine kleine Wiederholung der ganzen Pflanzenevolution, und man sieht, wie sich der Boden mit und durch die Pflanzenentwicklung gestaltet hat.

Ein wichtiger Faktor, den wir hier herausheben möchten, ist die Fähigkeit der niederen Pflanzen, besonders der Flechten und Wurzelpilze (Mycorrhiza), selektierend Mineral-Ionen und -Moleküle aus dem Kristallgitter des Gesteins zu lösen und den höheren Pflanzen für deren Stoffwechsel zugänglich zu machen. Dieses Vermögen, auf das Sir Albert Howard aufmerksam machte, wird *Chelation* (gr. *chela* = Greifzange) genannt. Die Wurzelpilze bilden mit ungefähr achtzig Prozent der höheren Pflanzenwelt eine Symbiose, die jener des Pilzes mit der Alge in der Flechte ähnlich ist. Die großen Tannenbestände könnten auf den Magerböden nicht ohne Gemeinschaft mit den Wurzelpilzen bestehen, die ihnen Nährstoffe, Auxine und andere Enzyme vermitteln. Solche Gemeinschaften bestehen auch mit vielen Gartengewächsen, und sie werden unterbunden durch die osmotischen Verschiebungen einer Mineralsalzdüngung. Die Lebensgemeinschaft der Leguminosen mit den Knöllchenbakterien (Rhyzobien) ist eine ähnliche Erscheinung, in der eine höhere Pflanze die Produkte der Photosynthese gegen eingefangenen Stickstoff austauscht. Auch hier wirkt mineralische Stickstoffdüngung störend auf die Zusammenarbeit.

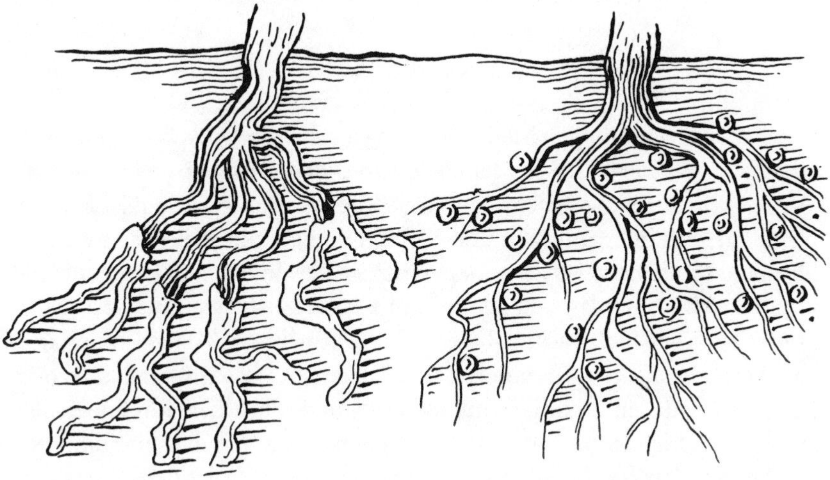

Wurzelpilze　　　Knollenbakterien

Wir bekommen ein Gespür dafür, wie sich die Pflanzen eine Lebensgrundlage schaffen und wie die ätherischen Kräfte in das physische Substrat aktiv eingreifen. Jede Pflanze ist in irgendeiner Weise ein Spezialist, der der Lebensgesamtheit dient. So wie die Leguminosen Stickstoff in die Erde »einatmen«, so sammeln zum Beispiel Gänseblümchen Kalk auf kalkarmen Böden; Schachtelhalm akkumuliert Kiesel auch in Böden, die wenig Kieselsäure haben; Melde sammelt Kochsalz, Vogelmiere (Stellaria media) sammelt Zink, Sojabohnen reichern Nickel an, Stechapfel weist einen hohen Prozentsatz Phosphorsäure auf und so weiter.[2] Ob diese Stoffe langsam aus Luft, Wasser und Boden extrahiert werden oder ob in der Pflanzenzelle eine geheime Alchemie vorgeht, soll dahingestellt sein. Wenn sie sterben oder vom Gärtner in den Boden gehackt werden, kommen die Bestandteile dieser Pflanzen dem Boden zugute. In ihren Lebensvorgängen durchwirken die Pflanzen den Boden mit licht- und wärmeätherischen Kräften, indem sie Sonnenenergie und Kohlenstoff festigen und in der Wurzelmasse dem Boden einverleiben. Die Wurzeln selektieren manche Nährstoffe und lassen andere außer acht. Sie können Salze sogar entgegen dem Druck des osmotischen Gefälles selektionieren. Laufend verändern die Wurzelmassen den Boden, indem sie wachsen und absterben, aufnehmen und ausscheiden. Ein Meister des Gartenbaus achtet daher auf die Bodeneinwirkungen der Fruchtfolgen, auf die Nachbarschaftswirkungen bei den Kulturpflanzen sowie bei den Unkräutern.

Der lebendige Boden

Nicht nur die unzähligen Meilen Wurzelgeflecht bauen den Boden auf, sondern auch die Tiere, die über dem Boden fressen und misten, gehören mit zu diesen Vorgängen. Vor allem sind es aber die in astronomischen Zahlen vorhandenen Mikroorganismen und Kleinlebewesen, die dem Boden eine lebendige Dynamik geben. In einem einzigen Teelöffel guter Gartenerde befinden sich Milliarden von Klein- und Kleinstlebewesen, die alle Lebensfunktionen wie Stoffwechsel, Respiration, Vermehrung, Ausscheidung und andere Leistungen vollbringen. Diese Lebensaktivitäten befinden sich in Einklang mit den täglichen, monatlichen und jährlichen Rhythmen der Sonne, des Mondes und der Planeten. Man hat mit einer solchen Komplexität zu tun, daß der Wissenschaftler auch mit der Hilfe des Computers niemals die unzähligen, gleichzeitig erfolgenden Reaktionen erfassen kann. Hier reichen die Begriffe der physischen Welt nicht mehr aus, hier walten schon die Gesetze des Ätherischen. Hier braucht man Bilder, um zu verstehen. Es ist wie im Dornröschen-Märchen, wo innerhalb der Zeitspanne, in der der Koch dem Küchenlehrling eine Ohrfeige gibt, Vorgänge stattfinden, die nach irdischem Zeitmaß hundert Jahre dauern.

Aber trotz der Kompliziertheit wissen wir, daß die Mikroorganismen Nährstoffe zirkulieren lassen, das Säure-Baseverhältnis puffern, dem Boden gutes Gefüge (Struktur) geben, Spurenelemente aus dem Gestein lösen, daß einige Arten tote, organische Gewebe abbauen und andere aus den Abbauprodukten wieder Stoffe aufbauen, die den Pflanzen zum neuen Leben dienen können. Manche erzeugen Sulphate, die einzige Form des Schwefels, den die Pflanzen aufnehmen können; andere neutralisieren schädliche Schwermetallspuren, Eisen und Aluminium, und noch andere können N_2 direkt aus der Luft fixieren, ohne den enormen Energieaufwand des Haber-Bosch-Prozesses.

Die niederen Bodenorganismen werden etwas willkürlich in Bodenfauna und Bodenflora eingeteilt. Bei Pilzen und Metazoen (Würmern, Springschwänzen, Milben usw.) ist ein Unterschied schon eindeutiger. In der obersten 15 cm-Schicht eines durchschnittlich fruchtbaren Ackerbodens machen diese Kleinlebewesen eine Lebensmasse von 25000 kg/ha aus.[3]

Mikroflora	20219 kg/ha Biomasse
Mikrofauna	379 kg/ha Biomasse
Metazoen	4184 kg/ha Biomasse

Das entspricht dem Gewicht einer Herde von über 25 Kühen. Diese »fünfundzwanzig Kühe unter dem Boden« sind ebenso wichtig für die Bodenfruchtbarkeit wie die ein bis zwei Kühe, die ein Hektar Land sonst ernähren kann. Der Gärtner hat ebenso die Verantwortung, sie gut zu pflegen mit richtiger Behandlung (Mulchen, Fruchtfolge usw.) und gut zu füttern (Kompost) wie der Bauer sein Milchvieh.

Bakterien

Bakterien sind die am meisten vertretenen Bodenorganismen. Man findet fast eine Milliarde in einem Gramm guter Gartenhumuserde. Eine Bakterienzelle kann 17 Millionen Töchter an einem Tag erzeugen und kann theoretisch innerhalb einer Woche soviele Nachkommen haben, daß ihre Biomasse dem Gewicht der Erde gleichen würde. Man unterscheidet zwischen *äroben* Bakterien, die freiverfügbaren Sauerstoff brauchen und an Verrottungsprozessen teilnehmen, und *anäroben* Bakterien (Fäulnisbakterien), die unter Luftabschluß die Vergärung und Fermentierung bewirken. Zudem gibt es *autotrophe* Bakterien, die ihre Energie aus der Oxidation von Ammonium, Schwefel, Eisen und anderen anorganischen Mineralien erhalten im Gegensatz zu den *heterotrophen* Bakterien, die organische Substanzen wie Zucker, Stärke, Lignin, Chitin oder Zellulose verdauen. Bei den Bakterien befinden wir uns am unteren Ende des großen Lebenskreislaufes, denn hier wird den abbauenden Prozessen kurz vor der völligen Vermineralisierung, der Entropie, Halt geboten, und die aufbauenden Prozesse, die Reintegration in die Lebensvorgänge, beginnen. Die ammonifizierenden Bakterien, die die Eiweiße zu Aminosäuren und schließlich zu Ammoniak reduziert haben, werden von den Nitrosomonasbakterien und den Nitrobakterien abgelöst, die ihrerseits das Ammoniak zu Nitriten (NO_2) beziehungsweise Nitraten (NO_3) verwandeln, das die Pflanzen dann gern für ihre Proteinsynthese aufnehmen. Hier befinden wir uns an der magischen Stelle, wo Todesprozesse in Lebensprozesse umgewandelt werden.

Bodenbakterien bevorzugen neutralen bis basischen Boden (pH-6 bis pH-8) und brauchen organische Substanzen als »Futter«. Sie arbeiten am besten im milden Wetter (Temperatur um 30° C) auf weder durchnäßten noch zu trockenen Böden. Schwere Landmaschinen und Kunstdüngersalze beeinträchtigen ihre Wirksamkeit.

Strahlenpilze (Actinomyceten)

Die Strahlenpilze, die ihre Anwesenheit durch den typischen, guten Erdgeruch eines frisch umgestochenen Beetes oder gepflügten Feldes kundgeben, sind fast so zahlreich vertreten wie die Bakterien. Diese Organismen humifizieren komplexe organische Moleküle wie Zellulose, Chitin (Insektenpanzer) und Phospholipide (Wachse und Fette) und produzieren antibiotische Substanzen. Die Strahlenpilze brauchen milde, basische Böden und verschwinden unter pH-5. Das letztere ist auch der Grund, warum man Kartoffeln nicht kalkt, denn der Kartoffelschorf wird von einer Art der Actinomyceten verursacht.

Pilze und Algen

Die verschiedenartigen Pilzorganismen (Schimmel, Moder, Hefe usw.) spielen auch eine wichtige Rolle in Boden und Kompost, in der Zersetzung toter organischer Stoffe. Sie fangen das von den Bakterien freigesetzte flüchtige Ammoniak auf, bauen es in ihre Körper ein und verringern dadurch Stickstoffverluste. Ähnlich wie die Actinomyceten stellen sie Antibiotika her, zum Beispiel Penicillin oder Streptomycin, womit sie den Erdboden säubern und reinigen.

Algen, die mit ihrem Blattgrün Sonnenenergie assimilieren können, kommen in unserer Klimalage weniger in Betracht als zum Beispiel in den Reisfeldern Asiens, wo sie stark zur Fruchtbarkeit des Bodens beitragen.

Wurzeln

In der Wurzelzone (Rhizosphäre) findet man den größten Teil der Bodenorganismen. Die Wurzelhärchen selbst sind ein höchst aktiver Faktor in den Lebensvorgängen des Bodens. Sie wachsen, selektieren Nährstoffe, scheiden andere Stoffe wieder aus und werden zur Nahrung der Kleinorganismen, wenn sie sterben. Es ist festgestellt worden, daß die Wurzelhaare einer einzigen Roggen- oder Haferpflanze über vier Kilometer pro Tag wachsen, wenn man die mikroskopischen Härchen aneinander reihen würde.

Die Wurzelpilze, die wir schon besprochen haben, verlängern das Wurzelgeflecht der höheren Pflanze bis zu hundertmal und vermitteln ihr Phosphate nebst Wachstumshormonen (Auxine) und Chelaten.

Bodentierchen

Die Bodenfauna ist nicht so zahlreich vertreten wie die Bodenflora, hat aber eine bedeutsame Aufgabe zu erfüllen. Die vielen einzelligen Urtierchen, Urinsekten, Springschwänze, Fadenwürmer, Milben, Gliederfüßler und Schnecken zerkleinern und zermahlen grobe Stengel, Blätter, Kadaver und Abfälle und geben sie den Bakterien weiter; sie durchmischen und lüften den Boden so gut, daß man ein ideelles Gartenbeet gar nicht mehr umzugraben braucht. Durch Ausscheidung von Hormonen und Enzymen sind sie ein nicht zu unterschätzender Bestandteil der komplexen Bodenchemie, und durch ihre Körperchen werden sie selbst zu Dünger, wenn sie sterben.

Eine Nematodenart (Wurzelgallenählchen) verursacht Mißbildungen und Wachstumshemmungen bei Wurzelgemüsen. Anstatt den Boden zu sterilisieren oder mit Giften zu schädigen, kann man dem Problem durch Fruchtfolge, Kompostgaben und durch die Pflanzennachbarschaftswirkung der Studenten- oder Samtblume (Tagetis), die man hier und da zwischen die Wurzelgemüse pflanzt, zuvorkommen.

Regenwürmer (Lumbriciden)

Im viktorianisch-wilhelminischen Zeitalter glaubte man im allgemeinen, daß Regenwürmer schädlich seien, und man sammelte sie sorgfältig aus den Gartenbeeten. Es ist wahrscheinlich Charles Darwins größtes Verdienst, daß er sich gegen sein Lebensende des Regenwurms annahm und klar darstellte, wie hilfreich diese Tierchen sind, wie sie den Boden durchmischen, belüften und guten Humus erzeugen. Heute weiß man, daß der Regenwurmkot elfmal soviel Kalium, siebenmal soviel Phosphor, fünfmal soviel Stickstoff, zweieinhalbmal soviel Magnesium und doppelt soviel Kalk wie der umgebende Erdboden enthält. Diese Nährstoffe sind in Riesenmolekülen (polymerisierte Makromoleküle) zu stabilen *Ton-Humuskolloiden* verkettet. Aus solchen Ton-Humuskomplexen lassen sich die Nährstoffe auch bei starkem Regen nicht leicht auswaschen, sind aber trotzdem den Pflanzen leicht zugänglich. Im normalen Boden befinden sich rund drei Millionen Regenwürmer pro Hektar,[4] die das Gewicht von fünf bis sechs Kühen ausmachen und rund zwanzig Tonnen feinste, nährstoffreiche, stabile Regenwurmerde machen. In einem biologischen Garten liegen diese Zahlen noch höher. Wieviele Säcke Kunstdünger müßte der Gärtner schleppen, um diese Leistung auszugleichen? Es läßt sich eine geheime Alchemie, eine Transmutation der Elemente vermuten ... Vielleicht ist in diesem stark ätherischen Bereich die Materie noch transmutabel, wie sie einst in Urzeiten, in Atlantis, war? Wer weiß?

Einige Regenwurmarten, wie die großen dunkleren, bläulichen Lumbicus terrestris, senken ihre Gänge bis zu 2,50 Meter in die Erde. Aus den Tiefen holen sie Tonmineralien, von der Bodenbedeckung (Detritus) nehmen sie abgestorbene Pflanzenreste, und in der Gegenwart von geringen Mengen Kalk wird es dann zum bestmöglichen Humus verdaut und an der Erdoberfläche ausgeschieden. Regenwurmkot begünstigt die Bodenorganismen, besonders die humusbildenden Strahlenpilze. Anders als viele andere wirbellosen Tiere, die Kalk in harte Schalen und Exoskelette absondern, sondern die Regenwürmer einen kalkhaltigen Schleim ab, der mithilft, die Bodenreaktion im neutralen Bereich zu halten, den die Pflanzen für ihr Wachstum bevorzugen. Die Regenwurmgänge, die dem Boden Luft verschaffen, erlauben den zarten Kulturpflanzen, tiefer in den Boden zu dringen und ihren Wurzelbereich auszudehnen.

Der Gärtner und Landwirt hat seine Helfer unter der Erde genauso zu pflegen wie seine Hühner und Kühe. In sterilen, mineralischen Böden verhungern die Würmer. Auch wenn man noch so viele Exemplare von einer Wurmfarm bestellt: sie werden sich nicht festsetzen können, wenn nicht genügend organische Substanz wie Bodenbedeckung (Mulch), Kompost, verrottete Miste, eingehackte Unkräuter oder untergepflügte Gründüngung als Nahrung vorhanden ist. Wo Böden etwas zu sauer sind, hilft eine Gabe gemahlener Kalkstein, Kalkmergel oder Löschkalk. Gebrannter Kalk (Ätzkalk) ebenso wie Kunstdünger verbrennen die Haut dieses hilfreichen Tieres. Wo wenig Ton vorhanden ist, kann man trockenen Ton zermahlen und dann auf den Boden oder in den Kompost stäuben. Ein Baldriantee (Valeriana officinalis) oder das biodynamische Baldrianpräparat, über die Beete oder Komposte gesprüht, regt die Würmer ebenso an wie ein Streu (Bodenbedeckung) aus Hollunderblättern, Geißblatt, Schneeball, Erle, Ulme, Linde, Vogelbeere, Pappel, Weide, Sanddorn, Haselnuß oder Weißdorn. Der Anbau von Lupine als Gründüngung und auch die Gegenwart von Löwenzahn wirken sich besonders gut für die Regenwürmer aus.

Wie behandelt man den Boden richtig?

Es kann nicht genug betont werden, wie wichtig es ist, den Boden in einem solchen Zustand zu erhalten, daß die Bodenlebewesen gedeihen können. Diese Lebewesen werden durch Mistkomposte, Fruchtwechsel, Mischbeetkulturen (Pflanzengemeinschaften) und Bodenbedeckung gefördert. Anderseits behindert man sie durch übermäßiges Pflügen, durch Monokulturen, das Abflammen von Beeten und die Anwendung von Insektiziden, Herbiziden und Fungiziden. Chemische Düngersalze, besonders Chlorid-, Schwefel- und Natronrückstände, verschieben die osmotischen Verhältnisse zuungunsten der Mikroorganismen. Wenn die Organismenzahl auf diese Art verringert wird, dann schwindet der Humus, zerfällt die Gare (Krümelstruktur), die Bodenluft nimmt ab, der Boden versauert, wird kompakt und kann Wasser nicht gut halten, sondern verschlemmt oder wird weggeschwemmt. Wie viele Millionen Hektar gutes Ackerland sind in diesem Jahrhundert auf diese Weise verlorengegangen!

Die Agrarwissenschaft begegnet dem Problem der Bodenversäuerung mit tüchtigem Kalken, was jedoch zur Folge hat, daß sich durch den Kalk das Ammoniak verflüchtigt, die Spurenelemente (Fe, Mn, B, Zn, Cu usw.) fest gebunden werden und den Pflanzen unzugänglich bleiben. Darüber können sich nur die Kunstdüngerfabrikanten freuen, denn der Bauer und Gärtner ist gezwungen, mehr Dünger und Spurenelemente hinzuzukaufen. Da der Boden immer fester und härter wird, hat man größere Pflugmaschinen entwikkelt und dem Boden auch Vermikulit und Plastikstoffe zur Auflockerung beigemischt. Die schweren Maschinen sind teuer und tragen schließlich noch mehr zur Verdichtung der Krume bei. Man hat es mit einem Teufelskreis zu tun.

Der Gärtner kann diesen Teufelskreis am leichtesten sprengen. Er kann Dauerbeete anlegen, die von Gesundheit strotzen ohne Chemikalien oder Maschinen. Am besten sind die *Tiefkulturbeete*, die den Chinesen schon seit etlichen Jahrhunderten bekannt sind. Das Anlegen eines Tiefkulturbeetes nennt man auch *Rigolen* oder Holländern.

Beete werden zuerst auf 1,20 Meter Breite gemessen. Man legt zwischen den Beeten 30 bis 40 Zentimeter breite Wege an. Diese Breite ist die optimale Flächenbenutzung, denn man kann leicht von den Seiten in die Beete hineinreichen und mit Harke, Hacke oder Gießkanne dort hinkommen, wo man will. Bei schmäleren Beeten würde man zuviel Fläche an die Wege verlieren. Bei breiteren Beeten müßte man mit den Füßen auf den Beeten herumtrampeln, und es wäre schwierig, sie zu bearbeiten.

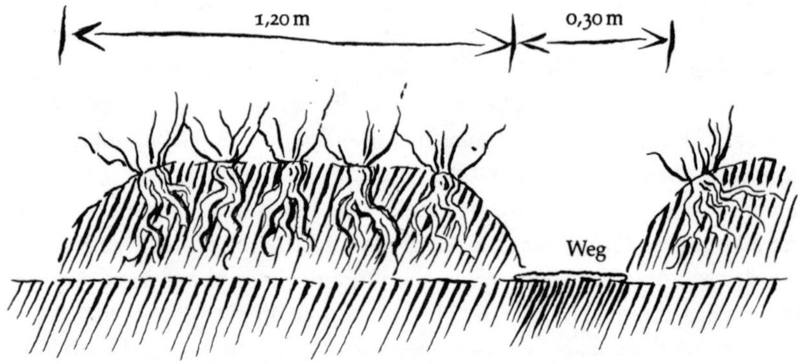

Nachdem das Beet ausgemessen ist, streut man großzügig gut verrotteten Kompost darauf und fängt mit Spaten und Grabforke mit dem Graben an.

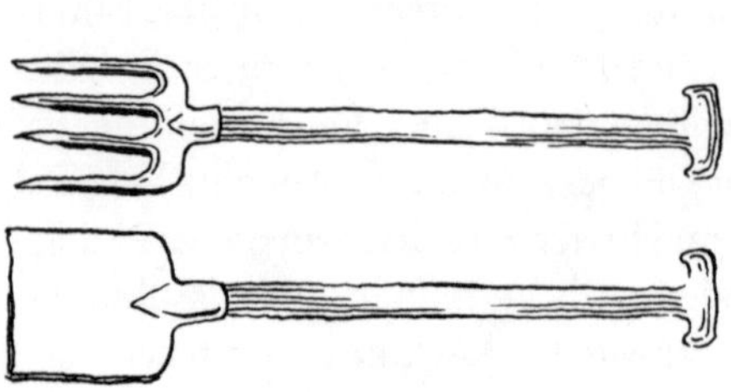

Das Herstellen eines Tiefkulturbeetes geschieht folgendermaßen:

1. Mit dem Spaten hebt man einen spatentiefen Graben an einem Ende des Beetes aus. 2. lockert man mit den Zinken der Grabforke den Untergrund am Boden des Grabens auf. 3. schiebt man mit dem Spaten eine spatenbreite nächste Zeile der Bodenoberschicht über den eben gelockerten Teil. Man schiebt die Erde, ohne sie zu wenden, denn man will die Bodenhorizonte erhalten. Bei diesem Schieben wird die Erde locker und der obenaufliegende Kompost rieselt in diese lockere Oberschicht hinein. Alan Chadwick, der Gärtnermeister, der in Kalifornien ein Stück Wüste in ein kleines Eden verwandelt hatte, nennt es einen »Erdbebeneffekt«. Er hatte beobachtet, daß die vom Erdbeben verursachte Erschütterung belebend auf den Boden wirkt. 4. Im zweiten Graben wird der Untergrund ebenfalls mit der Grabforke gelockert, so daß man im ganzen mindestens sechzig Zentimeter tief den Boden bearbeitet. So fährt man Zeile für Zeile fort, bis man am Ende des Beetes angekommen ist. In den letzten Graben kommt dann die Erde, die vom ersten Schacht übriggeblieben ist.

Der so tiefgelockerte Boden liegt nicht wieder flach, sondern hat eine Wölbung. Man kann von einer *Hügelkultur* sprechen. Durch die Wölbung hat man die Bodenfläche etwas ausgedehnt, und man gewinnt wieder Fläche zurück, die man an die Wege verloren hat. Chadwick zitiert Steiner als Bestätigung seiner Beobachtung, daß diese Hügelbeete viel lebendiger, ätherisch durchtränkter sind als flache Beete. Er vergleicht die Hügel mit Baumstämmen, auf denen die Knospen wie Samen sitzen und die Blätter und Blüten wie kleine Pflänzchen auf aufgestülpten, verlebendigten Erdhaufen wachsen. Die tiefgelockerten Hügelbeete ahmen dieses Baumstammprinzip nach.

Niemand würde leugnen, daß das Rigolen anstrengend ist. Aber es braucht nur einmal gemacht zu werden. Mit Kompostgaben, die flach in die Hügelbeete eingearbeitet werden, mit Bodenbedeckung und günstigen Fruchtfolgen wird die Kleinlebewesenwelt dermaßen unterstützt, daß der Boden weich und luftig bleibt. Selbstverständlich darf auf den lockeren Beeten nicht herumgetrampelt werden. Im Frühling braucht man dann nur den Mulch wegzurechen und findet den Boden schon so locker, daß man direkt säen und pflanzen kann. Wenn man Gründüngung eingraben muß, ist das etwas komplizierter, aber im Prinzip ähnlich, als wenn man Kompost flach hineinbringt.

Als Folge dieser tiefgegrabenen Dauerbeete können die Kulturpflanzen schnell und ohne Hemmung in die Tiefen wachsen, dort genügend Sauerstoff für die Wurzelatmung sowie Wasser und Nährstoffe vorfinden. In einem lockeren, biologischen Boden verdunstet oder versickert das Wasser

Erde
Kompost
Graben ausheben
mit Grabforke lockern
nächste Sektion
halbfertiges Hügelbeet

nicht, weil es genügend Porenvolumen hat, während die Kohlensäure leicht nach oben entweichen kann, wo sie von den Blättern assimiliert werden kann.

Bei steinigen oder tonigen Böden kann das Herstellen der Tiefkulturbeete schwieriger sein. Bei neuem Gartenland, wie zum Beispiel bei alter Weide oder Brachland, kann man Schweine und Hühner zuerst das eingezäunte Areal durchwühlen lassen. Gartenbauvölker wie die Chimbu auf Neu Guinea lassen ihre großen Gärten vor der Brache noch einmal von diesen Tieren durchpflügen.[5] Der Boden wird gelockert und Schädlinge wie Engerlinge und Drahtwürmer werden vernichtet.

Bodenbedeckung (Mulch)

Im Winter sollte der Boden durch eine Mulchschicht oder durch Gründüngersaat bedeckt und geschützt sein. Jeder lebende Organismus hat eine Haut, warum nicht auch das Gartenbeet? Wenn man in die Natur schaut, so mulcht sich jeder Wald und jede Naturwiese über den Winter ein. Entgegen der Behauptungen einiger Theoretiker der biologisch-dynamischen Methode, wie Maria Thun, strahlen die kosmischen, formgebenden Kräfte in der kristallinen Winterzeit auch durch eine Mulchdecke hindurch. Die Erde braucht nicht extra durch Pflügen »chaotisiert« zu werden. Im Frühjahr findet der Gärtner unter der Mulchdecke, insofern sie noch vorhanden ist, eine hauchdünne, schwarze Humusschicht: das Arbeitsergebnis der Kleinlebewesen, die auch im Winter aktiv sind, wenn sie genügend geschützt sind.

Ausnahmsweise kann man besonders kalte und feuchte Böden über Winter gepflügt oder umgegraben liegen lassen. Im Frühling wärmt und trocknet die Sonne die Schollen dann um so schneller. Die Schollen dampfen dann richtig, wenn die Sonne darauf scheint.

Gründüngung

Im Spätsommer oder Frühherbst kann man in den abgeernteten Beeten ein Gründüngergemisch, das zur lebenden Winterbodenbedeckung wächst, aussäen. Eine ausgezeichnete Pflanzengemeinschaft bildet eine Getreideart (Roggen oder Hafer) zusammen mit einem Schmetterlingsblütler (Gelbe Lupine, Erbsen, Wicken, Inkarnatklee, Perserklee oder Serradelle). Die Samen der Leguminosen sollten mit Knollenbakteriensporen (Rhyzobien) geimpft werden, um die Zahl der stickstoffsammelnden Bakterienknollen an ihren Wurzeln zu erhöhen. Die Sporen für dieses Saatbad kann man in einem Gärtnereifachgeschäft zu geringen Kosten beziehen. Diese Saat durchwurzelt und lockert die Beete, verleiht dem Boden organische Masse, die dann, wenn sie abfrieren oder eingegraben sind, den Kleinlebewesen und Regenwürmern als Nahrung dienen. Die Wurzelmassen wachsen, solange die Tage nicht kalt sind. Auf diese Weise wird dem Boden Sonnenenergie einverleibt, die sonst nicht genutzt würde. Im Frühling kann die Gründüngung eingegraben werden, und sechs Wochen später sind die Reste genügend verdaut, so daß man Setzlinge pflanzen kann. Man kann auch die Masse abmähen und kompostieren und eventuell die gröberen Wurzeln herausharken und auch kompostieren.

Bodenwasser und Bodenluft

Ein auf diese Weise ökologisch behandelter Boden besteht aus 45 Prozent Mineralstoffen (Sand, Lehm, usw.), 5 Prozent organischer Substanz (Humus), 25 Prozent Wasser und 25 Prozent Luft. Wie alle lebenden Wesen brauchen die Wurzeln und Bodentiere Sauerstoff zum Atmen. In verkrusteten, vermineralisierten Böden sind wenig Lufträume, und diese sind mit Kohlensäure derart gesättigt, daß die Pflanzen im Wachstum stocken. Wir werden sehen, daß gerade dann die Schädlinge zum Problem werden, wenn die Pflanzen nicht zügig durchwachsen können und dadurch der ätherische Fluß des Wachstums ins Stocken gerät.

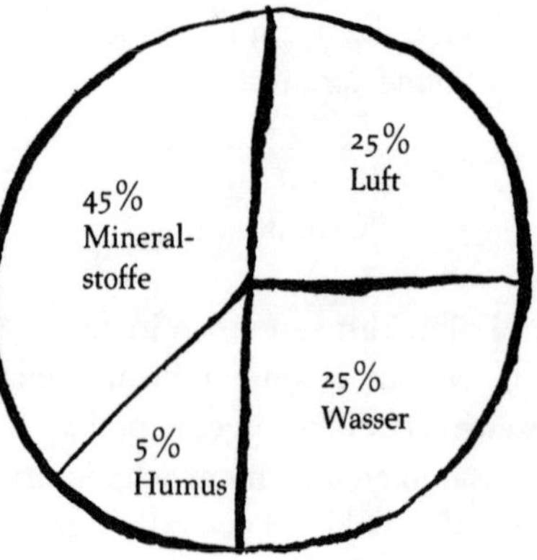

Ein guter Humusboden trocknet nicht leicht aus, da die Ton-Humuskolloide das Wasser wie ein Schwamm entgegen der Schwerkraft festhalten (Haftwasser). Bei Mineralböden fließt das Wasser als Sickerwasser weg und nimmt möglicherweise noch die gelösten Basen mit. In Dürreperioden kann man ohne weiteres die grünen Felder mit organischen Böden von den verwelkten, kümmerlichen Feldern der Kunstdüngerbenutzer unterscheiden.

In diesem Abschnitt haben wir versucht, den Boden, der ja ein wichtiges Organ des Erdenorganismus ist, von der naturwissenschaftlichen Seite her zu beleuchten. Wir haben gesehen, daß das mineralische Substrat eine Art prima materia darstellt, das von den ätherischen Kräften der Pflanzenwelt zu seinen Zwecken geformt und gebildet wird, und wie es weiter von den Bodenlebewesen, den Käfern und Regenwürmern sowie von den Misten der höheren Tiere astralisiert wird. Wir werden sehen, wie die makrokosmischen Rhythmen der Sternenwelt ordnend und regulierend eingreifen. Man erlebt so ganz konkret, wie der Weltenäther, die Weltenseele und der Weltengeist makrokosmisch in der Natur wirken. Der Gärtnermeister individualisiert und lenkt diese Vorgänge im Mikrokosmos Garten.

IX Nährstoffe und Düngersubstanzen

Es wird dem Jonglieren der einzelnen Nährstoffmineralien heutzutage soviel Wichtigkeit beigemessen, daß man darüber fast vergessen könnte, daß es auch andere Aspekte des Gartenbaus gibt. Man hat die Wurzeln dieser Faszination in dem im 19. Jahrhundert aufkommenden materialistischen Dogma zu suchen. Damals stellte die Mineralstofftheorie des Justus von Liebig die Erkenntnisse A. Thaers über die Bedeutsamkeit des Humus und des Leguminosenzwischenanbaus in den Schatten.

Bei seiner Analyse veraschte Liebig Kulturpflanzen und wog ganz genau die in der Asche enthaltenen chemischen Elemente. Dann errechnete der scharfsinnige Chemiker, wieviel von den betreffenden Elementen dem Boden Jahr für Jahr entzogen werden, wenn die Ernte abgetragen wird. Er kam zu dem logischen Schluß, daß nach einer gewissen Zeit der Boden verarmen müsse und daß dann die landwirtschaftlichen Erträge fallen würden und die Menschenmassen verhungern müßten. Wenn man diese in der Asche enthaltenen Pflanzenbausteine, den Stickstoff, die Pottasche und das Kalium in irgendeiner Weise dem Boden wieder zufügen könnte, dann wäre das Problem gelöst. Bald darauf wurden auch Kunstdüngerfabriken gebaut, besonders in England, dem fortschrittlichsten Land der Welt, und man versuchte, die Bauern und Gärtner zu Kunden zu machen.

Liebigs Gleichung hat für den Agronomen des 20. Jahrhunderts immer noch Gültigkeit. Von einer wissenssoziologischen Perspektive aus gesehen kommt einem jedoch der Verdacht, daß eine Gesellschaft, die unter dem Bann des zweiten Hauptsatzes der Thermodynamik (Entropiesatz) steht und die auf nicht-erneuerungsfähige fossile Energie wie Kohle und Öl baut, ihre Ängste auch in den Bereich der Landwirtschaft hineinprojiziert. Eigentlich sollte jedoch die Landwirtschaft ein Bereich der Urproduktion sein: sie beruht auf unbegrenzter Sonnenenergie!

In Anschluß an die These der mineralstofflichen Ernährung der Pflanze formulierte Liebig das *Gesetz des Minimums*: Von den essentiellen Nährstoffen bedingt derjenige das Ausmaß der Entwicklung, der vergleichsweise in der geringsten Menge verfügbar ist. Der Ernteertrag ist davon abhängig, daß alle Hauptnährstoffe genügend im Boden vertreten sind. Ist ein Nährstoff in einer zu knappen Menge vorhanden, dann nützt es nichts, daß die anderen Stoffe reichlich vorhanden sind. Ein bekanntes Bild dafür ist das des Fasses, dessen Dauben die Nährstoffe darstellen. Sind einige Dauben gebrochen, dann kann das Faß nur soviel Wasser halten beziehungsweise Ertrag liefern, wie die kürzeste Daube hoch ist.[1]

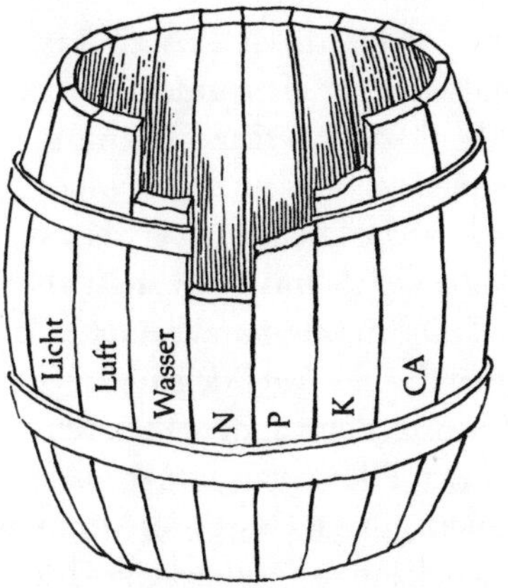

Liebigs Faß: Gesetz des Minimums.

Julius Sachs und W. Knop verfeinerten die Liebig'sche Analyse, indem sie die Pflanzen in Wasserkulturen zogen, in die Nährstoffe in exakt gemessener Dosierung gegeben wurden und in denen die charakteristischen Symptome der Mangelerscheinungen festgestellt werden konnten. Es zeigt sich, daß die Elemente am untersten Ende des Periodensystems (C, O, H, N, P, S, K, Ca, Mg) für das Gedeihen der Pflanzen lebenswichtig sind. Man war überzeugt, daß die übrigen Elemente die Pflanzen gar nichts angingen. Aber im Laufe der Zeit stellte sich in diesen Untersuchungen, die bis in die heutige Zeit fortgeführt werden, heraus, daß Spuren weiterer Elemente von den Pflanzen gebraucht werden. Wegen unzureichender Reinheit der Nährlösungen war früheren Forschern deren Vorkommen entgangen. Diese *Spurenelemente* (Fe, Mn, Cu, Zn, B, Mo, Na, usw.) müssen in den winzigsten Mengen vorhanden sein. Die Zahl der anerkannten Spurenelemente wird mit der Zeit immer größer. Vor kurzem wurde zum Beispiel entdeckt, daß Tomaten Spuren von Silizium brauchen. Zur Zeit steht fest, daß sechzig der neunzig natürlich vorkommenden Elemente in den Pflanzen zu finden sind, man weiß aber nicht, ob sie alle unentbehrlich sind. Die Sachlage wird dadurch kompliziert, daß jede Pflanzenart ihre eigenen Ansprüche hat. Die

Forschung geht weiter; es sollte nicht verwundern, wenn sich herausstellt, daß alle Elemente unentbehrlich sind.[2] Dieses eifrige Unterscheiden zwischen wesentlichen und unwesentlichen Elementen hat sein Gegenbild in der darwinistischen Biologie, die wesentliche und rudimentäre Organe in den Menschenleibern unterschied. An rudimentären Organen, Überbleibsel früherer evolutionärer Phasen, zählte man 187 (Fußzehen, Mandeln, Weisheitszähne, Blinddarm usw.). Noch in den fünfziger Jahren war freitags »Mandeltag« in den Krankenhäusern der USA, ein Tag, an dem den Kindern die Mandeln vorbeugend wegoperiert wurden. Verheerender äußerte sich derselbe Geist in der Ethnologie, wo man die primitivsten Völker als entwicklungsunfähige Überbleibsel betrachtete.

Die primitive materialistische Einstellung erweist sich als immer brüchiger. Sogar Liebig, der »Vater der chemischen Landwirtschaft«, hatte eingesehen, daß sein Faßbeispiel nur im Labor und bei toten, mineralischen Böden zutrifft. Er warnt in seinen *Chemischen Briefen* (1859) sogar vor einer einseitigen Anwendung der Theorie, denn andere Faktoren, wie Humus, Lichtintensität, Temperatur, Wasser, Pflanzenart und so weiter spielen eine wichtige Rolle. Nur ganz allgemein gilt das Gesetz des Minimums, denn wenn alle anderen Faktoren stimmen, kann der Mangel eines Nährstoffes besser überbrückt werden. Teilweise kann Kali durch Sodium, Kalk durch Strontium, Molybdän durch Vanadin, Chlor durch Brom usw. ersetzt werden. Wenn genügend Stickstoff da ist, werden auch Phosphate und Sulphate besser aufgenommen. Mit anderen Worten: Wir haben es mit anpassungsfähigen Ätherwesen, nicht mit mechanischen Systemen zu tun.

Die heutige Landwirtschaft ist zu einer Differentialrechnung mit verwikkelten Düngermischformeln, Bodentests, Tabellen für Nährstofferfordernisse der einzelnen Arten, Tabellen für Applikationstermine, Mischtabellen für die vielen verträglichen und unverträglichen Düngersalze und anderen Schikanen geworden. Mit den Insektiziden, Herbiziden und Fungiziden, deren Anwendung sich als notwendig ergibt, wenn man schon einmal mit Kunstdünger anfängt, ist es ein ähnliches Lavieren. Der einfache Gärtner ist meistens von dieser scheinwissenschaftlichen, pseudo-kabbalistischen Numerologie beeindruckt. Ein alter Nachbar beteuerte zum Beispiel stolz, daß er seit Jahren 16-16-16 (NPK) in seinem Garten gebrauche.

Diese Pseudo-Kabbalistik ist nicht nur kompliziert, sondern hat auch unangenehme Folgen. So lassen die meisten NPK-Salze die Böden versauern. Wenn man mit Kalken nachhelfen will, läuft man Gefahr, Spurenelemente wie Eisen, Mangan, Bor, Kupfer oder Zink, die die Pflanzen zur Enzymbildung brauchen, festzulegen und den Salmiakgeist (Ammoniak) zu vertreiben. Überdüngung mit leichtlöslichem Stickstoff treibt die Blattbildung voran, läßt aber die Wurzeln, Frucht und Samen kümmerlich entwickeln. Man hat dann herrlich grünes Kartoffelkraut, aber kleine Murmeln als Knollen. Man läuft zudem Gefahr, das Bodenwasser zu verseuchen. Der überschüssige Stickstoff wird von den Pflanzen schlecht verwertet und bleibt als Nitritrückstand in den Blättern, die dann für Menschen als Nahrung schädlich sind; man denke an Nitritvergiftung bei Säuglingen durch Spinatgenuß.

Ammoniumsulphat bildet im Boden Schwefelsäure, die Regenwürmer, Mikroorganismen sowie keimende Samen schädigt. Auch synthetischer Harnstoff tut das. Kalk- und Natronsalpeter klumpen zusammen. Superphosphat bindet Eisen zu festem Eisenphosphat und fixiert Kalk und Aluminium auf ähnliche Weise. Kalidüngesalz versalzt den Boden und macht ihn hart. Düngermischen ist ein weiteres Problem: Superphosphate lassen sich nicht mit Nitraten und Chloriden mischen; Kalksalpeter und Harnstoff vertragen sich nicht usw. usw.[3]

Die Pseudo-Kabbalistik der Agrarchemie.

1	2	3	4	5	6	7	8	9	10	11	12	13		
	/		/			/	/	/					1	Natronsalpeter
/		/	/	/	/	X	/	X	/	/	/	/	2	Kalksalpeter
	/					X	X		X	/		/	3	Ammonsulfatsalpeter
/	/					X	X	/	X	/	/	/	4	Kalkammonsalpeter
	/					X	X		X	/			5	Kaliammonsalpeter
	/					/	X		X	/			6	Ammoniumsulfat
/	X	X	X	X	/			X				/	7	Harnstoff
/	/	X	X	X	X			X				/	8	Kalkstickstoff
/	X		/			X	X		X	X			9	Superphosphat
	/	X	X	X	X			X					10	Thomasphosphat
	/	/	/	/	/			X					11	Alkaliphosphat
	/		/										12	Mg-Posphat, Kaliumsulfat
	/	/	/			/	/						13	Kainit, Kalidüngesalz

☐ = mischbar   [/] = halbmischbar   [X] = nicht mischbar

Es ist bei dieser Sachlage kein Wunder, daß man ein Hochschuldiplom haben muß, wenn man Gärtner werden will. Für den Labortechniker mag das alles interessant sein, für den biologischen Gärtner aber ist es unwesentlich, eine Vergeudung kostbarer Zeit. Die Bodenbakterien im Humus, die

Regenwürmer, Komposte und Unkräuter sind hier zur Stelle als die von der Weisheit des Makrokosmos geleiteten Chemiker.

Wenn man schon Chemikalien anwendet, dann sollte man es so tun, wie die Natur es selber tun würde. Natürlich braucht man auch kein fanatischer Feind gegenüber Kunstdüngersalzen zu sein. Schon Sir Albert Howard hat von »suitable artificials« (angemessene Kunstdünger) gesprochen. Man muß nur genau wissen, was man tut. Langsam verrottendes Sägemehl kann mit Harnstoff, der den nötigen Stickstoff für die zellulosezersetzenden Mikroorganismen hergibt, angeregt werden. In Guatemala hat die Clinico Bernhorst die armen, ausgezehrten Böden der Hochlandindianer mit einer Kombination aus Leguminosensaat, Kali und Thomasmehl wieder fruchtbar gemacht.

Wie man es auch anfaßt, die Hauptsache ist, daß man den Boden verlebendigt und daß sich das in der Gesundheit der Pflanzen und Tiere zeigt. Ebenso wie man unter Umständen Kunstdünger sachlich benutzen kann, so kann man auch nicht unbesonnen jeden biologischen Dünger ohne weiteres nehmen. Mist von Maststationen, wo die Tiere unglücklich, krank und noch mit Antibiotika behandelt worden sind, oder Hühnermist von einem Hühner-KZ, der obendrein noch mit Pestiziden bestäubt wird, eignet sich wenig zur Kompostierung, da durch die Antibiotika und Pestizide die Bakterien gar keine günstigen Verrottungsprozesse einleiten können. Auch bei Klärschlamm und Müllkomposten von großen Städten ist Vorsicht geboten, da oft eine Anhäufung schädlicher Substanzen, zum Beispiel von Schwermetallen (Co, Cu, Zn, Mg, Cd, Pb, Hg, As, Mo, usw.) vorliegt.

Wenn man den Garten oder den Hof als einen Mikrokosmos betrachtet, als »Individualität«, dann empfindet man, wie absurd das Herbeischleppen von Düngemitteln überhaupt ist. Nach Steiners Ansicht sollten die biologischen Dünger, Miste und Komposte innerhalb der Stoffkreisläufe der landwirtschaftlichen Individualität entstehen, und nur die Sonnenenergie, der Regen und die durch biologische Aktivität aufgeschlüsselten Elemente vom Gestein von außen in die Kreisläufe hereinkommen. Das Einführenmüssen von Düngern ist ein Zeichen, daß der Betriebsorganismus nicht gesund ist. Darauf kommt es schließlich an, daß man beim Düngen auf die besonderen, eigentümlichen Ansprüche des individuellen Gartenökotops aufmerksam wird, auf das spezifische Klima, den Boden und die Jahreszeiten. Man kann da nicht nach einer abstrakten Düngetabelle vorgehen.

Die stoffliche Zusammensetzung der Pflanzen

Der holländische Chemiker Van Helmont (1577 bis 1644) stellte einen nun klassisch gewordenen Versuch über die Pflanzenernährung an. In einem mit 200 Pfund Erde gefüllten Bottich pflanzte der einen Weidenschößling. Er gab diesem nur Wasser. Nach fünf Jahren war der Schößling zu einem 169 Pfund schweren Bäumchen geworden. Als Van Helmont die Erde im Bottich wog, war er erstaunt festzustellen, daß diese immer noch 200 Pfund wog; sie hatte nur 62 Gramm Gewichtsverlust erlitten. Die Frage, die sich dem Chemiker stellte, war: Woher kommt die Pflanzenmasse, wenn nicht vom Boden?

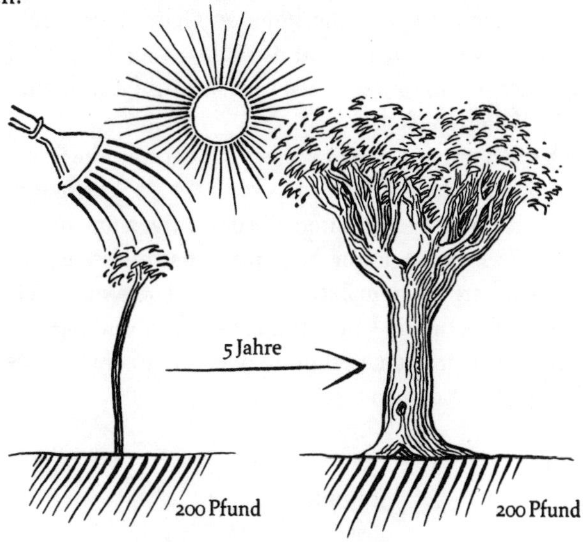

von Helmonts Experiment.

Man staunt heutzutage immer noch, wenn man bedenkt, daß sich bis zu 98 Prozent der Pflanzensubstanz aus Luft (CO_2) und Wasser (H_2O) bildet und nur eine verschwindend kleine Menge vom Boden selbst kommt (N, P, K, Ca, usw.). Die Pflanze spiegelt nicht einfach die Zusammensetzung der Bodenmineralien wider, die in der Reihenfolge Sauerstoff, Silizium, Aluminium usw. am häufigsten vertreten sind. In der lebendigen Pflanze kommen an erster Stelle Kohlenstoff, Sauerstoff und Wasserstoff vor. In viel geringeren Mengen folgen Stickstoff, Kalium, Kalk, Magnesium, Phosphor, Kiesel und noch bis zu sechzig andere in dieser Reihenfolge. Die ätherischen Bildekräfte, die den Pflanzen zugrundeliegen, selektieren die Baumaterialien, um sich die artgemäßen Gestalten aufzubauen.

Die Hauptelemente und ihre Funktion im Pflanzenwachstum

Man kann die mineralischen Bausteine des Pflanzenwachstums als Anker auffassen, durch die die übersinnlichen Kräfte und Wesenheiten hier auf unserer Erde ihre weisheitsvollen Werke ausführen können. Aus einem Haufen Bausteinen und Holzlatten wird jedoch noch lange kein Haus. Es braucht die Arbeiter, die Maurer und Schreiner, die die Stoffe zusammenfügen. In der Natur sind dies die Elementarwesen. Aber die Arbeiter müssen auch nach einem Plan, den die Architekten und Techniker aufstellen, arbeiten können. Diese Architekten sind die astralen Wesenheiten, die Planetengötter. Ein Auftraggeber, der das Ganze haben will und auch finanziert, muß auch dabei sein, und das sind die höheren Geistwesen, die Archetypen. Auch wenn wir uns bis jetzt nur mit den Bausteinen befaßt haben, wollen wir nicht vergessen, daß hinter ihnen übersinnliche Kräfte und Wesenheiten essentielle Rollen spielen.

Aber auch die Bausteine, die Stoffe, sind nicht nur tote Stoffe. Sie haben auch übersinnliche Dimensionen. Man kann sie als Schriftzeichen oder als die äußere Schale hoher Wesenheiten, die das Universum durchwirken, auffassen. Rudolf Steiner hat unser begrenztes naturwissenschaftliches Verständnis der Elemente mit dem Betrachten eines Fotos von einer Person verglichen.[4] Eine Photographie kann studiert werden und sagt auch viel aus, aber wie viel mehr würde man erfahren, wenn man die lebende Person sehen oder gar mit ihr reden könnte!

Kohlenstoff (C)

Kohlenstoff wird von Steiner als der »schwarze Kerl« vorgestellt, der überall, wo er in der organischen Natur auftaucht, gestalt- und formgebend wirkt. Die Pflanze trennt den Kohlenstoff durch die Sonnenkraft vom Sauerstoff des Kohlendioxidmoleküls und baut den schwarzen Kerl, der gerne Ketten (C-C-C-C-C- . . .) bildet, in ihre Gestalt ein. Diese Kohlenstoffketten bilden die Pflanzenskelette, und an diese Ketten des vierwertigen Elements hängen sich dann die anderen Elemente, vorzüglich Sauerstoff und Wasserstoff. Wenn die Pflanze stirbt, verflüchtigen sich die anderen Elemente zum größten Teil, aber das Kohlenstoffskelett bleibt zurück.

In der mineralischen Welt sieht man die formgebende Kraft des Kohlenstoffes in der Gestalt des Diamanten. Tiere und Menschen würden in ihrer Leiblichkeit unbeweglich werden wie die Pflanzen, wenn sie den Kohlenstoff nicht immer wieder in der Atmung ausstoßen würden. Ihre feste Gestalt verdanken sie dem Kalziumphosphatskelett anstatt dem Kohlenstoffgerüst. Steiner macht jedoch darauf aufmerksam, daß der Kohlenstoff im Menschen die Möglichkeit gibt, Gedanken in Bilder, Formen und feste Begriffe zu fassen. Es sei auch ein Aspekt der Atemübung in der orientalischen Esoterik, den Kohlenstoff besonders lange im Körper zu behalten, wodurch der Yogi die Geistesbilder erfassen kann. Schließlich identifizierte Steiner auch den alchemistischen Stein der Weisen als das Wesen des Kohlenstoffs.

Der Gärtner kann die Kohlenstoffassimilation der Pflanzen unterstützen, indem er den Boden nicht verkrusten läßt, indem er entweder den Boden mulcht oder mit der Zieh- oder Pendelhacke die obere Kruste lockert. Wenn sich Kohlenstoff zu stark im Boden anreichert, erstarrt das Wachstum, und der Boden wird versäuert (Kohlensäure).

Sauerstoff (O^2)

Das Wesen des Sauerstoffs ist es, Lebensträger zu sein. Das geben auch die Technokraten zu, wenn ihre instrumentenbeladenen Roboter den Mond und die anderen Planeten nach Sauerstoff absuchen. In der Atmosphäre ist der Sauerstoff neutral, aber wenn er in den Organismus oder den Boden kommt, bewirkt er Lebensaktivität und Stoffwechsel. Er umwindet und umschlingt den Kohlenstoff, ohne den der Sauerstoff seine Lebensaktivität nicht entfalten könnte.

Der Gärtner macht sich die Sauerstoffkraft zunutze, indem er Tiefkulturbeete und Hügelbeete anlegt, die viel Luft in ihrer lockeren Erde enthalten. Ebenso wird der Kompost locker genug aufgeschichtet, damit die äroben Rottebakterien begünstigt werden.

Stickstoff (N^2)

Stickstoff ist der Träger des Empfindungsvermögens, der Sensitivität und der Bewegung. Der Stickstoff ist ein Ausdruck der Weltenseele, die zwischen den ätherischen Kräften und den Archetypen vermittelt. Als Element ist es der Anker der Astralität auf der Erde, der Seelenfunktion in Mensch und Tier. Bei der Pflanze, deren Kohlenhydrat-, Zellulose- und Ligningewebe relativ arm an Stickstoff ist, wirkt die Astralität durch Luft, Insekten und Tiermiste von außen ein.

Ähnlich wie der Sauerstoff ist der Stickstoff inaktiv, sozusagen »tot« in der Atmosphäre, wird aber im Boden und innerhalb der Organismen reaktiv. Durch den Stickstoff kann der Boden »fühlen« und »spüren«, was in der Atmosphäre, in der Biosphäre und im weiteren Kosmos vor sich geht. Der Gärtner beim Hacken und der stumme Bauer beim Pflügen empfinden, indem sie die frische Bodenluft einatmen, was der Stickstoff zu sagen hat; sie wissen dann intuitiv, also unter der Schwelle des bewußten Denkens, was für seinen Acker, für seine landwirtschaftliche Individualität das beste ist. Der Mikrokosmos Garten spricht so seine Wünsche aus.

In der praktischen Arbeit versorgt man die Pflanzen am besten mit Stickstoff, der dem lebendigen, organischen Bereich entnommen ist, nicht mit abgetöteten Stickstoffmineralsalzen. In Frage kommen kompostierte Miste von allen Haustieren, Federn, Hornmehl, Fischemulsion und der Stickstoff der Knöllchenbakterien der Leguminosen, die man in die Fruchtfolge einbaut. Ohne den riesigen Aufwand an Energie – es bedarf 6000 Kalorien und 500 kg Druck, um ein kg Stickstoff im Haber-Bosch-Verfahren herzustellen – und ohne hohe Temperaturen können diese Wurzelbakterien bis zu 200 kg Stickstoff pro Hektar erzeugen.[5]

Manchmal kommt auch der Freund des ackerbauenden Menschen, der Thor oder Donar, um im Gewitterregen den Boden mit einer Stickstoffgabe zu segnen.

Stickstoffmangel zeigt sich in dünnen, zähen Stengeln und gelben Blättern, die bald abfallen. Die schmächtigen Pflänzchen auf Hungerwiesen, die sehr früh blühen und Samen machen, sind charakteristisch für das Fehlen dieses Stoffes. Ein Zuviel an Stickstoff läßt die Pflanzen geil und tiefgrün ins Blatt wachsen und zieht Blattläuse und andere Schädlinge nach sich, die den Überschuß von den Pflanzen absaugen wollen.

Phosphor (P)

Als reines Element leuchtet Phosphor im Dunklen, und es bedarf wenig, um ihn in hellen Flammen auflodern zu lassen. Phosphor (gr. *phos phoros* = Lichtträger) hat die Aufgabe, himmlisches Licht in die Erdenschwere hineinzutragen. Diese Aufgabe kann man nachempfinden, wenn man weiß, was für eine Rolle er in der Blüten- und Fruchtentwicklung und im Zuckerstoffwechsel spielt. Wenn es im Garten an Phosphor mangelt, zeigt es sich in den Pflanzen an purpurrötlichen Stengeln und Blattvenen (Anthrozyanbildung), an gehemmtem Wachstum und der Verzögerung von Blüte und Reife. Beim

Gewittergott spendet Stickstoff.

Mais werden die Körner in den Kolben unregelmäßig und bei Tomaten die Unterseite der Blätter purpurn. Wenn diese Mangelerscheinungen auftreten, dann helfen besonders vergorene Hühner- und andere Geflügelmiste. Lupine und Wicke als Gründüngerpflanzen sammeln Phosphor. Ausgekochte Suppenknochen oder Hundeknochen, die verbrannt und dann zu Staub zermalmt werden, geben diesen Stoff her. Gemahlenes Phosphatgestein und Thomasschlacke sind weitere Quellen.

Eine Geschichte mit dem Übertitel »Who ate Roger Williams?«[6], die vor vielen Jahren in der Tageszeitung von Hartford (Connecticut) erschien, gibt uns ein klares Beispiel vom Phosphorkreislauf in der Natur. Es wird erzählt, wie die Stadtväter nach der Grabstätte von Roger Williams, dem Gründer der Kolonie von Rhode Island (1636), suchen, um ihm ein Denkmal an der Stelle zu errichten. Man findet auch das Grab, findet aber nur noch ein paar verrostete Nägel, Hacken, einen Zopf und eine Spur verkohltes Holz. Neben dem Grab wächst ein alter Apfelbaum, der eine seiner Hauptwurzeln durch den Sarg gestoßen hatte. Die Wurzel macht eine Drehung, wo einst der Schädel des Koloniegründers war, wächst das Rückgrat entlang, teilt sich in zwei Gabeln unter dem Becken und wächst bis zu den Fersen, wo die Wurzeln eine rechtwinkelige Biegung nach oben machen, wo einst die Zehen waren. Eine Wurzel macht sogar einen kleinen Knick, wo das Knie war. Die äußere Gestalt des edlen Pioniers war zu Holz verwandelt worden; der Phosphorgehalt seiner Gebeine hat sicherlich Jahr für Jahr gute Apfelernten ermöglicht. Deshalb ist die Überschrift des Zeitungsartikels: »Wer hat Roger Williams gegessen?« gar nicht so unpassend.

Silizium (Si)

Silizium ist kein reaktionsfreudiges Element. Eben deshalb wird es von Steiner als ein erhabener Edelmann beschrieben, und deshalb wird ihm auch nicht viel Bedeutung in der gemeinen Agrarwissenschaft beigemessen. Als Quarz, woraus 48 Prozent der Erdrinde besteht, ist Silizium inaktiv, aber in Pflanzen, besonders in Getreiden und Gräsern, ist die Kieselsäure ($H_4Si O$) biologisch aktiv. Getreide, wenn es gut mit Kiesel versorgt ist, legt sich nicht so leicht um im Sturm und ist für Pilzsporen und Kauwerkzeuge der Insekten weniger empfänglich. Kunstdüngeranwendung vermindert den Siliziumgehalt. Im Aschengehalt des Getreides ist eine Abnahme von 30 Prozent Silizium seit den ersten Messungen vor neunzig Jahren zu verzeichnen. Zur gleichen Zeit hat man festgestellt, daß die Backqualität und Haltbarkeit des Mehles sich verschlechtert hat und daß norddeutsche Strohdächer, die früher ungefähr dreißig Jahre hielten, jetzt nur noch höchstens fünfzehn Jahre halten, ehe sie der Erneuerung bedürfen.[7]

Die Biodynamiker sagen, daß Kiesel die Licht- und Wärmekräfte und die Einflüsse der obersonnigen Planeten (Mars, Jupiter und Saturn) vermittelt und verstärkt und dadurch Qualität, Aroma und Geschmack fördert. Man kann auch beobachten, daß Brombeeren, die an staubigen Wegen wachsen, süßer schmecken als andere. Um die qualitäts- und reifefördernde Wirkung des Kiesels nutzbar zu machen, stellt man das *Hornkieselpräparat*, das wir später besprechen werden, in der biologisch-dynamischen Landwirtschaft her. Einige wissenschaftliche Untersuchungen deuten an, daß mit dem Quarzpräparat behandelte Pflanzen die Licht- und Wärmewirkungen verstärkt zum Ausdruck bringen, wogegen mit Stickstoff überdüngte Pflanzen unter denselben Umständen die Charakteristiken einer Pflanze, die an feuchten, schattigen Orten wächst, zeigen.[8]

Eine zweiprozentige Wasserglaslösung oder der Tee des kieselhaltigen Schachtelhalmes (Equisetum arvense) wirken auch gegen Blattläuse und Mehltau, die als Zeichen einer durch Kälte, Feuchtigkeit oder Stickstoffüberdüngung verursachten Unausgeglichenheit im Wachstum auftreten. Es gibt noch alte Gärtner, die den Möhren Quarzsand mit in die Saatrillen streuen. Sie vermitteln diesen Doldenblütlern dadurch die licht- und wärmeätherischen Kräfte, die eine süße, würzige Pfahlwurzel entstehen lassen.

Kalzium (Ca)

Kalk bildet einen dialektischen Gegenpol zum Kiesel. Kiesel hat etwas Trockenes, Strahlendes an sich: es kommen einem die lichtdurchlässigen, sechskantigen Bergkristalle in den Sinn. Auch die sechseckigen Facetten der Insektenaugen, die hexagonalen Zellen der Waben der licht- und wärmeliebenden Bienen und die Honigkristalle tragen die Signatur dieses Stoffes. Die Verwandtschaft zum Licht zeigt sich darin, daß die Augen, die Haare und die schimmernden Federkleider der Vögel Kiesel ansammeln und daß Silikon zur Herstellung von Photozellen und Transistoren benutzt wird. Das Strahlende kommt in den Formen der Kieselalgen, der Strahlentierchen (Radiolaria), dem Schachtelhalm und den Spelzen der Getreide zum Ausdruck.

Im Gegensatz zu dem trockenen, strahlenden Kiesel empfindet man den Kalk als »saugend« und zum Feuchten tendierend. Während man Kiesel an der Peripherie der Organismen findet, in Sinnesorganen, Haut und Haarkleid, ist der Kalk im Organismus in den Knochen vorhanden, und im Stoffwechsel ist er äußerst aktiv. Diese Reaktionsfreudigkeit kann man als »saugend« bezeichnen, im Gegensatz zum Ausstrahlen des Kiesels. Die Lochschalentierchen (Forminifera), deren winzige Kalkschalen sich in Urzeiten zu unseren Kalkgebirgen formten, sind rund oder schneckenförmig gebaut und lassen das strahlige der Radiolarien vermissen. Die kalkigen Sedimentgesteine haben sich im Wasser geformt, im Gegensatz zu den im Feuer auskristallisierten Quarz-Urgesteinen. Auch Feuerstein, obwohl er sich in den Meeren aus Kieselgallerten formte, läßt noch seine feurige Signatur erkennen, wenn man mit Eisen einen Funken herausschlägt.

Während Kiesel mit den obersonnigen Planeten, mit der unwägbaren Qualität des Lichtes und der Wärme zu tun hat, vermittelt Kalk die Wirkungen der untersonnigen Planeten (Mond, Merkur und Venus), hat mit der wägbaren Quantität zu tun und ist höchst reaktiv im biologischen Ablauf und Stoffwechsel. Kalk lockert schwere Tonböden, flockt sie aus und verbessert die Anbaumöglichkeiten. Kalk neutralisiert überschüssige Säure im Boden oder im Organismus. In den Zellen gleicht er die von Kali und Natrium verursachte Zähflüssigkeit aus. In den Komposten unterstützt Kalk die zelluloseverdauenden Organismen und im Acker die stickstoffbindenden Knöllchenbakterien der Schmetterlingsblütler.

Natürlich muß man mit diesem »Hitzkopf« umzugehen wissen, damit man nicht überkalkt, denn er schlägt die Spurenelemente in Fesseln und vertreibt den Salmiakgeist. Kalk macht reiche Väter und arme Söhne, mahnt die Bauernregel. Am besten eignen sich die langsam reagierenden Kalksteinmehle, Algenmehl und Kalkmergel, wenn man kalken will. Es ist auch immer besser, den Kalk über den Kompost an den Boden zu bringen, anstatt ihn direkt aufzustäuben. *Dolomitmehl* ist eines der besten Kalksteinmehle, denn es enthält *Magnesium* (Mg). Jede Pflanze braucht Magnesium, da dieses Element ein wichtiger Baustein des Blattgrüns und Aktivator zahlreicher enzymatischer Prozesse ist. Besonders sandigen und torfigen Böden mangelt es oft an Magnesium.

Gips (Calciumsulphat) ist auch eine Kalkquelle, die aber wegen ihres Schwefelgehalts zu einer Versäuerung des Kompostes oder Bodens führt und die Pilze gegenüber den zelluloseverdauenden Rottebakterien fördert. In trockenen, alkalischen Böden, wie man sie in den regenarmen mediterranen Klimazonen wie in Kalifornien oder Spanien findet, ist diese versäuernde Tendenz des Gipses erwünscht. Die Schwefelsäure, die sich aus dem dissoziierenden Kalksulphat ergibt, neutralisiert zum Teil die überschüssigen Basen dieser Verdunstungsböden. An und für sich braucht man sich um *Schwe-*

fel, der zum Vitaminaufbau und zur Synthese einiger Aminosäuren unerläßlich ist, nicht zu sorgen, denn im Regen der Industrieländer wird genug Schwefel in den Boden gewaschen. Auch der Schwefel hat mit dem Wärmeelement zu tun; man denke an die Senföle in den Kreuzblütlern und die Lauchöle in Zwiebeln und Knoblauch, die es diesen Pflanzen ermöglichen, kalte Witterung zu überstehen.

Kalium (K)

Kalium, auch Pottasche genannt, ist ein naher Verwandter des Kalks und wird von den Pflanzen genutzt, um Stengel und Wurzeln aufzubauen. Wenn Pottasche fehlt, sehen die Pflanzen schlaff aus, und an den Blättern bilden sich tote Randstreifen (Nekrosen). Bei Kalimangel sind die Früchte weich und werden ungleichmäßig reif, Karottenblätter kräuseln, Rote Beete formen sich zu Zapfen, Wurzelgemüse wird Nematodenanfällig und die Maiskolben verhunzen. Mit Steinmehl (Granitstaub), Holzasche von Harthölzern (Eiche, Buche, Esche usw.), kompostiertem Schweinemist, Seetang, Farnkraut, Wicke und Luzerne als Mulch oder im Kompost gleicht man den Mangel wieder aus.

Spurenelemente

Der biologische Gärtner braucht sich nicht um die Spurenelemente zu kümmern. Die Luft (wegen der industriellen Abgase), der Regen und das Bodenwasser tragen diese in kleinsten Mengen gebrauchten Stoffe mit sich. Nur in den seltensten Fällen ist mit Spurenelementedüngung geholfen, wie zum Beispiel in Australien, wo tausende Hektar Land durch eine geringfügige Molybdängabe fruchtbar gemacht wurden. Meistens jedoch vergiftet man den Boden und reichert diese raren Elemente ungünstig an. Das herbstliche Fallaub der Bäume enthält oft Spurenelemente und andere Mineralien, die die mächtigen Baumwurzeln aus den Tiefen heraufpumpen. Ein solcher Blätterkompost, dem vielleicht noch Fischemulsion, Fischmehl, Seetang oder Holzasche beigemischt sind, sollte das Spurenelementeproblem ein für allemal lösen.

Kreislauf der Spurenelemente.

Bodenuntersuchungen

Bodenproben sind unzuverlässig, denn die Analysen schwanken stark mit der Jahreszeit und der biologischen Aktivität der Pflanzen, da die Stoffe im ständigen Wechsel gebunden und entbunden werden.[9] Man soll nicht gutes Geld für solche Spielereien ausgeben. Die Hauptsache ist, daß der Boden lebendig ist, daß die Kleinlebewesen Chelate herstellen können, daß Tiermiste, Leguminosengründüngung und vielleicht auch Gesteinsmehl in den Boden gebracht werden. Jeder Garten ist ein kleines Ökosystem mit internen Kreisläufen und rhythmischen Schwankungen, für die ein Bodentest ein viel zu grobes Maß darstellt.

Wenn man schon Untersuchungen anstellen will, kann man mit der Gartenkresse (Lepidium sativum) Wachstumsvergleiche anstellen. Man füllt Gartenhumus, Sand, Kompost, Torf und was man eben untersuchen will, jeweils in Töpfe, besät diese mit zehn Kressesamen von der gleichen Mutterpflanze und hält alle Faktoren wie Licht, Temperatur, Wasser usw. konstant. Dann vergleicht man die Wachstumsgesten der Kresse in ihren verschiedenen Medien. Es kommt auf die »anschauende Urteilskraft« des Beobachters an, welche Kriterien er zum Vergleich anwenden wird. Er kann die Keimfreudigkeit, die Länge zwischen den Knoten, die Blattformen und -deformationen, die Maße der Blätter und Wurzeln, die Färbung und vieles mehr noch berücksichtigen. Durch diese Analyse bekommt er ein gutes Bild der Wachstumskräfte, die im Medium enthalten sind.

X Kosmische Einflüsse

Zu Großvaters Zeiten glaubte man, daß die Bewegungen der Körper in den unendlichen Räumen des Kosmos kaum Einfluß auf den Erdplaneten haben können. Wie sollte auch irgend etwas durch einen Leerraum, ein absolutes Vakuum, hindurchgehen können? Heutzutage, nachdem Einstein die Idee des gekrümmten Raumes formuliert und man mit Radioteleskopie, Spektralanalysen und sogar mit künstlichen Satelliten das Weltall erforscht hat, ist man immer noch in einem materialistischen Weltbild befangen. Man sieht die Erde entweder als ein hermetisch versiegeltes Raumschiff, das durch einen endlosen Raum zufällig irgendwohin rast und dessen Life-Support-System sich in einem Krisenzustand befindet (Buckminister Fuller), oder man rechnet sich aus, daß irgendwoanders im Weltall protoplasmisches Leben entstanden sein könnte, denn die mathematische Wahrscheinlichkeit besteht, daß sich eine ähnliche Sonne mit einem ähnlichen Planetensystem in irgendeiner der zahllosen Galaxien befinden könnte. Bis jetzt hat man noch keine höheren Lebensformen entdecken können, ja nicht einmal das primitivste extraterrestrische Leben. Die Sporen und der Pollenstaub in der Stratosphäre stammen ausschließlich von der Erde selbst. Man gesteht jedoch ein, daß kosmische Strahlen (Gammastrahlen, Photonen, kosmischer Staub) und Gravitationswirkungen Einfluß auf das irdische Geschehen ausüben.

In allen Fällen hat man das Verständnis dafür verloren, daß die Erde ein geistiger Mittelpunkt sein kann, daß Götter auf- und niedersteigen und ihre Werke verrichten, daß sogar der Schöpfergott sich selber als Mikrokosmos auf der Erde inkarniert hat.

Für die Naturvölker und die primitiven Pflanzer bestand da überhaupt keine Frage, denn Besucher von den Sternen erschienen ihnen in der Traumzeit, in Trance, und tanzten mit ihnen ihre Tänze. Hat denn noch niemand die Lemuren, die Vollmondstrahlen, heruntersteigen sehen? Ist nicht der Morgenstern Quetzalcoatl auf den Straßen Mexicos als Mensch gewandelt? Besuchen die Schamanen nicht die Häuser der Himmelsgötter?

Jedes ackerbauende Volk hat den Einfluß des himmlischen Firmaments auf Wetter, Jahreszeiten, Pflanzenwachstum sowie Tier- und Menschenverhalten bemerken können. In den alten Hochkulturen entband man deshalb auch die Begabtesten von den Aufgaben der Arbeit, des Krieges oder von Familienpflichten, damit sie unbehindert von Warten und Beobachtungstürmen aus die Sterne und Planeten beobachten konnten, damit sie ihre Bitten zu diesen Göttern emportragen und Kalender aufstellen konnten, die den Bauern sagten, wann die Äcker zu bestellen, die Jungbullen zu kastrieren oder die Kräuter zu sammeln sind. Wurde Sirius über dem Horizont vor Sonnenaufgang sichtbar, wurde dieser der Isis gehörende Stern mit einem Volksfest begrüßt. Man wußte im alten Ägypten, daß nun die Sommerflut, die den fruchtbaren Nilschlamm bringt, bald einsetzen würde. Noch heute halten sich Wanderfeldbauern, wie die Tukanos Brasiliens, an solche kosmischen Fingerzeige. Sie wissen: Wenn das Siebengestirn (Plejaden) kurz nach Sonnenuntergang untergeht, dann müssen die Cassavawurzeln gesteckt werden, denn die Regenzeit ist nicht mehr fern.

Die modernen Ethnologen fassen derartige Mythen und Rituale, die den vielen Sonnen-, Mond- und Himmelsgöttern der Primitiven gewidmet sind, nicht mehr einfach als prä-logische Wissenschaft oder als sozio-psychologische Projektion in die gleichgültige Natur auf, sondern als funktionelle Anpassung an ganz bestimmte Umweltfaktoren. Auch Gruppentänze wie die alten Bauerntänze oder Sonnenerneuerungstänze der Indianer sind das Mitschwingen und Nachvollziehen der Himmelskörper und ihrer Signaturen auf der Erde. Im Gegensatz dazu ist unser individualisiertes Disco-dancing Ausdruck eines von Maschinen und Elektronik beherrschten Bewußtseins.

Moderne Okkultisten und Astrologen, die gern den Realitäten der Welt entfliehen, um in weihrauchgeschwängerten, mit Samt ausgeschlagenen Salons den Planetengöttern und astrologischen Einflüssen nachzugehen, kennen sich gewöhnlich am nächtlichen Sternenhimmel nicht aus. Dänikens Astronautengötter, die in supertechnologischen Raumschiffen unseren Planeten aufsuchen wie die Schiffe der Handelsgesellschaften einst die Gewürzinseln, sind tatsächlich Projektionen der Wünsche und Befürchtungen in den Raum oder bestenfalls imaginative Einkleidungen untersinnlicher und übersinnlicher Elementarwesenheiten[1] durch das Volksgemüt. Wir brauchen uns aber nicht in solche Schattenwelten zu begeben, denn es liegen genügend gesicherte Daten vor, so daß wir als Gärtner getrost nach dem Mond und den Zeichen pflanzen können.

An dieser Stelle müssen wir den Unterschied zwischen *Astrologie* und *Astronomie* klar herausstellen. Wenn die Astrologen ihre Horoskope erstellen, dann tun sie es nach dem Stand des Himmels, wie er vor zweitausend Jahren war, als die Sonne noch ihren Frühlingspunkt im Widder hatte. Die Astrologen blicken nicht in den Nachthimmel, sondern in alte, vergilbte Tabellen. Aber wir wollen es ihnen nicht nachtragen, denn zu der Zeit, vor zweitausend Jahren, wurde die Verinnerlichung des Firmaments im Mikrokosmos mit der Inkarnation des imago dei vollkommen. Seither geht der Mikroskosmos (Mensch) nicht mehr synchron mit dem Makrokosmos (Natur). Der wahre Astrologe, der kein Scharlatan ist, stellt die inneren Konstellationen im Mikrokosmos fest. Wir als Gärtner haben es aber mit Pflanzen, Tieren und Böden zu tun, die noch ganz im Makrokosmos stehen und vom äußeren Firmament ihre Impulse erhalten. Wir brauchen die Astronomie, die den tatsächlichen Stand der Himmelskörper ermittelt. Nur brauchen wir eine *geozentrische* Himmelskunde, die die Erde als Mittelpunkt hat, und nicht die *heliozentrische*, wie sie in der akademischen Wissenschaft gepflogen wird. Die heliozentrische Auffassung kann errechnet und in Gedanken nachvollzogen werden, aber die geozentrische steht in Einklang mit den Sinnen. Unsere Pflanzen mit ihren lichtempfindlichen, grünen Blättern erleben die Sonnenstrahlen und Planeteneinwirkungen von der Erde, nicht von der Sonne aus.

Geozentrisch stehen wir fest auf dem Boden. Der Garten wird zum Mittelpunkt des Universums. Wenn wir dann in den Himmel schauen, nehmen wir den gewaltigen Tages- und Nachtrhythmus wahr, wobei die Sonne im Osten aufgeht und im Westen versinkt. Wir nehmen an dem großen Jahreskreislauf teil, der von der Tag-und-Nachtgleiche im Frühling, zur Sommersonnenwende im Hochsommer, zur herbstlichen Tag- und Nachtgleiche und dann zur Wintersonnenwende führt, ehe er von neuem beginnt. Diese vier Jahreszeiten werden von allen Völkern irgendwie gefeiert und geheiligt und liefern die Grundlage für das Sprießen, Wachsen, Blühen und Fruchten der Pflanzenwelt sowie für Vogelzug, Wildwanderung und Brunstzeiten.

Am Nachthimmel sieht man Sterne und Planeten. Im Einklang mit der griechischen, geozentrischen Tradition behandeln wir die Sonne (☉) und den Mond (☽) als zu den sieben Planeten gehörig. Uranos, Neptun und Pluto sind den Sinnen unmittelbar nicht zugängig. Sie stehen außerhalb von Midgard und versinnbildlichen den Rutsch der Menschheit in die untersinnliche Welt, die Welt der Elektronik, Kernkraft, der inneren Chirurgie,

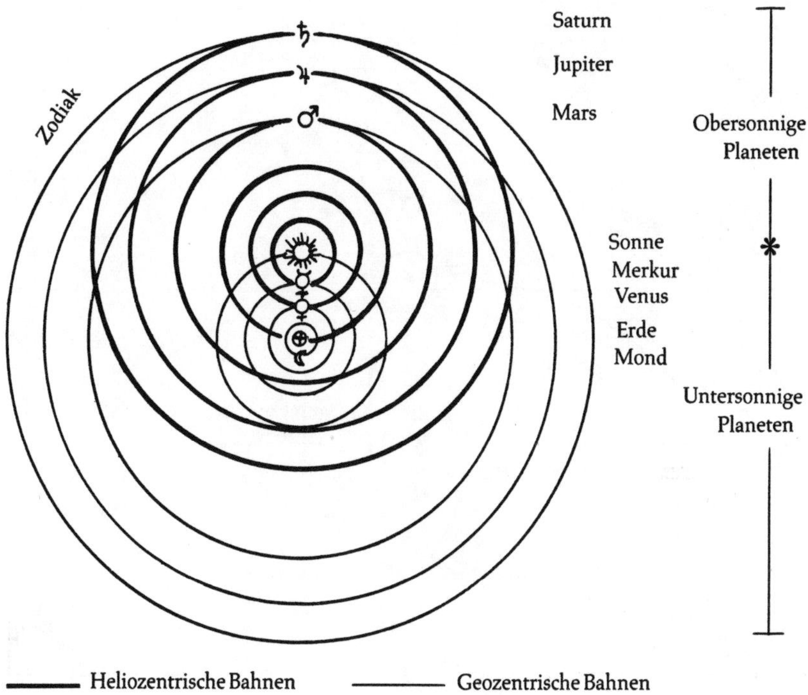

Synthese einer heliozentrischen
und geozentrischen Anschauungsweise.

Psychoanalyse und des Computerdenkens. Die Planeten (gr. *planos* = herumschweifend), auch *Wandelsterne* genannt, bewegen sich entlang der Sonnenbahn, der *Ekliptik*. Sie bewegen sich entgegen dem Uhrzeigersinn (*direkt*), können sich aber gelegentlich auch im Uhrzeigersinn (*rückläufig*) bewegen. Diese Bewegungen vollziehen sich mit den *Fixsternen* im Hintergrund. Der Fixsterngürtel, an dem die Wandelsterne vorbeiziehen, ist in zwölf Regionen eingeteilt, jede 30 Bogengrade umfassend. Dieser Gürtel ist der *Tierkreis* (Zodiakus), der zwölf kürzere oder längere *Tierkreisbilder* enthält. Das Himmelszelt als Ganzes dreht sich täglich (scheinbar) von Osten nach Westen in Uhrzeigerrichtung völlig um seine Achse, den Nordstern (Polar), so daß man vom täglichen Aufgang und Untergang der Sterne sprechen kann.

Das Zifferblatt der Uhr mit seinen zwölf Ziffern gibt ein gutes Bild dieser Vorgänge. Die Uhr ist ursprünglich auch dem Tierkreissystem entlehnt worden. Die Ziffern stellen die Tierkreiszeichen dar; der große und kleine Zeiger

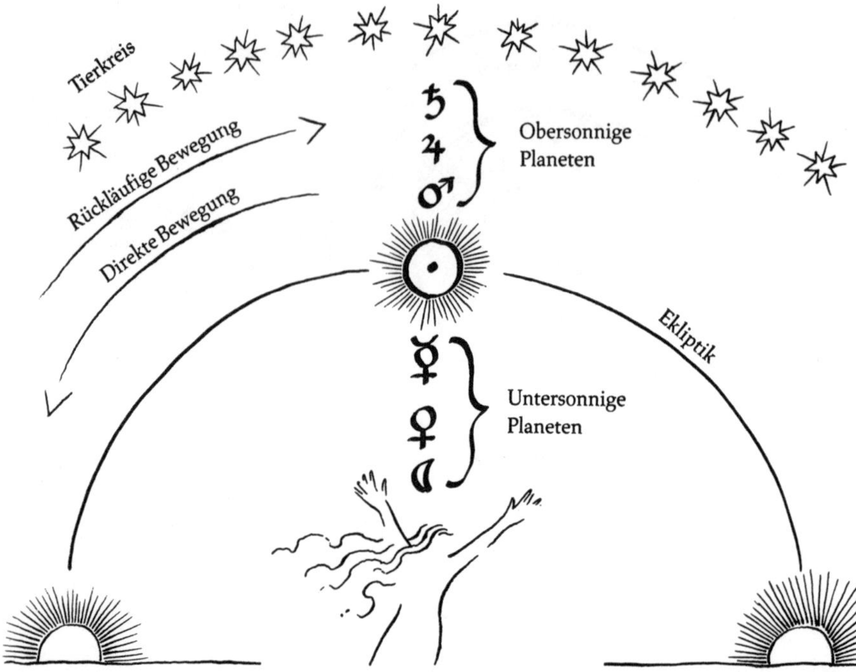

Der geozentrische Standpunkt.

wiederspiegeln das Umlaufverhältnis von Sonne und Mond. Das große kosmische Uhrwerk enthält außer Sonne und Mond noch Merkur (☿) und Venus (♀), die sich immer in der Nähe der Sonne aufhalten und daher als Morgen- oder Abendstern auftreten. Mit dem Mond zusammen machen sie die *untersonnigen Planeten* aus. Die weiteren »Zeiger« sind die *obersonnigen Planeten* Mars (♂), Jupiter (♃) und Saturn (♄).

Ein jeder dieser »Zeiger« bewegt sich mit verschiedener Geschwindigkeit. Merkur, Venus, Mars, Jupiter und Saturn laufen zuweilen auch rückwärts. Die Sonne durchläuft den Tierkreis in 365 Tagen und kommt dann wieder am Frühlingspunkt in den Fischen an. Der Mond ist viel geschwinder: er macht die ganze Wanderung in 27, 32 Tagen. Merkur hat eine siderische Umlaufzeit von 88 Tagen, Venus von 225 Tagen, Mars von fast zwei Jahren, Jupiter von zwölf Jahren (der zwölfjährige Zyklus des ostasiatischen Kalenders ist ein Jupiterrhythmus) und der greise Sensenmann Saturn braucht fast dreißig Jahre für einen Umlauf.

Aber das sind bei weitem noch nicht alle Bewegungen, die man am Himmelsgewölbe beobachten kann. Der Mond hat noch andere Bewegungsrhythmen als den *siderischen* Umlauf von 27,32166 Tagen (27 Tage, 7 Stunden, 4 Minuten) durch alle Tierkreiszeichen hindurch. Am augenfälligsten sind die *Mondphasen (synodischer Mond)*, also die Zeit, die es braucht um von einem Vollmond über abnehmendem Mond, Neumond und zunehmendem Mond wieder zum nächsten Vollmond zu gelangen. Dieser Kreis schließt sich in 29,531 Tagen. Wenn man die Mondsichel sieht und wissen will, ob man einen abnehmenden oder zunehmenden Mond vor sich hat, kann man sich die natürliche Krümmung der Hand vor Augen halten: Wenn die Sichel wie die linke Hand gebogen ist, hat man einen abnehmenden Mond, wenn sie wie die rechte Hand gekrümmt ist, hat man einen zunehmenden Mond vor sich.

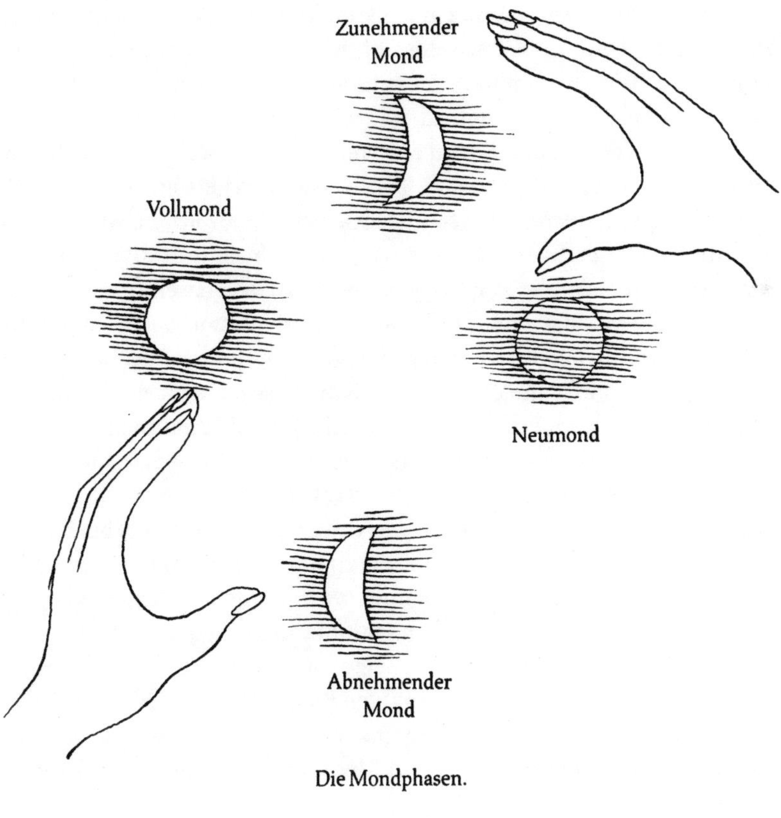

Die Mondphasen.

Ein weiterer Mondrhythmus ist die Rückkehr der Höchst- und Tiefststellung des Mondes am nördlichen und südlichen Wendepunkt. Dieser Rhythmus, der sogenannte *tropische* Mond, verläuft in 27,32158 Tagen und zerteilt sich in den *aufsteigenden* und *absteigenden* Mond. Der Mond ist absteigend, wenn er vom höchsten Tierkreiszeichen, den Zwillingen, hinunter zu dem niedrigsten Zeichen, dem Schützen, steigt; hingegen ist er vom Schützen bis zu den Zwillingen aufsteigend. Die Sonne und die anderen Planeten haben auch ihre aufsteigende und absteigende Bewegung. Von der Sommersonnenwende bis zur Wintersonnenwende ist die Sonne absteigend, und dann bis zur Sommerwende in den Zwillingen ist sie aufsteigend.

Erdferne (Apogäum) und *Erdnähe* (Perigäum) stellen einen weiteren Mondrhythmus dar. Dieser *anomalistische Mond* ist durch die elliptische Bahn, die einen Unterschied von 40 000 Kilometer in der Entfernung zur Erde ausmacht, verursacht und wiederholt sich alle 27,555 Tage. Schließlich gibt es noch den *drakonitischen Mond,* die Wiederkehr zum gleichen Mondknoten in 27,212 Tagen. Die Mondknoten werden durch ein Pendeln oberhalb und unterhalb der Sonnenbahn (Ekliptik) erzeugt. Wenn der Mond die Ekliptik nach oben hin überschreitet, spricht man vom Drachenkopf (☊), wenn er die Bahn nach unten überschreitet, vom Drachenschwanz (☋).

Diese Mondbewegungen sind gar nicht so einfach. Die einzelnen Rhythmen ähneln einander, sind aber nicht synchron. Es dauert achtzehn Jahre und siebeneinhalb Monate, bis der synodische und der siderische Mond, also dieselbe Mondphase mit demselben Mondzeichen, wieder übereinstimmen. Die anderen Planeten haben dazu auch ihre divergierenden Rhythmen. Der Kalender der Maya basierte auf den Phasen der Venus, die man mit bloßem Auge von den Pyramiden im Yucatan beobachtet hatte.

Wenn man nun alle Rhythmen und zyklischen Bewegungen im Zusammenhang betrachtet, dann errät man, daß die Umstände nie genau die gleichen sind, daß, obwohl die Bahnen, Kreisläufe und Rhythmen geordnete und wiederkehrende Phänomene darstellen, der Himmel sich immer anders darstellt. Ein Vergleich mit dem Mechanismus der Uhr, so verlockend er auch scheint, ist letzten Endes nicht gerechtfertigt. Wir haben es bei der Uhr mit einem endlichen, begrenzten System zu tun, das sich immer wiederholt. Beim beobachtbaren Himmel haben wir es mit einem unbegrenzten, unendlichen »System« zu tun, bei dem man nie wieder genau zum Anfangspunkt einer Bewegung zurückkommt; eine Tatsache, die sich darin bestätigt, daß es unmöglich ist, einen völlig exakten Kalender zu machen. Wir haben es eben mit einem sich entfaltenden Organismus zu tun, mit dem lebendigen Makrokosmos, anstatt mit einem Mechanismus. Durch diese Tatsache entzieht sich der Sachverhalt der experimentellen Wissenschaft. Ein Wissenschaftler kann nie die »gleichen« Bedingungen wiederherstellen, kann nie den Mond und die Planeten an die genau gleiche Stelle zurückschieben, um ein bestimmtes Experiment zu wiederholen. Auch kann er nicht die wesentlichen von den unwesentlichen Faktoren trennen. Es ist daher kein Wunder, daß die heutige Wissenschaft, bis auf einzelne Ausnahmen, die Idee der kosmischen Einflüsse ablehnt. Wieviel leichter ist es, den ganzen Kosmos als »unwesentlichen Faktor« abzustempeln und von endogenen, innewohnenden, biologischen Uhren in Pflanzen und Tieren zu reden. Diese endogenen Uhren haben sich auf biochemischer Grundlage als Anpassungsmechanismen an die Umwelt entwickelt und scheinen nur zufällig mit den kosmischen Rhythmen übereinzustimmen, meinen die Laboranten. Die Bauern und Gärtner, die nach den kosmischen Rhythmen zu bestimmten Zeiten pflanzen und säen, sind jedoch anderer Überzeugung.

Der Monat.

Raum- und Zeiterscheinungen kosmischer Vorgänge

Alles Leben ist durch Rhythmus und Pulsschlag gekennzeichnet. Der Tod ist das Aufhören des Rhythmus. Die Lebensrhythmen der Pflanzen und Tiere sind entweder synchron (gleichlaufend) oder Permutationen der Bewegungen der Himmelskörper. Auch in den abgestorbenen Pflanzen- und Tierteilen kann man die in die Materie eingeprägten kosmischen Impulse ablesen, wie auch ein Menschenkenner in einer Physiognomie lesen kann. Alle Rhythmen der belebten Welt, von den kurzen Schwingungen, den Tagesrhythmen, den Monatsperiodizitäten bis zu den vierjährigen, neun- oder fünfunddreißigjährigen Zyklen, haben ihr kosmisches Gegenbild, bei den primitiven, niederen Pflanzen direkt, bei den höher entwickelten Organismen, die als Mikrokosmen einen verinnerlichten Rhythmus aufweisen, indirekt.

Die kosmischen Impulse können unmittelbar nach dem Prinzip von Ursache und Wirkung ihren Einfluß auf die Organismen nehmen. Man kann sich leicht vorstellen, daß das breite Spektrum der elektromagnetischen Wellen, die unsere Erde andauernd erreichen, in die Lebensfunktionen der Organismen eingreifen kann. Diese Energien bestehen aus extrem kurzen Wellen wie Gamma- und Röntgenstrahlen, aus den sichtbaren mittleren Wellenbereichen und gehen in die Langwellen, von Infrarot zu den Radiowellen, über. Es ist zum Beispiel nicht auszuschließen, daß die Sensilla der Insektenantennen die elektromagnetischen Wellen, die vom All hereinströmen, aufnehmen können.[2] Zu diesen direkten kosmischen Einflüssen zählt auch der Mondeinfluß auf Ebbe und Flut und der Einfluß des Lichtes auf das Blattgrün und auf unsere Netzhaut.

Der Zusammenklang kosmischer und organischer Rhythmen kann aber andererseits auch eine Gleichzeitigkeit der Erscheinungen (Synchronizität) bedeuten, wobei beide Ausdruck tieferliegender archetypischer Faktoren sind, die gar nicht in den Bereich der Kausalität fallen. Es kann sich um nicht-kausale *Erscheinungszusammenhänge* handeln, auf die man im magisch-primitiven Denken immer viel Aufmerksamkeit verwandte.

Am 28. Mai 1975 konnte ich in Oregon mit einem Gärtnerfreund eine totale Mondfinsternis im Skorpion beobachten. Nach den alten Bauernregeln ist weder die Mondfinsternis noch das Tierkreiszeichen Skorpion besonders freundlicher Natur. Wir beobachteten, wie der Mond blutrot und dann schwarz wurde, merkten aber dabei gar nicht, daß die Temperatur so stark fiel, daß sämtliche Tomaten und Bohnen erfroren. Natürlich besteht kein Kausalzusammenhang zwischen dem Frost und der Mondeklipse, denn etwas weiter unterhalb im Tal war kein Frost, aber doch stehen diese Phänomene irgendwie im Zusammenhang, bestätigt sich die Bauernregel.

Der Tagesrhythmus

Die einfachsten und bekanntesten Rhythmen sind die »zirkadianischen« Tagesrhythmen, die mit der Sonne und der Revolution des Himmelsgewölbes zusammenhängen und in alle Lebensbereiche eingreifen. In der Plfanzenwelt wird dieser Rhythmus durch das Öffnen und Schließen der Petalen, der Tag- und Nachtblattstellung wie bei den Bohnen und durch die Assimilationshöhepunkte am frühen Nachmittag und Stärkeakkumulationshöhepunkte nach Mitternacht bestätigt.[3] Diese Rhythmen sind so genau, daß man, wie es im 18. und 19. Jahrhundert die Mode war, eine *Blumenuhr* anpflanzen kann, auf der man am Öffnen und Schließen der Blütenkelche die genaue Tagesstunde ablesen kann. Der große Biologe Linné hatte sich als erster so eine Blumenuhr in Uppsala angepflanzt.[4]

Bild 54

Um ein durchgehend untersuchtes Beispiel der Tagesrhythmik anzugeben, sei der Stoffwechsel-Atmungsrhythmus der Kartoffel erwähnt. In einer zehnjährigen Studie konnte Frank A. Brown (Northwestern University) zeigen, daß die Kartoffel drei metabolische Höhepunkte erreicht, einen bei Sonnenaufgang, einen am Mittagspunkt und einen zum Sonnenuntergang. Im Januar ist der Mittagsstoffwechsel am meisten ausgeprägt, in der Jahresmitte gibt es keine besonderen Ausprägungen, und im Herbst ist der Stoffwechsel am Morgen am stärksten. Außerdem konnte Brown zeigen, daß die Knollen genau »wissen«, welche Jahres- und Tageszeit es ist und wo Sonne und Mond stehen. Er nimmt an, daß geomagnetische und elektromagnetische (kosmische) Einflüsse vorliegen.[5]

Mondrhythmen

Die Mondrhythmen wirken hauptsächlich über das Wasser und können in allen Lebewesen nachgewiesen werden. Da die meisten Lebewesen zum größten Teil aus Wasser bestehen und alle Organismen durch ein gallertiges Entwicklungsstadium gehen, erweisen sich die Mondkräfte als besonders wichtig beim Gärtnern in der Samenkeimung und im Kompost. Man hat Instrumente entwickelt, die Ebbe und Flut in einer Teetasse feststellen können, und Labortechniker sagen aus, daß es schwieriger ist, bei Vollmond Wasser

Blumenuhr nach Linnè.

Es öffnen sich um 7 Uhr:
- Einköpfiges Habichtskraut (Hieracium pilosélla)
- Mauerhabichtskraut (Hieracium murorum)
- Gänsedistel (Sonchus arvénsis)
- Doldige Spurre (Holosteum umbellatum)
- Gauchheil (Anagallis arvénsis)

Es öffnen sich um 8 Uhr:
- Steinnelke (Dianthus sp.)
- Pfingstnelke (Dianthus caesius)
- Herbst-Löwenzahn (Leontodon autumnalis)

Es öffnen sich um 9 Uhr:
- Ringelblume (Calendula officinalis)
- Öhrchen-Habichtskraut (Hieracium auricula)
- Felsennelke (Tunica prolifera)

Es öffnen sich um 10 Uhr:
Gelbe Taglilie (Hemerocallis flava)
Eiskraut (Mesembrianthemum cristallinum)
Schuppenmiere (Spergularia)

Es öffnet sich um 11 Uhr:
Tigerblume oder Pfauenlilie (Tigrida pavonia)

Es schließt sich um 11 Uhr:
Der abgebissene Pippau (Crepis praemorsa)

Es schließen sich um 12 Uhr:
Doldige Spurre (Holosteum umbellatum)
Gänsedistel (Sonchus arvénsis)
Wegwarte (Cichorium intybus)

Es schließen sich um 13 Uhr:
Lungenkraut (Pulmonaria officinalis)
Pippau (Crepis aurea)

Es schließen sich um 14 Uhr:
Ringelblume (Calendula officinalis)
Sandkraut (Arenaria serpyllifolia)

Es schließen sich um 15 Uhr:
Mauerhabichtskraut (Hieracium murorum)
Ästige Graslilie (Anthericum ramosum)

Es schließen sich um 16 Uhr:
Öhrchen-Habichtskraut (Hieracium auricula)
Gauchheil (Anagallis arvénsis)

Es schließt sich um 17 Uhr:
Zaunrübe (Bryonia dioica)

Es öffnet sich um 17 Uhr:
Rosa Wunderblume (Mirabilis jalappa)

Es schließen sich um 18 Uhr:
Seerose (Nymphaea alba)
Sauerklee (Oxalis acetosella)

Es öffnet sich um 18 Uhr:
Nachtkerze (Oenothera biennis)

Es schließt sich um 19 Uhr:
Gartenmohn (Papaver somniferum)

zu sterilisieren als sonst. Schon Plinius gab den römischen Bauern den Rat, ihre Früchte, die sie auf den Markt bringen, vor Vollmond zu pflücken, denn dann wiegen sie schwerer, aber die Früchte für den eigenen Vorrat beim Neumond zu pflücken, denn dann halten sie länger. Weiter schreibt er, Bäume sollen bei Neumond geschnitten und Tiere bei Neumond kastriert werden, denn dann bluten sie weniger. Diese Beobachtung findet in der modernen Chirurgie wieder Bestätigung.

Bei den niederen Tieren sind die Mondrhythmen besonders in der Fortpflanzung klar abzulesen. Die Genauigkeit dieses Zeitverhaltens kann echtes Staunen auslösen. So lassen sich die Stinte (Grunion) mit der letzten Flutwelle der Hochflut an die Strände Kaliforniens treiben, um ihre Eier und Samen in den nassen Sand abzulegen, ehe der erste Sog der Ebbe sie wieder in das Meer spült. Genau vierzehn Tage später, bei der nächsten Hochflut, schlüpfen die Larven aus den Eiern und werden von der höchsten Welle ins Meer mitgenommen. Es handelt sich dabei zeitlich um Sekunden. Ähnlich dramatisch verläuft die Fortpflanzung der Palolowürmer im Südpazifik, wenn genau zum Zeitpunkt, an dem der Mond sein letztes Viertel im November erreicht, die Weibchen und Männchen an der Meeresoberfläche erscheinen und die Befruchtung stattfindet.

Solche Mondrhythmen sind auch beim Menschen bestätigt, wie jeder Irrenanstaltswärter, Kneipenbesitzer und Großstadtpolizist weiß. Auch hängt die menschliche Fruchtbarkeit mit dem Mond zusammen, wie Eugen Jonas feststellte, als er entdeckte, daß 98 Prozent der Befruchtungen stattfinden, wenn sich der Mond in derselben Phase befindet wir zur Zeit der Geburt der Mutter.[6]

Planetarische Rhythmen

Die Planeten geben starke Radiowellen von sich und hinterlassen in ihren Bahnen einen Schweif elektromagnetischer Störungen. Schon deswegen kann man einen Einfluß auf die Erde nicht anzweifeln. Eine planetarische Wirkung, die schon Sir J. Herschel bemerkt hatte, ist der elfjährige Rhythmus der Sonnenflecken. Sonnenflecke entstehen, wenn die Sonne mit mehreren Planeten in Konjunktion oder Opposition steht und sich dadurch eine Schwerkraftachse bildet, die die Sonnenkorona einseitig anzieht, wie etwa der Mond das Wasser auf der Erde anzieht. Wenn das geschieht, zeigt es sich auf der Erde in guten Weinjahren in Bordeaux, in einer Zunahme der Eisberge um Island, Trockenheit in Indien, mehr Erdbeben und Veränderung der Blütezeit einiger Blumenarten. Dieser elfjährige Rhythmus ist nicht eindeutig, da er mit anderen Rhythmen, einem fünfunddreißig- und einem fünfundachtzigjährigen, verflochten ist und von noch anderen kosmischen Periodizitäten überspielt wird.[7] Planetarische Konstellationen machen sich als Störungen in den sehr empfindlichen Forschungsmethoden wie der Kupferchloridkristallisation Pfeiffers oder in den Wassertropfenproben von Schwenk bemerkbar.

Buchen geben unregelmäßig alle sechs bis acht Jahre eine gute Buchekkernernte. Diese Bucheckerjahre scheinen nicht vom Wetter oder der Klimazone abzuhängen, denn wenn ein gutes Jahr kommt, dann sind überall die Ernten gut. Joachim Schulz, dem die zu Steuerzwecken angelegten Aufzeichnungen der Erntejahre seit 1799 zur Verfügung standen, konnte (1948, 1951) die Mastjahre mit bestimmten Aspekten des Jupiter, Mars und Saturn in Verbindung bringen. Auf dieser Basis sagte er die guten Erntejahre bis 1985 voraus. Seine Angaben wurden 1971 von G. Wolber und S. Vetter überprüft und die Voraussagen bestätigt.[8] Eugen und Lilo Kolisko konnten zeigen, daß die Kristallisation von Metallsalzen ebenfalls von Planetenaspekten beeinflußt wird.

Irdische Gestalten und ihre kosmischen Parameter

Der Rhythmus des Lebens schlägt sich vorübergehend in den Formen und Gestalten der physischen Welt nieder. Die formativen Kräfte, die sich schon in der anorganischen Welt bemerkbar machen in den Eisblumen am Fenster, Schneeflocken, Kraftlinien abkühlender Flüssigkeiten oder den Edelsteinkristallen, gestalten nicht nur von innen heraus, sondern können auch als Vektoren aus den Planetenregionen angesehen werden. Mit Hilfe der projektiven Geometrie kann man sich zum Beispiel ein Bild davon machen, wie eine Kugelform durch alle möglichen Tangenten gestaltet werden kann, anstatt als Endprodukte einer unendlichen Zahl von Radien zu erscheinen. Mathematische Versuche, die typischen Pflanzenformen auf Grundlage von tangentialen Bildekräftelinien zu deuten, hat unter anderen Georg Adams unternommen. Er läßt den »leeren« Weltraum als einen mit unzähligen ätherischen, tangenten Flächen gefüllten Raum (etheric counterspace)[9] erscheinen. Hier kommt man wieder, nebenbei bemerkt, zu den unsichtbaren Fäden, die jede Blume mit den Sternen verbindet, wovon Arthur Hermes spricht. Wenn wir uns erinnern, daß die Pflanzen völlig dem Makrokosmos zugewandte Wesen sind, sehen wir, daß es besonders zutrifft. In den Tieren

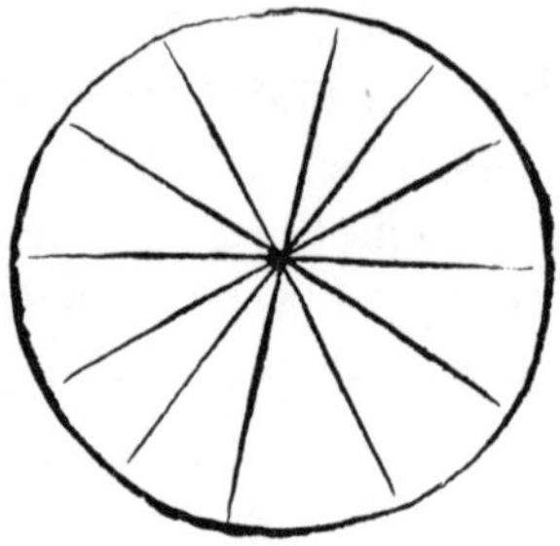

Kugelform:
durch Radien

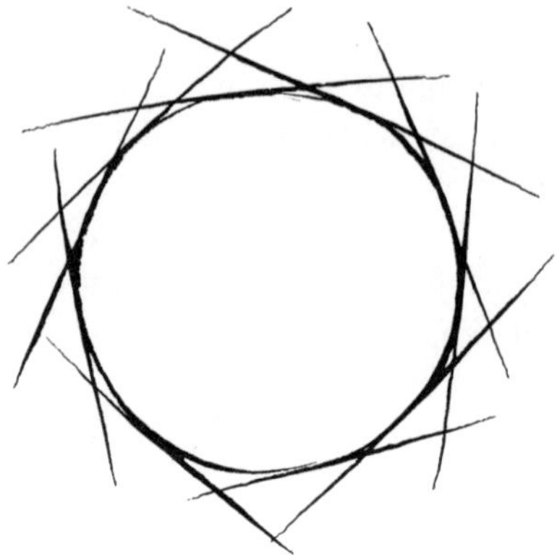

durch Tangenten

und den Menschen sind die inneren Formkräfte, die sich mit den äußeren Kräften im dialektischen Zusammenspiel befinden, schon stärker.

Die Formkräfte ergreifen das Erdelement und bringen kristallinische Gebilde zum Vorschein. Wenn sie das Wasser- und Luftelement ergreifen, dann entstehen die Wirbelformen, wie man sie in Wolkengebilden, Wasserstrudeln, dem Gehäuse der Schnecken und Mollusken, dem Haarwirbel im Schopf, Windhosen, dem Trichter der Ackerwinde, den Blätterspiralen, die sich um die Stengel winden, und im Muster der Samen in den Korbblütlern erkennen kann. Wasser- und Luftformen zeigen sich auch in den konzentrischen Ringen der Muscheln, in Jahresringen an Bäumen und den Wasserringen in einem Teich, in den man einen Stein geworfen hat. Ebenso ist die Spiegelung, die Bipolarität, wie man sie im Samen und in der Tierwelt vom Wurm bis zum Menschen findet, ein Ausdruck dieser Kräfte. Strahlende Licht- und Wärmekräfte finden sich in der radialen Symmetrie der Urtierchen und, wie wir schon vernommen haben, in der Gestalt der Schachtelhalme, Kiefern und Gräser. Da Pflanzen bis zu 98 Prozent aus Wasser, Licht und Luft bestehen, offenbaren sie daher wenig irdische, kristalline Strukturen.

Alle Pflanzen, von den primitiven, radial-symmetrischen Pilzen und Schachtelhalmen bis zu den hochentwickelten Obstbäumen, haben ihre arttypische Gestalt. Die charakteristische Form einer Pflanzenart erneuert sich, wenn die Pflanze beschädigt wird, wenn zum Beispiel der Hauptsproß eines Baumes abgeknickt wird. Im Labor hat man ganze Karotten aus einzelnen Zellen heranziehen können, es wurden immer typische Karotten, egal ob die Zelle von einem Blatt oder von der Wurzel genommen war. Es wird heutzutage von einem Bauplan der Lebewesen, der sich im RNS-DNS des Kernplasmas jeder Zelle befinden soll, viel gesprochen. Wir gehen hier aber von dem Standpunkt aus, daß diese Nukleinsäuren (RNS-DNS) lediglich die physi-

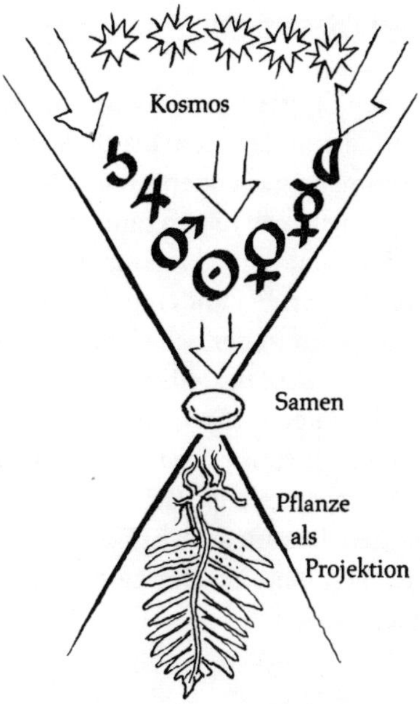

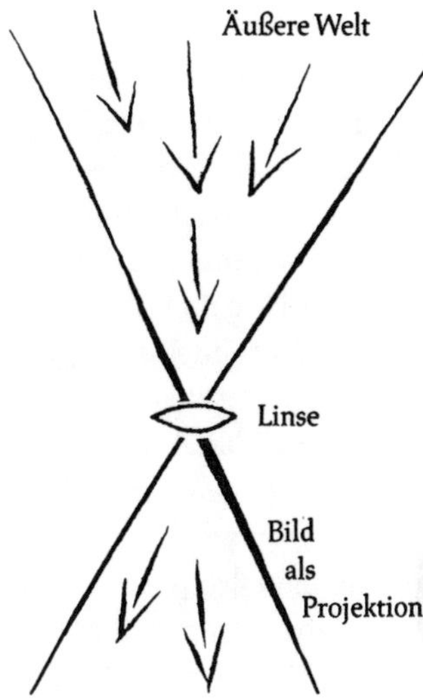

schen Anker für die übersinnlich vorhandenen, ätherischen Bildekräfte sind, die in den kosmischen Regionen ihren Ursprung finden. Wenn diese geometrie-schaffenden, rhythmischen Impulse nicht mehr empfangen werden können, droht der Verlust von Symmetrie und Harmonie der Gestalt; es entstehen Verhärtungen, Tumore, Krebse und Gewebeschäden im Organismus. Bei einer Pflanze bedeutet das, daß sie für Pilz- und Schädlingsbefall anfälliger wird, daß sich das Gewebe von selbst abbaut. Für den Gärtner wird es daher wichtig zu wissen, wie man diese formbildenden Sternkräfte zugunsten der artgemäßen Entwicklung der Pflanze unterstützen kann.

Durch den Samen tritt die Pflanze in Erscheinung. In der wandelnden Entfaltung kommen die Planetenkräfte innerhalb der Zeit- und Raumdimension zum Vorschein und lösen einander ab, bis die Pflanze wieder in den Samen zurückkehrt und außer Erscheinung tritt. Diese Kräfte sind die ätherischen und kosmischen Realitäten, von denen die sichtbare Pflanze eine Projektion ist. Sie strahlen durch den Brennpunkt des Samen, ähnlich wie eine Landschaft oder ein anderes Objekt durch den Schlitzverschluß einer Kamera leuchtet und dann als Abbild auf einen Film projiziert wird. Diese Analogie ist gar nicht so willkürlich, wie es zunächst den Anschein hat, denn haben wir nicht gesehen, daß die grüne Pflanzenwelt eine Art Auge des Erdenorganismus ist, das die Kräfte des Kosmos wahrnimmt und in ihren Formen und Gestalten festhält?

Blätter können kreuzständig sein wie bei den Pfefferminzen, wo man 180° um den Sproß gehen muß, um das nächste Blatt anzutreffen. Blätter können auch wechselständig an den Knoten vorkommen wie bei den Kreuzblütlern, wo man in einer Schraubenlinie dem Sproß nach oben folgen muß, um nach einer 180°-Drehung das nächste Blatt zu finden. Wenn man einmal um den ganzen Sproß geht (360°) findet man zwei Blätter. Bei anderen Arten können die Blätter auch so angebracht sein, daß man in der Schraubenlinie an drei Blättern vorübergehen muß, bis man wieder auf derselben senkrechten Linie ist wie das Ausgangsblatt. Bei den Rosengewächsen hingegen muß man zweimal den Kreisumfang beschließen, an fünf Blättern vorbeikommen, ehe man wieder direkt über dem Ausgangspunkt ist. Bei weiteren Arten muß man dreimal den Spiralgang machen, kommt an acht Blättern vorbei, ehe man wieder über dem ursprünglichen Blatt ist. Der Leser sollte es selber bei den verschiedenen Pflanzen nachsehen.

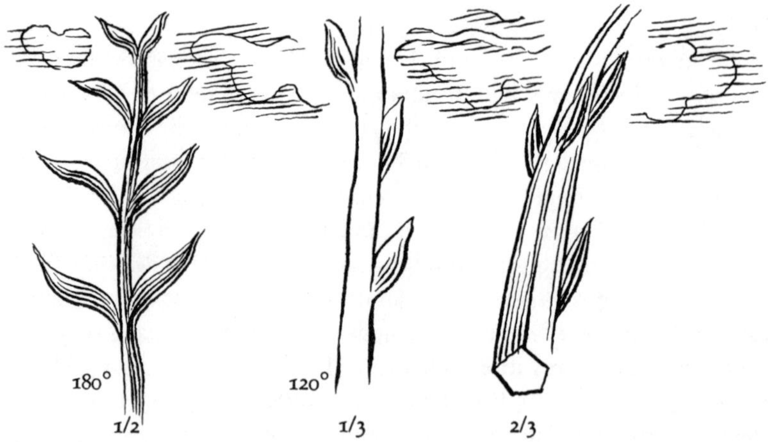

Blattstellungen.

Es ergeben sich also eine Reihe von Brüchen, eine Serie von Möglichkeiten, wie die Blätter gestellt werden: $\frac{1}{2}$, $\frac{1}{3}$, $\frac{2}{5}$, $\frac{3}{8}$, $\frac{5}{13}$, $\frac{8}{21}$, $\frac{13}{34}$ usw. (180°, 120°, 138° 28′, 137° 9′, 137° 39′ usw.). Die Stellungen der Blütenblätter und Samenanlagen folgen denselben Möglichkeiten. Diese Brüche sind nicht willkürlich aus der Luft gezogen, sondern stellen eine mathematische Progression dar, die der Renaissance-Mathematiker Leonardo da Pisa, der als Fibonacci besser bekannt ist, zuerst formuliert hat. Die Serie, die *Fibonacci-*

Sequenz, nähert sich dem *Goldenen Schnitt*, der übrigens auch in den logarithmischen Spiralen der Schneckengehäuse, den Rosetten der überwinternden Pflanzen und in den Biegungen der Widderhörner und Elefantenstoßzähne gefunden wird. Das Auffinden der Fibonacci-Sequenz in den Quirlen und Spiralen der Pflanzenwelt bestätigt den Ausspruch Platons, daß Gott ewig geometrisiert. Der Astronom Joachim Schulz zeigt, daß dieselbe Sequenz auch in den Planetenbewegungen, wenn man sie vom geozentrischen Standpunkt aus betrachtet, zum Ausdruck kommt.[10]

Die Sonnenkräfte ziehen die Pflanzen nach oben (Heliotropismus) und geben ihnen ihre Aufrichtekraft. Ebenso, wie sich die Planeten in rhythmischen Wellenlinien oberhalb und unterhalb der Ekliptik bewegen und in Konjunktionen und Oppositionen zur Sonne treten, so schrauben sich die Knospen und Blätter um den vertikalen Sproß der Pflanze. Schulz kann zeigen, wie die mathematischen Verhältnisse der Bewegungen der Planeten zur Sonnenbahn und der Blätter zum Stengel einander gleichen. Er verbindet den Zweierrhythmus der kreuzständigen Blätter mit dem Mondrhythmus. In der geozentrischen Bewegung des Merkur stellen sich drei rückläufige Schleifen und sechs Konjunktionen mit der Sonne ein und ergeben ein Spiegelbild der Blatt- und Blütenstellungen der einkeimblättrigen Pflanzen – wie die Tulpen oder Riedgräser – mit ihrer Dreier- oder Sechsersymmetrie.

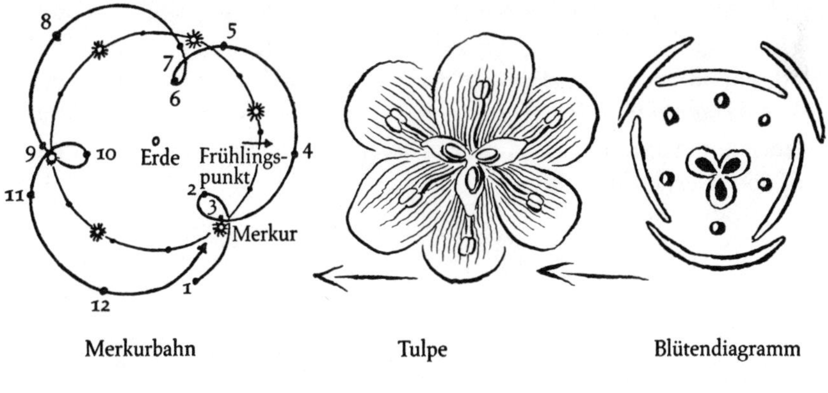

Merkurbahn Tulpe Blütendiagramm

Korrespondenz der Blütenformen
und Planetenbahnen.

Venus macht fünf retrogressive Schleifen unterhalb der Ekliptik innnerhalb von acht Jahren und teilt dadurch ihre Bahn in fünf Teile. Ein getreues Abbild dieser Bewegungsform ist in den Rosengewächsen zu sehen, wenn man zum Beispiel einen Apfel quer durch das Kerngehäuse schneidet.

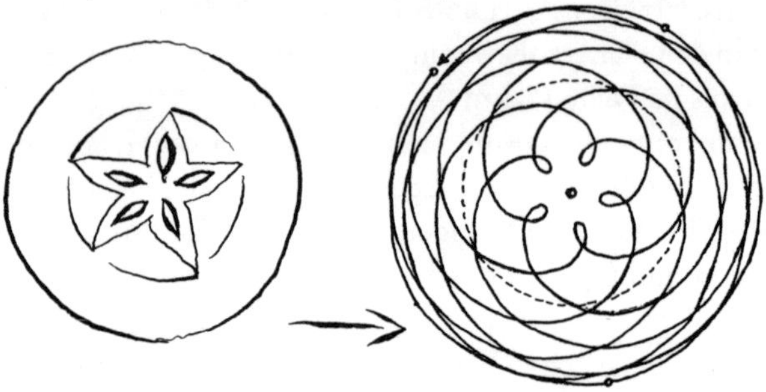

Durchschnittener Apfel

Venusbahn

Korrespondenz der Blütenformen und Planetenbahnen.

Die spiraligen Bewegungen des Mars nähern sich dem $^{3}/_{8}$ Ratio, das man auch in den Blattstellungen der Kreuzblütler wiederfindet. Die meisten zweikeimblättrigen Pflanzen haben entweder die Venussignatur ($^{2}/_{5}$) oder die Marssignatur ($^{3}/_{8}$). Ein Jupiterverhältnis ($^{5}/_{13}$) findet man in vielen Korbblütlern und Rachenblütlern, ein Saturnverhältnis ($^{8}/_{21}$) annähernd in der Schuppenanordnung der Zapfen einiger Koniferen. Noch höhere Brüche werden nur in primitiven und fossilen Leber- und Laubmoosen angetroffen, sind aber sonst höchst selten.

Tabelle planetarischer Korrespondenzen

Planet	☾	☿	♀	☉	♂	♃	♄
Siderische Umlaufzeit	28 Tage	88 Tage	225 Tage	1 Jahr	2 Jahre	12 Jahre	30 Jahre
Entwicklungszeiten der Pflanzen	← Einjährige Pflanzen (Einkeimblättrige) →				Zweijährige	Mehrjährige Pflanzen (Zweikeimblättrige)	
Fibonacci-Sequenz	1/2	1/3	2/5	–	3/8	5/13	8/21
Pflanzenfamilien	Gräser, Lilien, Schmetterlingsblütler	Riedt, Sauergräser	Rosengewächse		Kreuzblütler	Korbblütler, Rachenblütler	Nadelhölzer

Man kann diese Verhältnisse auch mit den Geschwindigkeiten der siderischen Umlaufzeiten in Verbindung bringen. Es ergeben sich da interessante Übereinstimmungen. Die einjährigen Pflanzen, meistens Einkeimblättrige, spiegeln in ihrem raschen Entstehen und Vergehen die schnellen untersonnigen Planeten. Die Zweikeimblättrigen gehören Venus, der Sonne und den obersonnigen Planeten, die zweijährigen dem Mars, die ausdauernden Kräuter und Harthölzer dem Jupiter und die altwerdenden Tannen dem Saturn.

In der einzelnen Pflanze zeigen sich die Planetensignaturen in bestimmten Teilen und Prozessen. Nach Kranich[11] ist das Wurzelwachstum mit dem Mond und das Aufrichten des Stengels in die Senkrechte mit der Sonne in Beziehung zu bringen. Um diesen vertikalen Sproß bewegen sich die Teile in Schraubenlinie, analog zu den Planeten um die Ekliptik. Merkur und Venus halten sich nahe an die Sonne wie die grünen Blätter und Blütenblätter an

Der Gang der Pflanzen durch die Planeten
von der Keimung bis zum Samen.

den Stengel. Der Mars steht in Analogie zu den pollenerzeugenden Staubblättern. Jupiter bringt das Fruchten, und Saturn, an der Grenze der Erscheinungswelt, ist mit der Samenbildung betreut. Der Werdegang der Pflanze in der manifestierten Welt wird da von der Keimung und Wurzelbildung im Mondbereich die ganze Planetenleiter sieben Stufen empor bis zum Saturn verfolgt, worauf die Pflanze vorübergehend die Zeit- und Raumdimension verläßt. Es ist ein ähnlicher Werdegang wie der des Menschen, der als Embryo aus der wäßrigen Mondsphäre auftaucht, als Merkur die Kindheit durchwächst, sich als Venus verliebt, sich als Sonne und Mars im Leben behauptet, als Jupiter die Lebensreife genießt, um dann als alter Saturn die Erdenwelt wieder zu verlassen.

Auch die Farben sind schon seit alten Zeiten mit den Planeten in Beziehung gebracht worden. Die primären Farben, das feurige Rot, das sanfte Gelb und das umhüllende Blau, gehören den obersonnigen Planeten, so daß Arthur Hermes erklären kann: Wenn man Kirschen und rote Äpfel ißt, ißt man den Mars, wenn man gelbe Birnen ißt, ißt man den Jupiter, und in Brombeeren verspeist man den Saturn. Die sekundären Farben gehören den untersonnigen Planeten, so daß das Grüne der Venus, das Violette dem Mond und das rötlich-gelb Schimmernde dem Merkur zusteht. Der Sonne gehört das Weiß, daß alle Farben in sich birgt. Wir sprechen hier nur davon, wie die Farben im Pflanzenreich erscheinen; im Mineralreich kommen sie anders zum Ausdruck Silber = Mond, Kupfer = Venus, Gold = Sonne, Grau = Saturn usw.

Praktische Beobachtungen

Nachdem wir versucht haben, andeutend die Beziehungen der Lebewelt zu den Planeten und Sternen zu skizzieren, drängt sich uns die Frage auf: Was kann der Gärtner damit anfangen? Dieses Kräftespiel ist ja doch einfach da, man kann es nicht willkürlich ein- und ausschalten! Natürlich nicht, aber wir können unsere Gewächse zu angemessenen Zeiten aussäen, sie durch Pflegemaßnahmen und Präparate empfänglicher und durch andere Maßnahmen wieder unempfänglicher für diese Einwirkungen machen.

Um sachgemäß Gärtnerarbeiten, insbesondere das Pflanzen und Säen, ausführen zu können, muß der Gärtner lernen, die Himmelsbewegungen der Planeten, der Sonne und des Mondes und die Tierkreiszeichen richtig zu erkennen und zu deuten. Ein guter astronomischer Kalender, der vom geozentrischen Standpunkt aus die Mond-, Sonnen- und Planetenstellungen und ihre Aspekte angibt, ist der erste Schritt.[12] Gleichzeitig muß der Gärtner sich daran gewöhnen, jeden Abend die Himmelserscheinungen selbst zu beobachten und mit den Kalenderangaben in Beziehung zu bringen. Eine drehbare Sternkarte hilft beim Identifizieren der Fixsterne. Ein guter Gärtner geht ja sowieso nachts noch einmal in den Garten, zu sehen, ob alles in Ordnung ist, dem Igel eine Schale Milch zu bringen oder die Frühbeete mit Matten abzudecken. Das ist gleichzeitig eine Gelegenheit, sich in der Sternkunde zu üben.

Die Angaben über die Sonnenposition, die Zeichen, Phasen, Knoten, Erdnähe und Erdferne und die tropischen Bewegungen des Mondes sollten im Gartentagebuch Tag für Tag festgehalten werden. Im Laufe der Jahre wird man unvergleichbar gute Korrelationen zwischen den kosmischen Erscheinungen und den Erscheinungen in den Naturreichen ausmachen können. Der erste und letzte Frost, das Auftauchen einzelner Käfer oder der Singvögel und das Wetter sollten neben den Arbeiten, die verrichtet worden sind, eingetragen werden. Wenn jeder Gärtner das gewissenhaft machen würde, könnten die großen Forschungsinstitute einpacken, denn hier entstünde eine wirklich praktische Wissenschaft. Die so gesammelten Daten würden für das betreffende lokale Gebiet genau stimmen.

Ein alter Gärtner braucht den Kalender und die Sternkarte nicht mehr, denn er wird es im Gefühl haben, er wird in den Knochen spüren, wann der richtige Zeitpunkt einer Arbeitsmaßnahme ist.

Der Sonnenzyklus in der Praxis

Man folgt den großen Sonnenbogen, wenn man im Frühling pflanzt und im Herbst erntet. Das sollte wohl bekannt sein, obwohl ich Studenten aus einer Großstadt hatte, die meinten, daß man einen Garten samt Tomaten und Wassermelonen im November anlegen kann.

Der letzte Tag im Frühling, an dem es Frost geben kann, ist von Ort zu Ort verschieden. Man kann die alten Nachbarn fragen, und nach ein paar Jahren weiß man selbst ungefähr, wann der Tag sein könnte. Pflanzen wie Kohlsorten, Kresse, Möhren und Rote Beete, die die Kälte gut vertragen, kann man vor diesem Datum aussäen, wenn der Boden nicht zu naß ist. Mit den wärmeliebenden Tomaten, Gurken, Mais, Bohnen und so weiter wartet man bis nach diesem Zeitpunkt, sonst kommt man eines Morgens in den Garten und findet sie schwarz und leblos niedergestreckt.

Für einen Gärtner, der seinen eigenen Samen züchten möchte, ist es wichtig zu beachten, daß solche zweijährigen Gemüse wie die Kohlsorten, die Rübengewächse und die Doldenblütler eine Kälteperiode durchmachen, damit sie im nächsten Jahr blühen. Ohne den Kälteschock bleiben sie im vegetativen Wachstum, was in den tropischen Ländern bei diesen Gemüsen der Fall ist.

Photoperiodizität nennt man die Fähigkeit der Pflanzen, auf die Länge des Tageslichtes zu reagieren. *Langtagpflanzen* fangen an zu blühen, wenn das Tageslicht länger als zwölf Stunden währt. Viele unserer Gemüse wie Salat, Spinat, Erbsen, Radieschen, und im zweiten Jahr die Kohlpflanzen, Roten Beete, Karotten, Pastinaken, Sellerie und andere gehören dazu. Auch die Blumen, die in den Hochsommer hineinblühen, sind Langtagpflanzen. Nun wissen wir, warum Radieschen, Spinat und die Lattiche gegen Sommer in die Blüte schießen.

Kurztagpflanzen, wovon viele ursprünglich aus den südlicheren Gegenden stammen, fangen mit Blühen an, wenn die Tage wieder kürzer als zwölf Stunden werden. Zu ihnen gehören Tabak, Mais, Hanf und viele Herbstblumen wie Cosmea, Dahlien und Chrysanthemen. Viele Insekten werden in ihren Metamorphosen von der Tageslänge ebenfalls beeinflußt. Pflanzen wie die Tomate, Sonnenblume und viele Unkräuter sind hingegen Tagneutrale.

Mondzyklen in der Praxis

Der Mond ist der Hauptschlüssel, um mit dem großen himmlischen »Revolutionsbus« zu arbeiten. Durch das Beachten der Mondrhythmen kann man Kräfte ein- und ausschalten, wie man sie eben im Garten braucht. Da alle Organismen hauptsächlich aus Wasser bestehen, sollte man sich nicht verwundern, daß der Mond einen direkten Einfluß zu erkennen gibt. Die wichtigste Eigenschaft des Mondes in bezug auf das Pflanzenwachstum sind die *Mondphasen,* die vier Mondviertel des synodischen Mondes, die zwischen Vollmond und unsichtbaren Neumond hin- und herpendeln. Welcher Gärtner hat nicht gestaunt, wie schnell die Gemüse und Unkräuter bei Vollmond wachsen, besonders wenn es in der Zeit kurz vorher geregnet hat. Ein aufmerksamer Koch, der im Winter Alfalfa-, Kresse-, Weizen-, Soja- oder Senfkeimlinge als Salatbeigaben keimen läßt, wird gemerkt haben, daß sich die zarten Keimlinge zur Vollmondzeit viel schneller entwickeln. Von den Akkerbauvölkern wird dieser Mondrhythmus am ehesten beachtet. Dementsprechend nehmen die Hindus an, daß die Ahnengeister (pitarah) genau wie wir tagsüber arbeiten und nachts ruhen, nur ist bei ihnen der Tag die Vollmondzeit, wo sie an den Pflanzen arbeiten, und die Nacht ist für sie die Neumondzeit.[13]

Die alte Bauernregel sagt:

Was nach unten wächst, säe im abnehmenden Mond;
Was nach oben wächst, säe im zunehmenden Mond.

Mit anderen Worten: Man sät und pflanzt im zweiten Viertel das Blattgemüse, im dritten Viertel das Wurzelgemüse, im vierten Viertel kann man Unkraut jäten oder Hecken schneiden, denn dann ist die Regenerationskraft am schwächsten, und im ersten Viertel, während das Wachstum schwach, aber ausgeglichen ist, können sonstige Pflegearbeiten vorgenommen werden. Neben dem Licht des Mondes spielt auch dessen Anziehungskraft eine Rolle. Man kann das ja an der alle zwei Wochen vorkommenden Hochflut im Meer erleben. Während zunehmendes Licht das Wachstum der oberirdischen Teile anregt, regt das Nachlassen der lunaren Anziehungskraft die Wurzelentwicklung an. Ein für das Wurzelwachstum günstiger Schwerkraftvektor entsteht jedesmal, wenn der Mond mit der Sonne in Opposition (Vollmond) oder in Kunjunktion (Neumond) steht. Daraus ergibt sich folgender monatlicher Rhythmus:[14]

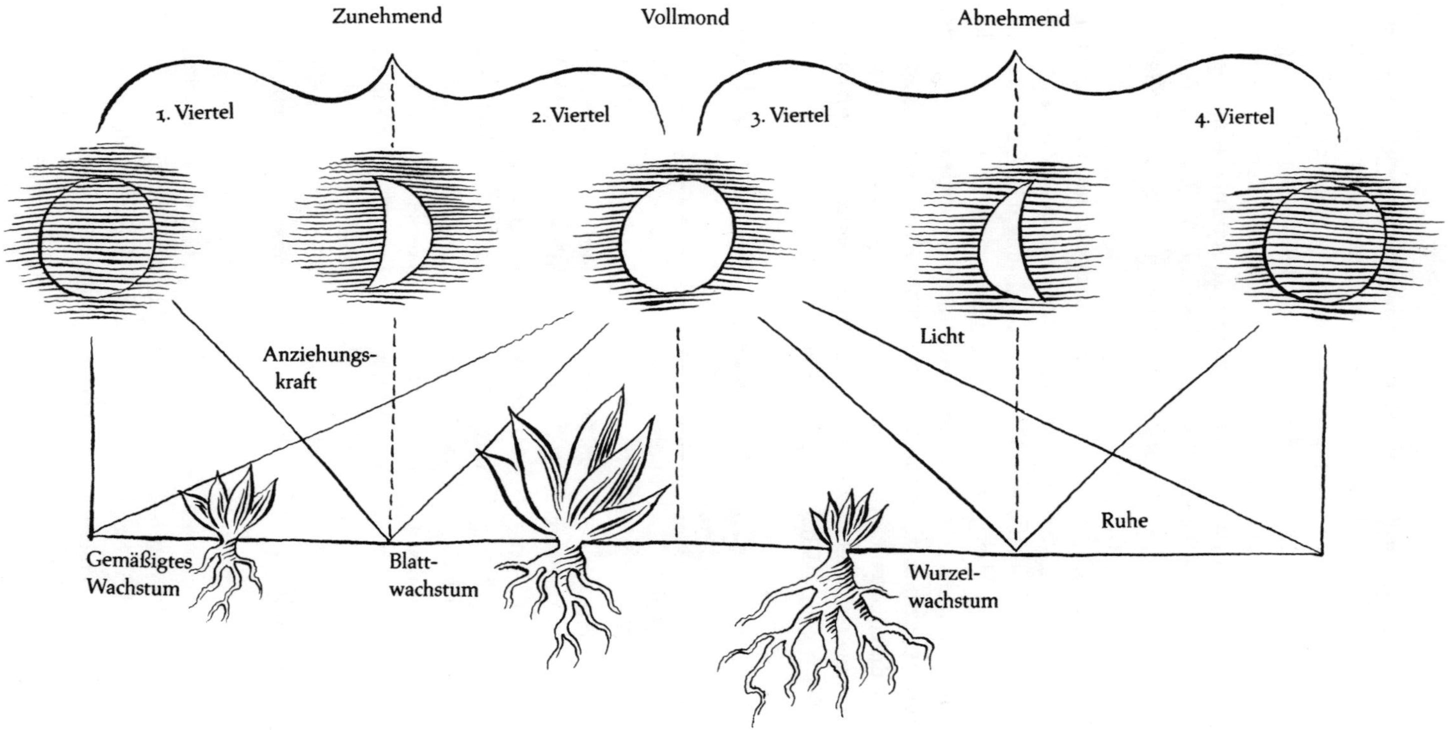

Licht- und Schwerkraftwirkung des Mondes.

L. Kolisko hat in Experimenten über fünfzehn Jahre hinweg mit verschiedenen Pflanzen (Getreide, Möhren, Tomaten usw.) und unter strenger Kontrolle der Nebenfaktoren zeigen können, daß die Keimkraft der Pflanzen zwei Tage vor Vollmond am günstigsten ist, und bei Neumond am ungünstigsten. Einige Pflanzen bilden jedoch die Ausnahme der Regel: Leguminosen und Erdäpfel kann man getrost bei Neumond setzen. Arthur Hermes empfiehlt, das Regenwasser, das während der Vollmondperiode fällt, zu sammeln. Da es voll lunarer Wirksamkeit ist, kann man es zum Begießen der Jungpflanzen im Saatbeet benutzen.

Die Mondphasen sind natürlich nicht der einzige zu beobachtende Faktor. Die *Mondzeichen* (siderischer Mond), die die Stelle des Mondes im Tierkreis angeben, finden bei vielen Pflanzern Beachtung. Die Qualitäten der verschiedenen Tierkreisregionen sind offenbar, wenn man die Sonne in den Winterzeichen mit der Sonne in den Sommerzeichen vergleicht. Auch der Mond, der diese zwölf »Häuser der Götter« in achtundzwanzig Tagen durchläuft, erhält durch ihren Einfluß jeweils eine andere Qualität. In der traditionellen Korrespondenzlehre, die man in der Renaissance zu formalisieren versucht hat, ergeben sich folgende Qualitäten:

Tierkreis zeichen	Körperteil d. Meganthropus	Zeugungskraft	Element	Geschlecht
Widder	Kopf	unfruchtbar	Feuer	männlich
Stier	Nacken	fruchtbar	Erde	weiblich
Zwillinge	Arme	unfruchtbar	Luft	männlich
Krebs	obere Brust	fruchtbar	Wasser	weiblich
Löwe	mittl. Brust	unfruchtbar	Feuer	männlich
Jungfrau	Bauch	fruchtbar	Erde	weiblich
Waage	Hüften	halb-fruchtbar	Luft	männlich
Skorpion	Geschlecht	fruchtbar	Wasser	weiblich
Schütze	Schenkel	unfruchtbar	Feuer	männlich
Steinbock	Knie	halb-fruchtbar	Erde	weiblich
Wassermann	Waden	unfruchtbar	Luft	männlich
Fische	Füße	fruchtbar	Wasser	weiblich

Die oben angegebenen Verhältnisse treffen wir in vielen Bauernregeln wieder an. Die männlichen Zeichen sind im allgemeinen nicht fruchtbar und die Feuerzeichen auch nicht. Sie eignen sich zur Unkraut- und Schädlingsbekämpfung. Die weiblichen Wasser- und Erdezeichen erweisen sich als die für das Pflanzen und Säen am besten geeigneten.

Bei den Bauernregeln spielt oft ein bildhaftes Analogiedenken eine Rolle, das sogar dem im Namen enthaltenen Bildern Wirkungen zuspricht. So sollen Weiden zum Korbflechten im Schützen geschnitten werden, weil die Sproße dann wieder gut aufschießen. Im Steinbock gesteckte Zwiebeln sollen fest wie Steine werden, während sie im Wassermann wäßrig und faulig werden. Man kann also nicht ohne weiteres diese Regeln übernehmen.

Tierkreiszeichen

Seit einiger Zeit erfahren die Forschungen *Maria Thuns* über die Wirkung des siderischen Mondes im Lebensbereich immer größere Beachtung in einem sich ständig erweiternden Kreis von biologisch-dynamischen Landwirten. In ihrem strengen und selbstsicheren Auftreten erinnert sie an eine Äbtissin. Die Aussagen in ihren Vorträgen sind nicht nur wissenschaftlich untermauert, sondern stehen auf unfehlbarer geistiger Grundlage. Wer wollte da zweifeln? Ein kleiner Bauer oder Gärtner schon gar nicht!

Seit 1953 sät sie tagtäglich Radieschen und andere Samen in kleine Parzellen unter besonderer Beachtung der Tierkreiszeichen. Nach mehreren Jahren, erzählt sie, zeigte sich trotz unterschiedlichem Wetter, verschiedener Düngung und Fruchtfolgen und anderen Mondaspekten eine klare Typologie.[15] Es zeigte sich, daß in Erdzeichen gesäte Radieschen die besten Wurzeln haben, daß in Wasserzeichen gesäte weniger Wurzelmasse, aber dafür mehr Blattsubstanz ausbilden, und daß sie, in den Luft- und Feuerzeichen gesät, eher ins Schießen und Blühen kommen. Diese Tendenzen wurden dadurch verstärkt, daß sie sämtliche Pflegearbeiten unternahm, als der Mond in dem entsprechenden Zeichen weilte. Auch bezog sie das Saatgut immer von Pflanzen, die im selben Zeichen gesät wurden, also Samen, die im Feuerzeichen gesät werden, von Pflanzen, die im Feuerzeichen gesät wurden. Eine Dissertation über diese Forschung an der Universität Gießen scheint diese Aussagen zu bestätigen.[16]

Der Mond wandert also in achtundzwanzig Tagen durch vier Trigone: das Erdtrigon (Stier, Steinbock und Jungfrau), das die Wurzeln anregt; das Wassertrigon (Skorpion, Krebs und Fische), das die Blattbildung anregt; das Lufttrigon (Zwillinge, Wassermann und Waage), das die Blütenbildung anregt; das Feuertrigon (Löwe, Widder und Schütze), das der Fruchtbildung zugute kommt. In einem Kalender, der jährlich erscheint, macht Maria Thun bis auf die Stunde genaue Angaben über Mondstellung und Arbeitsmaßnahmen.[17] Sie berichtet, daß diese Wirkungen sich erst richtig deutlich auf biologisch behandelten Böden zeigen, denn chemisch behandelte seien so »abgestumpft«, daß sie nicht reagieren. Auch sollen die Wirkungen der Hornmist- und Kieselpräparate bei Beachtung der Mondstellung besser zum Ausdruck kommen.

Diese Angaben über Saattermine und Pflegemaßnahmen sind sicher beachtenswert, aber sie sollten nicht zu einer Zwangsjacke werden, zu der sie bei vielen Biodynamikern geworden sind. Auf einem Hof im Emmental habe ich es zum Beispiel erleben können, wie man sich krampfhaft an den Kalender hielt, trotz Wetter, Mondphasen oder anderer Umstände. Eine Arbeit wurde abrupt abgebrochen und eine andere begonnen im Moment, in dem die Zeichen wechselten. Wenn man mit den Zeichen arbeitet, sollte man jedoch wissen, daß sie ineinander übergehen und sich nicht in einem derart machanischen Takt äußern. Man sollte auch bedenken, daß viele andere kosmische und lunarische Rhythmen im Spiel sind, nicht nur die Stellung des Mondes im Tierkreis. Vielleicht wäre es angebracht, vor jedem Hauptarbeitsgang ein Horoskop zu stellen, das alle Planetenstellungen und Mondrhythmen erfaßt.

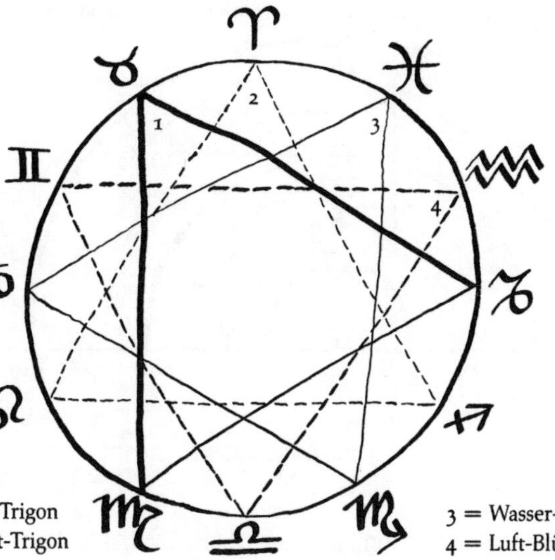

1 = Erd-Wurzel-Trigon
2 = Feuer-Frucht-Trigon
3 = Wasser-Blatt-Trigon
4 = Luft-Blüte-Trigon

Trigone des siderischen Mondes.

Ein Nachvollziehen und Überprüfen der Angaben dieser charismatischen Dame ist oft gescheitert, auch im Aigues Vertes Garten. Man sollte da noch eine andere Seite beachten; Die Pflanzenwelt, die aus inkarnierten ätherischen Wesen besteht, kann auf die Gedanken und Wünsche der Menschen als seelisch-geistige Wesen entsprechend reagieren. Die Experimente von Backster, Vogel und anderen beweisen das eindeutig.[18] Es kommt eben auch auf die innere Konstellation, auf das Firmament des Mikrokosmos, des Gärtners an.

Die tropische Lunation, der *aufsteigende* ⌣ und *absteigende* Mond ⌢, die nicht mit den zunehmenden und abnehmenden Mondphasen verwechselt werden darf, findet bei Maria Thun auch Beachtung. Bei den Schweizer Bauern, wo er »Obsigent« und »Nidsigent« genannt wird, spielte der tropische Mond immer eine wesentliche Rolle. In einer Berner Regel heißt es:[19]

> Pflanzen, bei denen man den in der Erde steckenden Teil verwendet, soll man in der Zeit des nidsig gehenden Mondes säen oder pflanzen, diejenigen, bei denen man die anderen Teile verwendet, beim obsig gehenden Mond. Nidsig gehend ist der Mond, wenn beide Spitzen der Sichel nach unten, obsig gehend, wenn sie nach oben sehen.

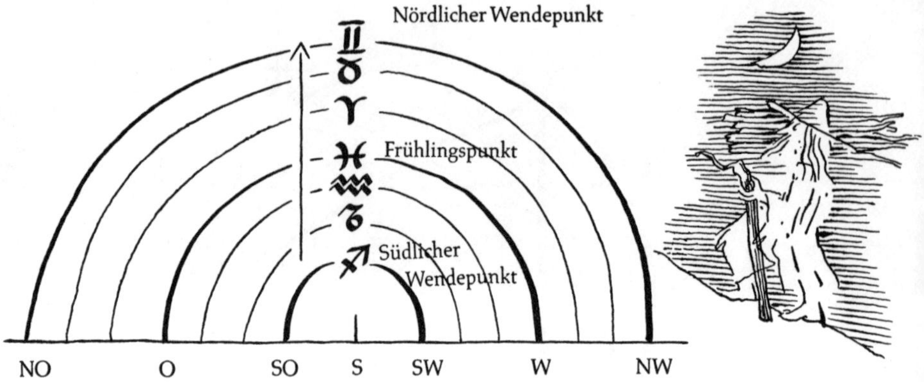

Aufsteigender Mond.

Beim absteigenden Mond meinen die Bauern, daß der Saftanstieg geringer ist, daher soll man diese Zeit zum Umpflanzen, Holzschlagen oder Heckenschneiden nehmen. Wenn der Mond wieder in die höheren Zeichen steigt, können Obstbäume gepfropft und Gemüse gepflanzt werden.

Die Tage der Erdferne und Erdnähe sowie die Knotentage, an denen der Mond die Sonnenbahn überquert, sind von alters her als ungünstige Tage bezeichnet worden, an denen man keine größeren Arbeiten vornimmt oder Aussaaten macht. Eine Ausnahme sind die Kartoffeln, die sich gut entwickeln, wenn sie bei Erdferne gepflanzt werden. Nach Maria Thun hat das an Knotentagen angebaute Saatgut wenig Keimkraft. Auf die anderen Planeteneinflüsse ist auch zu achten, besonders wenn einer der beiden »bösen« Planeten, der finstere Saturn oder der kriegsschwangere Mars, mit dem Mond in Konjunktion stehen.

Ein Hinweis Steiners, daß man Unkräutern und Schädlingen die Inkarnationsfreudigkeit nehmen kann, wenn man sie bei besonderen Mondstellungen durch den Feuerprozeß zieht, sie verascht und auf das Ackerland streut, wird von einigen Biodynamikern befolgt.[20] Maria Thun gibt in ihrem Kalender (1979) an, daß man den Ackerknöterich im Wassermann, Vogelwicke in den Fischen, Ackertaubnessel und Hederich im Widder, Klettenlaub im Stier, Gräser in den Zwillingen, Vogelmiere und Hahnenfuß im Krebs usw. zu Asche verbrennen soll. Die Unkrautasche wird verrieben und dann mit Wasser homoöpathisch auf die achte Dezimalpotenz (D8) gebracht und über die Äcker versprüht. Nach einigen Jahren sollen diese Unkräuter dann weitgehend verschwunden sein.[21]

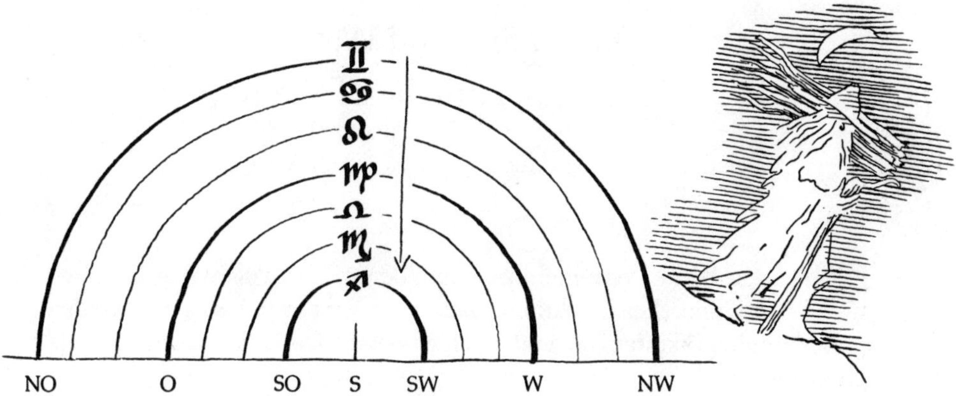

Absteigender Mond.

Zusammenfassend muß erkannt werden, daß das Arbeiten mit den kosmischen Rhythmen nur ein Aspekt des erfolgreichen Gartenbaus ist. Diese Rhythmen können nur wirksam eingreifen, wenn der Boden gut gepflegt ist mit Kompost, vernünftiger Bewässerung, Fruchtfolge und Mischkultur. Da die vielen Rhythmen einander überschneiden, kann man Jahrzehnte warten, bis alle idealen kosmischen Bedingungen gleichzeitig vorhanden sind. Anstatt darauf zu warten, muß man eben nach gutem Menschenverstand handeln und die wichtigsten Aspekte zuerst berücksichtigen. Am ehesten sollte man sich an die Mondphasen halten, dann an die Mondzeichen und, wenn es geht, schließlich auch den tropischen Mond beachten.

XI Wind und Wetter: Die atmosphärischen Faktoren

Klima und Wetter vermitteln zwischen den großen Polaritäten, der Erde und den kosmischen Einflüssen. Diese ausgleichenden und verbindenden merkurialen Faktoren, die im Garten eine wichtige Rolle spielen, sind die folgenden:

1. *Feuchtigkeit:* Luftfeuchtigkeit, Regen, Hagel, Schnee, Tau- und Nebelbildung und wie lange der Schnee den Boden bedeckt hält.
2. *Winde:* Windstärke, Richtung, jahreszeitliche Veränderungen (z. B. Bise, Föhn, Schirokko usw.) und kleine lokale Winde wie der Abendwind oder der Talwind.
3. *Luftdruck:* der Wechsel im Wetterglas.
4. *Lichtklima:* relatives Verhältnis der bewölkten Tage gegenüber klaren Tagen. Winkel der Sonneneinstrahlung, Tageslängen, Schattenfall von Bäumen, Häusern, Hügeln oder Mauern.
5. *Temperatur:* Durchschnittstemperaturen, Tages- und Nachtextreme, jahreszeitliche Temperaturkurven, Frost und Kaltwetterperioden.

Jeder dieser Faktoren spielt eine entscheidende Rolle dabei, wie gut ein Garten gedeiht, denn sie bestimmen mit, wann es günstig ist zu säen, pflanzen, pflegen oder zu ernten, wann die Gefahr des Mehltau-, Pilz- oder Schädlingsbefalls vorhanden ist und was schließlich die Qualität und Quantität der Ernte betrifft. Nicht nur im Gefühl sollte der Gärtner dies haben, sondern er sollte sorgfältig Tag für Tag die Angaben in seinem Gartentagebuch festhalten.

Um genauere Angaben machen zu können, kann man eine *Gartenwetterwarte* mit einfachen Meßinstrumenten einrichten. Dazu gehört ein *Thermometer*, mit dem man früh, mittags und abends in der Sonnenlage und in der Schattenlage Messungen macht, eine *Wetterfahne* auf dem Dach, die die Windrichtung angibt, ein *Hygrometer*, das die Luftfeuchtigkeit anzeigt, ein einfacher *Anemometer* – eine Art Windmühle mit Umlaufzähler –, das die Windgeschwindigkeit angibt, ein *Wetterglas* (Barometer), um den Hoch- und Tiefdruck der Luft zu messen und ein *kalibriertes Glas* zum Messen der

Niederschlagsmengen.[1] Diese Instrumente sind alle leicht selber zu machen oder billig auf dem Flohmarkt zu bekommen. Das Hygrometer ist jedem als Wetterhäuschen bekannt, aus dem beim schönen Wetter Hänsel und Gretel hervortreten und bei schlechtem Wetter die Hexe erscheint. Ein hängendes Haar mit einem Zeiger daran, ein Stück Seil, das sich fester oder lockerer windet je nach Luftfeuchtigkeit, und der Wetterfrosch im Glas stellen alle geeignete Hygrometer dar.

Die so gemessenen Angaben, zusammen mit kosmologischen Feststellungen über Sonnen- und Mondpositionen, Ort am Horizont, wo die Sonne auf- und untergeht und der Winkel der Sonneneinstrahlung und des Schattenfalls über die Beete, gehören in das Tagebuch eingetragen neben den üblichen Eintragungen über Kompostierung, Arbeitsgänge, Düngung und Fruchtfolge. Nach einigen Jahren wird solch ein Tagebuch zur zuverlässigen Grundlage einer Wetter- und Erntevorhersage für die betreffende Gegend.

Wettervorhersage

Den Rundfunk- und Fernsehwetterbericht kann man sich ersparen. Anstatt vor dem elektronischen Orakel zu sitzen, kann man durch direkte Beobachtung der Natur zu den notwendigen Schlüssen kommen, die für die örtliche Lage stimmen. Die Aussagen der alten Leute und auch die regionalen Bauernregeln sind große Hilfen dabei. Wenn Wetterfronten durchziehen, merkt man es entweder an alten Wunden oder daran, daß das Vieh besonders unruhig ist. Pflanzen und die niederen Tiere wie die Insekten, die ganz in die makrokosmischen Launen eingespannt sind, können das Wetter anzeigen, wenn man sie genau beobachtet. Wenn gutes Wetter bleibt, tanzen die Mücken, die Schwalben fliegen hoch, die Hängespinnen machen lange Fäden, die Ameisen haben ihre Gänge offen, und die Spinnen machen feine Netze. Wenn das Wetter umschlägt, dann fliegen die Schwalben tief, die Bienen, Mücken und »Gewittertierchen« werden stechlustiger, die Ameisen knistern aufgeregt, eilen zum Bau zurück und schließen ihre Gänge, die Fichtenwälder nehmen ein düsteres Aussehen an, die Jauchegruben beginnen zu stinken, der Rauch will nicht zum Schornstein hinaus, die Schnecken kriechen ungeniert tagsüber auf den Blättern herum und die Rehe treten gerne aus den Wald.

Die rein atmosphärischen Erscheinungen lassen auch brauchbare Schlüsse zu. Einige Quellwolken (cumulus) am blauen Himmel bedeuten, daß das Wetter schön bleibt. Dagegen sind Schäfchenwolken Vorboten von Regenwetter. Der Bauer meint: Wenn die Engel Brot backen (cirrocumulus), regnet es am nächsten Tag. Abendrot heißt meistens: schönes Wetter am nächsten Tag; hingegen ist Morgenrot ein Zeichen, daß es regnen wird. Morgenregen, wie Weiberweh, hält nicht lange an, heißt es, aber nachmittags Regen bleibt oft lange. Morgentau bedeutet einen schönen Tag, denn Tau hält den Himmel blau. Wenn die Sonne oder der Mond einen Hof haben, bedeutet das oft feuchtes Wetter in den folgenden Tagen. Wie alles, was nicht im physikalischen Labor geschieht, sind diese Regeln nicht hundertprozentig. Jemand, der an verschiedenen Orten gegärtnert hat, wird wissen, daß jeder Ort seine Wettereigentümlichkeiten hat. Das ist besonders bei Winden und Frosten der Fall.

Auch weitreichende Vorhersagen lassen sich durch Naturbeobachtungen machen. Im Jura kann man an der Schneemenge, die man im Winter auf den Gipfeln hat, vorhersagen, ob man im Sommer genügend Wasser in den Quellen hat oder ob man sparsam haushalten muß. Anderseits bedeutet viel Schnee auf den Höhen, daß die Nachtfröste bis weit in den Frühling hinein reichen werden. Wenn die Bienen eine große Brut aufziehen, kann man auf ein gutes Jahr schließen, aber bei einem Sonnenfleckenjahr, das durch unbeständiges Wetter gekennzeichnet ist, haben die Bienen eine geringe Brut. Wenn die Ameisen im Sommer den Haufen stark ausbauen und höher machen oder wenn die Zwiebeln dicke Schalen machen, kann man einen strengen Winter erwarten. Wenn die braunen Markierungen der Bärenraupen stärker hervortreten als die schwarzen, wird der Winter mild, aber wenn die schwarzen Streifen breit sind, wird der Winter lang. Eine alte Bauernregel besagt, ob der Sommer naß oder trocken wird:

Grünt die Eiche vor der Esche,
Bringt der Sommer große Wäsche.
Grünt die Esche vor der Eiche,
Bringt der Sommer eine Bleiche.

Gartenarbeitskalender

Einen Gartenkalender mit festgesetzten Terminen kann es nicht geben, denn jedes Gebiet hat seine Eigentümlichkeiten. In den Höhenlagen kommt der Frühling später, bei einem See bleibt die Temperatur ausgeglichener, und so weiter. Anstatt sich an einen abstrakten Kalender zu binden, soll man wieder die Natur nach ihren Zeichen befragen. In einem gegebenen Gebiet erscheint der Frühling in ganz bestimmten Schritten. Vom Kosmos bedingt, beginnt Mitte Februar der Saftfluß in den Bäumen; bis dahin muß man mit dem Beerensträucher- und Obstbaumschnitt fertig sein. In Nordamerika werden die Ahornbäume zu dieser Zeit angezapft, um den süßen Ahornsirup zu gewinnen. Langsam merkt man, wie die Tage länger werden und Haselnuß, Schneeglöckchen und Himmelschlüsselchen zu blühen und Moose zu grünen beginnen. Da kann man auch die ersten Aussaaten in das Mistbeet machen. Wenn die Beete trocken genug sind, kann man die Bodenbedeckung wegkratzen und die kältetrotzigen Pferdebohnen, Pastinaken, Möhren, Zwiebeln, Erbsen und Schwarzwurzeln säen und Topinambur stekken. Bald blühen auch die Weiden und Weidekätzchen, die Brennesseln ergrünen, und dann folgen die Veilchen, Löwenzahn, Scharbockskraut, Schwarzdorn und die Schlehen. Nun kann man auch schon unter Folie oder Glas Lauch, Salat, Petersilie und Kohlpflanzen im Saatbeet aussäen und die Obstbäume pfropfen. Da der Boden noch kalt ist, besteht trotz der wärmeren Tage noch Frostgefahr. Erst wenn der Kuckuck ruft, die Schwalben gekommen sind, das Wiesel sich wieder braun gefärbt hat, die kleinen Spinnen aus ihren Hüllen ausgebrochen sind und die Esche blüht, braucht man keinen Frost mehr zu befürchten und darf die wärmeliebenden Tomaten, Gurken, Mais und Bohnen aussetzen. Oft ist das die Zeit, nach der die Eisheiligen (11. bis 13. Mai) oder die »kalte Sophie« (15. Mai) den letzten Kälteschub gebracht haben. Solche Zeichen begleiten das Gartenjahr.

Wenn im Sommer das Johanneskraut ausgeblüht ist, ist dies ein Zeichen, daß die Folgesaat von Buschbohnen, Salat, Möhren, Grünkohl oder Wirsingkohl gesät werden muß. Ebenso begleitet die Herbstflora Schritt für Schritt die Gartenarbeiten im Herbst, bis dann die Wandervögel, die Gänse aus dem hohen Norden, in ihrem Überflug die ersten Kältewellen voraussagen. Da es sich um einen lebendigen Kreislauf handelt, ist es schwer, allgemeine Aussagen zu machen; man muß sich im Laufe der Jahre in diese Natursprache einleben.

Magische Wetterbeeinflussung

Das günstige Wetter ist solch eine lebenswichtige Angelegenheit, daß bei allen Landwirtschaft praktizierenden Völkern der Versuch gemacht wird, die Launen der makrokosmischen Wesen, die das Wetter bestimmen, zu beeinflussen. Bei den nordischen Völkern bat man den rothaarigen Bauernfreund Thor (Donar), die Eis- und Frostriesen mit seinem Hammer aus dem Lande zu treiben, man suchte die Regentrude, wenn es zu trocken wurde, damit sie den Regen wecke. Man wußte, daß die gute Frau Holle die Wintersaat mit Schnee sanft und schützend zudeckte, wenn sie ihre Federbetten ausschüttelte oder ihre Gänse rupfte und daß im rauhen November Odin (Wotan) auf seinem Schimmel durch die Lüfte brauste.

Bei den Griechen war es Zeus, der Donner, Blitz und Regenwolken brachte. Iris folgte ihm oft mit dem Regenbogen, während auf dem Meer Nereus im Sturm seine Launen fahren ließ. Die Vier Winde, Zephir, der den milden, nassen Westwind bringt, Boreas, der kalte Nordwind, Notos, der heiße, trokkene Südwind, und Apelides, der kalte, trockene Ostwind, konnten vom Zauberer und Theurgen aufgerufen werden. Es besteht ja eine Entsprechung zwischen den Winden im Mikrokosmos und denen im Makrokosmos. Da nach dem Grundsatz der homöopathischen Magie (Sympathiezauber) Gleiches auf Gleiches wirkt, konnten die Zauberer durch Pusten und Schnaufen die Winde aufrufen.

Die vier Winde.

Die so begabten Menschen konnten zum Wohl der Gemeinde das Wetter locken oder mit Opfern und Gebeten angehen. Bösgesinnte Zauberer und Hexen, vom Volk auch Hagelannen, Schauerbrüterinnen oder Wolkenschieberinnen genannt, konnten, wie die Hexen in Shakespears *Macbeth*, in ihren brodelnden Töpfen Unwetter brauen.

Ethnographische Forschungen belegen die Universalität dieser Praktiken. In Dürrezeiten zieht sich der Medizinmann schwarz wie Regenwolken an und trommelt und tanzt, den Platzregen nachahmend. Anderswo singt und tanzt die Gemeinschaft den Regen herbei, man ist splitternackt oder in grüne Blätter gekleidet und spritzt Wasser oder Blut auf die Erde. Bei den Azteken wurden kleine Kinder dem Regengott Tlaloc geopfert, damit sein Regen, wie die Tränen der Kinder, den staubigen Boden befeuchten würde. In Oregon konnte ich moderne Amerikaner beobachten, die vollen Ernstes während einer lang anhaltenden Dürreperiode (1977) einen Regentanz nach indianischem Muster aufführten, als der zunehmende Mond in das Wasserzeichen Fische wanderte. Entgegen der offiziellen Wetterprognose regnete es tatsächlich am nächsten Tag. Auch die Christen versuchten das Wetter zu besänftigen mit dem Wetterläuten der Kirchglocken, Wetterkerzen und dem Singen bestimmter Lieder. Christus, der den Sturm auf dem See von Genezareth ebenso wie die Angst seiner Jünger beruhigte, wird in den Liedern als Herr der mikro- sowie makrokosmischen Elemente angefleht.

Um den Regen zu unterbrechen, nimmt man das entgegengesetzte Element zur Hilfe. Man wirft brennende Fackeln in die Luft oder zündet ein Feuer an.

Für den heutigen Menschen ist dies, wenn nicht reiner Aberglaube, so doch ein Zeichen des prälogischen, vorwissenschaftlichen Denkens, der Versuch, die Ungewißheit und Angst durch eine an und für sich unsinnige Handlung zu beheben, oder zumindest interessante Folklore. Die naturwissenschaftliche Schlußfolgerung ist, daß man es mit einem rein physikalischen Vorgang zu tun hat, der sich nicht auf diese Weise beeinflussen läßt. Wenn man jedoch anderseits zugeben kann, daß Denken und Wollen genauso ein reales Sein haben wie die Materie, obwohl nicht so physisch konkret, dann kann man sich vorstellen, daß zwischen Hoffnungen, Wünschen und moralischem Zustand der Menschen und dem äußeren Naturgeschehen ein Zusammenhang bestehen könnte. Wahrscheinlich wußte man zu der Zeit, bevor der abstrakte Intellekt im Menschen die Herrschaft übernahm, wie man geistig-seelische Energien zielgerecht leitet und wie Gebete, Lieder und Tänze die Naturenergien in Bewegung setzen können. Wahrscheinlich gibt es Beziehungen zwischen den Stürmen der Leidenschaft, die sich im Volk zuspitzen, und den Stürmen in der Natur. Wahrscheinlich vibrieren die heißen und kalten Temperamente und die Launen der menschlichen Kollektive bis in die ätherischen Bereiche hinein. Waren nicht die kalten Sommer nach den beiden Weltkriegen eine Spiegelung des Völkerhasses? Gotthelf beschreibt, wie Hagel »zufällig« das Feld des kaltherzigen, geizigen Bauern vernichtet.[2] Bei wem schlägt der Blitz ein? Warum ist das Wetter in den letzten Jahrzehnten, wie uns die Alten bestätigen, so unbeständig geworden?

Das Kleinklima: Licht und Wärme

Auch wenn wir das Wissen um die Rituale, die die große Wetterlage beeinflussen, verloren haben, kann jeder Gärtner doch vieles tun, um das Kleinklima, das Mikroklima, durch eine Reihe von Maßnahmen günstig zu gestalten.

Ein sonniger Gartenplatz ist am besten, denn durch Licht und Wärme werden die Photosynthese und das Fruchten und Reifen gefördert. Gemüse, die an schattigen Orten wachsen, haben weniger Zucker, Stärke und Geschmack, halten sich nicht lange und sind gegen Schädlinge anfälliger. Man muß also wissen, wo die Sonne im Jahreslauf ihren Schatten über den Acker wirft und wo die Schatten der Gebäude, Bäume und Hügel hinfallen. Die wärmeliebenden Pflanzen gehören in den sonnigsten Teil des Gartens. Wenn man seinen Garten an einem Hang anlegt, muß man wissen, daß die Sonneneinstrahlung bei einem Winkel von 90° viel intensiver ist als bei 45°. Der Südwesthang ist am trockensten und am heißesten; der Osthang ist kühler, weil der Morgentau erst trocknen muß, ehe eine starke Erwärmung stattfindet; die Nordostseite (Schattenseite) ist immer am feuchtesten und am kühlsten.

Im Frühling bleibt der Hanggarten etwas wärmer als der Talgarten, denn die kühle Luft bewegt sich nachts hangabwärts, daher sind die Fröste auch im Tal verheerender. Ein dunkler Humusboden nimmt schneller Wärme auf und behält sie länger als ein reflektierender, heller Boden. Bei Spalierbäumen jedoch nutzt man eine helle Hauswand, die das Licht und die Wärme zurückstrahlt, um besonders süße Früchte zu ernten. Beim Wein, wo es auf diese Rückstrahlung ankommt, läßt man die Reben nicht hoch wachsen, sondern befestigt sie nahe beim Boden, wo die ausgestrahlte Wärme der Traubenzuckerbildung zugute kommt.

Nachtfröste

Im Vorfrühling, wenn die Tagestemperaturen schon angenehm warm sind, aber der Boden noch kalt, strahlt die Erde die geringe, tagsüber aufgenommene Wärme rasch aus. Besonders wenn der Nachthimmel klar und unbewölkt ist, kondensiert sich die Luft bei der Abkühlung als Rauhreif auf den jungen, zarten Blättchen. Von den höheren Lagen fließt langsam und zähflüssig die Kaltluft und staut sich in den Senken. Der Gärtner hat darauf zu achten, daß sich diese Luft nicht in seinem Garten festsetzt. Schon weniger

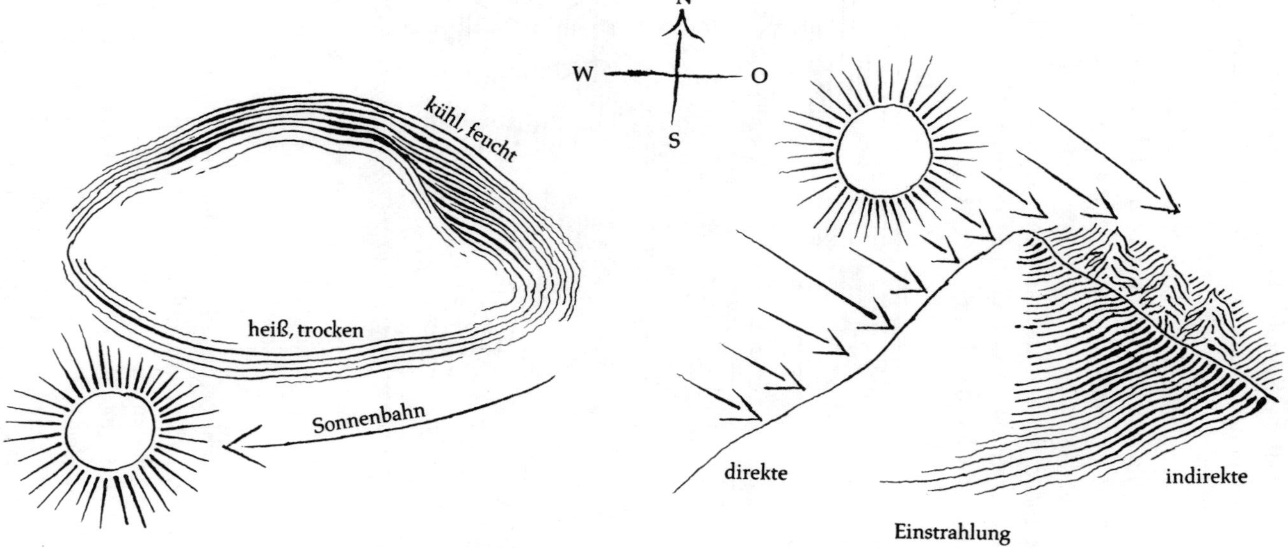

kühl, feucht
heiß, trocken
Sonnenbahn
N
W
O
S
direkte
indirekte
Einstrahlung

als ein Meter macht einen Unterschied aus. Er kann entweder mit einer Hekke oder einem Wall die Kaltluft oberhalb des Gartens abfangen oder ihr durch das Öffnen einiger Schneisen unterhalb des Gartens den Weiterfluß erlauben.

Da feuchte Luft die Wärme zurückhält und sie vier- bis fünfmal weniger leicht wieder abgibt als trockene Luft, ist ein Wald, See oder Teich in der Nähe des Gartens ein wirksamer Schutz gegen Wärmeverlust. Feuchtere Böden, obwohl es länger dauert, bis sie aufwärmen, halten die Bodenwärme länger als trockene Böden, daher sollte man nicht zu zeitig im Frühling schon hakken und kultivieren oder das Beet mit trockenem Mulch abdecken. Man warte lieber, bis die Frostgefahr geringer ist.

Einstrahlung tagsüber

Ausstrahlung nachts bei klarem Wetter

Rückstrahlung nachts bei bedecktem Himmel

Frostgefahr besteht besonders, nachdem eine Kaltfront vorbeigezogen, der Himmel klar, die Luft windstill und trocken und der Boden kalt ist. Dann kann man förmlich den Frost daherfließen sehen, hier und da aufsetzend, wie die Fußstapfen eines Eisriesen aus der Sage. Wenn der Himmel hingegen mit Wolken bedeckt ist, verstrahlt die Wärme nicht so leicht. Eine künstliche Wolkendecke richtet man mit einer Plastikfolie über dem Beet ein. In den größeren Obstplantagen erreicht man ähnliches mit einem Rauchfeuer.

Es ist kurz vor Sonnenaufgang in den kältesten Stunden, wenn *Jack Frost*, wie man den Frostriesen in England nennt, durch den Garten trampelt. Man kann ihn mit der Beregnungsanlage überlisten, wenn man sie während dieser Zeit anstellt. Solange frisches Wasser über die Blätter rieselt, fällt deren Temperatur nie unter den Gefrierpunkt. Im Spätherbst findet sich Jack Frost wieder ein. Da kann man mit Plastiktunneln und dem Besprühen der Pflanzen mit einem Baldrianpräparat die Saison um einige Wochen verlängern.

Winde und Lüfte

Der Gärtner sollte die Winde, ihre Richtung und Stärke genau kennen. Er sollte wissen, welcher Wind Wärme, Regen oder Kälte bringt.

Jeder Wind, der über die Beete fegt, kühlt und trocknet den Boden und bläst die Kohlensäure weg, die die Pflanzen zur Photosynthese brachen. Kohlendioxyd (CO_2), das etwas schwerer ist als die gewöhnliche Luft, wird von den Bodenorganismen ausgeatmet und von den Spaltöffnungen an der Unterseite der Blätter wieder eingeatmet. Ein Garten, der durch Hecken, Büsche oder mit Reisig geflochtene Zäune geschützt ist, ergibt im Durchschnitt zehn Prozent höhere Ernteerträge, und die Pflanzen sind ungefähr eine Woche weiter in ihrer Entwicklung als in ungeschützten Lagen.[3] Eine zwei Meter hohe Hecke hält den Wind noch auf hundert Meter Abstand vom Boden ab und hält die Bodentemperatur im Frühling zwei Grad höher als an einem ungeschützten Ort.[4]

Hecken sind nicht Ansammlungsorte für Schädlinge, wie mitunter behauptet wird, sondern gewähren solchen nützlichen Tieren wie Kröten, Blindschleichen, Igeln, Vögeln und Wieseln, die die Feldmäuse vertilgen, Unterschlupf. Eine Hecke kann außerdem Nüsse, Beeren und Wildfrüchte liefern, Bienenstöcke schützen; Tomaten- und Bohnenstangen können herausgeschnitten werden, Reisig für das Feuer und Laubheu für das Vieh können gewonnen werden. Wenn man die Hecke beschneidet, wird sie im folgenden Jahr dichter. Ehe eine Hecke herangezogen ist, kann man sich mit dem Anpflanzen eines Schutzstreifens aus Mais, Topinambur, Erbsen oder Hanf in den Randbeeten behelfen. Leider ist ein solcher Schutzstreifen im Frühling noch nicht hoch genug, wenn man ihn am dringendsten braucht. Hecken sind winddurchlässig, aber sie verlangsamen die Windgeschwindigkeit. Mauern und undurchlässige Barrieren verursachen Wirbel und Turbulenzen, die in den Beeten verheerend wirken können.

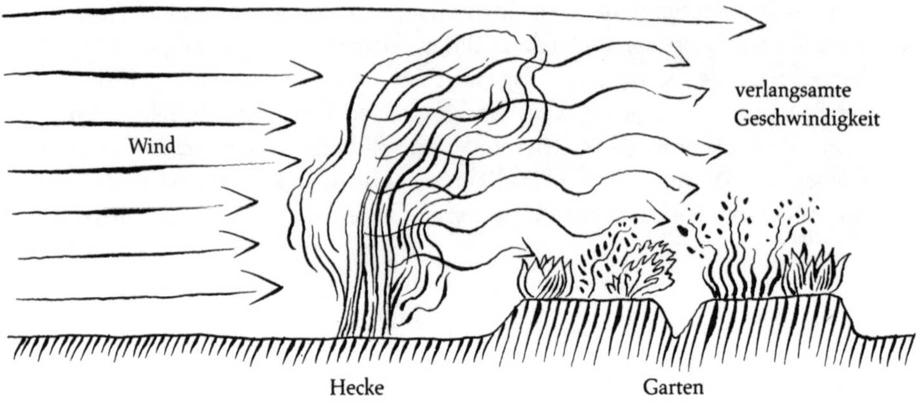

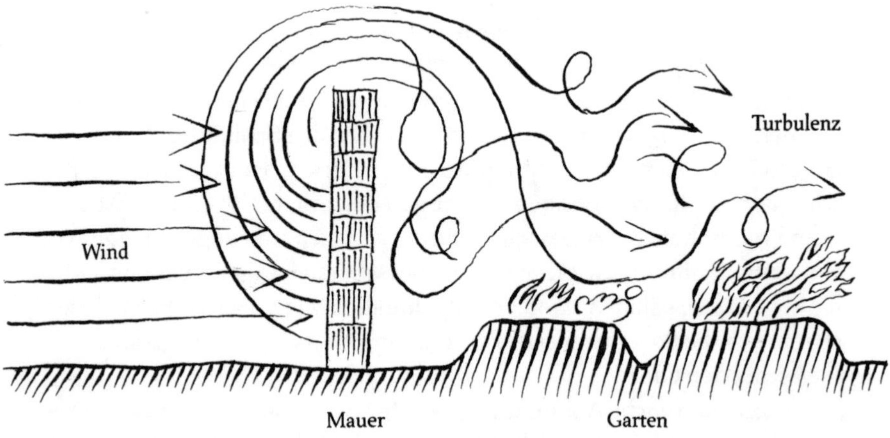

Windschutz im Garten.

Wasser

Der Gärtner muß die Witterungsverhältnisse sowie die Eigenschaften seines Bodens genau kennen, um mit dem Wasserhaushalt vernünftig umgehen zu können. In einem mediterranen Klima, wo es im Sommer kaum regnet, hat man andere Regeln zu befolgen als im Gebirge oder im Norden, wo es fast jede Woche regnet. Ein wasserundurchlässiger Moräne- oder Sandboden ist anders zu behandeln als ein guter Humusboden, der das Wasser wie ein Schwamm hält. Auf moorigen und marschigen Böden kann man Entwässerungsgräben ziehen oder Dränagerohre legen, einen wassersammelnden Teich anlegen, in dem auch Fische, Frösche und Enten gedeihen, oder Hügelkulturen machen, die die Pflanzen auf ein etwas höheres Niveau heben.

Folgende Bewässerungsregeln sind im allgemeinen gültig, obwohl sie in den trockeneren Klimaverhältnissen Genfs und Oregons ausgearbeitet wurden. Die Wassernutzung kann durch diese Maßnahmen optimal gestaltet werden:

1. *Tiefbeetkultur* lockert den Boden über einen halben Meter tief und erlaubt den Jungpflanzen, schnell ihre Wurzeln in die feuchten Tiefen zu senken. Der gelockerte Boden unterbricht die Kapillarbewegung des Wassers nach oben. Die Krümel unterbinden den Kontakt der Wassermoleküle miteinander und verhindern so eine übermäßige Verdunstung.
2. Die *Ton-Humuskomplexe des Kompostes* wirken wasserhaltend wie ein Schwamm, der sechsmal sein Eigengewicht und 800 bis 900 Prozent mehr Wasser halten kann als Sand. Die elektrostatische Anziehungskraft des Humuspolymers hält eine viermolekularige Wasserschicht, die vor Verdunstungssog sowie Schwerkraftsog gefeit ist, aber von den Wurzeln aufgenommen werden kann, wenn die Pflanzen durstig sind. Pflanzen in mageren Böden verbrauchen größere Mengen Wasser, da sie mehr Flüssigkeit verdunsten müssen, um die gleiche Menge gelöster Substanzen für ihren Stoffwechsel zu bekommen. In einer Trockenzeit kann man ohne weiteres erkennen, wo mit Humus gewirtschaftet wird. Kompostböden haben Wasser und Nährstoffe auf Vorrat.
3. *Bodenbedeckung* verhindert Verdunstung. Es ist, als ob sich eine Wolkendecke auf den Boden gelegt hätte. Gewöhnliches Laub und Unkrautmulch senken die Verdunstung auf 50 Prozent, während bei hellem Stroh, das auch die Wärme zurückstrahlt, 70 Prozent weniger Wasser an die Luft abgegeben wird.
4. *Hecken* und *Windschutzstreifen* verringern den Wasserverlust.
5. Das *sachgemäße Gießen* muß auch gelernt sein. Viele Leute »verwöhnen« ihre Pflanzen, indem sie jeden Tag ein bißchen sprengen oder gießen. Am nächsten Nachmittag sehen die Zöglinge schon wieder welk aus und warten auf ihre Brause. Solche Pflanzen sind verwöhnt! Da nie durchgehend und gründlich gegossen wird, wurzeln die Pflanzen nur oberflächlich. Sobald diese Oberfläche trocken ist, sehen sie wieder welk und matt aus. Es ist besser, einmal alle zwei oder drei Wochen gründlich zu wässern und dann sofort, um Verdunstung und Verkrustung zu verhindern, den Boden mit Mulch zu bedecken oder die Oberfläche zu hakken, als täglich ein bißchen anzufeuchten.

Die Pflanzen sollen nie zur heißen Mittags- oder Nachmittagszeit gesprengt werden. Sie sind zu dieser Zeit gar nicht auf ein plötzliches kaltes Bad eingestellt und erleiden einen Schock, der zu Wachstumshemmungen führt. Wir werden sehen, daß es immer zu Schädlings- und Pilzbefall kommt, wenn eine Pflanze erschreckt wird und das ihr gemäße Wachstum ins Stocken gerät. Um sich vor übermäßiger Transpiration zu schützen, lassen einige Pflanzen, wie die Bohnen und Kürbisse, am Nachmittag die Blätter hängen. Das ist noch lange kein Zeichen, daß sie Durst haben. Man sollte in den Boden hineingreifen um sich zu vergewissern, ob noch Feuchtigkeit vorhanden ist. Bis in die untere Wurzelzone hinein soll sich der Boden so feucht anfühlen wie ein ausgewrungener Schwamm. Am frühen Morgen, wenn die Pflanzen noch taufrisch sind, am kühlen Abend oder wenn es gerade regnet und die Pflanzen auf einen Wasserguß eingestellt sind, kann man bewässern.

Pflanzen, die es kühler lieben und denen die Luftfeuchtigkeit zusagt, wie Kohlsorten, Kartoffeln und Wurzelgemüse, gedeihen gut mit einer Beregnungsanlage, die das Wasser regenartig von oben herab auf die Pflanzen fallen läßt. Die dadurch erhöhte Luftfeuchtigkeit im Kleinklima kommt den Gewächsen im allgemeinen zugute. Wärmeliebende Pflanzen wie Bohnen, Tomaten und Abelmosch (Moschuseibisch) vertragen keine nasse Haut; bei ihnen ist es besser, Bodenbewässerungsanlagen wie perforierte Schläuche anzuwenden.

Wasser ist nicht gleich Wasser. Es gibt Qualitätsunterschiede, die bei den Pflanzen unterschiedliche Wirkungen hervorrufen. Am allerbesten ist das »weiche«, lebendige Regenwasser, besonders wenn es um die Vollmondperiode geregnet hat. Man kann nicht genug davon in Fässern und Trögen sammeln. In der Reihenfolge der Brauchbarkeit folgt das Teich- oder Tümpelwasser, wenn es nicht zu viel Gerbstoffe vom Blattlaub enthält, Flußwasser und Grabenwasser. Das harte, mineralische Brunnenwasser ist schon weniger günstig, besonders wenn es viel Eisen enthält und den Boden damit verkrusten kann. Am wenigsten geeignet ist chloriertes Stadtwasser. Obst, Beeren, Tomaten, Bohnen und Kartoffeln sind *chlorempfindliche* Pflanzen.

Qualitätsskala des Wassers für den Garten:

Regenwasser	Teichwasser	Flußwasser	Brunnenwasser	Stadtwasser
weich lebendig				hart tot

Bodenbedeckung oder Mulch ist überall in der Natur zu finden und sollte auch im Gartenökotop, in der Regulierung des Kleinklimas, eine nützliche Rolle spielen. Mulch ist ein aus dem Englischen eingedeutschtes Wort, das mit Müll, Mulm (faules Holz) und Torfmull sprachlich verwandt ist und im Gärtnerlatein soviel wie »organische, feuchte, angerottete Bodenbedekkung« bedeutet.

Die einfachste Bodenbedeckung ist die lose, lockere Krume, die durch das Hacken entsteht. Sie läßt den Boden atmen, ermöglicht Sauerstoff/Kohlensäureaustausch und unterbricht die Kapillarbewegung der Wassermoleküle zur Bodenoberfläche. Nur dank dieses *Trockenmulchens* durch fleißiges Hakken können die Pueblo-Indianer in den Wüsten Arizonas leben. Sobald ein Regen gefallen ist, macht die ganze Sippe, jung und alt, Mann, Weib und Kind, einen Wettlauf zu den Gärten, die hier und da, weit verstreut in Talsenken unterhalb der Mesas liegen. Da es sich bei diesem Volk um keine Wettbewerbsgesellschaft handelt, kommen alle schnell, aber gleichzeitig an, und man beginnt sofort zu hacken, um das lebensspendende Wasser im Boden zu behalten. Nach jedem Regen muß neu gehackt werden.

Weniger Arbeit als Hacken mackt die Bodenbedeckung, die auch andere biologische Vorteile hat. *Gehäckseltes Stroh* hält den Boden kühl und eignet

ungehackt — gehackt — gemulcht (Bodenbedeckung)

Kapillarwasserbewegung.

sich für Kohl, Möhren und Kartoffeln, die einen kühlen Wurzelbereich vorziehen. Wenn der Boden zu warm wird, bilden die Kartoffeln weniger Knollen und die Möhren werden kurz und gedrungen. Ein Bodenschutz aus *altem Heu* ernährt die Kleinlebewesen und Regenwürmer zusätzlich. *Papiermulch* ist unangenehm, da es leicht vom Wind erfaßt wird, außerdem ist es fraglich, welche Wirkung die Druckerschwärze des Zeitungspapiers auf den Nährstoffkreislauf hat. *Frisch gemähtes Gras* muß erst etwas angewelkt sein, ehe man es als Bodenbedeckung benutzt, denn es kann luftundurchlässig zusammenbacken. *Schwarze Plastikfolien* werden von Gärtnern viel als Bodenbedeckung bei Erdbeeren, Tomaten, Eierpflanzen und Pfeffern verwendet, denn sie geben den Pflanzen im Frühjahr einen Vorsprung, aber sie versäuern den Boden, da sie die Bodenatmung unterbinden; während sie allmählich verwittern, und auch beim Verbrennen, geben diese Folien giftige Polyvinylchloridgase von sich. *Tannennadelmulch* enthält keimhemmende Harze und Säuren und eignet sich nur bei Erdbeeren oder Azalien, die einen niederigen pH-Wert verlangen. Frisches *Sägemehl* raubt dem Boden seinen Stickstoff und sollte erst im angerotteten Zustand als Mulch genommen werden. *Gehäckselte Laubblätter* eignen sich besser, aber wegen ihres Gerbstoffgehalts sind sie weniger gut als Heu, Stroh, Unkraut oder Gras. Hier gilt die Regel: Holz und Laub machts Acker taub.

Wenn einmal die drei bis zehn Zentimeter dicke Decke aufgebracht worden ist, kann man sich etlicher Vorzüge erfreuen. Das Unkraut ist kaum ein Problem mehr; die wenigen, die durch die Mulchdecke sprießen, lassen sich leicht mit den Fingern herausziehen. Der Boden hält die Feuchtigkeit besser; er trocknet nicht aus. Die Kleinlebewesen können bis zur unmittelbaren Oberfläche den Boden durchlockern und haben immer organische Stoffe als Nahrung zur Verfügung. Nach Regen oder Bewässerung verkrustet die Oberfläche nicht, und beim Guß wird der Dreck nicht auf die zarten Salatblätter oder Erdbeeren gespritzt.

Diesen Vorteilen steht als Problem gegenüber, daß man dann zu wenig Stoffe für den Kompost haben könnte und daß sich die Schnecken unter der Mulchdecke verkriechen können. Die Sorge um die Begünstigung der Schnecken sollte jedoch weniger gerechtfertigt sein, denn durch Einsparung der täglichen Bewässerung wird auch eine der günstigen Bedingungen für diese Feuchtlufttiere verringert. Die Schnecken sind besonders auf den nackten Böden der Hackkulturen ein Problem, wo sie weder Unkraut noch Mulch finden. Da machen sie sich über die Kulturen her und können im Frühjahr ein Beet kahlrasieren. Da Schnecken gewelkte Pflanzen den grünen bevorzugen, sollte man keine Angst vor dem Mulchen haben.

XII Kompost und Jauche

Kompostierung (lat. *compositum* = Zusammengesetztes, Gemischtes) ist die Kunst und Wissenschaft, pflanzliche und tierische Abfälle zusammenzumischen, durch eine Verrottung zu führen und eine gutriechende, dunkle Düngererde zu erzeugen, in der die Pflanzen ihr geeignetes Medium zum Gedeihen finden.

Im natürlichen Kreislauf der Pflanzenwelt, im *Lebensrad*, wie Sir Albert Howard es nennt, findet die Kompostierung am untersten Pol statt. Das Rad beginnt sich im Frühling zu drehen, wenn die Samen und Knospen von der Sonnenwärme und vom Wasser geweckt werden. Ein gar übermütiges Wachstum bemächtigt sich der Vegetation bis zur Sommermitte, aber dann verlangsamt sich der rapide Aufbau der grünen Biomasse, während unmerklich der neue Einschlag zur Blütenbildung, zum Fruchten und zur Samenreife überwiegend wird. Allmählich verfärben sich die älteren Blätter gelblich oder rötlich, werden von Insekten angeknabbert und fallen schließlich zu Boden. Der großartige *Aufbau* im Frühling ist im Herbst ganz deutlich vom *Abbau* abgelöst worden. Im Spätherbst ist der Boden von braunen Stengeln und Blättern bedeckt. Kleinlebewesen, Würmer, Bakterien und Pilze zersetzen diese und lassen eine dünne Schicht mulchiger, schwarzer Humuserde entstehen. In den über die Jahre angesammelten Humus fallen die Samen, ruhen sich in den Kristallnächten des Winters darin aus und wachsen, neues Leben schöpfend, im Frühling, wenn ein neuer Aufbauzyklus beginnt, aus diesem Humus wieder empor.

Ein großartiges Bild der Pflanzen/Bodeneinheit tritt uns in diesem Lebensrad vor die Augen. Im ewigen Wechselspiel entsteht die grüne Vegetation, dann zerfällt sie auf der einen Hand wieder in Samen, auf der anderen Hand in Humus, um im Lenz wieder zu einer Einheit zusammenzuwachsen. Tierstoffe, Ausscheidungen, Schalen und Leichen sind im Kreislauf mit einbezogen, denn es gibt keine Biozönose ohne entsprechende Fauna. Der Kompost befindet sich an der Nahtstelle des Aufbau-Abbauprozesses.

Dieser Lebenskreislauf wurde schon in vorgeschichtlichen Zeiten als *Ouroboros*, der grüne Drache, der sich in den Schwanz beißt, dargestellt. Noch heute gibt es Hinterwäldler im Appalachengebirge, die den Ouroboros so

Lebenskreislauf

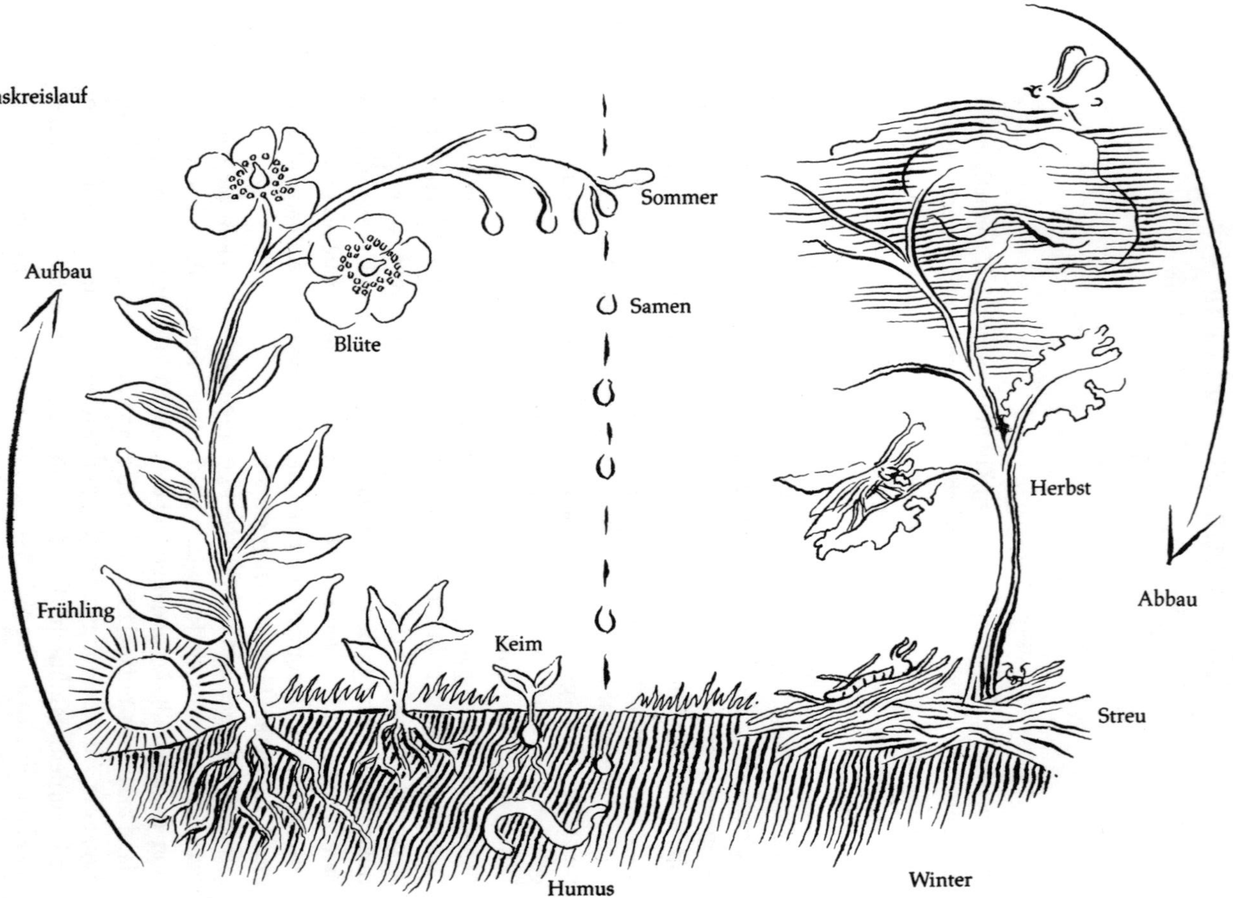

stark imaginieren, daß sie von *hoop snakes* berichten, die ihren Schwanz mit dem Maul fassen und wie Reifen im Frühling die Berge herunterrollen. Der Drache sagt über sich aus:[1]

> Indem ich mich vom Tode erhebe, töte ich den Tod, der mich tötet. Ich erwecke die Toten wieder, die ich geschaffen habe. Im Tode lebend, zerstöre ich mich zu deiner Freude. Ohne mich und mein Leben aber kannst du keine Freude haben. Wenn ich das Gift in meinem Kopfe trage, ist das Heilmittel in meinem Schwanz, den ich wütend beiße . . .

Zwischen dem Gift des Kopfes und dem Heilmittel des Schwanzes liegt der Komposthaufen.

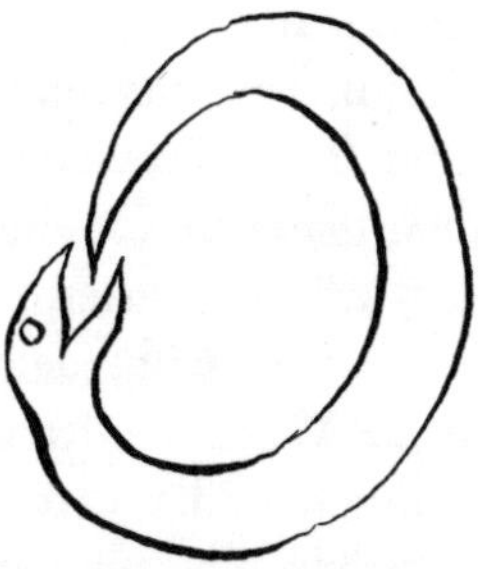

Ouroborus

In der biologischen Landwirtschaft ist die Humusherstellung im Kompost der goldene Schlüssel zum Erfolg. In der Natur findet dieser Prozeß immer statt. Blätter, tote Stengel, Kot, Leichen, Baumstrünke und alle organischen Substanzen, deren Ätherkräfte am Verebben sind, werden von Abbauorganismen ergriffen, verfaulen, verrotten, gären und verwesen, bis sie zu Erde geworden sind. Es gibt Gärtner, wie die Anhänger der biologisch-organischen Methode nach Müller und Rusch, die es ganz der Natur nachmachen wollen, die biologische Abfälle wie Streu direkt auf den Boden bringen wollen. Aber im Gemüsegarten, wo man eine schnelle Pflanzenfolge hat und hohe Erträge entnimmt, ist man besser dran, die Humusbereitung auf den Kompostplatz zu verlagern. Auf den Boden direkt aufgelegte Miste oder Pflanzenreste sind dem Nährstoffverlust und der Auswaschung ausgesetzt und können hier Geilwüchsigkeit, dort Wachstumshemmungen hervorrufen. Der Dauerhumus vom Komposthaufen wirkt hingegen ausgleichend. Eine schützende Bodenbedeckung kann man ja immer noch geben.

Die Kompostbereitung steht ganz im Zeichen der Alchemie, denn man eilt der gemächlichen Mutter Erde zur Hilfe, beschleunigt die Naturvorgänge etwas und führt sie in eine erwünschte Richtung, ohne dabei die Naturgesetze zu verletzen. Es erfreut die alte Mutter Erde sogar: operis processio multum naturae placet.

Kompostierung ist eine uralte Kunst. Sie wird von Philosophen wie dem Römer Plinius, dem Araber Ibn al Awan und Albertus Magnus beschrieben und von unzähligen Alchemisten eifrig betrieben, um das Geheimnis der Stoffverwandlung, der Transmutation und des Todes und der Auferstehung im elementischen Bereich zu erfassen.

Die Bauern hatten schon immer ihren Misthaufen, auf dem Stallmist, Abfälle und zufällige Kadaver verrotteten. Das waren oft stinkige Haufen mit viel Nährstoffverlusten. Im Gegensatz dazu hatte man in China schon früh eine sorgfältige Kompostierung entwickelt, die es ermöglichte, eine zehnköpfige Familie auf ein bis drei Hektar Land zu ernähren. Fäkalien, Unkräuter, Grabenschlamm und durch Schweine weiterverwertete Abfälle wurden in besonderen Komposthäusern, die einen Teil des bäuerlichen Gebäudekomplexes ausmachten, mit geringstem Nährstoffverlust veredelt.[2] Auch in der Schweiz fand man zuweilen überdachte Miststöcke.[3] Durch Einführung der Kunstdüngung, das Verschwinden der Pferde und Ochsen, das Aufkommen der Kraftmaschinen und die teilweise Spezialisierung der Landwirtschaft in viehlose Betriebe einerseits und Mastbetriebe anderseits ist die Kompostierung ins Hintertreffen geraten. Erst jetzt, da man sich der ökologischen Schäden und der Verteuerung der energiekonsumierenden chemischen Dünger gewahr wird, blickt man wieder auf diese alte Kunst. In der Zwischenzeit hat die biologische Bewegung die Kompostierungskunst wissenschaftlich unterbaut und auch Kräuterzusätze entwickelt, die lenkend in die Verrottung eingreifen, dazu Einsichten über Zutaten und Abläufe erarbeitet.

Zusammensetzung des Kompostes

Kompostierung ist gar nicht viel anders als Kuchenbacken. Zuerst muß man die richtigen Zutaten in den richtigen Mengen haben. Jede Art von biologischer Substanz kann kompostiert werden. Der gewöhnliche Gartenkompost enthält Küchenabfälle, Unkräuter, Miste der Haustiere, auch Katzen- und Hundedreck, Blätter, grobes Papier, Eierschalen, Rasensoden und vieles mehr. Man kann aber auch spezielle Komposte – Mistkomposte, Leguminosenkomposte, Schnellkomposte usw. – für besondere Düngeransprüche herstellen, genau wie man verschiedenartige Kuchen backen kann. Es ist besser, die Kompostzutaten gut zusammenzumischen als sie Schicht für Schicht aufzutragen, damit in allen Teilen des Haufens die Prozesse gleichmäßig verlaufen und nicht eine Mistlage fault, während eine Blätterlage schimmelt. Die Zutaten sollten so fein zermalmt und klein gehäckselt werden wie es nur geht. Eine Häckselmaschine ist besonders bei Kohlstrünken, Sonnenblumenstielen und holzigem Gestrüpp eine große Hilfe. Trockene Substanzen sollten vor der Kompostierung in einem Bassin eingeweicht werden.

Beim Zusammensetzen des Kompostes hat man vor allen Dingen auf das Verhältnis der kohlenstoffhaltigen Pflanzenreste gegenüber den stickstoffhaltigen Tiersubstanzen, auf das sogenannte *C-N-Verhältnis*, zu achten. Beim Sägemehl, daß 500 Teile Kohlenstoff gegenüber einen Teil Stickstoff aufweist, spricht man von einem weiten C-N-Verhältnis. Hingegen bei Mistsickersaft (C-N 3:1) oder Belebtschlamm (C-N 6:1) spricht man von einem engen C-N-Verhältnis. Das ideale Mischungsverhältnis beim Anfang der Kompostierung sollte zwischen C-N 30:1 und C-N 20:1 liegen. Nachdem der Kompostierungsprozeß in Gang gekommen ist, geht ein Teil der Substanz als Kohlensäure und Wasserdampf verloren und bringt den fertigen Kompost auf C-N 15:1 bis C-N 20:1.

Wenn man Sägemehl, Papier, Torf, Stroh, Herbstlaub und andere Ausgangsstoffe mit weitem C-N-Verhältnis hat, muß man diese durch das Beimischen von stickstoffreichen Materialien auf das ideale Verhältnis von C-N 20:1 bis C-N 30:1 bringen. Das kann dadurch erreicht werden, daß man Miste, Jauche, Guano, Blut, Hornmehl, Federn, Schweineborsten, Urin, Klärschlamm oder sogar Haare, die man beim Friseur auffegt, daruntermischt. Frische Sägespäne können ausnahmsweise mit Kunstdünger wie Kalkstickstoff oder Harnstoff vorverdaut werden, damit die Bakterien überhaupt eine Stickstoffquelle haben, um den Verrottungsvorgang einzuleiten. Nach dieser Vorverdauung können die nicht mehr so rohen Sägespäne im Kompost weiterverrottet werden.

Kohlenstoff-Stickstoff-Verhältnis verschiedener Substanzen

Sägemehl	500:1
Papier	200:1
Stroh	40–80:1
Maishalme	60:1
Altes Mulch	55:1
Baumlaub	50–60:1
Farnkraut	40:1
Altes Heu	30:1
Kartoffelkraut	25:1
Küchenabfälle	20:1
Frisch gemähtes Gras	15:1
Hülsenfruchtstroh	15:1
Tierkot	15:1
Hühnermist	8:1
Fäkalien	7:1
Blutmehl	5:1
Mistsickersaft	3:1
Hornspäne	1:1

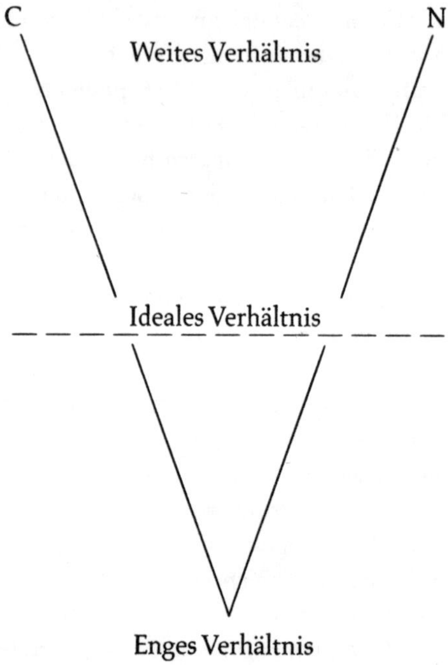

Wenn das C-N-Verhältnis der Ausgangsstoffe unterhalb der idealen Relation liegt, kommt es zu Stickstoffverlusten; man riecht das sich verflüchtigende Ammoniak; der Haufen wird faulig und speckig, lockt Fliegen an und entwickelt Maden. Anderseits, wenn die Zusammensetzung über dem idealen Verhältnis im weiten C-N-Bereich liegt, verlangsamt sich die Zersetzung erheblich. Wenn dann noch Feuchte und Kälte hinzukommen, endet man mit einem sauren, nährstoffarmen, torfähnlichen Stoff, wie man ihn in den Mooren vorfindet.

Außer den kohlenstoff- und stickstoffhaltigen Substanzen mischt der Kompostmeister noch andere Zutaten bei. Eine Beigabe von 5 bis 10 Prozent *Erde* fördert die Humifizierung, die Würmer und die Strahlenpilze. Getrockneter *Ton*, zu feinem Pulver gemahlen, kann beim Aufsetzen sachte in die Lagen gestreut werden. Zwei, drei Handvoll pro Kubikmeter genügen. Die Kompostwürmer, die die Ton-Humuskomplexe aufbauen, sind dafür dankbar. Man kann beobachten, wie gerne sich die jungen Würmchen um einen kleinen Tonhappen sammeln. *Kohlensaurer Kalk*, Korallenkalk, Algenkalk, Muschelmehl, Eierschalen oder Dolomitensteinmehl werden in ebenso geringen Mengen zwischen die Lagen gestreut, wie man Puderzukker auf den Kuchen streut. Der scharf ätzende Brandkalk sollte vermieden oder vorher mit Wasser gelöscht werden, da er chemisch zu reaktiv ist, den Stickstoff (NH_3) austreibt und die Kleinlebewesen schädigen kann. Eine basische Reaktion hindert die Entwicklung der Pilzgeflechte, die das durch den Bakterienabbau freiwerdende Ammoniakgas abfangen und in ihre Gewebe einbauen. Anderseits bewirkt die richtig abgewogene Menge langsamreagierenden Kalks einen besseren Umsatz der Stoffe, begünstigt die zelluloseverdauenden Bakterienstämme und bindet die Säuren. Das wiederum begünstigt die salpeterschaffenden Bakterienstämme.

Ebenso wie Kalk- und Tonpulver kann man *Holzasche* in den Kompost streuen. Auch dieser Stoff, der Kali, Mineralsalze und Spurenelemente vermittelt, ist fein zu verstäuben, denn wenn große Klumpen feucht werden, bildet sich Kalilauge (KOH). Asche vom Steinkohlenfeuer enthält zu viel Schwefel und Asche von Kunststoff oder buntem Glanzpapier enthält suspekte Verbrennungsrückstände. Es ist immer besser, *Steinmehle* – Granitmehl, Basaltmehl, Grünsand, Phosphatgestein, Thomasschlacke – und die schon erwähnten Substanzen durch den Kompost gehen zu lassen, wo sie von den aktiven Kleinlebewesen zu biologisch assmilierbaren Chelatkomplexen verarbeitet werden, als sie direkt auf den Boden zu bringen.

Die verschiedenen *Kompoststarter* aus Bakteriensporen, Stickstoffkonzentraten und mysteriösen Zutaten braucht man sich nicht teuer zu kaufen. Man kann oft bessere Resultate mit einer Schaufel voll altem *Stammkompost* erreichen. Man löst den Stammkompost in Regenwasser auf und begießt den Haufen, um ihn zu impfen. Ähnlich stimulierend wirkt der *russische Tee* (ein in Wasser aufgelöster Kuhfladen), der »Kompoststarter des Vorsitzenden Mao« (eine vier zu eins Mischung von Wasser und *Urin*), *Brennesseljauche* oder Brennessel-Tee und *Beinwelljauche* (Symphytum officinale). Die bio-dynamischen Kräuterpräparate gehören einer anderen Kategorie als die Kompoststarter an und werden anderswo behandelt. Ein Kompoststarter ist nicht absolut notwendig. Es geht auch ohne. Aber genauso wie man beim Brotbacken Sauerteig oder Hefe zusetzt, um eine gute, rasche Gärung zu bekommen, anstatt sich auf wilde Hefesporen aus der Luft zu verlassen und dann wohlmöglich ein hartes, bitteres, ungenießbares Brot zu bekommen, so tut man besser daran, einen Kompoststarter zu benutzen.[4]

Wo, wann und wie man den Komposthaufen hinstellt

Ein geschützter, leicht zugänglicher Platz soll für den Komposthaufen vorgesehen werden. In wärmeren, trockeneren Klimas, aber auch in regenreichen Gegenden kann dieser Platz auch mit leicht entfernbaren Platten überdacht sein. Holunder, Birke, Haselnuß und Erlengebüsch sind ideale Schattenpflanzen, deren Blätter und Wurzelausscheidungen den Verrottungsprozeß günstig unterstützen.

Die Kompostmiete sollte direkt auf den Boden, nicht auf Holz und schon gar nicht auf einer Zementplatte aufgebaut werden, denn die Bakterien vom vorhergehenden Haufen sollen impfen können, und die Kompostwürmer wollen sich in der Zwischenzeit in den Boden verkriechen. Wenn sie im Kompost tätig sind, wollen diese Würmer Lehm und Mineralien aus dem Untergrund holen können, um ihre Verdauung auszugleichen. Auch sollte der Kompost nicht in einer Kuhle im Boden sitzen, denn dann würde es aus Mangel an Sauerstoff zu Fäulnis und anärobischem Abbau kommen. Die nitraterzeugenden Bakterien brauchen Sauerstoff. Aus diesem Grund muß man den Kompost locker aufsetzen. Er muß feucht gehalten werden, darf aber nicht von Wasser triefen. Es sollte überhaupt kein Wasser absickern.

Nicht nur der Schönheit wegen, sondern wegen der inneren Kräftedynamik und um die »kritische Masse« für die bio-chemischen Reaktionen zu haben, muß der Kompost die richtige Form haben. Er kann bis zu zwei Meter breit sein, nach oben hin kegelartig abgerundet auf 1,20 Meter und jede beliebige Länge haben. Wenn er kleinere Proportionen hat, erhitzt er sich nicht genügend und zersetzt sich schlecht. Wenn er größer ist, bleiben die inneren Schichten roh und haben Mangel an Luft, während die äußeren Schichten sich viel schneller zersetzen.

Beim Kompost handelt es sich um einen undifferenzierten, primitiven Lebenskloß, einem Laib Brot ähnlich. Wie jedes Lebensgefüge braucht der Kompost eine Schutzhaut gegen die anorganische Umwelt, gegen Kälte, Wasser, direkte Sonnenbestrahlung und Austrocknung, aber auch um zu verhindern, daß die Zwischenprodukte des Stoffwechsels, wie Ammoniak und Methan, sich nach außen hin verlieren. Ein Kompost, der stinkt, ist gleich einem übelriechenden Menschen oder Tier ungesund; er verliert ätherische Kraft. Ein *Mantel* aus Blattlaub, Stroh, verrottetem Sägemehl oder einer anderen stickstoffarmen Substanz, die das flüchtige Gas auffängt, ist notwendig. Mit einer schwarzen Plastikfolie kann der Kompost weiter geschützt werden. Die Schwärze absorbiert die Lichtstrahlen (Sonnenenergie!) und verwandelt sie in Wärme, die dem Kompost zugute kommt, schützt

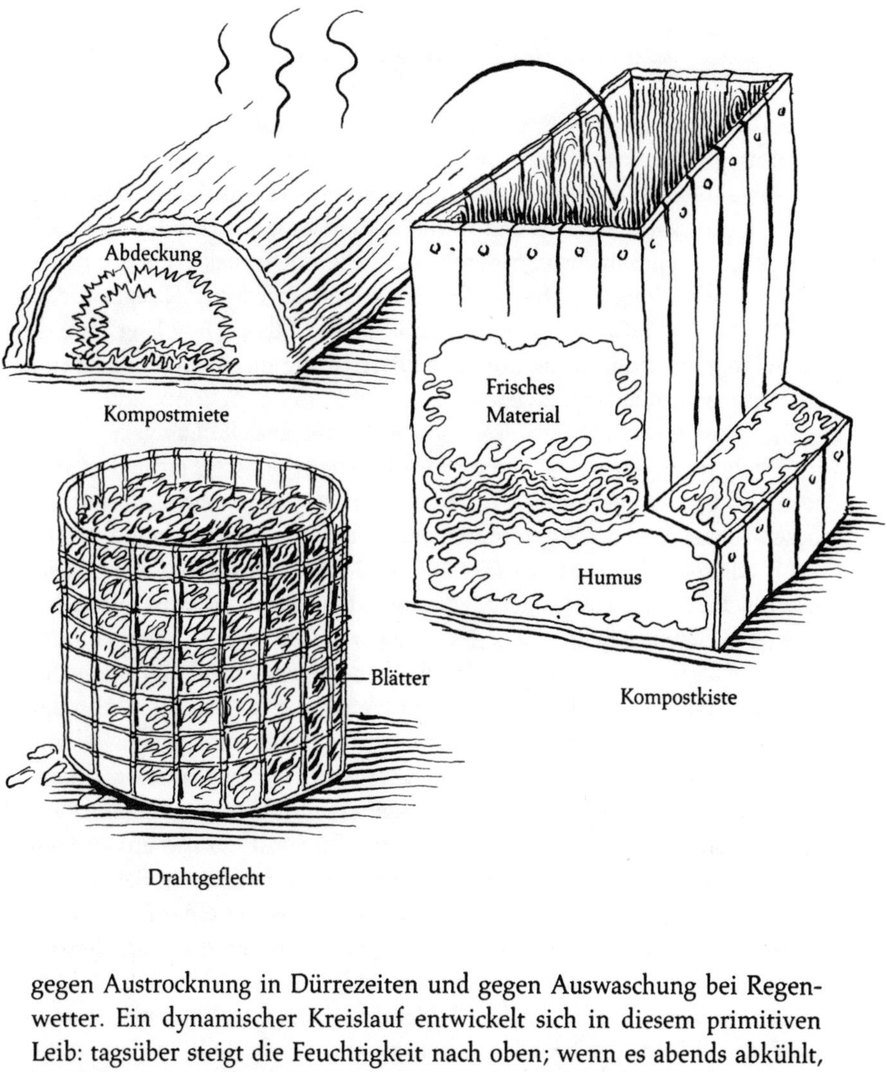

gegen Austrocknung in Dürrezeiten und gegen Auswaschung bei Regenwetter. Ein dynamischer Kreislauf entwickelt sich in diesem primitiven Leib: tagsüber steigt die Feuchtigkeit nach oben; wenn es abends abkühlt, kondensiert sie sich, wird zu schweren Tropfen und sickert wieder nach unten durch den Haufen.

In kleineren Hausgärten oder Schrebergärten kann man mit einem Kompostsilo, Drahtbehälter oder einer Komposttonne auskommen. Hier wird das frische Material, die Küchenabfälle, welke Blumen, Katzensand oder Kaffeesatz oben eingeworfen, und unten sollte man ab und zu eine Schaufel Humus herausnehmen können.

Spezialkomposte und Miste

Spezialkomposte aus besonderen Ausgangsstoffen und für bestimmte Düngewirkungen kennzeichnen die Kunst des Kompostmeisters. Achim Schwarze beschreibt im *Grünen Zweig* besondere Fäkalien-, Unkraut-, Laub-, Holz-, Torf-, Rinden- und Teichschlammkomposte.[5] Ein Kompost zur Düngung von Hülsenfrüchten, der die Wurzelknöllchenbakterien in eine virulente Entwicklung bringt, wurde von N. Remer entwickelt. Kleegrassoden werden dabei mit Kuhmist und etwas gelöschtem Kalk ein Jahr lang kompostiert.[6] Tomaten sind eine der wenigen Pflanzen, die auf einem Kompost von ihren eigenen Abfällen gut gedeihen.

Durch kompostierte Tiermiste kann man eine gezielte Düngerwirkung erreichen. Im allgemeinen kann man das ökologische Gesetz aufstellen, wonach der Pflanzenteil, den eine Tierart als Nahrung bevorzugt, auch vom Kot dieser Tierart am besten gefördert wird. Die *Schweine* leben mit Vorliebe von Knollen und Wurzeln, die sie mit ihren Rüsseln auswühlen. Es wundert daher nicht, daß ihr kalireicher Mist, wenn er gut kompostiert ist, insbesondere den Wurzelfrüchten – Sellerie, Lauch und Kartoffeln – zugute kommt. Das *Pferd* als Steppentier gedeiht bei trockener, stengeliger Nahrung – Hafer, Heu, Häcksel – am besten und liefert daher auch einen guten Mist, der Stengelbildung und Blattwachstum unterstützt und einen schweren, lehmigen Boden lockerer und leichter macht. Pferdemist, der viel Ammoniak enthält, kann sich in der Verrottung auf lange Zeit erhitzen, eine Eigenschaft, die die Alchemisten schätzten, um darin ihre Präparate »zu kochen« und die diesen Mist geeignet macht für Frühbeete zur Aufzucht von Setzlingen. Man braucht kein Gewächshaus, denn ein Frühbeet mit einer Pferdemistpackung kann im kleineren Betrieb völlig genügen, um die Jungpflanzen aufzuziehen.

Der *Stallhasenmist* ist wie der Pferdemist ein leichter, trockener, ammoniakhaltiger Mist, der bei Kleingärten oft eine große Rolle spielt und die Blatt- und Stengelentwicklung unterstützt. *Schafe* und *Ziegen*, die gerne aromatische Kräuter, Gestrüpp und Laubzweige fressen, geben einen Mist, der sich besonders dazu eignet, die Qualität und das Aroma von Früchten, Ölpflanzen und Kräutern zu verbessern. Vor dem Aufkommen der Herbizide und der chemischen Düngung weidete man Schafe in den großen Pfefferminzfeldern in Oregon. Sie säuberten von Unkraut, und ihr Dung erhöhte die ätherischen Öle der Minze. Hier traf das Sprichwort zu: Schafe haben goldene Klauen. In einem mediterranen Ökotop wie der Provence, wo die würzigsten Kräuter herkommen und Ölbäume wachsen, bilden diese Horn-

Wo die Tiere fressen, düngen sie.

tiere einen wichtigen Teil der Agrarbiozönose. Alle Pflanzen, die ölhaltig sind, wie Senf, Hanf, Flachs und Mohn, und die, wie Heilkräuter, reich an ätherischen Ölen und Harzen sind, werden durch die Komposte dieser Tiermiste verbessert.

Vögel im allgemeinen, insbesondere *Hühner*, finden ihre Nahrung an der oberen Peripherie der Pflanze; sie picken die Samen oben von der Pflanze oder kratzen Samen, Würmer und Kerbtiere aus dem Boden. Ihre Miste sind reichhaltig an Phosphor und enthalten Wuchsstoffe (Auxine) wie Indol, das die Pflanze zur Blüten- und Fruchtbildung anregt. Vogelmiste, die man meistens zu Jauchen vergärt, aber auch mit genügend kohlenstoffhaltiger Streu verkompostieren kann, nimmt man also für alle Blüten-, Frucht- und Samenpflanzen. Ein vorzüglicher Spargel läßt sich durch kompostierten *Taubenmist* erzeugen.

Die heilige Kuh

Es gibt keinen besseren, ausgeglicheneren Dünger als den Mist des Rindviehs. Die schwarzen Humusböden der nordamerikanischen Prärie, die heutzutage Jahr für Jahr gewaltige Weizenernten hervorbringen und zum Brotkorb der Welt geworden sind, wurden über die Jahrtausende durch die Miste der gewaltigen Büffelherden in Verbindung mit den Steppengräsern geformt. Hätte man nicht die heiligen Kühe in Indien, wäre dieses Land noch schlimmer dran, als es im Augenblick ist. Die vielen Kühe sind den Menschenmassen keine Konkurrenten in bezug auf Land und Nahrung, wie einige technokratisch orientierte Entwicklungsexperten meinen. Im Gegenteil, sie leben als Symbioten mit den Menschen, fressen ungenießbare, dürre Unkräuter, Abfälle und Rauhfutter und geben dafür Milch, Zugkraft und Mist. Von den 700 Millionen Tonnen Mist der indischen Rinder wird die Hälfte als Dünger genutzt; die andere Hälfte, als getrocknete Fladen, wird zum Kochen verheizt. Das bedeutet eine Wärmekraft von ungefähr 27 Millionen Tonnen Kerosin, 35 Millionen Tonnen Kohle oder 68 Millionen Tonnen Brennholz.[7] In nordischen und alpinen Ländern macht die Kuh überhaupt die Landwirtschaft erst möglich, denn dort, wo viel Regen und niedrige Temperaturen herrschen, werden die Böden sauer, torfig und nährstoffarm. Die Kuh, in deren warmem Organismus diejenigen Mikroorganismen leben, die sonst im Boden die Zellulose, Lignin, Eiweiß und Kohlenhydrate verdauen und vergären, bringt Fruchtbarkeit, die sonst in diesen Gegenden nicht möglich wäre. Hier kann nur ein Wiederkäuer fertigbringen, was in gemäßigten Zonen im Boden oder im Pflanzenkompost stattfindet.

Wenn man sich ein Bild vom komplizierten, 200 Liter fassenden, fünfzig Meter langen Verdauungstrakt des Rindes macht, kann man erahnen, was für gewaltige Stoffumwandlungen dort stattfinden, die zur Stütze der Bodenfruchtbarkeit werden. Es dauert gut 18 Tage, um Rauhfutter zu verdauen. Wie ein zweites Herz mutet einem der vierteilige Magen an. Große Futtermengen werden in den Pansen geschluckt, wo sie von einem breiten Spektrum Kleinlebewesen zur Vergärung gebracht werden. Bakterienflora und Protozoa sondern Enzyme (Cellulase) aus, die Zellulose zu Glukose abbauen und Aminosäuren, Vitamine B_{12} und Fettsäuren synthetisieren. Kein anderes Säugetier kann das. Vom Pansen gelangt das Futter in den Netzmagen, aus dem das Rauhfutter in kleinen Bällen wieder ins Maul gelangt, wo es von den Backenzähnen wie zwischen Mühlsteinen zu einem dünnen Brei zerkaut und wiederum hinuntergeschluckt wird. Im Blättermagen wird der Speisebrei abgepreßt, die Flüssigkeit geht in den Pansen zurück, der festere Teil geht nun in den Labmagen. Hier ist der eigentliche Magen, wie wir ihn haben, in dem die Verdauungssäuren ihr Werk tun. Der ganze lange Verdauungstrakt ist von einem Nervennetz begleitet, das die Abläufe überwacht. Kein anderes Tier kann Rauhfutter so gut verwerten.

Der Verdauungsapparat ist das Spezialorgan der Kuh, wie das Gehirn das besondere Organ des Menschen ist. Dieser Vergleich ist nicht einfach aus der Luft gegriffen; beide sind Wahrnehmungsorgane. Der Mensch richtet seine Sinne nach außen; die Kuh richtet sich nach innen, wo sie in der sorgfältigen Aufschlüsselung der Nahrung die Kräfte, die in den Pflanzen eingeschlossen worden sind, wahrnimmt. Wenn man sie beobachtet, wie sie wiederkäuend, still in sich gekehrt, mit ihrem nach außen hin stumpfen Blick dasteht, dann sieht man ein in »tiefer Meditation« befangenes Wesen. Kein Wunder, daß sie in Indien als besonders heiliges Tier gilt. Auch kein Wunder, wenn der Kuhmist eine besonders heilende Wirkung auf den Boden hat.

Es ist eines der größten Schandmale dieser Zeiten, daß man die Kuh in Massenhaltung züchtet und sie mit Kraftfutter zu unnatürlichen Leistungen zwingt. Getreide, getrocknete Sardinen aus Peru und stickstoffreiches Alfalfaheu vergewaltigen die Naturanlagen, unterbinden das Wiederkäuen, machen die Tiere krank und liefern nicht den gesunden Mist, den wir für unsere Böden brauchen. Eine Massentierhaltung (feedlot) mit 25000 Kühen produziert 650 Tonnen Kot täglich. Kuhmist wird auf einmal zum Umweltverschmutzungsproblem!

Ein Gartenbetrieb sollte womöglich seine eigene Kuh oder einige Kühe haben. Das wäre schon aus dem Grund günstig, weil sich der Kuhorganismus durch das Futter auf den spezifischen Boden, von dem das Futter

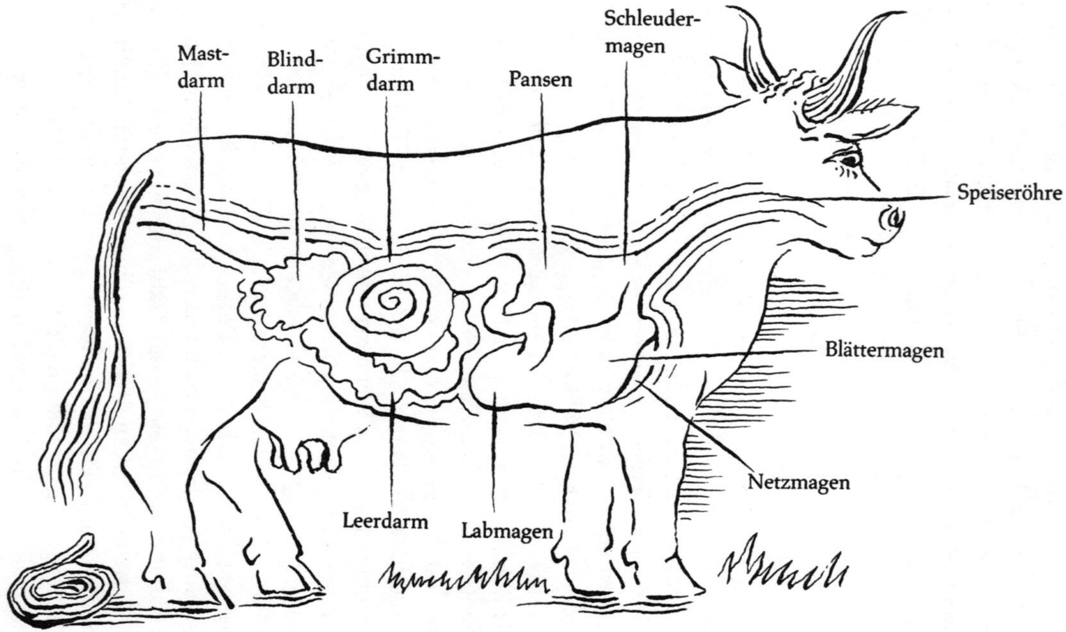

Verdauungssystem der Kuh.

stammt, einstellt. Der Kuhdünger ist dann für diesen Boden enzymatisch zugeschnitten, er bildet eine funktionelle Einheit mit ihm. Daher ist es am besten, wenn man sein eigenes Futter produziert. Eine Kuh erzeugt ungefähr zehn Tonnen Mist pro Jahr, genug, um einen Hektar Gartenland zu düngen. In der nordischen Legende des makrokosmischen Urmenschen Ymir ist es die kosmische Kuh Audumla, die ihm Speise und Trank spendet. In dem Mikrokosmos des Gartens sollte es auch die Kuh sein, die dem Kompost und dem Acker Nahrung spendet.

Kräuterjauchen und flüssiger Dünger

Jauchen, im Verhältnis eins zu zehn mit Regenwasser verdünnt, kommen den starkzehrenden Gemüsen während ihrer Wachstumsperiode zugute. Sie können auch den Kompost anregen, wenn man ihn einmal damit anfeuchtet. Die *Jauche aus dem Stall*, eine Mischung von Urin und Mistbestandteilen, muß gut vergoren sein, ehe man sie ausbringt. Zu frische Jauche »verbrennt« die Pflanzen und Regenwürmer, stinkt, verliert Nährstoffe und verursacht schließlich Geilwüchsigkeit und Schädlingsanfälligkeit. Um dem vorzubeugen, präpariert man die Jauche mit bio-dynamischen Kräuterzusätzen und gibt große Mengen Brennesselkraut dazu. Gesteinsmehl gibt den anäroben Bakterien die nötigen Mineralien, die sie brauchen, um das Ammoniak zu binden, und eine schwimmende Decke Strohhäcksel, Sägespäne oder Torfmull kann aufsteigende Dünste auffangen. Man kann die Jauche rühren, um etwas Sauerstoff hineinzubekommen. Zuviel rühren jedoch wirkt ähnlich wie eine Kläranlage, oxidiert viele Bestandteile und verflüchtigt das kostbare Ammoniak.

Kräuterjauchen sind äußerst wertvolle Hilfsmittel für den Gärtner. Man stopft ein Holzfaß mit Blättern voll, übergießt es mit Regenwasser und läßt es gären. Die eisenhaltige *Brennesseljauche* unterstützt die Bildung des Blattgrüns und der Humifizierungsvorgänge im Boden und erweist sich wirksam gegen Blattläuse. Eine *Jauche aus Kohlblättern* düngt und reguliert den Schwefelhaushalt in Pflanze und Boden. Eine *Beinwelljauche* ist reich an Mineralien (Ca, K, P, Ma) und eignet sich als Kopfdüngung besonders gut bei Tomaten.[8] Eine *Holunderblätterjauche* soll gegen Wühlmäuse – direkt in den Gang gegossen – und gegen die Möhrenfliege wirksam sein.[9] Weitere Jauchen und Brühen aus Löwenzahn, Wermut, Hirtentäschel und Schachtelhalm sind bekannt. Der Gärtner sollte seine eigenen Versuche damit anstellen.

Ein Kuhfladen kann in Wasser gerührt und verjaucht werden, um dann das Wurzelwachstum bei Jungpflanzen anzuregen. *Geflügeljauche*, aus Taubenmist oder Hühnermist hergestellt, regt die Blüten, das Obst, Beeren und Früchte, sowie Gemüse wie Zuckermais, Tomaten und Eierpflanzen an.

Alle Jauchen entwickeln üble Gerüche, da es sich um Abbau unter Sauerstoffabschluß handelt. Dieser Gestank sollte etwas abgeklungen sein, wenn die Gärung vorüber ist und die Jauche ausgereift ist. Im Sommer entwickeln sich die fetten, trägen, weißen *Rattenschwanzlarven* in den offenen Jauchebehältern. Die Anwesenheit dieser schlammfressenden Larven, die nicht mit den viel kleineren Mückenlarven zu verwechseln sind, bedeutet, daß die Jauche reif genug ist, um zum Gießen verwendet zu werden. Der Rattenschwanz ist die Larve der Schwebefliege oder Mistbiene (Eristalis tenax), die man oft in der Luft stillstehend über Schirmblütlern findet. Da die Schwebefliege von Blattläusen lebt, ist es schon aus diesem Grund ein Vorteil für den Gärtner, Jauchen zu machen.

Der Kompostierungsvorgang

Auch wenn der Bäcker alle Zutaten auf einen Haufen legt, hat er noch längst keinen Kuchen; es kommt auf den Backprozeß an. Man kann mit denselben Zutaten ganz verschiedenartige Resultate erzielen. Man wird sich darüber klar, wenn man die Verdauungsprozesse verschiedenartiger Tierarten vergleicht. Man kann einer Kuh, einem Pferd, einer Ziege oder einem Schwein die gleichen Rüben vorsetzen: ihre Miste bleiben doch charakteristisch voneinander verschieden. Obwohl man dasselbe Ausgangsmaterial hat, wird es durch die unterschiedlich gestalteten Verdauungsorgane und -ablaufzeiten – achtzehn Tage bei der Kuh, vier Tage beim Pferd – und durch die verschiedenartig Sekrete, Darmflora und Hormone zum jeweils anderen Endprodukt. Die Kuh wird einen schweren, kalten, nassen Fladen erzeugen, das Pferd einen trockenen, nach Ammoniak riechenden Pferdeapfel, die Ziege kleine feste Kugeln, und das Schwein würde seinen typisch nassen, sauren Mist hergeben.

So ist es auch beim Kompost, der ja ein nach außen in den Makrokosmos verlegter Verdauungsvorgang ist. Man kann mit den besten Stoffen anfangen, aber wie der Kompost aufgesetzt und gepflegt wird, entscheidet, ob man einen reifen, gesättigten Humus, reich an Fulvo- und Huminsäuren, oder ob man einen aziden, stickstoffarmen Rohhumus oder Torf erhält. Im Extremfall kann es zu einer völligen Vermineralisierung kommen, wobei der Abbauprozeß gar nicht in den Aufbau überschlägt, sondern alle Kohlenstoffverbindungen zu Kohlensäure und Wasserdampf und alle Eiweißverbindungen zu N_2 oder flüchtigem NH_3 abgebaut werden.

Die vier Elemente im Kompost

Um einen günstigen, ausgeglichenen Ablauf des Kompostierungsvorganges zu haben, müssen die vier Elemente Erde, Wasser, Luft und Feuer sich im harmonischen Gleichgewicht befinden. Das *Erdelement* ist durch einen Zuschlag von ungefähr zehn Prozent tonhaltiger Erde oder durch Steinmehle vertreten. Zuviel Erde verlangsamt die Umsetzung und macht die Masse zu schwer. Das *Wasserelement* als Feuchtigkeit ist von äußerster Wichtigkeit für die Stoffwechselabläufe der Kompostbakterien. Die Masse soll immer den Feuchtigkeitsgrad eines ausgewrungenen Schwammes haben, der die Hand benetzt, wenn man ihn drückt, aber es sollen keine Tropfen herauskommen. Der Kompost soll leicht aufgesetzt sein, damit genügend *Luft* für die sauerstoffhungrigen Bakterien da ist. Es kann hilfreich sein, wenn man den Kompost beim Aufsetzen durch einen stehenden Miststreuer stößt. Man kann auch mit einer Eisenstange Löcher in den Kompost stoßen. Das *Feuerelement* kommt in der Erhitzung des Kompostes zur Geltung. Wie heiß er werden soll, ist Gegenstand zahlreicher Auseinandersetzungen unter Gärtnern, aber wenn er tatsächlich Flammen schlägt, ist er entschieden zu heiß. Bei Temperaturen zwischen 60° C und 70° C werden Krankheitskeime und Unkrautsamen abgetötet, aber zu hohe Temperaturen führen zu Substanzverlusten.

Wenn die imponderablen Elemente (Luft und Feuer) überwiegen, der Haufen zu leicht gepackt oder bei der Erhitzung zu viel Feuchtigkeit verloren hat, erscheinen charakteristische Symptome: Er riecht moderig, hat einen weißen, puderigen Schimmel und wird in den oberen Schichten von vielen *Rollasseln* (Armadillidium vulgare) belebt. Um einen solchen Moderhaufen wieder ins Gleichgewicht zu bringen, mischt man etwas mehr Erde bei und feuchtet ihn mit Wasser oder Jauche an.

Wenn der Kompostierungsvorgang sich in die Richtung der ponderablen Elemente verlagert hat, wenn er schwer, kalt und naß ist, dann fallen einem folgende eigentümlichen Symptome auf: Der Kompost wird schwarz, schmierig und stinkt. Der Gestank stammt von den Abbauprodukten der anaeroben Bakterien, die die Fähigkeit haben, sich von Harnstoffen und Schwefelverbindungen zu ernähren. Daneben gibt es Milchsäurebakterien, die einen Teil des Kompostes in sauerkraut- und silageähnliche Substanzen umbauen. Der Geruch ist übel sauer und ranzig (Buttersäure), faulig (Methan- oder Sumpfgas), scharf (Ammoniak) oder stinkt nach faulen Eiern (Schwefelwasserstoff). Als charakteristisches Tier werden die *Fliege* und weiße Fliegenmaden vorhanden sein, besonders dann, wenn das C-N-Verhältnis eng ist. Bei einem solchen Haufen hilft nur das Umsetzen und Beimischen von Strohhäcksel, Torf und anderen trockenen, leichten Stoffen.

Ein ausgeglichener Kompost hingegen hat einen guten Geruch wie Walderde. Er ist locker und satt braun und wird vom rötlichen *Mistwurm* (Eisenia foetida), einer Regenwurmgattung, belebt. Die biologisch-dynamischen Kräuterpräparate, die wir im Abschnitt *Präparate, Tinkturen und Elixiere* behandeln werden, unterstützen die ausgeglichene, harmonische Entwicklung des Kompostierungsprozesses.

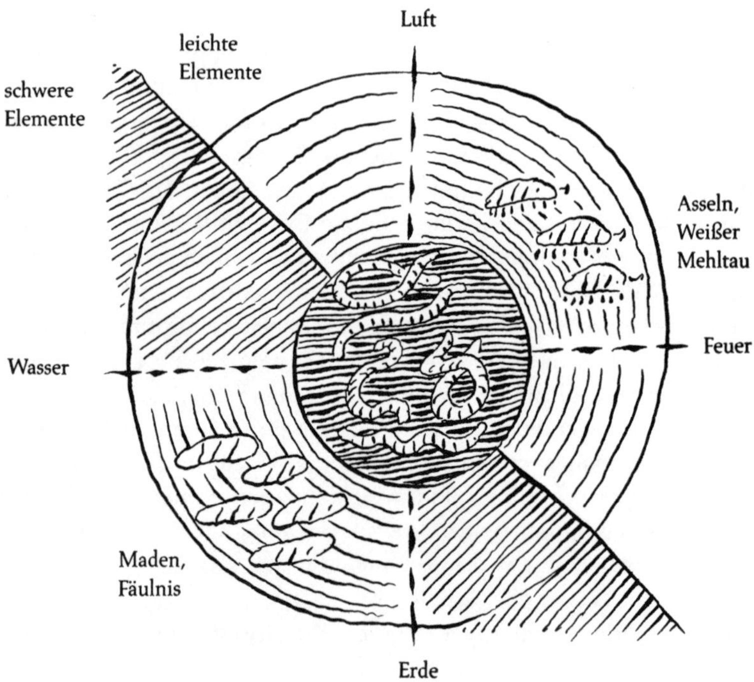

Wir haben dem Kompost eine Haut aus Stroh, Erde oder Laub gegeben, damit er seine Lebensessenzen nicht verduftet, und haben ihn in einer bestimmten Form und einer bestimmten Mischung aufgesetzt. Nun kann der Kompost zu leben anfangen. Leben tut er, auch wenn sich keine besonderen Organe feststellen lassen. Er durchläuft drei deutlich unterscheidbare Lebensstufen, atmet und führt einen Stoffwechsel.

Die erste Lebensstufe, die Kindheit des Kompostes, ist das *Bakterien-Pilz-Stadium*. Der erste Teil dieses Stadiums gehört noch dem Abbauprozeß im großen Lebensrad an. Bakterien zersetzen die Eiweiße zu Aminosäuren und schließlich zu Ammoniak, bauen Kohlenhydrate zu einfachen Zuckern, organischen Säuren und CO_2 ab und zerlegen gleichsam andere Komplexmoleküle. Würde der Abbau nicht in einen Aufbau umschlagen, dann würde endlich alles bis auf die einfachsten Elemente – Wasser und Kohlensäure – reduziert werden. Die Pilzmyzelien schließen sich jedoch gleich an die Bakterien an, fassen die gelösten Stoffe in ihre Myzelgewebe und fangen wieder an, das Ammoniak zu einfachen Aminosäuren aufzubauen. Die thermophilen Bakterien sind äußerst aktiv in diesem hitzigen Stadium. Der Gärtner hat darauf zu achten, daß diese Bakterien genügend Feuchtigkeit für ihren Stoffwechsel haben. Wenn man einen Kompost in diesem Stadium halbiert, sieht man, wie sich die Bakterien in den Haufen hineinfressen und wie die Pilzfäden gleich darauf folgen.

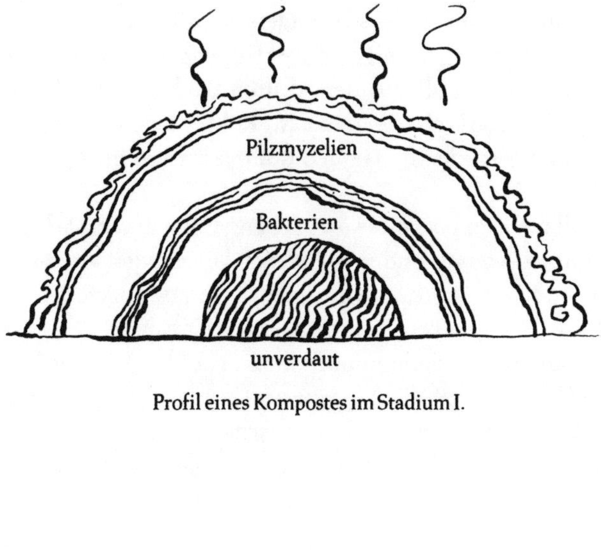

Profil eines Kompostes im Stadium I.

Die zweite Lebensstufe, die Jugend des Kompostes, ist das *Regenwurmstadium.* Die thermophilen Bakterien haben inzwischen Dauersporen gebildet, und die Pilze haben die organischen Stoffe soweit vorverdaut, daß nun die Regenwürmer und Strahlenpilze sie weiterverarbeiten können. Wenn das erste Stadium ungünstig verlaufen ist, entweder zu naß oder zu trocken, sollte der Gärtner zu diesem Zeitpunkt den Haufen umsetzen, was eine kurze zweite Erhitzung hervorrufen kann. Beim Umsetzen kann man ein bis eineinhalb Kilogramm kohlensauren Kalk, Algenmehl, Dolomitmehl oder eine andere gelöschte Kalkart (nie Ätzkalk!) dazugeben, um die salpeterschaffenden und zellulosezersetzenden Bakterien, Aktinomyzeten und die Regenwürmer zu unterstützen sowie die organischen Säuren zu binden. Wenn man in diesem Stadium kalkt, ist auch weniger Gefahr eines Stickstoffverlustes vorhanden. Wie wir schon gesehen haben, nehmen die Regenwürmer die pilzvorverdauten Pflanzenreste auf, und mit Hilfe von Kalk und Ton bauen sie die Ton-Humuskomplexe auf.

Das dritte Stadium, die Reife des Kompostes, ist das *Nitratbakterien-* oder *Salpeterstadium.* Dieses ist erreicht, wenn die Regenwürmer sich wieder aus dem Komposthaufen zurückziehen und die Miete zu lockerem, duftendem, reifem *Dauerhumus* geworden ist. Der Dauerhumus ist durch Ton-Humuskomplexe charakterisiert, die wie ein Magnet die Kationen (Ca, NH_3, Mg, K, Na . . .) anziehen und festhalten. Aber auch die Anionen (Phosphate, Nitrate und Sulphate) werden vor Auswaschung und Zerfall sicher von diesen Makromolekülen gehalten. Metallisch glänzende Laufkäfer (Carabidae), Kurzflügler (Staphylinidae), Tausendfüßler, Spinnen und anderes Kleingetier siedelt sich nun im fertigen Kompost an. Für keimende Samen, Jungpflanzen und für das Wurzelgemüse ist es besonders wichtig, eine reife Humuserde mit Stickstoffverbindungen in Form von Salpeter und Nitraten zu haben. Hierfür ist die fertige Erde aus dem dritten Stadium zu gebrauchen. Für Kopfdüngung der Starkzeher – Tomaten, Kohl, Mais, Abelmosch, Gurken oder alle Kürbisarten – kann man den Kompost schon im zweiten Stadium nehmen.

Wie schnell ein Kompost diese drei Lebensstufen durchmacht, hängt von seiner Zusammensetzung und von äußeren Umständen wie Wetter, Luftfeuchtigkeit und Temperatur ab. Ein *Schnellkompost,* nach dem Verfahren der Miss Bruce Quick Return Method oder der University of California Method, kann unter idealen Bedingungen in zwei bis drei Wochen fertig sein.[10] Man häckselt und zerfetzt die Ausgangsstoffe so fein wie nur möglich, um ein größtmögliches Flächenverhältnis zu schaffen, wo die Bakterien ansetzen können. Man hält das C-N-Verhältnis im engen Bereich, indem man die

Materialien mit Blutmehl, Sickersaft, Jauche oder Fischmehl anreichert und benutzt Ätzkalk, um die Reaktionen zu beschleunigen. Die Feuchtigkeit muß genau stimmen, und der Haufen muß öfters umgesetzt werden, um den Sauerstoff hineinzubekommen.

Eigentlich macht der Schnellkompost schon beim zweiten Stadium halt. Ein Dauerhumus mit Ton-Humusbestandteilen, der auf mehrere Jahre wirkt, wird dabei nicht geschaffen! Solch ein Schnellkompost ist sehr symptomatisch für unsere chaotische, schnellebige Zeit, wo alles sofort zur Hand sein muß. Ein normaler Kompost hingegen braucht mehrere Monate bis zu einem Jahr, bis das dritte Stadium erreicht ist. Wer die Geduld hat zu warten, hat dann auch einen *Dauerhumus*, der dem Boden die gewünschte Lebendigkeit und Aufgeschlossenheit für kosmische Einwirkungen gibt, der Wasser und Nährstoffe für die Pflanzen bereithält, die Säurereaktionen puffert, den Boden besser erwärmt, zu besserer Samenkeimung führt und den Vitamin-, Zucker-, Eiweiß-, Gluten- und Karotingehalt der Nahrungspflanzen erhöht. Dauerhumus gibt den fruchtbarkeitsfördernden Bodentierchen eine Heimat und verleiht den Pflanzen gleichmäßigeres Wachstum und Schädlingsresistenz.

In einem Zeitalter, in dem sechzig Prozent der Humusreserven der Erde innerhalb von einem Jahrhundert verlorengegangen sind, kann man nicht genug auf die zentrale Rolle der Humuspflege und Kompostierung aufmerksam machen. Mit Energieverknappung wird Kunstdünger notwendigerweise teurer werden. Daher ist es zeitgemäß, sich mit der Kunst und Wissenschaft der Kompostierung zu befassen.

Kompostierung und Alchemie

Es besteht kein Zweifel, daß die Alchemie sich innigst mit dem Kompostierungsvorgang befaßt hat. Man steht nicht nur vor einem urbildlichen Verwandlungsprozeß, sondern vor dem Problem, wie man abgestorbene Substanzen wieder zu neuem Leben erweckt und wie man die Materie aus einem groben in einen feinen Zustand überführt. Schon das aufs Arabische zurückgehende Wort (al-kimiya) bezog sich ursprünglich auf die schwarze Humuserde im ägyptischen Nildelta. Sie ist unsere Erde, die schwarze und negergleiche äthiopische Erde, die Pflanzen, Blüten und göttliche Früchte emporschießen läßt, schreibt die Alchemistin Kleopatra (160 bis 101 v. Chr.) über den Ausgangsstoff des Verwandlungsprozesses.[11]

Wenn die Kompostierung ein Verfahren ist, daß durch die Jahrtausende von den Spagirikern (Alchemisten; gr. *spagein* = trennen, *ageirein* = verbinden) genauestens beobachtet und studiert worden ist, dann sollten sich doch auch uns, wenn wir ihre Werke studieren, etliche Einsichten und Erkenntnisse erschließen. Nur fiele es uns schwer, die verschlüsselte Symbolik zu enträtseln, wenn uns unsere eigenen imaginativen Fähigkeiten nicht zu Hilfe kommen könnten.

Der alchemistische Prozeß kann sich auf die Verwandlung und Perfektion des Menschen (Mikrokosmos), auf die Veredlung der Stoffe des Makrokosmos oder auf ein Zwischenwesen wie den Kompost beziehen. Das ist auch egal, denn wie in der *Tabula smaragdina* geschrieben steht: »Was unten ist, ist auch oben; was oben auch unten.« Bekanntlich bearbeiteten die Alchemisten »Eierschalen, Haare, Blut von rothaarigen Menschen, Basilisken, Würmer, Kräuter und menschliche faecis«.[12] Anderswo wird von Kuhmist und weißem Hundedreck (bei Gustav Meyrink) berichtet. Der Basilisk ist halb Hahn, halb Schlange, der einem von einer Kröte ausgebrütetem Hahnenei entschlüpft und dessen Hauch tödlich ist. In unserem Fall bezieht sich die Bezeichnung auf die Asche giftiger Tiere. Man sieht also, daß es sich um Substanzen handelt, die ein enges C-N-Verhältnis haben und genügend Kalkverbindungen, um eine heiße, bewegte Verrottung in Gang zu bringen.

Diese toten und absterbenden Zutaten werden in einen besonderen Behälter (ovum, uterus, matrix, vas mirabile) getan. »Es muß durchaus rund sein, damit es den sphärischen Kosmos nachahme, indem in ihm die Gestirneinflüsse zum Gelingen der Operation beitragen sollen.«[13] Man achtete also auf die Form und beachtete die kosmischen Einflüsse. In diesem Uterus wird die verdorbene Substanz wieder dem Chaos zugeführt, wieder zur prima materia reduziert. Dieser verschlingende Uterus wird bildhaft als ein Wolf oder ein grüner Löwe dargestellt, der die Sonne verschluckt. In diese prima materia (informis massa, massa confusa) können Urbilder (Archetypen) von neuem eingeprägt werden, um sich dann wieder in der Welt der Erscheinungen zu manifestieren. Das makrokosmische Firmament (Sternenhimmel) sowie das mikrokosmische Firmament (die geistig-seelische Verfassung des Alchemisten) wirken in diese Substanz hinein, prägen sie auf subtile Weise und formen (impressio formae, informatio) sie nach ihren Eigenschaften. Daher ist der moralische Zustand des Kompostmeisters ein wichtiger Faktor. Er meditiert und kontempliert, damit seine Imaginationen wahrhaftig sind und er im »Lichte der Natur« (Paracelsus) arbeitet. Ein böser Mensch kann keinen wohltuenden Kompost bereiten!

»putrefactio« – Verwesung
Stolcius de Stolcenberg: Viridarim chymicum. (1624)

1. Die erste Stufe im Prozeß ist der Abbauvorgang, von den Alchemisten als solutio, putrefactio oder separatio benannt und symbolisch durch einen schwarzen Raben oder ein Skelett dargestellt.

2. Die zweite Stufe ist die innige Vereinigung der himmlischen und irdischen Kräfte, von einem Paar im Beischlaf (hieros-gamos, conjugium, matrimonium, coniuncto, coitus) dargestellt. Die Inbrunst ihrer Leidenschaft entfacht die physisch spürbare Hitze im Kompost. Ein feuerspeiender, geflügelter Drache, der die chthonischen Eigenschaften der Schlange und die kosmischen Eigenschaften des Vogels in sich vereinigt, symbolisiert ebenfalls dieses Stadium, das wir als Stadium der thermophilen Bakterien im Kompost erkennen. Manchmal wird an diesem Punkt noch die Stufe des Brennens (calcinatio) herausgehoben.

»nigredo« – Schwärzung
Jamsthaler: Viatorium spagyricum. (1625)

3. Als dritte Stufe des alchemistischen Werkes kommt das Dahinsiechen und das Sterben (mortificatio) der Liebhaber. Die kosmischen und irdischen Kräfte sterben ab, nachdem sie sich vereinigt haben. Sie opfern sich in den Kompost, wie einst Ymir, Purusha und andere göttliche Urwesen sich ursprünglich in die Erscheinungswelt hineingeopfert haben. Nach diesem Opfertod erscheint entweder der Mohr, der Sumpfmensch, der Kohlrabe oder das Rabenhaupt (caput corvi), die die *Schwärzung* (nigredo) darstellen, oder es erscheint der Totenkopf (caput mortuum), der das Versagen und die völlige Mineralisierung der Substanzen bedeutet. Im Mohren oder Raben sehen wir eine imaginative Beschreibung der Kohlenstoffpolymerisation, den Aufbau des Kohlenstoffgerüstes, das in der nächsten Stufe, in der Weißung, zum Lebensträger wird.

Das Feuer im Kompost.
Maier: Scrutinium chymicum. (1687)

4. Die *Weißung* (albedo, ablutio, baptisma) oder *Auferstehung*, oft durch den Mond, eine weiße Lilie oder auch einen Pfau, der in vielen Farben (omnes colores, cauda pavonis) schillert, dargestellt, repräsentiert die Wiederkehr der Ätherkräfte, der vom Sauerstoff getragenen Lebenskräfte. Eine Steigerung dieser Stufe findet in der *Grünung* (viriditas) und der Gelbung (citrinitas) – wahrscheinlich ein Schwefelprozeß – statt.

5. Jetzt erscheint auch der rote Löwe, der Zustand der *Rötung* (rubedo). Wir erkennen, daß es sich um die Astralisierung, die Beseelung des Kompostes handelt, die sich äußerlich in der Belebung durch die Regenwürmer zu erkennen gibt.

6. Wenn der rote Löwe und auch die weiße Lilie da sind, kann auch die *chemische Hochzeit* (nuptiae chymicae) gefeiert werden. Der Merkur (Her-

Rebis
Jamsthaler: Viatorium spagyricum. (1625)

mes), der Verwandler der Dinge und Vereiniger der Gegensätze, tritt als Priester (Hierophant) auf, um das Ätherische mit dem Astralischen zu vermählen. Das Brautpaar wird zum *Hermaphrodit* (rebis), der alle Gegensätze in sich vereinigt und den Drachen des Chaos friedlich zu seinen Füßen liegen hat.

Ein weiteres Bild dieser Stufe ist die Geburt des Sohnes des Makrokosmos (filius macrocosmi, deus terrestris, salvator), der auch als Medizin (medicina, arcanum, tinctura physica), Panazee und gar als *Stein der Weisen* oder *Elexier* (arab. *al-ichsir* = Stein) gepriesen wird. Wir können diese Stufe, auf den Kompost bezogen, als die Stufe der Nitrat- und Salpeterbildung bewerten, deren Anwendung im Garten tatsächlich eine Medizin und ein Allheilmittel bedeutet.

7. Die letzte Stufe im Prozeß ist das Ausbringen der Tinktur auf den Akkerboden, damit sich die Pflanzen artgemäß nach ihrem Urbild entwickeln können. Der auf den Acker projizierte (proiectio) Kompost vervielfältigt (multiplicatio) seine Wirkung im Boden ungefähr wie Sauerteig im Brot. Das imaginative Bild dieser Stufe ist das des aus der Asche auferstandenen Phoenix oder des Pelikan, der mit dem Schnabel seine Brust aufreißt, damit er seine Jungen mit seinem Blut füttern kann. Hier ist der Punkt, an dem sich der Lebenskreislauf schließt, wo sich der Ouroboros in den Schwanz beißt.

Wir sehen, daß die Kompostierung ein ganz und gar alchemistischer Vorgang ist. Es ist aber auch gleichzeitig ein seelischer Vorgang; da hat Carl Gustav Jung ganz recht. Wir haben es hier lediglich mit einem makrokosmischen, dort mit einem mikrokosmischen Vorgang zu tun. Das erwünschte Endprodukt ist im Kompost der *Humus* und im Menschen die *Humanitas* (Menschlichkeit). Es ist kein Zufall, daß homo (Mensch) und humus (Erde) auf dieselbe Sprachwurzel (indogerm. *ghom*) zurückgeht. Das biblische Mahnwort: »Du bist Erde und sollst zu Erde werden!« (1. Mose 3 : 19) deutet auf diesen Zusammenhang hin. Daher sind die Analogien der Lebensstufen des Kompostes zu den Lebensstufen des Menschen nicht aus der Luft gegriffen. Ebenso wie der Kompost seine Substanz zerstört und wieder neu aufbaut, so wechselt der Mensch in seinen ersten sieben Jahren – und alle sieben Jahre danach – sämtliche physische Substanz aus, die er von seinen Eltern empfangen hat. Beim Zahnwechsel ist diese Stufe, die dem ersten Kompoststadium entspricht, abgeschlossen. Wenn der Mensch sieben Jahre später sein selbständiges Seelenleben nach der Pubertät entwickelt, so gleicht er dem Regenwurmstadium, das ja auch eine Astralisierung bedeutet. Im Alter von einundzwanzig Jahren ist der Mensch reif (lat. *maturus*). Er beginnt das *Salz den Denkens* in Analogie zum Salpeterprozeß herauszukristallisieren. Mit dem Kompost haben wir es also mit einem *Homunkulus*, einem künstlichen, ex uterus erzeugten Grobmenschen zu tun. Wenn wir später die biologisch-dynamischen Präparate besprechen, werden wir sehen, daß er wenigstens als Anlagen auch Organe hat.

Menschliche Fäkalien

Menschliche Exkremente werden weitgehend in der Landwirtschaft Asiens, Mittelamerikas und Afrikas als Dünger genutzt. In China wird jedes Häuflein gesammelt und in sonderen Gruben vergoren oder in trockenen Klimazonen ausgetrocknet, pulverisiert und dann in den Erd- und Pflanzenkompost gestäubt. In vielen Städten Ostasiens werden Fäkalien an Händler verkauft, die sie dann den Bauern weiterverkaufen. Bauern stellen kleine Klos an den Straßenrändern auf in der Hoffnung, daß ein Reisender sie mit seinem Stuhl beglückt.[14] Meistens wird die Fäzes anaerobisch vergoren und dann bei Regenwetter in Eimern auf die Felder getragen.

Auch im Abendland hat man menschliche Ausscheidungen in großen Faulschlammbehältern oder Güllegruben gesammelt und den vergorenen Inhalt beizeiten im nassen Herbst oder im Winter mit dem Güllewagen auf den Acker gefahren. Die amerikanischen Siedler haben oft, wenn ein Abort gefüllt war, das Loch mit Erde gefüllt und einen Obstbaum hineingepflanzt, dem die mineralienreichen Abortprodukte zugute kamen. Mit dem Entstehen der Industriegroßstädte wurde das Ausbringen der Abwässer ein immer größeres Problem. Als dann L. Pasteur und Robert Koch die Anwesenheit mikrobieller Krankheitserreger – Typhus, Cholora, Salmonellen, Ruhr usw. – im Stuhl nachwiesen, ging man allgemein auf das sanitäre Wasserspülklosett über. Seither werden im abendländischen Kulturkreis Milliarden von Tonnen nährstoffreicher Materie geklärt oder in die Flüsse und Meere gespült, während man in der Landwirtschaft immer mehr zu den »sauberen« Kunstdüngern greift. Nach F. H. King werden pro Millionen Einwohner jährlich 5794300 Pfund Stickstoff, 775600 Pfund Phosphor und 1825000 Pfund Kali, neben anderen Mineralien wie Kalk oder Magnesium, in die Meere gespült.[15]

Ein Bauer oder Gärtner braucht nicht auf diese Nährstoffquellen verzichten. Er braucht auch nicht die Gefahr der Krankheitskeime und Wurminfizierung zu fürchten, wenn er sorgfältig, die ökologischen Kreisläufe und besonderen Regeln beachtend, verfährt. Obwohl die »offiziellen« biologisch-dynamischen Bauern und Gärtner die Verwendung von Abortprodukten ablehnen, sollten diese doch mit in den geschlossenen Kreislauf des Betriebsorganismus einbezogen werden. Kurz nach dem Ersten Weltkrieg riet Rudolf Steiner vom Gebrauch der Fäkalien in der Düngung ab. Um die Ernährung zu sichern, hatte man in der damaligen Krisenzeit die Felder um die Großstädte wie Berlin mit Abwässern berieselt. Es stank fürchterlich, brachte hygienische Probleme mit sich und beeinträchtigte natürlich den Geschmack der Gemüse. Kaum ein Tier verträgt Pflanzen, die auf dem eigenen Mist gewachsen sind. Man kann beobachten, daß Kühe gerne die Geilwuchsstellen beim Pferdemist fressen und umgekehrt die Pferde gerne die saftigen Grasbüschel um die alten Kuhfladen auf der Weide, aber das Gras beim eigenen Mist lassen sie stehen. Es müssen also ein oder mehrere andere Organismen zwischen den eigenen Abfällen und der zu genießenden Pflanze eingeschaltet werden. Je differenzierter der Kreislauf, um so besser ist es.

In kleineren landwirtschaftlichen Betrieben geht es gerade noch, daß man den Abort in die Stalljauche läßt, diese zusammen vergären läßt und sie dann als Gülle oder »Pschütte« zum Düngen der Weiden und Felder nimmt. Arthur Hermes benutzt zwei Sammelbecken. Während sich das eine langsam füllt, vergärt das volle unter Zusatz von Kräuterpräparaten, Brennesselkraut und Schneeschmelzwasser. Im Findhorngarten wurde sogar der Nachttopf direkt mit Stroh in den Kompost geschüttet, anscheinend ohne Probleme damit zu haben.[16] John Todd (New Alchemy Institute)[17] hat für den Biogarten einen längeren biologischen Kreislauf entwickelt, der über mehrere Becken läuft. Algen und Wasserpflanzen ernähren sich zuerst von den Abwässern, Wasserinsekten leben von den Algen, diese werden wiederum von Fischen gefressen, die Fische den Hühnern verfüttert, und mit Brathühnchen und Eiern schließt sich der Kreislauf wieder.[18] Heißluftvergärung, unter Sauerstoffabschluß mit Beimengung von Brandkalk, die davon gewonnene Verwertungsmöglichkeit von *Biogas* (Faulgas, Methan), oder die verschiedenen Kompostierungsklosetts stellen alle eine Möglichkeit für den geschlossenen Gartenorganismus dar.[19]

XIII Pflanzengemeinschaften, Fruchtfolgen und Unkräuter

Das natürliche Ökosystem besteht nicht nur aus der Summe der einzelnen Pflanzen, Tiere und Lebensräume, es ist vielmehr ein dynamisches Netz von Wechselbeziehungen und Stoff- und Energiekreisläufen, die sich in einem rhythmisch schwankenden Gleichgewicht befinden. Jede Veränderung wirkt sich in der ganzen Lebensgemeinschaft aus. Warum sollte es in einem künstlichen Ökosystem wie einem Gemüsegarten nicht auch unzählige solche Wechselwirkungen, im positiven wie im negativen Sinne, geben? Ein scharfsinniger Gärtner wird viele solche feinen Beziehungen zwischen Gemüsen und Kräutern aufgespürt haben. Die wissenschaftlichen Experten hingegen wagen sich ebensowenig an diese Fragen heran wie an die Frage der kosmischen Einflüsse. Es sind einfach zuviele Faktoren im Spiel; es ist schwer, ein sicheres experimentelles Modell, das alle aufeinander wirkenden Bestandteile berücksichtigt, aufzustellen. Trotzdem entwickelt sich zögernd eine Wissenschaft der Allelopathie – der biochemischen Wechselwirkungen höherer Pflanzen –, der Pflanzensoziologie und der Synökologie. Es sind jedoch hauptsächlich einfache Gärtner, denen wir das Wissen um die gegenseitigen Einflüsse der Kulturpflanzen aufeinander – wenn man sie nacheinander oder nebeneinander anbaut – verdanken.[1]

Wenn man versteht, daß Pflanzen nach außen gerichtete makrokosmische Wesenheiten sind und nicht abgekapselte, mikrokosmische Einzelwesen, dann kann man einsehen, daß jede Pflanzengattung für die ganze Lebensgemeinschaft eine spezifische Funktion erfüllt. Wir haben gesehen, daß die Schmetterlingsblütler die Stickstoffakkumulation zur Aufgabe haben. Der Gärtner nimmt sie daher ganz absichtlich mit in die Fruchtfolge oder zur Zwischenpflanzung. Andere Gewächse hingegen spezialisieren sich auf Kalkakkumulation: Gänseblümchen, Ginster, Buchweizen, Löwenzahn und Kamille sammeln auch auf kalkarmen Böden diesen Stoff und stellen ihn hernach den anderen Pflanzen zur Verfügung. Bilsenkraut, Stechapfel und Baldrian sammeln Phosphorsäure, die durch die Wurzeln anderen Pflanzen weitergereicht wird. Fingerhut sammelt Eisen, Ca, Si und Mg. Schafgarbe reichert K, Ca, und Si an. Zinnkraut (Schachtelhalm) besteht aus beträchtlichen Mengen Silizium. Die Liste kann beliebig verlängert werden. Genaue

Messungen sind jedoch schwierig, da die Konzentrationen mit den Jahreszeiten und der Bodenbeschaffenheit schwanken. Manche Pflanzen reichern Elemente im Jugendstadium an, andere, wenn sie älter werden. Hauschka findet Unterschiede je nach Mondphase. In stickstoffreichen Böden sammeln die Leguminosen keinen weiteren Stickstoff. Tabak enthält viel Kali auf kali*armen* Böden, hat dagegen wenig auf kalireichen Böden. Die ganze Angelegenheit wird noch viel komplizierter, wenn man die Möglichkeit einer Transmutation der Elemente innerhalb der Pflanzenzellen gelten läßt, wie es die Forschungen von Krevran, Hauschka, Spindler und Baranger zu beweisen scheinen.

Nicht nur Elemente werden angereichert und weitergegeben, sondern auch molekulare Verbindungen wie Aminosäuren, Hormone, Enzyme, Auxine, Hemmstoffe und andere, von denen noch etliche unerforscht sind. Als Duftstoffe der Blüten, als ätherische Öle der Blätter, als Wurzelausschwitzungen, durch das Abfallen alter Rinde und Laub, durch Blütenstaub, durch Wind oder Insekten vertragen, oder als Verdauungsprodukte der Tiere teilen sich die Pflanzen ihren Nachbarn mit. Die abgesonderten Stoffe kommen manchmal in so geringfügigen, homöopathischen Dosierungen vor, daß sie oft kaum nachweisbar sind. Vor ein paar Jahrzehnten noch hätte man diesen minimalen Spuren kaum eine Wirkung zugeschrieben, aber nun wissen wir, daß oft nur die Nähe einer dieser Substanzen eine Wirkung erzielt.

Was das endokrine Drüsensystem mit seinen lebensfunktionsregulierenden Aussonderungen innerhalb des tierischen Organismus ist, das ist dieser feinstoffliche, wechselseitige Austausch innerhalb der Lebensgemeinschaften der Pflanzen. Bei einem hat man es mit mikrokosmischen Regulatoren zu tun, beim andern mit ähnlichen, wenn auch nicht so spezifischen, makrokosmischen Steuerungsvorgängen.

Solche Verhältnisse bestimmen die Pflanzensoziologie. Man braucht sich nur die Pflanzenteppiche und bunten Mosaike der Felder, Wiesen und Wälder anzuschauen, um zu erkennen, daß sich bestimmte Pflanzen gerne zu anderen gesellen. Zu lange stand die Biologie unter dem Einfluß des sozialdarwinistischen Gedankens, daß jedes Lebewesen sich mit anderen im ständigen Kampf um Lebensraum befindet. Seit dem Aufkommen der Ökologie erkennt man, daß Lebewesen sich auch zur gegenseitigen Hilfe und Unterstützung entwickelt haben. Das Mantram der Darwinisten: »Survival of the fittest« hat weniger mit Biologie zu tun als mit der Entwicklungstendenz des Monopolkapitalismus. Joseph Cocannouer konnte zeigen, daß sogar die sogenannten Unkräuter, die sich in den Jahrtausenden der landwirtschaftlichen Praxis mitentwickelt haben, im allgemeinen einen guten Einfluß auf das Lebensgefüge eines Ackers haben und nicht nur als Konkurrenten der Kulturpflanzen anzusehen sind.[2]

Ein Gärtnermeister nutzt diese Wechselwirkungen ganz absichtlich, indem er auf die Zusammenstellung und Aufeinanderfolgen der Pflanzenarten im Beet achtet und dazu mit Kräutertees, -jauchen und -brühen nachhilft.

Primitive Gärten

Vom ökologischen Standpunkt aus betrachtet sind die Gärten und Felder der Eingeborenen gar keine primitive Angelegenheit. Die Pflanzervölker in Asien, Afrika und Südamerika machen Gebrauch von Bodenbedeckung, Mischkulturen und Pflanzengemeinschaften. Schädlinge und Mißernten sind selten ein Problem. Erst beim Übergang von der Bedarfswirtschaft zur Geldwirtschaft findet man die Monokulturen der Plantagen mit ihren ökologischen Problemen. Gleichzeitig mit der Verarmung der natürlichen Umwelt macht sich der Hunger und die charakteristische kulturelle Verarmung der Dritten Welt bemerkbar. Relativ ungeschädigte Völker wie die Schambala in Tansanien kennen Fruchtwechsel, Gründüngung, Mulch und das Zusammenpflanzen von aufeinander abgestimmten Sorten. Bekannt sind die Kugelbeete der nordamerikanischen Indianer, auf denen jeweils vier Maispflanzen, Kürbisse und Bohnen gepflanzt wurden, die sich dann mit Fuchsschwanz (Amaranthus), Melde und anderen »Unkräutern«, die als Suppenkräuter und Medizin verwendet wurden, zu einer wirren Pflanzengemeinschaft entwickeln. Der Ethnologe Clifford Geertz beschreibt die Felder der Wanderfeldbauern als eine »unheimliche« Nachahmung des Urwaldes: »Die Anbauflächen sind gar nicht das, was wir uns unter Feldern vorstellen, sie sind verkleinerte tropische Urwälder, die hauptsächlich aus Nahrungs- und Arzneipflanzen bestehen.«[3]

Ein anderer Völkerkundler schreibt von den angepflanzten Phytozönosen der Tsembaga auf Neu Guinea, daß diese Gärtner die Sonneneinstrahlung durch Mischkultur und Zwischenpflanzungen maximal nutzen, wobei jeder Millimeter der Gartenfläche photosynthetisch wirksam sein kann. Er berichtet, daß durch die dichte Pflanzendecke der Boden vor Austrocknung geschützt ist und daß durch die Vielfalt der Arten, wobei selten gleiche Pflanzenarten nebeneinander wachsen, das Schädlingsproblem gelöst ist. Wir lesen, daß es sich um einen regelrechten Dschungel handelt: »Eine dichte Matte der Jams und Süßkartoffel bedeckt die Bodenoberfläche. Taroblätter sprießen darüber, und noch etwas höher stehen die Blätter der Hibiskus, Zuckerrohr und Pitpit. Die großen Bananenblätter überragen den Garten als dritte horizontale Ebene.«[4] Als letztes Beispiel wollen wir noch lesen, was ein Botaniker über einen typischen Indianergarten in Guatemala berichtet:[5]

> Der Garten, den ich untersuchte, war nicht besonders groß, ungefähr die Fläche eines Stadtgrundstückes in den Vereinigten Staaten. Er war von solch üppigem Pflanzenwuchs überwuchert, scheinbar so planlos angelegt, daß der typische Amerikaner oder Europäer, der an die puritanisch sauberen Gärten Europas gewöhnt ist, meinen müßte, es handele sich um einen verlassenen Garten. Wahrscheinlich hätte er es als Garten gar nicht erkannt. Doch als ich ihn sorgfältig untersuchte, fand ich keine Pflanze, die nicht irgendwie dem Besitzer nützlich wäre. Es gab keine ausgesprochenen Unkräuter, und der Ertrag im Verhältnis zum Arbeitsaufwand war sicherlich sehr hoch.

Der Botaniker beschreibt dann weiter die vielen Arten der Nutzpflanzen in diesem Wirrwarr von Obstbäumen, Büschen, Blumen, Gemüsen und Bienenkörben. Obwohl der Garten an einem Hang lag, war Erosion kein Problem, denn das Wurzelgeflecht hielt den Humus fest. Zu Schädlingsexplosionen konnte es wegen der Vielfalt der untereinander vermischten Arten nicht kommen, und der Ertrag pro Flächeneinheit war ebenso günstig wie der Ertrag im Verhältnis zum Arbeitsaufwand. »In diesem Garten hatte man es mit einem Gemüsegarten, Arzneikräutergarten, Komposthaufen und Bienenhof, alles in einem, zu tun.«[6]

Alan Chadwick mit seiner »biologisch-dynamischen, französischen Intensivmethode« versucht, in Kalifornien die Idee der Mischkultur mit Pflanzengemeinschaften wieder in die allgemeine Gartenbaupraxis einzuführen. Seine tiefgelockerten Hügelbeete werden nach dem gleichen Prinzip wie der Plenterwald genutzt. Gemüse werden einzeln geerntet; die Lücken schließen sich schnell wieder durch Blattwuchs, der immer den Boden schützend beschattet und die Schattengare erhält. Selektierte Unkräuter und prachtvolle Blumen wachsen zwischen den Gemüsepflanzen. Der Ertrag ist hoch, die Lebensgemeinschaft gesund; die Methode ist jedoch ziemlich arbeitsintensiv.[7] Im deutschen Sprachraum ist die Mischkultur von Gertrude Frank bekannt.[8] Pfeiffer und Riese haben ebenfalls gute Ratschläge für gemischte Kulturen und schlagen vor, *Tiefwurzler* mit *Flachwurzlern* abzuwechseln.[9] Als Tiefwurzler gelten die Leguminosen, Getreide und Kartoffel, die ihre Wurzeln zwei bis drei Meter in den Untergrund senden.

Einige gute Pflanzennachbarschaften im Garten

Bohnen vertragen sich mit fast allen Gemüsen und besonders mit *Bohnenkraut*. Buschbohnen eignen sich besonders als Zwischenpflanzungen bei Erdbeeren, Frühkartoffeln, Kohl, Sellerie und Gurken.

Erdbeeren kommen gut mit Chrysanthemen, Bohnen, Lattich, Borretsch (Gurkenkraut) und neben Spargelbeeten.

Erbsen gedeihen mit Radieschen, Karotten, Gurken, Spinat und Speiserüben.

Gurken wachsen gut neben Salaten und Bohnen. An schrägen Zäunen aufgebunden, entwickeln sie sich besonders günstig zwischen Zuckermais.

Hanf wächst gut mit Brennessel und hat einen positiven Einfluß auf Erdäpfel und Kohlgewächse.

Kartoffeln (Erdäpfel) gedeihen mit Bohnen, Puffbohnen, Erbsen oder Kohl als Zwischenpflanzungen. Eine Umrandung mit Hanf, Fingerhut oder Meerettich wirkt sich günstig aus.

Kohlsorten (Blumenkohl, Weißkohl, Wirsing, Rosenkohl, Spargelkohl usw.) vertragen sich mit Buschbohnen und Salat. Hanfzwischenpflanzungen vertreiben Kohlweißlinge. Kamille, Ringelblume und Dill haben sich als Randpflanzungen beim Kohl bewährt. Als Nachfrucht auf dem Frühkartoffelbeet entwickelt er sich ebenfalls günstig.

Kohlrabi verträgt sich mit Roten Beeten und Zwiebeln.

Karotten (Möhren, Ruebli) gedeihen hervorragend mit Lauch und allen anderen Zwiebelgewächsen.

Kräuter sind mit ihren duftenden Essenzen gute Genossen für alle Gemüse. Brennessel erhöht den Ölgehalt bei den Minzen, Knoblauch unterstützt die Rosengewächse, und Kapuzinerkresse zieht die Blattläuse von den anderen Pflanzen weg.

Lauch (Porree) ist der geeignete Partner des Sellerie. Beide können gleich gedüngt werden, da sie eine Vorliebe für kalireichen Schweinemistkompost und Holzasche haben. In Reihenkulturen mit Wurzelpetersilie, Möhren und Pastinaken kommt Lauch gut und wird von diesen Doldenblütlern vor der Zwiebelmade geschützt.

Radieschen und *Rettiche* gedeihen zwischen Kapuzinerkresse, Kerbel, Erbsen und Schnittsalat.

Rippenmangold (Krautstiele, Mangold, Römischer Kohl) läßt sich leicht in einer Mischkultur mit Kohl und Endivien anbauen.

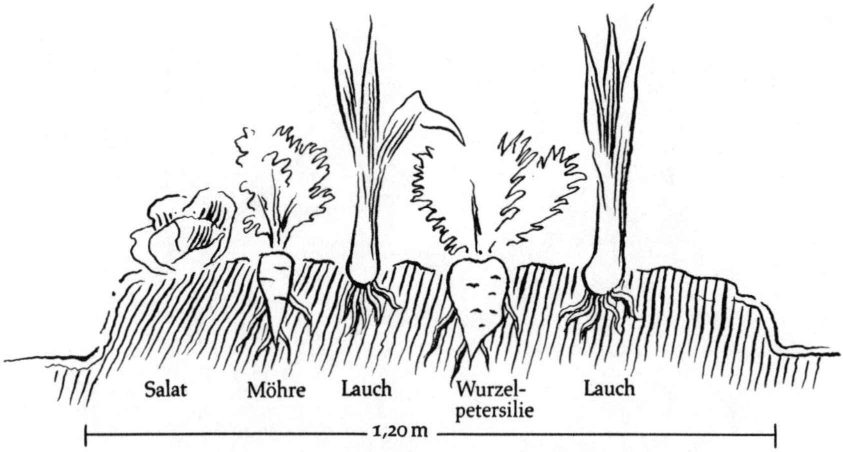
Salat
Möhre
Lauch
Wurzel-
petersilie
Lauch
1,20 m

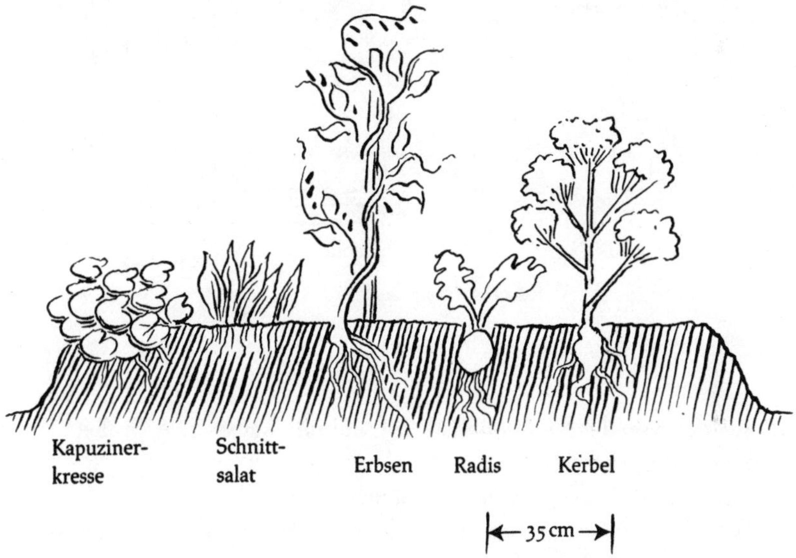
Kapuziner-
kresse
Schnitt-
salat
Erbsen
Radis
Kerbel

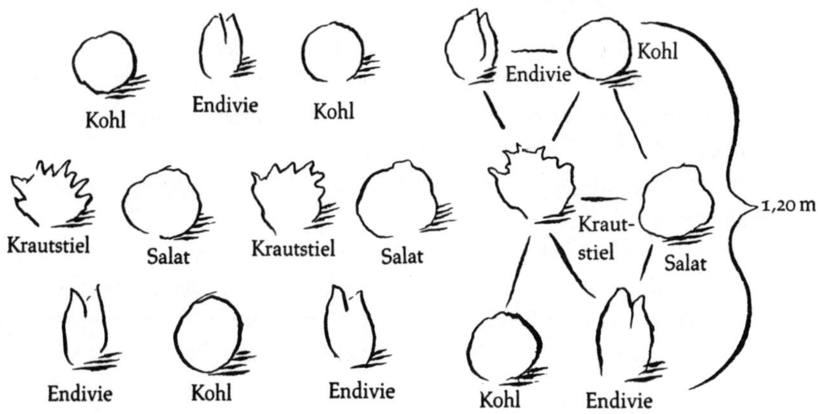
35 cm
Kohl
Endivie
Kohl
Endivie
Kohl
Krautstiel
Salat
Krautstiel
Salat
Kraut-
stiel
Salat
1,20 m
Endivie
Kohl
Endivie
Kohl
Endivie

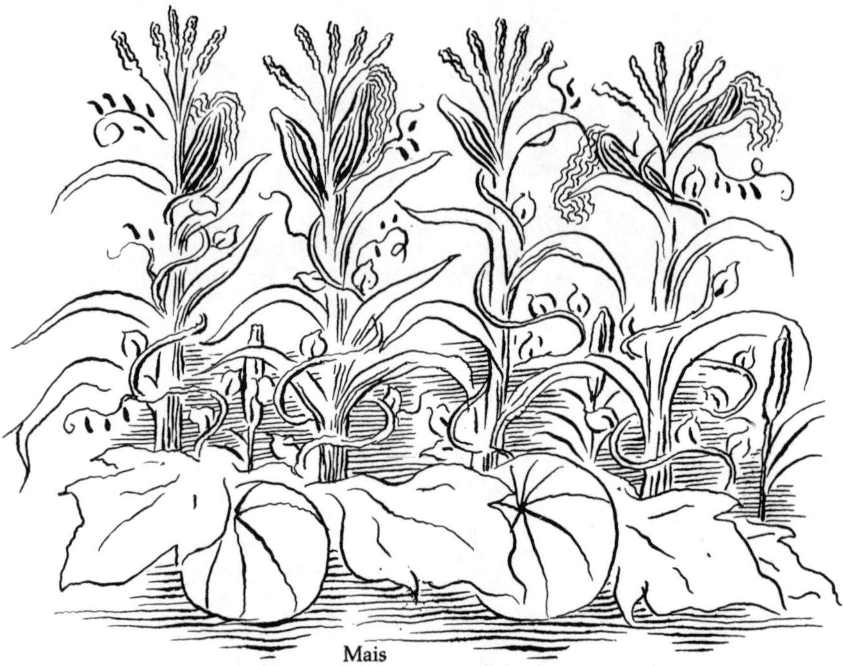

Irokesisches Hügelbeet.

Salat profitiert von der Nachbarschaft mit Möhren, Radieschen, Erdbeeren, Gurken und Borretsch.

Sellerie floriert mit Lauch, Zwiebeln und Schalotten.

Spinat gedeiht mit Schnittsalat, Radieschen und zwischen Erdbeeren und Erbsen.

Squash (Kürbis, Melonen, Zucchini, Hubbard usw.) gedeihen mit Fuchsschwanz (Amaranthus), Bohnen und Mais. Diese Kombination, die die Hauptnahrungsmittel der nordamerikanischen Indianer darstellen, wurde in Hügelbeeten zusammengepflanzt.

Speiserüben (Kohlrüben, Weiße Rüben, Steckrüben) wachsen gut mit Salat und Erbsen.

Tomaten, die trockene Blätter, aber feuchte Wurzeln bevorzugen, lassen sich eine lebende, schattenspendende Bodenbedeckung aus Neuseeländer Spinat, Petersilie oder Basilikum gefallen. Die Nähe eines Spargelbeetes sowie von Brennessel und Fingerhut scheint ihnen zu behagen.

Zuckermais soll in einem geschlossenen Block angepflanzt werden, damit die Windbestäubung erfolgreich ist, aber daneben und zwischen diesen Blocks kann man Bohnen, Gurken, Squash und Kürbis anbauen.

Zwiebeln wachsen gut mit Roten Beeten, Salat, Bohnen und allen Schirmblütlern wie Möhren, Sellerie, Petersilie oder Pastinake. Auf Sandböden gedeihen sie gut mit Kamille.[10]

Einige Pflanzennachbarn vertragen sich nicht und hindern einander im Wachstum. Knollenfenchel scheint sich mit überhaupt keinen anderen Gewächsen zu vertragen. Man hat mit Sicherheit festgestellt, daß Hafer, Tomaten, Paprika und Pfeffer ihre Nachbarn durch allelopathische Wurzelausscheidungen ungünstig beeinflussen. Daher ist es am besten, diese Egoisten in ihre eigenen Beete zu setzen.[11] Möhren vertragen sich nicht mit Dill. Zwiebeln haben Erbsen nicht besonders gerne. Kartoffeln entwickeln sich schlecht, wenn man Tomaten, Sonnenblumen oder Topinambur im selben Beet hat. Gurken und Kartoffeln scheinen ebenfalls nicht besonders zusammenzupassen.

Oft formen diejenigen Gemüse, die gut zusammen im Kochtopf schmekken, auch gute Pflanzengemeinschaften im Gartenbeet. Man kann manchmal über diese Zusammenhänge ins Staunen geraten. Zum Beispiel schmekken Bohnen gut mit Bohnenkraut, Rote Beete mit Zwiebeln angemacht, Kohl mit Dill oder Kümmel, Möhren mit Lauch, Mais mit grünen Erbsen, Tomaten mit Petersilie oder Basilikum, Salat mit geraspelten Karotten oder mit Zwiebeln und Radieschen, Kartoffeln mit Kohl oder mit Meerettich. Zuckermais mit Limabohnen wurde von den Algonkien als Succotash gegessen. Natürlich wird es Ausnahmen geben, aber doch scheint es die Regel zu sein: Was sich im Gaumen verträgt, verträgt sich auch auf dem Acker.

Mischbeetkultur und Zwischenfruchtanbau

Oft werden Gemüsesorten weniger wegen ihrer pflanzensoziologischen Verträglichkeit miteinander angebaut, als wegen bestmöglicher Anbauflächennutzung. Man kann zwischen die langsam sich entwickelnden *Hauptfrüchte* – Kohl, Buschbohnen, Squash, Kartoffeln, Möhren, Sellerie, Pastinaken – in die noch nicht überwachsenen Reihen *Zwischenfrüchte* hineinpflanzen. Solche Zwischenfrüchte, die eine relativ kürzere Entwicklungszeit haben, sind zum Beispiel Schnittsalat, Spinat, Gartenkresse, Chinakohl, Radieschen, Senfblätter und Kohlrabi. Sie sind dann entweder schon geerntet oder werden als Gründüngung in den Boden gehackt, wenn die Hauptfrüchte größer werden.

Platzsparende Kombinationen ergeben sich, wenn man hochwachsende Pflanzen wie Stangenbohnen mit niedrigwachsenden wie Kürbissen zusammenbringt. Man kann Gurken zwischen den Zuckermais setzen und den Neuseeländer Spinat um die aufgepflöckten Tomaten kriechen lassen. Feuerbohnen kann man an Sonnenblumen und Maisstengeln emporschlingen lassen, wenn man sie entsprechend später aussät.

Vorfrüchte erntet man schon im Frühsommer, damit man in der zweiten Jahreshälfte die *Nachfrüchte* anbauen kann. Nach abgeernteten Frühkartoffeln, Erbsen, Puffbohnen, Spinat, Salaten und Frühkohlen kann man Möhren, Pastinaken, Wurzelpetersilie, Winterkohl, Rapunzel und andere Folgesaaten aussäen. Damit nicht alles auf einmal reift und man von der Ernte überwältigt wird, staffelt man die Aussaat, indem man alle paar Wochen von neuem Buschbohnen, Salat, Radieschen und anderes aussät.

Halten wir uns einmal alle Kombinationsmöglichkeiten vor Augen. Man sieht, daß richtiges Gärtnern mehr als eine Wissenschaft ist. Es ist eine Kunst. Schon im Winter muß man sein Gartentagebuch zur Hand nehmen und in aller Ruhe die Vielfalt der Möglichkeiten der Beetgestaltung vor das innere Auge ziehen lassen.

Fruchtfolgen

Die Mischkultur versucht die Gesetze der natürlichen Pflanzenassoziationen nachzuahmen. Die Fruchtfolge dagegen versucht der natürlichen *Pflanzenfolge* (Sukzession) gerecht zu werden. Wenn durch einen Erdrutsch oder das Wüten einer Planierraupe oder eines Baggers die schützende Pflanzendecke zerstört ist, dann entsteht eine geregelte Ablösung von verschiedenen Arten, bis die ursprüngliche Pflanzendecke wieder hergestellt ist. Über Nacht, so scheint es, springen die ersten Pionierpflanzen aus dem entblößten Boden. Zuerst sind es die ein- und zweijährigen Unkräuter, Lattich, Ampfer, Königskerzen, wilde Möhren, Knöterich, Kreuzkraut, Melde, das Berufskraut und viele andere, die sich wie ein Pflaster über die geschundene Erde breiten und sie vor Auswaschung und Winderosion schützen. In den nächsten Jahren folgen die Büsche, Ranken, Dornen und unzugängliches Gestrüpp. Sie verwehren uns den Zutritt, halten uns aber Himbeeren, Brombeeren, Schlehen und Hagebutten entgegen, als wollten sie sagen: »Hier ist eine Baustelle! Hier dürft ihr nicht durch! Aber seid uns nicht böse; da, nehmt die süßen Beeren!« Unter dem Schutz der Dornen entwickeln sich dann die ersten schnellwüchsigen Bäume, die Ulmen, Erlen, Weiden und einige Tannen, bis dann schließlich die ausgeglichene *Klimaxgesellschaft* wieder hergestellt ist.

Im Garten ist die Sukzession nicht so kompliziert und langwierig, aber sie hat auch ihre eigenen Regeln. Wenn diese Regeln nicht beachtet werden, wird der Boden »müde«, Kreuzblütler kriegen Kohlhernie, Rüben und Kartoffeln leiden an Nematoden, und andere Schädlinge nehmen zu. Starke Vermehrung und Hartnäckigkeit bestimmter Unkräuter ist ein untrügliches Zeichen, daß sich die Bodenqualität auf einseitige Art und Weise verschoben hat. Die Erde ruft nach Unkräutern, um sich wieder ins Gleichgewicht zu bringen. Wenn Melde lästig wird, dann hat man zum Beispiel zu lange Kartoffeln gepflanzt. Einseitige Monokulturen haben gezwungenermaßen ständig gegen Unkräuter, die eigentlich die natürliche Sukzessionsfolge darstellen, zu kämpfen. Um der Natur entgegenzukommen, versucht der Gärtner, den natürlichen Pflanzenwechsel mit seinen Fruchtfolgen wettzumachen. Manchmal ist es sogar angebracht, ein *Brachjahr* einzuschalten, wie es in der mittelalterlichen Dreifelderwirtschaft und beim Wanderfeldbau der Brauch war, damit die Unkräuter ungehindert den Boden harmonisieren können. Diese Praxis hat sich besonders bei chemisch verseuchten Böden bewährt, die eine Schadstoffakkumulation aufwiesen. In einer gesunden Gartenbiozönose, mit reifem Humus als Grundlage, üben die Unkräuter auch keinen großen Sukzessionsdruck aus. Mit anderen Worten: sie sind kein Problem. Ein alter Garten ist selbst in einem gewissen Klimaxzustand.

In der Fruchtfolge unterscheidet man zwischen *starkzehrenden, leichtzehrenden* und *bodenschonenden Gemüsen.* In der Reihenfolge pflanzt man zuerst die Starkzehrer, nachdem man das Land gut mit Kompost – im zweiten oder dritten Verrottungsstadium – gedüngt hat. Die nächste Tracht auf dem Beet ist die der bodenschonenden Hülsenfrüchte, die den Boden frisch durchwurzeln und mit Stickstoff der Wurzelknöllchenbakterien anreichern. Zuletzt in der Reihenfolge sät man die Leichtzehrer, nachdem man das Beet leicht mit sehr reifem Kompost – drittes Stadium – gedüngt hat. Nach diesen drei Trachten kann man den Boden brach ruhen lassen, ihn mit einer Gründüngermischung versehen, ihn mit Pflanzen, die ansonsten gar nicht in die Fruchtfolge kommen – wie eine Bienenweide als Bienenfreund (Phacelia tanacetifolia), Buchweizen oder Flachs –, bebauen, oder man kann mit den Starkzehrern sofort wieder anfangen. Zu den *Starkzehrern* zählen alle Kohlarten, Tomaten, Gurken, Sellerie, Kürbis, Mangold, Salate, Spinat, Lauch, Zuckermais, Eierpflanze, Abelmoschus und Paprika.

Zum *bodenschonenden Gemüse* gehören alle Schmetterlingsblütler: Bohnen, Erbsen, Zuckererbsen (Kiefen), Puffbohnen, Feuerbohnen usw.

Die *Schwachzehrer* sind die Karotten, Rote Beete, Radieschen, Rettiche, Schwarzwurzeln, Haferwurzeln, Pastinaken, Petersilienwurzeln, weiße Rüben, Steckrüben, Feldsalat (Rapunzel, Nüßli) und Zwiebeln.

Ein biologisch-dynamisches Schema beschäftigt sich mit der Abfolge der vier Ätherarten – Erde, Wasser, Luft, Feuer –, wie sie in der Pflanzenwelt in Wurzel, Blatt/Stengel, Blüte und Frucht/Samen zum Ausdruck kommen. Damit die Ätherarten sich harmonisch ablösen, fängt man die Fruchtfolge mit gutgedüngtem *Blattgemüse* an, dann kommen *Blumensorten* und Frucht/Samenpflanzen – darunter natürlich die Hülsenfrüchte –, und mit den *Wurzelgemüsen* wird der Kreislauf geschlossen. Man sieht, wenn man diese mit der vorher erläuterten Fruchtfolge vergleicht, daß eigentlich wenig Unterschied zwischen den beiden Methoden besteht. Vielleicht läßt sich die letztere leichter merken.

Familienzugehörigkeiten der Gemüsepflanzen

Um die Fruchtfolgen meisterhaft zu handhaben, muß der Gärtner die Familienzugehörigkeit der einzelnen Gemüse kennen. Es ist nicht gut, wenn man Mitglieder derselben Familie nacheinander in dasselbe Beet pflanzt. Da Familienmitglieder ähnliche Nährstoffansprüche haben, ist eine Art »Inzestverbot« im Gartenbeet wohl angebracht. Unter Tausenden von Pflanzenfamilien, die es auf der Welt gibt, gelten nur etwa ein Dutzend als richtige Nahrungspflanzen. Ob dieses Dutzend den zwölf Regionen des Tierkreises entspricht, von wo aus die Pflanzengeister über die Ernährung den Menschen und Tieren helfen?

I. Einkeimblättrige

1. *Gräser* (Gramineae): Weizen, Gerste, Roggen, Hafer, Dinkel, Hirse, Reis und Mais sind die Hauptnahrungsmittel der großen Zivilisationen und werden fast überall als göttliche Inkarnationen gefeiert. Für den Gärtner kommt der Zuckermais (Zea mais) der alten Indianer in Betracht, auch Hafer und Roggen, die mit Wicken oder Erbsen als Gründüngung und Winterbodendecke ausgesät werden. Nach der Planetenlehre gehören die Getreide dem Jupiter und der Sonne an. Im Einzelnen rechnet man die Gerste zum Mars,

Hirse zum Merkur, Roggen zum Jupiter und Hafer zur Venus. Reis, der im Wasser wächst und im Lande der aufgehenden Sonne beheimatet ist, rechnet man zum Mond. Der Mais, im fernen Westen wo die Sonne »stirbt« zuhause, ist dem Saturn untertan. Folgerichtig rechneten die Renaissance-Denker den Weizen zur Sonne, die ja den mittleren Planeten ausmacht, ebenso wie das mediterrane (L. mittelländische) Gebiet wo der Weizen beheimatet ist, die Mitte der Welt ausmacht.

2. *Liliengewächse* (Liliaceae): Zwiebeln (Allium cepa), Knoblauch (A. sativum), Lauch oder Porree (A. porrum), Schnittlauch (A. schoenprasum), Schalotten (A. ascalonicum), der nach Knoblauch riechende Bärenlauch (A. ursinum), die ägyptische Luftzwiebel (Rockenbollen), Bleichspargel und Grünspargel (Asparagus officinalis) gehören zu dieser Familie. Als keusch und gegen das Böse schützend werden die Liliengewächse in der Folklore dargestellt. Mit Knoblauch halten die Slaven Vampire fern, die Jungfrau wird von weißen Lilien umgeben gemalt, und nach römischer Sage formten sich die Lilien aus den Milchtropfen aus Heras Brust. Außer Spargel und Lauch sind Liliengewächse Leichtzehrer; alle können kühles Wetter vertragen.

II. Zweikeimblättrige

1. *Kreuzblütler* (Cruciferae) sind nicht an den vier gelben oder weißen Blütenblättern, die ein Kreuz formen, zu erkennen. Sie sind Kaltwetterpflanzen, die viel Feuchtigkeit und starke Düngung lieben. Die Kohlsorten (Brassica) haben sich aus einem unscheinbaren Kraut (Brassica maritima) entwikkelt, das in Meeresnähe wächst. Daher haben sie, wie so viele andere Strandpflanzen, fleischige Blätter mit einer wachsgeschützten Haut, können starke »salzige« Düngung vertragen und sind wegen ihres schwefeligen Senföls gegen Kälte relativ unempfindlich. Kein Wunder, daß sie besonders in den Nordseeländern, wo die Sonne so wenig scheint, daß die Evolution sogar bleiche Menschen mit hellen Augen und blonden Haaren hervorgebracht hat, sehr geschätzt werden. Dort sind die Kohle (Brassica oleracea) als Nahrung besonders beliebt. Zu den Brassica gehören Blumenkohl, Spargelkohl (Broccoli), Grünkohl, Kabis, Wirsing, Rosenkohl, Rotkohl und Federkohl, ferner Kohlrabi (B. deracea), weiße Rüben oder Speiserüben (B. rapa), deren Blätter man auch wie Spinat essen kann, und Steckrüben (B. napobrassica). Aus dem Orient kommt der bleiche, zarte, dem Senf verwandte Chinesenkohl Wong Boc (B. pekinensis) und der robustere Boc Choi oder Pac Choi (B.

chiniensis), auch Pe-tsai genannt. Besonders scharf, so daß man sie dem Mars zugeordnet hat, sind Meerrettich (Armoracia rusticana) und das Vitamin-C-reiche Löffelkraut (Cochlearia officinalis), mit dem man früher Skorbut heilte. Als Beigaben zum Salat kommen schmackhafte Radieschen (Raphanus sativus), Rettiche (Raphanus sativus sativa), Gartenkresse (Lepidium sativum), Brunnenkresse (Nasturtium officinale) und die würzige Rauke, auch Raukenkohl (Eruca sativa), in Frage. Senf (Sinapis alba) wird als Blatt wie Spinat gekocht oder in den Salat gegeben, und als Samen (Senfkörner) eignet er sich zum Gurkeneinlegen oder wird zu Mostrich gemahlen. Von der Wurzel bis zum Samen wird die Gattung Brassica genutzt; man kann über die Plastizität nur staunen!

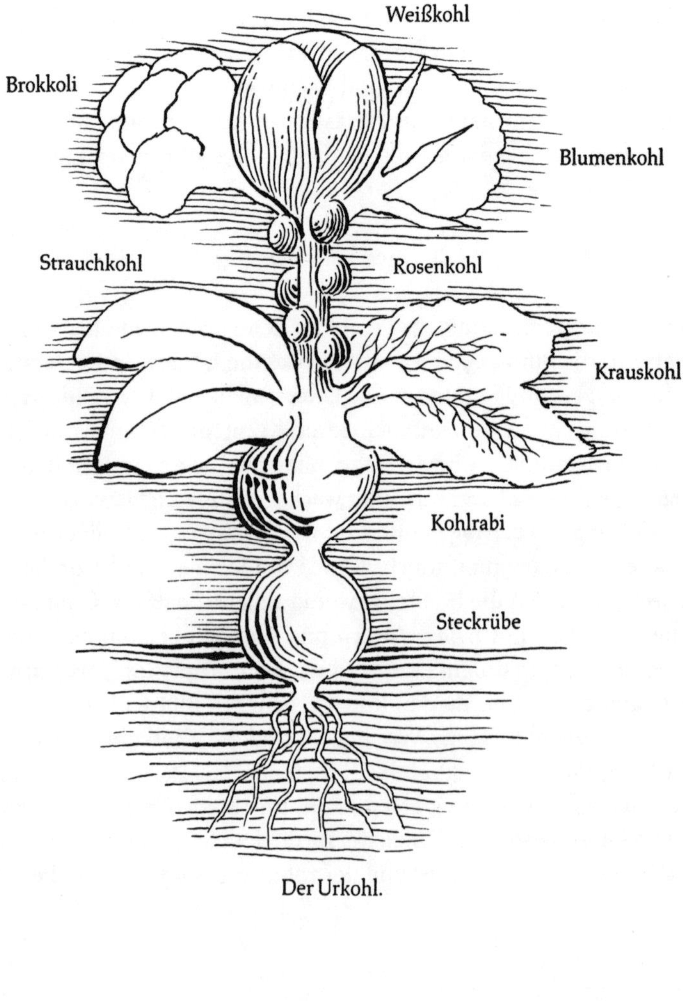

Der Urkohl.

Auch als Unkräuter sind die Kreuzblütler unsere ständigen Begleiter im Garten. Kaum ein Acker hat nicht Hederich, Ackersenf, Schaumkraut, Hirtentäschel oder das Ackerhellerkraut. Als Goldlack, Schleifenblume und Blaukissen kommt diese Familie auch im Blumengarten vor.

2. Die *Schmetterlingsblütler* oder *Hülsenfrüchte* (Papilionaceae, Leguminoseae) ziehen gierig die Astralität in sich hinein und können deswegen dem Boden Stickstoff vermitteln und dem Menschen Proteine. Nur sollte man die pythagoräische Weisung ernst nehmen und nicht zuviel davon essen, damit man nicht wie der haarige Esau unser Erbrecht gegen eine Schale Linsensuppe eintauscht. Es ist nicht von ungefähr, daß man von jemanden sagt, er sei »doof wie Bohnenstroh«. Mit »dumb as beans« wird der Narr in England bezeichnet, und im Spanischen heißt Verrücktheit frejol.

Zu den Leguminosen zählt man alle Bohnen (Phaseolus), von denen besonders die farbigen Sorten mit ungewöhnlichen Größen von den Indianern der Neuen Welt stammen. Dazu gehören die markigen Lima- und Sievabohnen (P. lunatus), die prächtig scharlach blühenden Feuerbohnen (P. coccineus und P. multiflorus) und verschiedene Busch- und Stangenbohnen. Die kälteverträglichen Puff-, Pferde- oder Saubohnen (Vicia faba) waren schon den Römern bekannt, die sie, ebenso wie die Reben, überall anpflanzten, wo ihre Legionen Fuß faßten. Die Soyabohne (Glycine soya) kommt von China. Markerbsen, Schalerbsen und Zuckererbsen, auch Kiefen genannt (Pisum sativum), waren schon den neolithischen Pfahlbauern in der Schweiz bekannt.

3. Die *Doldengewächse* oder *Schirmblütler* (Umbelliferae) segnen die Menschheit mit den wichtigsten Wurzelgemüsen und Gewürzkräutern. Wahrscheinlich deswegen, weil dieser Familie auch viele Arzneikräuter und Giftpflanzen angehören, wird sie dem Planeten Merkur zugerechnet. Bei den Doldengewächsen schießen die Licht- und Wärmekräfte förmlich durch die Pflanze hindurch, schmelzen die Blattsubstanz bis auf feine, federige Spitzen weg und geben sich in orangenen, gelben oder weißen aromatischen Pfahlwurzeln kund. Als Typus sind sie das Gegenteil der fleischigen Kohlgewächse und bilden eine ausgleichende Pflanzengemeinschaft mit ihnen. Die vielen kleinen weißen Einzelblüten auf dem Schirm (lat. *umbella* = Schirm) sind ein Tummelplatz für Fliegen, Schwebefliegen und Käfer.

Zu den im Garten vorkommenden Umbelliferen gehören die Karotten und Möhren (Daucus carota), die Pastinake, auch Hammelrübe oder Zuckerwurzel (Pastinaca sativa), Wurzelpetersilie (Petroselinum crispum), Knollensellerie (Apium graveolens), Blatt- und Bleichsellerie (Apium rapaceum) und

Gemüsefenchel (Foeniculum sativum). Ein in Vergessenheit geratenes Wurzelgemüse, das besonders in Holland im Mittelalter beliebt war, ist Suikerwortel (Sium Sisarum). In England, wo es noch gelegentlich angebaut wird, ist es als Skirret bekannt. Die fingerdicken Knollen sind im Geschmack der Pastinake ähnlich, worauf eine häufige Verwechslung dieser beiden Zuckerwurzeln zurückzuführen ist. Als Gartenkräuter gelten Dill (Anethum graveolens), Kerbel (Anthriscus cerefolium), Petersilie (Petroselinum sativum), Liebstöckl oder Maggikraut (Levisticum officinale), Fenchel (Foeniculum vulgare) und Bibernelle (Pimpinella major). Als gewürzige Samenpflanzen finden folgende ihren Platz im Kräuterbeet: Koriander (Coriandrum sativum), Anis (Pimpinella anisum), Kümmel (Carum carvi) und etliche andere. Dem Engelwurz (Angelica archangelica) schreibt man magische Heilkräfte zu, da es den besonderen Schutz des Erzengels Raphael genießt; Erzengeltee ist auch eines der besten Mittel, um einer Erkältung vorzubeugen.

Die Doldenblütler können auch gefährliche Giftpflanzen sein. Schon Sokrates mußte an die Wirkung der Schierlings (Coniium maculatum) glauben, und Irokesen, die ihre Kräuter durch Geschmacksproben identifizieren, beklagen mehrere Todesfälle wegen der giftigen Wurzel dieser Pflanze. Mitunter tauchen Schierling und Hundspetersilie (Aethuas cynapium), die ebenfalls in die Giftküche gehört, als Unkräuter im Gartenbeet auf. Bekannte Unkräuter dieser Familie sind die Wilde Möhre (Daucus carota) und etliche grobstengelige Schirmblütler, wie Wiesenkerbel und Bärenklau, die eine Güllewiese kennzeichnen.

Im allgemeinen sind die Wurzelgemüse dieser Familie nicht kälteempfindlich. Sie sind Leichtzehrer, die sich mit einer kleinen Gabe voll ausgereiften Komposts zufriedengeben und mit den Liliengewächsen und Kreuzblütlern gute Nachbarschaften bilden.

4. Die *Gänsefußgewächse* (Chenopodiaceae) wie die Rote Beete oder Rande (Beta vulgaris esculenta), Rippenmangold oder Krautstiele (Beta vulgaris cicla), Blatt- oder Schnittmangold (B. vulgaris), Zuckerrübe (B. vulgaris altissima), Spinat (Spinacia oleracea) und die Gartenmelde (Artiplex hortensis u. Chenopodium bonus henricus) stammen alle aus den salzigen Steppen und alkalischen Wüsten Zentralasiens. Sie können leicht Zucker und Salze in ihren Geweben anreichern. Die Gartenmelde hat einen derart salzigen Geschmack, daß man das Gemüse gar nicht zu salzen braucht, während die Zuckerrübe bis zu zwanzig Prozent Zucker in ihrem Saft gelöst haben kann. Die Gänsefüßler sind daher der »salzigen« Düngung des Algenmehls oder der Holzasche (Kali) nicht abgeneigt. Ein alter Gärtner düngte seine Rote

Beete sogar von Zeit zu Zeit mit einigen Körnern Kochsalz. Die Gänsefüßler sind kälteunempfindliche Leichtzehrer, die dem Planeten Jupiter zugeschrieben werden.

5. Die *Nachtschattengewächse* (Solanaceae) kommen zum größen Teil aus den milden Subtropen, vertragen keinen Frost und beanspruchen einen nährstoffreichen Humusboden. Die Tomate (Solanum lycopersicum), alle Chillipfeffer und Paprikas (Capsicum annuum), die süßen, gelben Hülsentomaten oder Blasenkirsche (Physalis pruinosa) – eine Art Judenkirsche – und die Tomatillo (Lycium pallidum), aus der die Mexikaner ihre grüne Tacosauce machen, kommen alle aus Amerika. Die Tomate, auch Liebesapfel genannt, wurde in Europa zuerst nur als Zierpflanze gezogen, der man aphrodisische und tödlich giftige Eigenschaften nachsagte und deren rote, reife Frucht ein hoffnungsvoller Buhle seiner Mamsell anstelle des Blumenstraußes schenken konnte. Es scheint, daß im vergangenen Jahrhundert ein enttäuschter Liebhaber in diese Frucht biß, um aus dem Leben zu scheiden, und dabei entdeckte, daß sie eigentlich recht gut schmeckt und besonders zu Pizza und zur Pasta paßt. Die Eierfrucht oder Aubergine (Solanum melongena) kommt ursprünglich aus Indien. Die Kartoffel, Erdbirne oder Erdapfel (Solanum tuberosum), das einzige dieser Nachtschattengemüse, das kühleres Wetter vertragen kann, stammt aus dem nebligen Hochland von Peru, dem Reich der Inkas. Im 16. Jahrhundert wurde sie nach Europa gebracht, um später das billige Hauptnahrungsmittel des Industrieproletariats zu werden. Die Anthroposophen sehen in der Kartoffel die Ernährungsgrundlage des Materialismus. Als in der Mitte des 19. Jahrhunderts ein Virus die Kartoffelmonokulturen zerstörte, wurden Millionen von europäischen Bauern gezwungen auszuwandern, um in Amerika eine neue Heimat zu suchen.

Die bunten, fleischigen Früchte, das geile Wachstum und die zum Teil vorhandenen starken Nervengifte – auch die Beeren und Blätter der Kartoffel sind höchst giftig – bei den Nachtschattengewächsen verraten eine besondere Beziehung zur Astralität und eine ausgeprägte Mondsignatur. Der Tabak (Nicotinia tabacum) wurde ursprünglich von indianischen Medizinmännern bei Vollmond zusammen mit anderen Drogen geraucht oder geschnupft. Jede Beschwörung, Zauberhandlung, Friedensfeier oder Krankenheilung verlangte Tabakopfer oder -räucherung. Zu den Salben der alten Hexen gehörten die als Gartenunkräuter vorkommenden Nachtschattengewächse wie Bilsenkraut (Hyoscyamus niger), die Tollkirsche (Atropa belladonna) und später der aus Amerika kommende Stechapfel (Datura stramonium), mit den auch der Yaqui brujo Don Juan operierte.[12] Die halluzinogene, menschenförmige Alraunwurzel (Mandragora officinarum) ist auch ein Mitglied dieser berüchtigten Familie.

6. Die *Gurkengewächse* (Cucurbitaceae) lieben entsprechend ihrer subtropischen Heimat, feuchte, warme Luft und reichen humuösen Boden. Die Gurken (Cucumis sativa) kommen aus Südostasien, die Wassermelonen (Citrullus vulgaris) aus Afrika, die vielen Melonen (Cucumis melo), Squash und Kürbisse (Cucurbita) kommen entweder aus Amerika oder Asien. Der unermüdlich fruchtbare Zucchini (Cucurbita pepo giromontiina) wurde von italienischen Meistergärtnern gezüchtet. Die großen, gelben Blüten der Cucurbiten können, in Eiermilch gebraten, als Delikatessen verspeist werden.

7. Die *Korbblütler* (Compositae) beschenken den Garten mit zahlreichen Blumen, Gewürz- und Arzneikräutern, Gemüsen, aber auch lästigen Unkräutern. Ihr Familienname bezieht sich auf die Tatsache, daß jede Blume aus vielen völlig ausgebildeten Einzelblüten besteht, die sich zu einer Blütengesellschaft zusammenfinden. Jede Blüte ist vollkommen, fügt sich aber in das große Ganze des Blütenkorbes harmonisch ein. Für die amerikanischen Spiritisten haben die Korbblütler Symbolwert wie einst die Lilie und die Rose im Mittelalter. Auf ihre Banner und Altartücher sind goldene Sonnenblumen gestickt, als Sinnbild einer harmonischen Menschengemeinschaft, die sich dem göttlichen Sonnengeist zuwendet.[13]

Zu den Gemüsen dieser Familie gehören alle Salate (Lactuca sativa), die Sommerendivie (L. sativa longifolia), der Zuckerhut (Cichorium), Winterendivie (Cichorium endivia), Witloof oder Chichorée bruxelloise (C. intybus), dessen geröstete Wurzel dem Kaffee beigemischt werden kann, und die aus Amerika stammende Sonnenblume (Helianthus annuus), die als Öl-, Samen- und Zierpflanze beliebt ist. Weniger bekannt, aber wichtig für den ganzheitlichen Garten sind die Gemüseknollen des Topinambur (Helianthus tuberosus), eine Kollensonnenblume ursprünglich aus der amerikanischen Prärie; die Artischoke (Cynara scolymus), eine eßbare Distel maurischen Ursprungs die eine leberanregende Wirkung hat; die Cardy (Cynara cardunulus), eine stattliche Distel dessen gebleichte Herzblätter bei den römischen Saturnalien gegessen wurden und noch heutzutage bei den Genfern die Weihnachtsgans ersetzt; die Haferwurzel (Tragopogon porrifolius), ein kultivierter Wiesenbocksbart dessen Geschmack an gekochte Austern erinnert; die Schwarzwurzel (Scorzonera hispanica), ein schwarzhäutiger Vetter der Haferwurzel; und die Große Klette (Arctium lappa), dessen dicke, saftige Wurzel nach Artischocke schmeckt, und heute noch, wie früher in Europa, in

Japan – unter dem Namen *Takinogawa* – ein beliebtes Gemüse ist. Die schwerste Arbeit mit der Gemüseklette ist das ausgraben der leicht zerbrechlichen, ein Meter langen Wurzel, was aber dem Boden als Tieflockerung und -belüftung zugute kommt.

In den Kräutergarten gehören Arnika (Arnica montana), Wermut (Artemisia), Ringelblume (Calendula), Rainfarn (Tanacetum), Estragon (Artemisis dracunculus) und etliche andere. Zu den Korbblütlern zählen auch die biodynamischen Kompostkräuter Löwenzahn, Kamille und Schafgarbe. Den Blumengarten zieren Astern, Dahlien, Goldruten und Chrysanthemen.

8. Die *Lippenblütler* (Libiatae) liefern uns neben den Korbblütlern und Doldengewächsen die besten Heilkräuter, Tees und Küchengewürze. Das einzige Gemüse in dieser Pflanzenfamilie ist der Knollenziest (Stachys sieboldii), der vor dem Auftreten der Kartoffel in vielen Bauerngärten gezüchtet wurde. Die kleinen Stachysknollen (ca. 5 cm) haben eine gewundene Form, ähnlich dem Gehäuse der Achatschnecken. Eine Abart des Knollenziest ist der Sumpfziest (Stachys palustris), dessen bittere Wurzel man den Schweinen fütterte. Zu den Lippenblütlern gehören die an ätherischen Ölen reichhaltigen Minze, Salbei, Thymian, Melisse, Bohnenkraut, Dost, Majoran, Basilikum, Origano und andere Freunde des Kochs und Heilpraktikers. Da diese mehrjährigen Pflanzen nicht in die Fruchtfolgen passen, pflanzt man sie in Randbeete, von wo aus sie ihre guten Einflüsse durch den Garten strahlen.

9. *Rosengewächse* (Rosaceae) sind ebenfalls keine Gemüsepflanzen, die man in die Fruchtfolgen einbaut, aber sie gehören in jeden Garten und liefern fast alles Obst. Brombeeren, Himbeeren, Kirschen, Pflaumen, Zwetschgen, Erdbeeren, Äpfel, Birnen, Pfirsich, Aprikosen und Quitten sind alles Rosengewächse. Eberesche (Sorbus aucuparia), Mispel (Mespilus germanica) und Heckenrosen (Rosa canina) können in die Windschutzhecken eingebaut werden und liefern mit ihren Beeren gute Gelees und Konfitüre. Die Gartenrose ist die Zierde des Gartens. Mit ihrem lieblichen Geruch und farbigen Blüten zieht sie gute Elementarwesen in den Garten. In keinem mittelalterlichen Garten fehlte sie, wo sie das Gegenbild der zarten, keuschen, von der Materie noch unbefleckten Lilie darstellte. Die holzige, dornige Rose mit ihren blutroten Blüten ist Sinnbild eines durch die Materie gegangenen und verwandelten Wesens. Der Überwinder ist mit einer Dornenrose gekrönt; in den fünf Blütenblättern sieht man die fünf Wunden des Heilands. In der Pflanzenökologie bilden Rosengewächse und Liliengewächse, besonders Knoblauch, gute Pflanzengemeinschaften.

Die Beerenbüsche – Johannisbeeren, Cassis, Stachelbeeren –, die als Vitamin-C-reicher Ersatz der Südfrüchte für den Selbstversorger wichtig sind, gehören zu den *Steinbrechgewächsen* (Saxifragaceae), nicht den Rosengewächsen.

Seltene Gemüse

Neben den angegebenen Hauptfamilien der Gemüsepflanzen gibt es noch etliche Vertreter anderer Familien, die zum Teil früher einmal in alten Klostergärten und Bauerngärten ihren Platz hatten, aber im Laufe der Jahre aus der Mode kamen.[14] Dazu gehört das *Bürzelkraut* oder Portulak (Portulaca oleracea), das als Gemüse oder Salat Anwendung fand. Blätter junger Malven, in Hühnersuppe gekocht, sind auch heute noch im Nahen Osten eine Hauptspeise (Melokhia). Zu den Malvengewächsen (Malvaceae) gehört die *Große Käsepappel* (Malva silvestris), deren Sprosse im Mittelalter ein begehrtes Gemüse waren und deren Früchte als Kapern eingesäuert wurden. Das Saatgut dieser fleischigen, Vitamin-C-reichen Pflanze erhält man in Frankreich unter dem Namen *pourpier.* Die naheverwandte Stockrose ist in Bauerngärten immer noch als Blume beliebt. Die *Nachtkerze,* auch Schinkenwurzel oder Rapontika (Oenothera biennis) genannt, deren Wurzel ungefähr wie Schwarzwurzel schmeckt, wurde zuerst, nachdem man sie aus der Neuen Welt mitgebracht hatte, in den berühmten Garten zu Padua angepflanzt, ist aber nun leider in Vergessenheit geraten. Aber der *Gute Heinrich,* eine Meldenart (Chenopodium bonus henricus), und die schon erwähnten Haferwurzel und Pastinake waren einst begehte Küchenzutaten. Viele Wurzelgemüse wie der Knollenziest, die Große Klette, Topinampur, Nachtkerze und die Knollen der *Dahlie* (Dahlia variabilis) waren geliebt und bekannt, ehe die Kartoffel als Massennahrungsmittel sie verdrängte.

Zu den relativ unbekannten Gemüsesorten aus anderen Kulturkreisen, die anzupflanzen es sich aber lohnt, zählen folgende: In wärmer gelegenen Gärten, wo ohne weiteres Tomaten und Eierfrüchte gedeihen, kann man *Abelmosch* (Hibiscus exculentus) anpflanzen, eine Schote der Malvengewächse, die in den USA als *Okra* oder *Gumbo* besonders bei den Schwarzen sehr beliebt ist, ihren Ursprung jedoch in Ostafrika hat. Die *Kermesbeere* (Phytolacca esculenta) wird von den Indianern und den Hinterwäldlern im Appalachengebirge als Frühlingsspargel (Pokeweed shoots) geschätzt, obwohl Wurzelstock, Stengel, Blätter und Beeren wegen Saponinanreicherung sehr giftig sind. Die purpurroten Beeren geben der Pflanze ihren Namen.

Um im Hochsommer frisches Blattgrün zu haben, sollte jeder Gärtner den *Neuseeländer Spinat* (Tetragonia tetragonioides) in Gemeinschaft mit den Tomaten anpflanzen. Diese fettblättrige, kriechende Pflanze aus Polynesien nimmt sich über einen Monat Zeit, um zu keimen, wuchert aber dann bis spät in den Herbst hinein. Der *Fuchsschwanz* (Amaranthaceae), für viele ein lästiges Unkraut, läßt sich als kräftiges Gemüse im Frühling zubereiten, im Herbst hingegen kann man die vielen mohnsamenähnlichen, schwarzen Samen leicht ausdreschen, sie fein mahlen und mit ins Brot verbacken. Bei den Azteken Mexikos galt Amaranthus, neben Mais, als Hauptnahrungsmittel und wurde mit Abgabenpflicht belegt. An religiösen Festen wurden die Samen mit Blut und Honig gemischt und zu Kuchen – *Zoale* – geknetet, die Götzenfiguren darstellten. Die Zoale wurden feierlich durch die Straßen getragen, dann rituell zerbrochen und verzehrt. Den Spaniern kam das wie eine teuflische Verhöhnung des Abendmahls vor, worauf das Anpflanzen des Fuchsschwanzes unterdrückt wurde. Als Grüngemüse, ebenso wie als Körnersaat, ist Amaranthus in Asien bekannt und wird als Yin-choi in China, als Tampala in Indien und als Hiyu in Japan auf den Wochenmärkten feilgeboten. Ein wenig bekanntes Blattgemüse aus Asien, das man überall anbauen kann wo auch Tomaten gedeihen, ist der rankende *Malibar Spinat* (Basella alba). Wie beim Neuseeländer Spinat, der Malve und dem Amaranthus handelt es sich um einen »Spinat« der auch in den heißen Hundstagen zu ernten ist.

In Japan ißt man Chrysanthemen! Die jungen Triebe der schönen Wucherblume (Chrysanthemum cornarium), als *Schungiku* bekannt, sind die Hauptzutaten der bekannten japanischen Gerichte *Chop-sui* und *Sukiyaki*. Schungiku macht es sich leicht in unseren Breitengraden. Wenn man nicht alle jungen Triebe in der Küche verwerten kann, dann läßt man sie einfach in die Höhe schießen: Bald quillen die Beete über mit gelben, weißen orangenen Blüten die bis in den Spätherbst »wuchern«. Da wir uns gerade mit eßbaren Blumen beschäftigen, wollen wir die rotgelb blühende *Kapuzinerkresse*, die rankende (Tropaeolum majus) und die niederige (T. minus) nicht vergessen. Diese Pflanze, die die Spanier aus Peru mitgebracht hatten, schenkt dem Salatteller einen pfiffigen Geschmack; die Samenkapseln können als »Kapern« eingesäuert werden. Bei den Chinesen ist die fleißig blühende *Taglilie* (Hemerocallis) auch als Gemüse bekannt. Knollen, junge Blätter, sowie die schmalen Knollen, finden ihren Weg im Gemüsetopf.

Im abgerundeten Garten wachsen ferner auch die *Brennessel* als Präparatepflanze, Heilmittel für Gicht und Rheuma, Hühnerheu und Suppengrün im Frühling. Die Hanfgewächse (Cannabaceae) Hanf und Hopfen dürfen in der Pflanzengemeinschaft als Arzneipflanzen und in der Küche (Hopfenspargel) nicht fehlen. Sauerampfer, Rhabarber und Buchweizen aus der Knöterichfamilie (Polygonaceae), Baldrian und Feldsalat (Rapunzel, Nüßlisalat) aus der Baldrianfamilie (Valerianaceae), sowie Gurkenkraut (Borretsch) und Beinwell (Comfrey) zum Gemüse oder als Düngerpflanze, aus der Rauhblattfamilie (Boraginaceae), sollten alle einen Platz im Garten haben.

Wegen der Freude, die sie dem Menschen bringen, der abwechslungsreichen Nahrung und der positiven ökologischen Auswirkung einer artenreichen Biozönose sollten so viele verschiedene Sorten wie möglich angebaut werden. Jede Pflanze kann eine Heimstätte von Nymphen und Naturgeistern sein, und jede Art ist der Ausdruck hoher devachanischer Wesenheiten, die die Pflanzen als irdischen Anker benutzen, von wo aus sie ann den Gartenmikrokosmos durchwirken. Wie ein kleines Eden wird sich dieser harmonische Garten entfalten, und seltene Schmetterlinge, Vögel, Lurche, Insekten und wilde Kräuter werden unverhofft im Garten erscheinen. Unsere modernen, artenarmen, utilitarischen Gärten sind nur der kümmerliche Ausdruck unseres materialistischen Zeitalters, in dem auch die Imaginationen der Menschen auf ein paar zweckbedingte Begriffe verarmen. Was müssen das für Gärten gewesen sein, die Klostergärten von Padua, Salerno und St. Gallen, wo Mönche noch die metaphysischen, astrologischen und symbolischen Bedeutungen ihrer zärtlich gepflegten Schützlinge erkannten? Wie mögen wohl die Gärten der Hildegard von Bingen, des Albertus Magnus oder gar die der alten Ägypter gewesen sein?

Nutzung von Sumpfland

In Ostasien, wo der Reis Grundnahrungsmittel ist, ist es nicht so ungewöhnlich, daß man den Gemüsebau – Lotus, Wasserkastanie usw. – bis in die Sümpfe und Teiche hineinverlegt. Achim Schwarze erwähnt im *Grünen Zweig*,[15] daß etliche süßwasserbewohnende Pflanzen im Herbst Stärke in ihre Wurzeln und Knollen verlagern, die man früher in Notzeiten auch zu nutzen wußte. Hier öffnet sich die Möglichkeit, neue Gemüsearten zu entwikkeln und den Tümpel, der unser Kleinklima im Garten reguliert und den Lurchen einen Laichplatz gibt, weitere Aufgaben erfüllen zu lassen.

Unter den in Frage kommenden Pflanzen ist der Rohrkolben (Typha latifolia), dessen Wurzeln von den amerikanischen Pionieren gegessen wurden, wenn andere Nahrung ausging, und dessen reichlicher, gelber Pollenstaub mit Mehl vermischt ins Brot gebacken wird. Das Aronstabgewächs, der

Sumpfkalla oder Drachenwurz (Calla palustris), hat ebenfalls stärkehaltige, aber giftige Wurzeln, die erst durch Trocknen und Kochen genießbar gemacht werden müssen. Kalmus (Acorus calamus), auch Magenwurz oder deutscher Ingwer genannt, dessen aromatisch nach Mandarinen riechender Wurzelstock als Gewürz und Magenheilmittel genutzt wird, wird auch manchmal mit anderen Gemüsen zusammen gekocht. Eine nahrhafte, walnußgroße Knolle liefert das Pfeilkraut (Sagittaria latifolia). Dieses Froschlöffelgewächs wird in China als *Chi-koo* und in Japan als *Kuwai* für den Gemüsemarkt angebaut. Die nordamerikanischen Indianer, die die Knollen als Kartoffelersatz in ihren Lagerfeuern rösteten, überließen die Ernte den hamsternden Bisamratten, deren Vorratsspeicher sie aushoben. Die unter Naturschutz gestellten Seerosengewächse galten den mittelalterlichen Ärzten als »Zerstörer der Liebe« (anti-aphrodisiacum) und werden wahrscheinlich schon deswegen wenig Begeisterung hervorrufen, aber doch könnten die stärkehaltigen Wurzeln der Weißen und Gelben Seerose (Nymphaea alba, Nuphar luteum) wahrscheinlich als Sumpfgemüse selektioniert werden. Die Blätter der Sumpfdotterblume (Caltha palustris) können als Gemüse gekocht werden; die Knospen, in Weinessig gelegt, gelten als Kapern. Da es sich hier um ein Hahnenfußgewächs handelt, sollte man vorsichtig sein und die Pflanze nicht roh essen.

Im fließenden Wasser kann man Wasserminze, die vitaminreiche Brunnenkresse (Nasturtium officinale) und Bachehrenpreis (Veronica beccabunga), der mit Kresse und Bürzelkraut gemischt einen schmackhaften Salat abgibt, sowie etliche andere medizinale Kräuter ernten.

Unkräuter

Die sogenannten Unkräuter rufen, ebenso wie die Kerbtierchen, bei etlichen Gartenbesitzern unbesonnene, ja fast hysterische Reaktionen hervor. Oft handelt es sich um einen in den Garten projizierten, neurotischen Sauberkeitsfimmel: Blind wuchernde, schwer zu kontrollierende Unkräuter sind oft das Bild blind wuchernder, niedriger Gedanken, die dann radikal mit Stumpf und Stiel ausgerottet werden müssen. Diese unbewußte Übertragung von Gefühlsinhalten findet man zuweilen in der seriösen Literatur. Ein amerikanisches Standardwerk über Unkräuter schreibt etwa:[16]

> Sauerampfer ist ein Kommunist. Er hißt seine rote Flagge, wo immer er eindringt, und er dringt überall ein, wo die demokratischen Gräser mit

schwierigen Umständen zu kämpfen haben. Obwohl er klein ist, kriechen seine schlangenhaften Wurzeln durch die Graswurzeln und lassen neue »Rote« hier und da zwischen den Grasbüscheln sprießen.

Ein anderer Naturwissenschaftler beschreibt die Unkräuter als fremdartige Ausländer (aliens), mit denen man kurzen Prozeß machen soll.[17] Sie bringen Ungeziefer, verringern den Verkaufswert der Kulturpflanzen, ihr geiles Wachstum ist eine häßliche Plage (their rank growth and unsightliness is a perpetual nuisance), sie sind oft giftig und verursachen Heuschnupfen.[18] Ein hoffnungsloser Kampf wird da geführt unter Einsatz von chemischen Herbiziden und unter Beeinträchtigung der Lebensgemeinschaft und der Nahrungsmittelqualität. Da genügt ein Wort des Meisters Laotse: »Unheil droht dem, der Leben fördern will mit Gewalt, der zwingen will die Kräfte des Lebens.« (Tao-te-king).

Ganz objektiv gesehen: Was sind Unkräuter? Sie sind die ersten Pflanzen in der natürlichen Sukzession, wenn ein Boden seiner Pflanzendecke beraubt worden ist. Ihnen folgen in zweiter Stufe die Gräser oder das Dornengestrüpp. Unkräuter sind Anzeiger eines Bodenzustandes. Sie können dem Gärtner zeigen, ob sein Boden zu sauer, zu mineralisiert, zu fest oder zu alkalisch ist. Auf der Weide zum Beispiel verdrängen die Unkräuter nicht die Süßgräser, sondern zeigen lediglich an, daß der Boden – wegen mangelnder Düngung oder Überweidung – keine Futtergräser mehr hervorbringen kann. Zu meinen, daß Unkräuter die Ursache von Problemen seien, heißt den Wagen vor das Pferd zu spannen. Gegen Unkräuter zu spritzen bedeutet soviel, wie gegen die Anzeiger von Symptomen zu kämpfen, ohne die Ursachen erkannt zu haben. Das Weideröschen (Feuerröschen) und das kanadische Berufskraut keimen erst, wenn ein Feuer über den Boden hinweggegangen ist. Nach dem Ersten Weltkrieg keimte der scharlachrote Klatschmohn in Massen in den von Granaten durchwühlten, blutgetränkten Böden Flanderns. Oft bedarf es nur des Umgrabens oder einer besonderen kosmischen Konstellation, daß Unkräuter wie aus dem Nichts erscheinen. Maria Thun berichtet, daß die Unkräuter besonders stark keimen, wenn man den Boden bearbeitet, wenn der Mond im Löwen ist.[19] »Bodenproben enthalten im Durchschnitt bis zu 7000 keimfähige Unkrautsamen pro Quadratfuß (30 cm^2) bis zur Tiefe der Pflugsohle.«[20] Bei einer guten Humuswirtschaft brauchen diese latenten Unkräuter kein Problem zu sein; nur wenn der Boden unwissend einseitig behandelt wird, sprießen viele auf einmal, um ihn wieder ins Gleichgewicht zu bringen.

Für den Biologen Joseph Cocannouer gelten diese sonst unerwünschten

Pflanzen als unerkannter Segen:[21] »Die meisten Unkräuter sind Tiefwurzler, die die Pflugsohle durchbrechen und den Untergrund für die schwächeren Kulturpflanzen aufschließen, die dann selbst ihre Wurzeln treiben können. Mit ihren tiefbohrenden Wurzeln pumpen die Unkräuter versickerte Nährstoffe wieder zur Oberfläche und lassen das Grundwasser kapillarisch in die oberen Schichten steigen. Die Wurzelmassen durchlockern und beleben den Boden, halten ihn aber gegen Wind- und Wassererosion fest. Die harmonisierende Wirkung der Unkrautwurzeln besteht auch in ihren Ausscheidungen und Chelaten, die den anderen Organismen zugute kommen. Gemähte Unkräuter fügen Mineralien und andere Nährstoffe dem Kompost zu. Im Heu und auf der Weide können die Tiere selektiv diese Pflanzen in ihre Nahrung einbauen, was ihre Gesundheit fördert.« Cocannouer empfiehlt sogar, daß man hier und da ausgesuchte Unkräuter im Beet neben den Kulturpflanzen stehen läßt, die dann als »Mutterkräuter« ihren zivilisierten Vettern beistehen. Die besten »Mütter« sind die Gänsedistel (Sonchus), Melde, Nachtschatten, Judenkirsche und Ambrosia, die ihre Wurzeln in die B- und C-Horizonte senken und den Kulturpflanzen Wasser und Nährstoffquellen erschließen. Gehackte Unkräuter können als Mulch in den Reihen einfach liegen bleiben oder kriechende Unkräuter wie Vogelmiere (Stellaria media), Portulak (Portulaca oleracea), Gundermann und Gauchheil als lebendige Bodenbedeckung die Bodengare schützen. Alan Chadwick betont, daß gesunde, kräftige Unkräuter, wenn man ihnen beschränkt Lauf läßt, ätherische Lebenskräfte in den Garten ziehen und die Vitalität aller Pflanzen auf ein höheres Niveau bringen. Er läßt seine Lehrlinge sogar Gänsedistel, Kreuzkraut (Senecio), roten Gauchheil (Anagallis arvensis), Ehrenpreis (Veronica), Wegerich (Plantago) und andere Unkrautsamen unter die Wicke, Puffbohne und den Roggen der Gründüngersaat mischen

Für die Gartenfauna wirkt sich das Unkraut auch günstig aus. Regenwürmer verzehren abgestorbene Wurzeln und Blätter und benutzen die Wurzelpassagen als Gänge in den Untergrund, um kalkige und tonige Mineralien zu fördern. In Südamerika durchgeführte Studien zeigen, daß der Insektenfraß an Kulturpflanzen wesentlich verringert wird, wenn Unkräuter mit im Beet als Nachbarpflanzen wachsen. Maisfelder mit Unkräutern hatten 40 bis 53 Prozent weniger Zikadenfraß und 68 Prozent weniger Drahtwurmfraß als gesäuberte Kulturen.[22]

Bargyla Rateaver, eine kalifornische Gartenbaulehrerin mit jahrzehntelanger Erfahrung, schreibt, daß Unkräuter wie die Gänsefüßler und Brennnesseln den Boden verbessern, weil sie überschüssige Salze und Metallionen in ihre Gewebe binden, daß Brennessel, Wegerich, Löwenzahn und Disteln den Regenwurm mit ihren Wurzelausscheidungen begünstigen und daß besonders die Goldrute, Nachtschatten, Portulak, Hirtentäschel, Amaranthus und Klee den Boden durchfasern und gegen Abschwemmung schützen.[23]

Wir wollen noch kurz einige günstige Pflanzennachbarschaften hervorheben. Stechapfel (Datura) und Fuchsschwanz (Amaranthus) fördern Kürbis und Squashsorten. Die Ackerwinde unterstützt den Zuckermais. Brennessel und Schafgarbe erhöhen den Ölgehalt der Heilkräuter. Melde und Gänsedistel formen eine gute Gemeinschaft mit den Gurken und Melonengewächsen. Senf hilft Weintrauben, Löwenzahn begünstigt Erdbeeren, Amaranthus fördert alle Nachtschattengewächse, Bürzelkraut (Portulaca) ist eine ausgezeichnete Bodendecke für Mais, und Baldrian, Brennessel, Taubnessel, Schafgarbe und Gänsedistel sind allen Gemüsen behilflich. Was soll vernünftiger sein, als alle Unkräuter kennen und sie in dynamischer Weise in die Gartenbaukunst einzubeziehen?

Unkrautbekämpfung

Trotz ihrer Vorzüge muß man doch zuweilen den Unkräutern zu Leibe rükken. Im Frühling und bei aufgehender Saat muß man auf der Hut sein, daß sie die Kulturpflanzen nicht überwuchern. Man kann das Saatbeet zwei Wochen vor der Aussaat bereitmachen und dann die aufkeimenden Unkräuter mit dem Kultivator vernichten, ehe man einsät. Dann muß man regelmäßig mit der Pendelhacke oder dem Kultivator die Reihen durchhacken, bis die Saat größer ist. Innerhalb der Reihen selbst kann man von Hand oder mit einer spitzen Unkrauthacke sich breitmachende Unkräuter beseitigen. Wenn unsere Kulturpflanzen nun kräftig genug sind, kann man eine Bodenbedekkung geben, was die weitere Unkrautentwicklung unterdrückt. Einzelne Unkräuter sollen absichtlich als »Mutterkräuter« stehengelassen werden. Wenn die Unkräuter trotz allem ein Problem sind, so deutet das auf eine Einseitigkeit im Boden oder in der Düngung. Der Boden braucht diese hartnäkkigen Pflanzen einfach, um zu gesunden. Da es auf die Kräftewirkung dieser Unkräuter ankommt, kann man sie in diesem Fall sammeln und verjauchen. Viele Pflanzen vertragen ihre eigenen Jauchen nicht – man gibt dem Boden, was er braucht, nur in einer anderen Form.

Nur beim Gras, das die nächste Stufe in der Sukzession darstellt, muß man aufpassen. Das Gras nimmt seine Nährstoffe aus dem gleichen Horizont wie die Nutzpflanzen und muß daher entfernt werden. *Quecke* oder Schnurgras (Agropyrum repens) vermehrt sich stark, wenn man es verhackt,

Brennessel Distel Löwenzahn Wegerich

Gute Unkräuter.

denn jedes Stückchen wächst zu einer neuen Pflanze heran. Man muß die unterirdischen Ausläufer sorgfältig aus dem Beet ausrechen. Die getrockneten Wurzeln machen einen hervorragenden medizinischen Tee für Nieren- und Blasenbeschwerden. Der Anbau von Buchweizen verdrängt die Quecke vollends. Auf alle Fälle sollten chemische Unkrautvernichtungsmittel gemieden werden, denn sie wirken verheerend auf den Boden, selektieren zum Teil hartnäckige Wurzelunkräuter – wie die Quecke – und vermehren den Schädlingsfraß.

Anstatt mit chemischer Kriegsführung und Flammenwerfern gegen diese stillen Mitbewohner der Erde vorzugehen, wäre man besser dran, sie als Nahrung oder Medizin zu genießen, wie es Elisabeth und Karl Hollerbach in ihrem Buch *Kraut und Unkraut zum Kochen und Heilen* vorschlagen.[24] In anderen Kulturkreisen gibt es oft den Begriff »Unkraut« gar nicht, weil man weiß, daß jede Pflanze ihren Wert hat. Indianersquaws pflegen die Unkräuter in ihren Mais-Bohnen-Kürbis-Hügelbeeten als Suppen- und Arzneikräuter mit den Kulturpflanzen zusammen. Auch die alten Europäer nahmen die wilden Gewächse in ihre Cuisine auf. Eine Analyse des Mageninhaltes des Tollund-Mannes, der vor zweitausend Jahren dem Odin zum Opfer gehenkt und in ein dänisches Moor versenkt wurde, zeigt, daß sein letztes Mahl aus einem Gerste-Leinsamenbrei mit vielen Ackerunkräutern als Zutaten zusammengesetzt war.[25] Die Gerbsäure des Moors hat den Brei so gut erhalten, daß man folgende Inhalte identifizieren konnte: Ampfer, Knöterich, Winde, Kamille und etliche Gräser. Ein anderer Däne, der Grauballe-Mann, der ebenfalls mit einem Strick um den Hals aus dem Leben schied, hatte ein Frühlingsmenü aus Klee, Melde, Schafbockskraut, Frauenmantel, Nachtschatten, Schafgarbe, Kamille, Pippau und sechzig anderen Pflanzen als Henkersmahlzeit genossen.

Bekannte eßbare Unkräuter aus dem Gartenbeet sind Klettenwurzel, Sauerampfer, Löwenzahn, Melde, Wegerich, Vogelmiere, Feldsalat (Valerianella), Gundermann, Ackersenf und viele andere, die man entweder als Rohkost im Salat, als Würze oder in der Suppe genießen kann. Man muß natürlich wissen, welche Teile man ißt, und man muß die giftigen Kräuter mit Sicherheit unterscheiden können. Giftige Gartenunkräuter sind unter anderen die Wolfsmilchgewächse (Euphorbiaceae), die Hahnenfußgewächse, Hundspetersilie, Ackergauchheil und Nachtschatten.

XIV Insekten und andere kleine Biester

Der moderne Gartenbesitzer wird oft schon beim Anblick einer Handvoll Raupen oder Käfer hysterisch und ergreift drakonische Gegenmaßnahmen. Vor kurzem wurde in einer Zeitung berichtet, daß man einen Gärtner tot zwischen seinen Kohlköpfen gefunden hatte. Todesursache: Eine Überdosis von Pflanzenschutzmitteln. So weit kann das gehen! Solche irrationalen Ängste lassen keinen Raum für eine nüchterne, sachliche Betrachtung, wie unsere sechs- und achtbeinigen Mitbürger in die biologischen Zusammenhänge hineinpassen.

Dieser Horror vor den Insekten wird auch fleißig von der chemischen Industrie gefördert, denn diese Industrie verkauft in den USA jährlich Produkte für 700 Millionen Dollar und für 350 Millionen DM in der Bundesrepublik Deutschland. Der Umsatz an Insektiziden stieg von 1952 bis 1968 um 169 % (USA) und ist weiterhin gestiegen.[1] Mitels teurer, großangelegter Propagandafeldzüge im Fernsehen und in den Illustrierten wird Öl auf das Feuer dieser hysterischen Furcht gegossen. Brutale Nahaufnahmen zeigen, wie die Kiefer der Insektenmonster die Feldfrüchte annagen, wie ganze Landschaften vertilgt werden und wie die Chemiekonzerne als Retter in der höchsten Not erscheinen. Entomologen verbreiten im Auftrag ihrer Brotherren Informationen, die im kalten, wissenschaftlichen Jargon vorgetragen werden, aber doch eine lebensfeindliche, bisweilen sadistische Einstellung kaum verbergen können. In Sachbüchern liest man zum Beispiel, daß ein Fliegenpaar innerhalb eines Jahres so viele Nachkommen haben könnte, daß eine dichtgepackte Glocke von wimmelnden Fliegenleibern, 96 Millionen Meilen im Durchmesser, die Erde ersticken könnte.[2] Das ist natürlich eine ganz unmögliche, abstrakte Vorstellung, aber irgendwie schleicht sich doch das Gefühl ein: Der Mensch steht in ernsthafter Konkurrenz mit den Insekten. Entweder wir oder sie werden überleben. Es ist ein Krieg, in dem man nicht sicher ist, wer ihn gewinnen wird, denn immer neue Arten werden fast so schnell immun, wie die Forschung neue, stärkere Gifte herstellen kann. Ist es möglich, daß in ferner Zukunft die höherentwickelten Insekten-Urenkel die bleichen Knochen der Verlierer im Daseinskampf begaffen werden, wie wir die Knochen ausgestorbener Saurier?

Aber schauen wir erst einmal die Tatsachen an. Der ökonomische Verlust durch Insektenschäden ist bei weitem nicht so groß, wie es einem vorgezählt wird. Einbezogen in die Aufzählung der Kosten sind die vorbeugenden Bekämpfungsmaßnahmen, der Forschungsaufwand, die Geräte und Sprühmaschinen, der Vertrieb und die Reklame für die Gifte. Die Erlösminderung durch tatsächlichen Insektenfraß ist nur *ein* Faktor. Man weiß eigentlich wenig über die von Insekten verursachten Verluste, denn der Befall wird wiederum durch die Agrarchemikalien erhöht. Man weiß, daß nach Anwendung von Kunstdünger und Herbiziden die Insektenpopulationen steigen und daß nach Anwendung von Pestiziden die natürlichen Feinde der Schädlinge zuerst ausgerottet werden, die Schädlinge aber um so schneller, diesmal ohne Widerstand der Nützlinge, zurückkommen. Da hilft dann nur mehr teures Gift. Der Teufelskreis schließt sich.

Viel mehr Schäden als Kerbtiere verursachen Mehltau, Pilzbefall und Fäulnis, die ihrerseits von falschen landwirtschaftlichen Maßnahmen und ungünstiger Wetterlage hervorgerufen werden. Der Entomologe Dethier schreibt: »Das schwarze Roß des dritten Reiters der Apokalypse mag in vielen Gestalten kommen, aber nicht in der Gestalt des Gliederfüßlers.«[3] Als Schädlinge auftretende Insekten haben sich wegen des Anbaus von Monokulturen vermehren können, weil man Pflanzen außerhalb ihres natürlichen Ökotops anpflanzen will, weil man das ökologische Gleichgewicht wegen der besseren Transportmöglichkeiten untergraben hat. »Es gibt keinen Grund, die Insekten als ernstzunehmende Nahrungskonkurrenten anzusehen. Wetter, Pilzorganismen und komplexe sozioökonomische Faktoren stellen eine viel ernsthaftere Bedrohung unserer Nahrungsmittelversorung dar.«[4]

Ein Blick in die Vergangenheit

Nicht immer hatten die Menschen so ein ängstliches Verhältnis zu den Kerfen. Mit der Ausnahme gelegentlicher Heuschreckenschwärme findet man kaum historische Berichte über Ungezieferbefall. Wenn eine Heuschreckenplage kam, im Nahen Osten oder in Südeuropa, deutete man es als den Zorn Gottes gegen ein böse gewordenes Volk. Immer traten die Grashüpfer zusammen mit anderen Plagen auf, mit Überschwemmungen, Trockenheiten, Pest und Hungersnot. So steht im hebräischen Sakraltext, daß Moses seine Hand über Ägypten recken soll, »daß Heuschrecken auf Ägyptenland kommen und alles auffressen, was im Lande wächst« (2. Mose 10:12), damit der hartherzige Pharao Buße tue. Dazu kommen die weiteren Indizien eines ökologischen Zusammenbruchs: ein Wuchern roter Algen (und alles Wasser im Strom wurde in Blut verwandelt), eine Froschplage, Stechfliegen, Viehpest, Hagel und ein Sterben unter den Menschen. Nur die Buße konnte helfen, die Rückkehr des Menschenwillens zum göttlichen Plan. Ähnlich schreibt der Prophet Joel:

> Was die Raupen übriglassen, das fressen die Heuschrecken, und was die Heuschrecken übriglassen, das fressen die Käfer, und was die Käfer übriglassen, das frißt das Geschmeiß. (Joel 1:4)

Auch hier haben wir es mit der Warnung eines Gottestrunkenen zu tun, der das Schreckensbild als Aufruf zur Buße dem sündigen Volk vor die Augen hält.

Bei primitiven Ackerbauvölkern war das Verhältnis zu den Kerbtierchen größtenteils von Achtung, Ehrfurcht und bisweilen von Freude geprägt. In den Erzählungen der Nahuatl (Mexico) bringen die roten Ameisen den Menschen Mais, nachdem die Götter ihnen befohlen hatten, den Menschen Nahrungsmittel zu bringen. Die Irokesen glaubten, daß es die Aufgabe der Grillen und Heuschrecken sei, durch die Kraft (orenda) ihres Gesanges die richtige Sommerhitze zu bringen, damit der Mais in den Feldern ausreife.[5] Ähnliche Zusammenhänge wurden von europäischen Bauern wahrgenommen:

> In agosto quando canta la cigala dicono: è segno che il panico e il granturco maturano bene.
> (Wenn im August die Zikade singt, sagt man: das bedeutet, daß Hirse und Mais gut reifen.)

> Wenn die Grille im September singt, wird das Korn billig.[6]

Einige Beispiele, die der Völkerkundler Sir James Frazer gesammelt hat, geben uns ein Bild von der ganz andersartigen Auffassung, die man von der Insektenwelt im vortechnischen Zeitalter hatte. Die estländischen Bauern warnten ihre Kinder, keinen Kornkäfer zu töten, denn »Je mehr wir ihm zuleide tun, um so mehr tut er uns zuleide!« Wenn es doch vorkam, daß ein Käfer getötet wurde, gab man ihm einen schönen Namen, legte ihn unter ein Steinchen mit einem Getreidekorn. Siebenbürger-Sachsen schützten sich gegen Blattfliegen, indem sie die Augen schlossen und dabei drei Handvoll Hafer in verschiedene Richtungen warfen. Um die Saat gegen alle Schädlinge zu schützen, gingen sie über dem Acker und taten so, als würden sie aussäen; dabei wurde der Zauberspruch aufgesagt: »Ich säe für alles, was fliegt und kriecht, steht und geht, singt und springt. Im Namen des Vaters ... usw.« Die Bauersfrauen lockten die Raupen aus den Gemüsegärten, indem sie nachts den Besen um den Garten zogen und sprachen: »Guten Abend, Mütterchen Raupe! Du mußt mit deinem Mann in die Kirche gehen!« Das Gartentor wurde dann offen gelassen.

Von den See-Dyak auf Sarawak berichtet Frazer, daß sie eine der Heuschrecken, die ihre Gärten plagen, fangen, sie auf ein winziges Boot, das mit bestem Futter ausgerüstet ist, setzen und es den Bach hinuntertreiben lassen. Wenn das nichts nützt, modelliert man ein Krokodil, opfert ihm ein Huhn und Reiswein und stellt es mitten in den Garten, damit es die Heuschrecken vertreibe. Auf dem Balkan und im Mittleren Osten werden Käfer oder Heuschrecken, wenn deren zu viele sind, mit einer regelrechten Trauerzeremonie begraben. So wird zum Beispiel in Syrien, wenn sich Raupen über das Feld oder den Weinberg hermachen, ein junges Mädchen zur Raupenmutter erklärt. Eine Raupe wird beerdigt, wobei die Raupenmutter und alle Jungfrauen im Dorf die tote Larve beweinen und beklagen. Die anderen Raupen sollen daraufhin die Gärten verlassen.

Im europäischen Mittelalter wurde widerspenstigen Insekten mit Gebeten und dem Mana der Heiligen begegnet. Wenn sie dennoch zum Problem wurden, konnte man sie vor Gericht stellen. Es gab bei den Burgundern juristische Vorschriften, wie man ein Verfahren gegen Grashüpfer einzuleiten hatte.[8] Das Gericht mußte schriftlich einberufen werden, ein Richter bestimmt und Anwälte zur Anklage und zur Verteidigung ernannt werden. Der Ankläger würde den Prozeß gegen die Heuschrecken vortragen, den Schuldspruch verkünden und Verbrennung auf dem Scheiterhaufen verlangen. Die Verteidigung konnte demgegenüber erwidern, daß ein Schuldspruch illegal sei, weil man das Insekt vorher nicht juristisch aufgefordert hatte, innerhalb einer gewissen Frist das Land zu verlassen. Falls die Heuschrecke sich nach Ablauf der Frist noch innerhalb der Landesgrenzen befinde, soll das Tier exkommuniziert werden. Einige Juristen haben angeblich auch den Einwand einer Verletzung der Rechte der Vögel erhoben, denen die Grashüpfer als Nahrung dienen, falls eine Ausweisung erfolgen sollte. Auf diese Art und Weise wurden 1479 in Bern die Raupen vom Erzbischof exkommuniziert und verbannt, und 1493 wurden die Maikäfer wegen ihrer Gefräßigkeit aus Lausanne verbannt.[9]

Diese Beispiele können uns recht naiv vorkommen, aber wenn man den mittelalterlichen Realismus – im Gegensatz zu dem Nominalismus – kennt, dann weiß man, daß der übersinnliche Gruppengeist der Tierart vor Gericht gestellt wurde und nicht die einzelnen kleinen Insekten. Unsere Überlegungen über die Wirklichkeit der Gruppenseelen lassen uns da eine wirksamere und tiefere Einsicht vermuten, als es bei unserem heutigen Vergiften der Umwelt der Fall ist.

Kinderreime und Bauernregeln zeugen davon, daß man die Insekten oft gar nicht in einem negativen Sinn schaute. Zum Teil galten die Insekten auch als heilig. Den Ägyptern war der Skarabäus, der Pillendreher, der eine Dungkugel vor sich herschiebt, ein Repräsentant des Sonnengottes auf Erden. Die Hornisse gehörte dem Kriegsgott, ebenso die aufdringliche Fliege, deren Bild auf einem Zauberamulett dem Krieger den rechten Draufgängergeist verlieh. Zur Jahreszeit der sieben blühenden Gräser fangen die Japaner Grillen und andere Insekten und sperren sie in kleine Käfige. Zum Höhepunkt dieses Herbstfestes, wenn alle Laternen leuchten, werden die kleinen Gefangenen befreit, und man lauscht entzückt ihrem zirpenden Gesang. In Indien füttert man an jedem Feiertag die Hausameisen mit Reismehl.

Die erste Saat, die die Mormonensiedler in der Wüste von Utah im Jahre 1847 ausgesät hatten, reifte gerade, als sie von einer fast biblischen Heuschreckenplage befallen wurde. Während die Sekte eifrig den Jehova anflehte, tanzten und trommelten die Schoschonen-Indianer ihren Dank dem großen Wakan, der ihnen so reichlich die knusprige Nahrung geschickt hatte. Ein Denkmal in Salt Lake City erinnert jedoch daran, daß der Gott der Mormonen die Oberhand behielt, denn eine Schar Möven kam unverhofft und rettete die »Heiligen der Letzten Tage« vor der Not.

Insekten können als Vorboten und Zeichen erscheinen. So sind die großen Totenkopfschwärmer (Acherontia atropos), wenn sie nachts vor den Fensterscheiben flattern, die Ansager eines bevorstehenden Todes. Ameisen sind das Symbol des Fleißes, Bienen der selbstlosen Hingabe, und als solches das Sinnbild der Rosenkreuzer. Der Marienkäfer wird überall als himmlisches Tier verehrt; worauf schon seine Namen deuten: vaches à Dieu, bête de la vierge, lady bug, Mary's chafer, vaca de San Anton, Herrgottskäfer, Himmelgueggerli usw.

Was ist ein Insekt?

Für die darwinistische Naturwissenschaft ist es eindeutig: Insekten sind ebenso wie der Mensch Parasiten der Vegetation und stehen im Konkurrenzkampf miteinander. Ein anderes Bild ergibt sich jedoch, wenn wir den

Platz der Insekten in der scala naturae, im Naturkreislauf, betrachten. Da sehen wir, daß die Gliederfüßler in die Abbauphase des großen Lebenskreislaufes gehören. Das ist ganz klar, wenn wir sehen, wie Aaskäfer und Maden tote Gewebe fressen und wie Ameisen Knochen blankputzen können. Überall, wo die form- und gestaltgebenden ätherischen Lebenskräfte den Körper verlassen haben, stellen diese Tiere sich ein. Die Maden der Schmeißfliege fressen sogar bei noch lebenden Säugern die gangänösen Geschwüre und bewirken durch ihre Ausscheidungen (Allantoin) eine Beschleunigung der Wundheilung. Die abbauende, abtragende Funktion der Insekten in ätherisch geschwächten Lebensbereichen offenbart sich darin, daß Drahtwürmer (Agriotes) in großen Massen in frisch umgebrochenem – chaotisiertem – Grasland auftreten. Sogar die Bienen und bunten Schmetterlinge erscheinen dort, wo die Pflanze ihre Vitalität einbüßt im Blütenbereich, wo sie sich verstrahlt und in den Samen zurückzieht. Ohne den Herrscharen der Insekten, die sterbende Pflanzen, Kadaver und Streu angreifen, um sie dann den Bakterien und Pilzen zu überlassen, könnte das Leben auch nicht weitergehen.

Wenn im Feld oder im Garten der Insektenbefall besonders schädigend ist, hat man es sowieso mit schwachen Pflanzen zu tun, die wenig ätherische Reserven haben. Jeder Gärtner wird beobachtet haben, daß es gerade die schwächlichsten, schlechtwachsenden Pflanzen sind, die angegriffen werden. Da möge man meinen: »Was für dummes Viehzeug! Die schönen, saftigen Pflanzen lassen sie stehen; die mageren, kränklichen zerfressen sie.« Ein Bauer wird etwas ganz Ähnliches im Stall beobachtet haben, wo die Läuse, Zecken und Ungeziefer immer nur die schwächsten Kälber befallen. Mit sicherem Instinkt und Hartnäckigkeit stürzen sie sich auf alles, was lebensunfähig ist. Schlecht gedüngte Gemüse am Beetrand, von triebigem Dünger aufgeblasene, dunkelgrüne Blätter, Pflanzen, die von der künstlichen Beregnung einen täglichen Kälteschock erleiden und andere unsachgemäß behandelte Pflanzen sind die Opfer. Wir sehen, daß das Insekt nie die Ursache des Gartenunglücks ist, sondern der Vollstrecker.

Die Hauptaufgabe des Gärtners ist es, zu sehen, daß die vitale Lebenskraft ungehindert durch die Pflanze strömen kann, daß sie sich im Wachstum zügig und ohne Stockung von der Keimung über das Blattstadium bis hin zur Blüte und Frucht entwickeln kann.

Wenn man die Entwicklungsmetamorphosen eines Insekts und einer Pflanze nebeneinander hinstellt, den Kohlweißling neben den Kreuzblütler, dann sieht man, daß das Insekt ein regelrechter Doppelgänger der Pflanze ist. Auf die Eier und Samen folgt das vegetative, segmentierte Wachstum der Stengel und der Larve, dann kommen Knospe und Puppe und schließlich die erstaunliche Umwandlung zu Schmetterling und Blüte. Bis ins Detail sind sie einander so ähnlich, daß man behaupten kann: Der Schmetterling ist eine fliegende Blume; die Blüte ist ein festgehaltener Falter.

Das Insekt gehört zur Pflanze. Das ist besonders deutlich in den Fällen, in denen das Insekt und die Pflanze in einer engen Symbiose miteinander leben. Obwohl viele polyphage Insekten ein weites Spektrum von Gewächsen anknabbern, gibt es ebensoviele monophage, die ganz auf eine Art angewiesen sind. So findet man den gefürchteten Koloradokäfer immer auf Nacht-

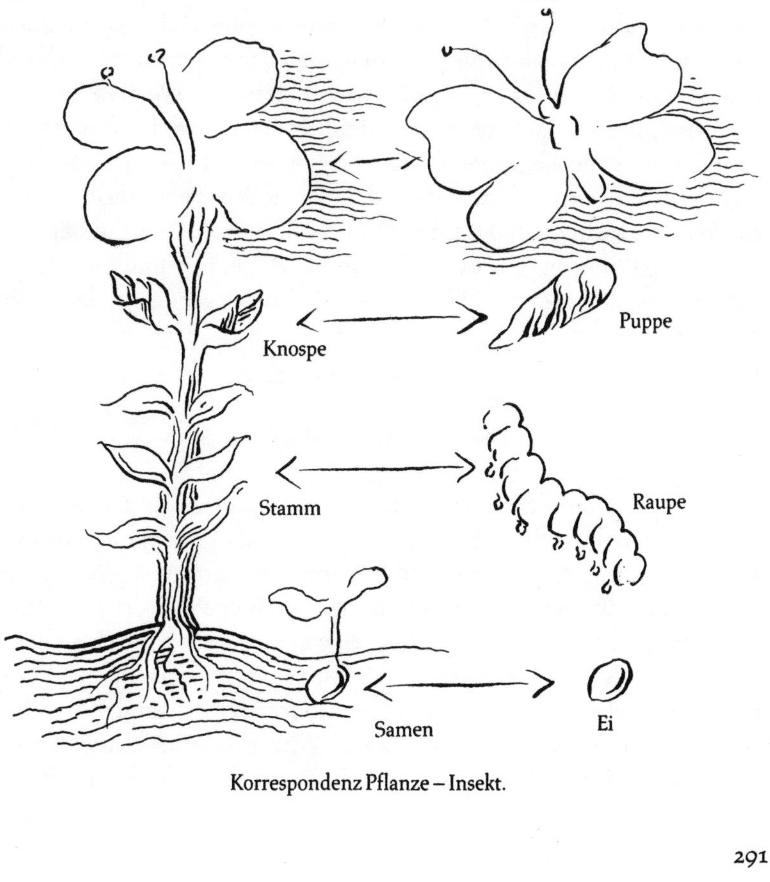

Korrespondenz Pflanze – Insekt.

schattengewächsen, den Wolfsmilchschwärmer nur auf den Wolfsmilchgewächsen, und den Seidenspinner, der uns die Seide schenkt, immer auf Maulbeerbäumen. Die Emmentaler Bauern freuen sich, wenn im Hochsommer die Sauerampferkäfer die »Plaggen« von der Weide fressen, aber die anderen Kräuter stehen lassen. Der Apfelblütenstecher hilft seinem Wirt, indem er hier und da die Blüten ansticht und auf diese Weise die Äpfel vereinzelt, so daß sie sich besser entwickeln können. Die Raupe des Schwalbenschwanzes findet man nur auf Schirmblütlern wie Möhren oder Dill. Die Saugrüssel der Falter und die langen schmalen Blütentrichter bilden zusammen eine funktionelle Einheit, die die Bestäubung möglich machen.

Nur ein lebensfremdes Denken kann verlangen, daß alle Insekten vernichtet werden sollen und sich einen insektenfreien Garten vorstellen. Eine Vielfalt von verschiedenen Arten gehört in den ökologisch gesunden Garten. Wenn eine Art massenweise schädigend auftritt, ist das ein sicheres Zeichen, daß der Gärtner einen Fehler gemacht hat. Es gibt Untersuchungen, aus denen die hervorgeht, daß die Ausscheidungen der Raupen ihren Futterpflanzen Wachstumsstimulatoren, Spurenelemente und Enzyme zukommen lassen. Auch wenn 20 bis 30 Prozent der Pflanze gefressen wird, kommt es zum Schluß oft nicht zu einer Ertragsminderung.[10] Wo die Pflanzen gesund sind, fressen die Larven hauptsächlich die älteren, beschatteten, vergilbten Blätter oder abgefallene Streu. Nur wenn der Boden nackt ist und die Pflanze zudem noch geschwächt, wird die ganze Pflanze angegriffen. Die gesunde Pflanze schützt ihre Haut mit Wachsen, Harzen, Gerüchen (Ester), Saponinen, Alkaloiden, Glykosiden, Säuren, Gerbstoffen und anderen Ausschwitzungen. Die kränkelnde Pflanze wird nicht genügend dieser Stoffe herstellen können.

Das Insekt als astrales Feuer

Der Übergang von der ätherischen Welt der Pflanzen zu der astralischen Welt der Tiere befindet sich dort, wo sich Blüte und Insekt und Wurm und Wurzel berühren. Der Wurm – Drahtwurm, Engerling usw. – nagt an alten Wurzeln, die ihre Funktion erfüllt haben; die Biene und der Falter tragen den Blütenstaub der Blumen, die ihre vegetative Regenerationskraft der Farbe und dem Nektar geopfert haben. Das Insekt, in seinem richtigen Verhältnis zur gesunden Pflanze, ist ein begrenzender Faktor, über den die Pflanze als ätherisches Wesen nicht hinaus kann. Wird wegen Schlechtwetterperioden, Dürre oder Kälte die ätherische Kraft zu schwach, dann drückt die

Astralität stark lastend auf das Ätherische. Im schlimmsten Fall kann es zu einer regelrechten Plage werden, wenn ganze Felder und Wälder befallen werden. Manchmal sind es ungünstige Konstellationen, die die ätherischen Bildekräfte abebben lassen, wie bei Sonnenfleckenausbrüchen oder dem *Brückner-Zyklus,*[11] der im Durchschnitt alle fünfunddreißig Jahre Wetterchaos mit milden Wintern und kühlen Sommern bringt. Dieser Zyklus läßt sich mit den großen Auswanderungswellen nach Amerika, mit Fehlernten und der irischen Hungersnot korrelieren. Anderseits kann die Ätherkraft auch von den direkten Aktivitäten der Menschen durch industrielle Luftverschmutzung, radioaktive Strahlungen, Maschinerie und anderen Störungen gemindert werden. Man kann in den Wäldern der USA vielerorts sehen, daß die Bäume von Spannern und Borkenkäfern getötet werden. Sieht man genauer hin, merkt man jedoch, daß der Befall erst dann kommt, nachdem man mit Planierraupen Straßen und Schneisen gehauen, gespritzt und mit Motorsägen gewütet hat. Auch im Garten ist die Lebenskraft stärker und der Insektenfraß geringer, wenn man sich mit einer sanften Technologie begnügt.

Die Insekten durchwandern in ihrem Lebenslauf die vier Elemente. Die Eier – kleine Kügelchen mit saliner Lösung gefüllt – die oft in den Boden gelegt werden, gehören eindeutig dem Erdelement. Die saftigen Larven, die auch oft ein wäßriges Milieu vorziehen, gehören zum Wasserelement. Nach der Puppe, die in der Luft hängt, entwickelt sich das Erwachsenenstadium im Wärmeelement. Das erwachsene Insekt gehört dem Feuer an. Das zeigt sich schon in der Anziehungskraft, die Licht und Flamme auf diese Wesen ausübt; es zeigt sich im Leuchtvermögen einiger Leuchtkäfer und Glühwürmer und im Begattungsflug der Ameisen und Bienen im hellen, warmen Sonnenschein.

In der alchemistischen Elementenlehre hat das Wasserelement mit dem Manifestieren, dem In-Erscheinung-Treten, mit dem Mond und den untersonnigen Planeten zu tun. Das Feuerelement dagegen hat mit dem Verschwinden, dem sulpherischen Vergehen, mit dem Saturn und den obersonnigen Planeten zu tun. Wir sehen, die gefräßigen Kerbtiere wirken als ein astralisches Feuer auf die ätherische Welt der Vegetation. Genau so wie ein physisches Feuer Holz und brennbare Stoffe wegrafft, so raffen diese Kinder Agnis geschwächte und sterbende Vegetation hinweg. In der mineralischen Welt wird die Asche als sal hinterlassen, in der ätherischen Pflanzenwelt die Samenkörner als essentia.

In der Bilderwelt der Bauern und der alten Philosophen werden Insekten und Feuergeister in Bezug zueinander gebracht. Die nordischen Skalden berichten, daß der Feuergott Loki sich gerne in eine Fliege verwandelte. In vielen Kulturen werden die Insekten als verwandt mit den Mächten gesehen, die den geordneten Kosmos wieder ins Chaos stürzen wollen. Das kommt in Goethes Faust zum Ausdruck, wenn Mephistopheles sich als Fliegengott vorstellt, Herr der Wanzen und Läuse, Sohn des Chaos – der Mutter Nacht –, der sich die Flamme vorbehalten hat. Er ist des Menschen Doppelgänger, ebenso wie die Insekten der Pflanzen Doppelgänger sind. In einer norwegischen Legende entspringen alle Insekten den Körperschuppen des feuerspeienden Lindwurms, den der Ritter Georg erschlägt.[12] Eine arabische Sage läßt eine Heuschrecke zu Füßen Mohammeds fallen. Auf ihren Flügeln steht geschrieben: »Wir sind das Heer Allahs. Wir legen 99 Eier. Wenn die Welt vergehen soll, legen wir 100 Eier und vertilgen die Erde.«

In Anbetracht dieser Gedankenassoziierung ist es kein Wunder, daß bei vielen Menschen diese kribbeligen Tierchen Unbehagen hervorrufen, denn irgendwie spürt man, daß sie mit dem Vergehen, der Auflösung und dem Tod zu tun haben. Sogar das Entschlüpfen des Falters aus dem Kokon wird als Bild des Sterbens genommen. Man ahnt demnach einen irrationalen, unbewußten Aspekt in dem Krieg, der heutzutage gegen die Insektenwelt geführt wird.

Der Krieg gegen die Kerbtiere

Es schien die ideale Lösung, die Derivate und Nebenprodukte der chemischen Kampfmittel, die für den Zweiten Weltkrieg bestimmt waren, an die Landwirtschaft weiterzuverkaufen und mit den chloritisierten Kohlenwasserstoffen und Organo-Phosphorverbindungen ein für allemal das Ungezieferproblem zu beenden. Aber anstelle der Endlösung der Insektenfrage haben die Menschen ihre Lebenswelt vergiftet und Vögel, Säugetiere und sich selbst schwer geschädigt. Die Insekten konnten sich sehr schnell von den ersten Angriffen erholen und wurden giftresistent, manche sogar so sehr, daß sie von den Giften leben können. Ihre Feinde, die komplizierteren, sich langsamer vermehrenden Nützlinge, die Vögel, Igel und Kröten, wurden stark zurückgedrängt. Weil sie höher in der Nahrungskette stehen, akkumulieren sie DDT in ihren Leibern, so daß bei einigen Raubvögeln das Überleben in Frage gestellt ist. Inzwischen sind andere, früher harmlose Insektenarten wie die Ohrenkneifer und einige Wanzen (Heteroptera) zu Schädlingen geworden. Etliche Insekten sind erst seit einigen hundert Jahren als Schädlinge bekannt. Dazu zählt man in den USA die Hessenfliege, den

Baumwollbohrer, den Schwammspinner, den Armeekäfer und den Koloradokäfer, der erst 1850 als Schädling auftrat.[13] Neue Transportmittel, Monokulturen, die Austilgung natürlicher Feinde, das Anpflanzen von Kulturpflanzen außerhalb ihres normalen Lebensraumes und die synergystischen Nebenwirkungen der Chemikalien sind dafür verantwortlich. Herbizide können einen starken Befall auslösen: Schon nach einer einzigen Behandlung mit 2,4 D steigert sich die Fruchtbarkeit der Weibchen der Maisbohrerlarven. NPK-Düngung führt zur »Zwangsosmose«, mindert den Kieselsäuregehalt des Pflanzenepidermus, schwächt die Widerstandsfähigkeit und bringt weiteren Insektenbefall als Folge. Die Funktionäre der Grünen Revolution geben das stillschweigend zu, wenn sie sagen, daß ihre Wunderpflanzen nur unter massiver Anwendung von Pflanzenschutzgiften gedeihen. Ein gleichmäßiges, gesundes Wachstum setzt eine Harmonie des Astralischen (Stickstoff, Aminosäuren, Proteine) zum Ätherischen (Zucker, Kohlenhydrate) voraus. Zuviel Stickstoff zieht Blattläuse und Milben an, ebenso wie zuwenig andere Vertilger auf den Plan ruft. Zuviel Phosphor zieht seinerseits die Weißfliege und die Spinnenmilbe an.[15]Die Profitspanne der Landwirtschaft wird schmaler, erstens wegen der steigenden Kosten der Gifte, und zweitens, weil unter heutigen Umständen die Insekten größere Schäden als zuvor anrichten können. Ernteverluste um 1904 wurden um 11 Prozent gerechnet, 1968 um 13 Prozent.[16]

Es kommt einem ein billiger amerikanischer Science-Fiction Film aus den fünfziger Jahren in den Sinn, in dem UFO's an der US-Küste landen. Die Air Force donnert mit ihren Bombern los, aber mit jedem Angriff werden die aus den UFO's schwärmenden Invasoren größer. Schließlich will man Kernwaffen gegen die Roboter einsetzen, doch, zum Glück, ein Wissenschaftler mit dem Geist eines proto-flower child entdeckt, daß es sich um inverse Energie handelt. Gerade noch zur rechten Zeit überwindet man die Eindringlinge, nicht mit Gewalt, sondern mit Blumen und Gesang.

Ein Grundgedanke der biologisch-hermetischen Landwirtschaft ist es, keine Kräfte und Energien im Kampf gegen das vermeintlich Negative zu vergeuden, sondern sie zu verwenden, um das Positive zu fördern. Also keine Gifte mischen, sondern kompostieren, Vögel und Lurche hegen und pflegen und Pflanzengemeinschaften und Fruchtfolgen nach den Mondrhythmen anbauen. Man wird lernen, sich über die Geschicklichkeit der Raupe und den metallischen Glanz des Käfers zu freuen. Ahimsa!

Die materialistische Wissenschaft kann unmöglich die Insekten richtig erfassen; es fehlt ihr die richtige innere »Idee«, wie Goethe es sagen würde. Trotz Großoffensive mit DDT, Arsen und ausgeklügelten Methoden ist es noch nicht gelungen, auch nur eine einzige Art zu eliminieren. Das alles zeugt von einer großen Lebensintelligenz und einer unübertrefflichen Anpassungsfähigkeit. Die Schaben haben ihr Verhalten Jahrmillionen, seit der Steinkohlenzeit, nicht verändert. Andere Insekten hingegen, wie die Apothekenkäfer, haben sich innerhalb von Jahrzehnten umgestellt, so daß sie nun jahrelang zufrieden in einer verkorkten Flasche mit Arsen oder einem anderen Gift leben können.

Welcher Gärtner war noch nicht verblüfft, wie Blattläuse über Nacht ein ganzes Kohlbeet befallen können? Wo kommen sie so plötzlich her? Durch Jungferngeburt (Parthenogenese) werden zahlreiche Jungläuse lebend hervorgebracht, die ihrerseits schon bei Geburt mehrere hundert reifende Embryos in sich haben. Die Entwicklungsstufen werden völlig übersprungen. Erst im Herbst werden männliche Blattläuse erzeugt und Eier gelegt, die dann überwintern.

Wenn man die vollkommene Architektur der Bienenwabe, das Nest der Papierwespe, die luftgekühlten Termitenbauten in Afrika oder die unglaubliche Tarnung mancher Insekten bedenkt, dann muß man doch eine hohe Weisheit annehmen, die sich hier äußert. Man bedenke, wie die Schlupfwespen- und Raupenfliegenlarven die Wirtraupen von innen heraus so auffressen, daß die Hauptorgane des Opfers zu allerletzt gefressen werden und die Raupe nur noch ein Hautbalg ist. Wer hat diesen Räubern gesagt, daß sie nicht gleich am Anfang die Organe anfressen sollen? Was für eine Intelligenz manifestiert sich in den sozialen Insekten, deren Staaten gesellschaftliche Differenzierungen in Krieger, Arbeiter, Pfleger, Funktionäre und mitunter sogar Sklaven aufweisen? Es liegt der Gedanke nahe, daß übersinnliche Gruppengeister in der Führung der einzelnen Insektenarten wirksam sind, denn aus einer mikroskopischen oder chemischen Analyse der einzelnen Käfer kann man ihr Verhalten nicht erklären. Der Gruppengeist organisiert die einzelnen Insekten ungefähr so, wie unsere höheren Wesensglieder in unseren Leibern die Zellen sinnvoll zusammenfügen. Dem Bienenschwarm oder der Ameisenkolonie kann man eher eine »Individualität« zugestehen als dem einzelnen Insekt. Das sieht man, wenn eine Ameise von ihrem Haufen entfernt wird; sie irrt ziellos umher, bis sie schließlich stirbt.

Insekten sind noch ganz makrokosmische Wesen; sie haben sich nicht in einem festen Leib mit zentralisierten Organen zusammengefügt. Ihre Astralität sitzt nicht tief in ihrer Körperorganisation. Sie sind lediglich eine Stufe über den Blütenpflanzen in der scala naturae. Das bedeutet, daß ihr »Ich« und ihre Seele noch teilweise im übersinnlichen, weiten makrokosmischen Naturgeschehen zu suchen ist. Ein Insekt zu töten ist daher nicht zu vergleichen mit dem Töten eines Säugetieres, geschweige eines Menschen.

Nützliche Insekten

Wieviele Insektenarten gibt es? Man schätzt mehrere hunderttausend Arten. Von diesen werden 90 Prozent als Nützlinge eingestuft, und von den restlichen 10 Prozent gelten nur ganz wenige als ausgesprochenes Ungeziefer. Unter dieses Ungeziefer werden auch solche gezählt, die an und für sich keinen Schaden anrichten, aber das Aussehen der Früchte vermindern und daher den finanziellen Erlös senken können.

85 Prozent unserer Kulturpflanzen sind auf Blütenbestäubung durch Insekten angewiesen. Alle unsere Früchte, viele Gemüse – Melonen, Kürbis, Eierfrucht, Paprika, Möhren, Hülsenfrüchte – und der Klee, der zur Haustierfütterung so wichtig ist, werden von Insekten befruchtet. Bei schmalen Blütenkelchen ist die Bestäubung nur durch die langrüssligen Schmetterlinge möglich. Die Rosazeen bevorzugen Bienen, die Schmetterlingsblütler brauchen Bienen und Hummeln, und die Rapontika ist auf Motten angewiesen. Von der Insektenwelt bekommen wir Honig, Wachs, Seide, Lack, verschiedene Farbstoffe und Arzneien. Wieviele Kilometer fliegt eine Biene und wieviele Blütenkelche muß sie besuchen, damit wir einen Löffel Honig in unseren Pfefferminztee rühren können?

Viele Insektenarten sowie Spinnen und andere Gliederfüßler sind eifrige Schädlingsjäger, die eine Ungezieferausbreitung eindämmen können. Entomophage Insekten, die wir auf alle Fälle kennen und schützen sollten, sind reichlich im Garten vertreten. Darunter findet man die *Libellen*, die Mücken und Geschmeiß aus der Luft greifen, *Marienkäfer*, die blutrünstig den Blattläusen nachgehen, *Wespen* (Vespidae und Specidae), die sich über Raupen und Heuschrecken hermachen, die *Ameisenjungfer*, deren Larve als Ameisenlöwe bekannt ist, die grünlich schillernde *Florfliege* (Chrysopa vulgaris), die Blattläuse vertilgt, die ebenfalls blattlaussaugende Schwebefliege oder Mistbiene (Eristalis tenax), den Laufkäfer und etliche Wanzen (Heteroptera) und Käfer (Coleoptera).

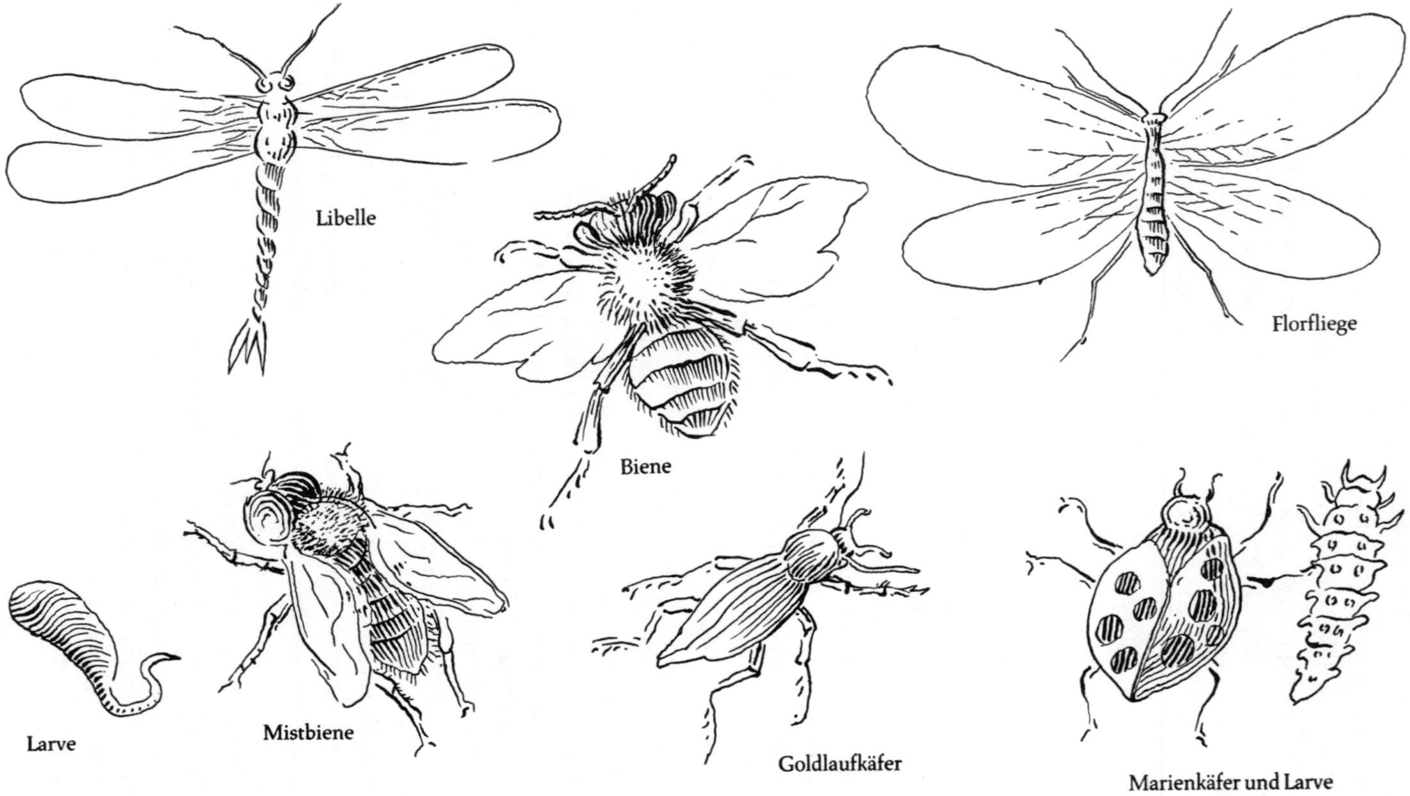

Nützliche Insekten.

Totengräber, Mist- und Dungkäfer, die Aas und faulende Stoffe beseitigen, Ameisen, Termiten und Käfer, die altes Holz zu Mulm verwandeln, und die bodenlebenden Insekten, die zusammen mit den Regenwürmern den Boden mischen, düngen und durchlüften, tragen alle zur Gesundheit einer Landschaft bei. Weitere Arten halten trotzige Unkräuter zurück, wie die Sauerampferkäfer (Gastroidea viridula), der den großblättrigen Sauerampfer wegputzt, oder der Blattkäfer (Chrysomelia varians), der sich auf Johanniskraut spezialisiert. Insekten sind die Nahrung der Fische, Frösche, Eidechsen, Maulwürfe, Vögel, Spitzmäuse und Igel, deren Anmutigkeit unsere Sinne erfreut. Auch der ästhetische Wert der bunten Schmetterlings- und Falterwelt, der glänzenden Käferrassen sowie das freundliche Zirpen der Grillen und Zykaden darf nicht vergessen werden. Gute Elementarwesen, die Sylphen und Salamander, werden von solchen lieblichen Wesen in den Garten gelockt. Wenn wir nicht direkt hellsichtig sind, nehmen wir diese Elementarwesen doch an der guten Stimmung, die sie bereiten, mit unserem Gemüt wahr. Aus all diesen Gründen muß man einsehen, daß ein Drauflosspritzen, auch mit harmlosen, biologisch zersetzbaren Giften, nicht angebracht ist, wenn man einige Käfer im Garten findet.

Praktischer Pflanzenschutz

Der echt biologisch-hermetische Gärtner kümmert sich wenig um Schädlingsprobleme, denn er weiß, daß ein gesunder Garten Käfer, Falter und Raupen haben *muß*. Nicht eine Art massenweise, aber eine Vielfalt von mindestens tausend Arten soll vertreten sein.

Am wenigsten Ungeziefersorgen hat man, wenn man zusieht, daß sich die Kulturpflanze zügig, ohne Unterbrechung, vom Samen bis zur Ernte hin entwickeln kann. Das bedeutet, daß man die Bodenansprüche der Sorten beachtet, daß man sie nie austrocknen läßt und nicht mitten in der Tageshitze eine kalte Beregnung gibt. Es bedeutet, daß man die Setzlinge zur rechten Jahreszeit pflanzt und die Samen zur richtigen Mondkonstellation sät, damit die kosmischen Energien mit der Pflanze, nicht gegen sie arbeiten. Mit reifem Humuskompost hat man die Versicherung, daß die Pflanze Wasser und Nährstoffe in angemessenen Mengen zur Verfügung hat, damit der Strom der ätherischen Kräfte beständig in Richtung des Aufbaus und nicht des Abbaus fließt. Die Anwendung der Kräuterpräparate hilft die Harmonie zwischen dem astralischen und dem ätherischen Bereich herzustellen.

Pflanzennachbarschaften sind bei der Schädlingskontrolle wesentlich.

Aromatische Kräuter und Blumendüfte vertreiben einige Schädlinge, oder sie maskieren den Geruch der Kulturpflanzen. Blumennektar ernährt die Jäger, wenn die süß-saftigen, zarthäutigen Blattläuse und Larven nicht gerade in Mengen vorhanden sind. Blumen locken Bienen, deren positiv wirkende Astralität die Träger der minder gutartigen Astralität verdrängt. Imker haben schon öfters bemerkt, daß die Schädlinge weniger häufig in den Gärten auftreten, in denen Bienenkörbe stehen.

Knoblauch ist im allgemeinen ein guter Schutz gegen Schädlinge, aber besonders gegen die Rosenblattlaus. Buschbohnenreihen zwischen den Kartoffeln vermindern sowohl den Befall durch Koloradokäfer als auch durch Bohnenungeziefer. Möhren, Pastinake, Wurzelpetersilie oder Sellerie zusammengepflanzt mit Lauch oder Zwiebeln sagen weder der Möhrenfliege noch der Zwiebelfliege zu. Der Kohlweißling und andere Schädlinge der Kreuzblütler werden von Hanf und einer Randpflanzung mit Minze, Salbei und Thymian ferngehalten. Fadenwürmer (Nematoden) mögen die Wurzelausscheidungen der Samtblume (Tagetes) nicht leiden; sie eignen sich daher als Nachbarn der Roten Beete und anderer Wurzelgemüse. Bohnenkraut unterstützt die Abwehrkraft der Bohnen ebenso, wie Basilikum die Tomaten unterstützt.[17]

Man kann auch bestimmte Pflanzen als *Fangpflanzen* in die Beete setzen, um die Schädlinge zu ihr zu locken und von den anderen Pflanzen abzuhalten. Sojabohne und Ringelblume wirken so. Kapuzinerkresse zieht verschiedene Blattläuse an, Radieschen den Erdfloh, und Tomatillo (Lycium pallidum) lockt alle Schädlinge der Nachtschattengewächse zu sich (z. B. Koloradokäfer), die man dann leicht ablesen kann.

Wühlmäuse sind keine Insekten, aber sie können doch eine rechte Plage sein. Man entmutigt diese Nager etwas, wenn man Rizinus (Ricinus communis) und andere Wolfsmilchgewächse oder den Stechapfel hier und da in die Beete setzt.

Vögel, Kriechtiere und Säugetiere

Neben den Düften und Farben der Gemeinschaftspflanzen kann der Gärtner noch Vögel, Kriechtiere und Säugetiere zu Hilfe nehmen. Er muß ihnen aber einen Lebensraum schaffen. Es bedarf einer Schulung in geotheanistischer Naturbeobachtung, um die ökologischen Wechselwirkungen innerhalb des Gartenmikrokosmos richtig zu erfassen.

Der ökologische Lebensraum der Singvögel ist im allgemeinen die Peripherie der Blütenpflanzen. Sie ernähren sich hauptsächlich von den fetthaltigen, hartschaligen Samen und den ebenso fetthaltigen, hartschaligen Insekten, die sich ebenfalls an der Pflanzenperipherie im Blüten- oder Wurzelbereich aufhalten. Es gibt daneben auch »Weichfresser«, wie Amseln, Rotkehlchen und Zaunkönige, die sich über Larven und Raupen hermachen. Manche Vögel, wie die Tauben, sieht man weniger gern im Garten, da sie keine Insekten, aber dafür nur Samenkörner fressen. Andere wiederum, wie die Schwalben und kleinen Buntspechte, fressen nur Insekten. Die meisten Vogelarten genießen beides: sie fressen im Sommer hauptsächlich Kerbtiere und schalten im Winter auf Samen und Körnernahrung um.

Um das bunte, fröhliche Federvolk in den Garten zu locken, sollten wir eine *Vogeltränke* einrichten, *Nistkästen* an geschützten Stellen aufhängen, im Winter einen vor Schnee und Wind geschützten *Futterplatz* einrichten und nicht zu viele Katzen halten. Ölhaltige Hanfsamen, Sonnenblumenkerne sowie getrocknete Beeren des Hollunders, Eberesche und Wachholder eignen sich zur Winterfütterung. Für die Meisen und kleinen Buntspechte kann man Rindertalg und ungesalzene Speckschwarten aufhängen. Wenn die Beete gemulcht sind, können die Amseln in der Bodenstreu herumstochern und sich Käfer und Insekteneier herauspicken.

Blühende, fruchtende Hecken, die vor kalten, trocknenden Winden schützen, die sich als Bienenweiden eignen und aus denen man Reiser zum Korbflechten herausschneiden kann, eignen sich als ideale Aufenthaltsorte für Vögel und anderes Kleingetier. Schlehe, Traubenkirsche, Vogelbeeren, Maulbeeren, Sanddorn, Weißdorn und Heckenrose geben alle dem Menschen entweder Säfte, Gelees oder Konfitüre und dem Vogelgeschlecht Futter. Haselnüsse und Brombeeren sowie Hollunder, dessen Blüten einen fiebertreibenden Tee liefern und aus dessen Früchten sich gute Gelees machen lassen, können auch in die Hecken einbezogen werden. Solch eine Fruchthecke gibt den Vögeln auch eine Alternative zu Kirschen und Beerenobst. Jede Hecke und wilde Ecke bietet auch den insektenfressenden Kröten, Blindschleichen, Schildkröten, Eidechsen, Igeln und Spitzmäusen eine Heimat. Auch Wiesel, die den Wühlmäusen nachgehen, können sich dort ansiedeln.

Kröten, die sich gerne in einer feuchten Umgebung aufhalten, buddeln sich gerne tagsüber in den reifen Komposthaufen ein. Eine erschrockene Dame aus einem amerikanischen Gartenklub lud mich einmal ein, die Losung eines »furchtbar großen Tieres, das sich nachts im Garten aufhält«, zu identifizieren. Es handelte sich um fingerdicken Kot, der fast gänzlich aus Chitinpanzern bestand – die Ausscheidung einer Gartenkröte! Sie konnte sich wieder beruhigen, als ich ihr klarmachte, wieviele schädliche Insekten da jede

Nacht gefressen werden. Übrigens, wenn man sich Kröten anschafft, muß man sie eine Woche lang im Käfig halten, ehe man sie freiläßt, denn sonst hüpfen sie schleunigst wieder in die Richtung ihres alten Reviers.

Wenn ein Garten groß genug ist, sollte er auch einen Teich haben, wo sich die Kröten und Frösche vermehren, Enten schwimmen können und Libellen, die eifrige Insektenjäger sind, ihr Larvenstadium durchmachen. In Manfred Stauffers Garten in Dornach (Schweiz) durchsuchen *Indische Laufenten* den Garten nach Nacktschnecken. Die grauen, weißbetupften *Perlhühner* lassen sich ebenfalls leicht im Garten halten, wo sie Insekten und Insekteneier vertilgen. Bei Laufenten und Perlhühnern muß man die Jungsaat und zarten Salate mit verstellbaren Hühnerzäunen schützen.

Wenn man alle diese Gehilfen zur Seite hat und hier und da durch »Einsammeln« nachhilft, sollte sich nie ein Schädlingsproblem einstellen. Falls so etwas doch geschieht, sollte man mit Hilfe des Gartentagebuches genau die vorhergehende Düngung und Fruchtfolge, das Wetter, die Konstellationen zur Zeit des Befalls und andere Daten überprüfen, damit man ein ganzheitliches Bild bekommt.

Man erlebt Hobbygärtner, die Ohrenwürmer, Regenwürmer und Asseln als Schädlinge bekämpfen, denn sie haben diese Tiere in den Löchern von Kohlköpfen und Tomaten ausfindig gemacht. Wenn sie genau beobachtet hätten, dann hätten sie gemerkt, daß diese Krabbler nur in schon vorhandene Löcher, die die Nacktschnecken gefressen haben, hineingekrochen sind, um sich vom Schneckenkot zu ernähren. Man muß die ökologischen Zusammenhänge eben genau erkennen, ehe man eingreift. Diesen Punkt wollen wir uns etwas genauer vor Augen halten am Beispiel eines Falles, der sich in einem Garten in der Nähe von Genf abspielte.

Die Schnecke und die Gartenökologie

Es handelte sich um einen großen biologischen Gemüsegarten, der immer, wie es in der Schweiz üblich ist, gut gehackt und unkrautfrei gehalten wurde. Die großen roten Wegschnecken (Arion rufus) und die graue Ackerschnecke (Limax agrestis) konnten durch ein Igelpaar und fleißiges Einsammeln in Schach gehalten werden. Plötzlich vermehrten sich diese Nacktschnecken bedenklich und verwüsteten ganze Beete. Im Laufe von drei Jahren gab es eine richtige Bevölkerungsexplosion unter den Schnecken. Was war geschehen? Mehrere Faktoren waren im Spiel. Erstens hatte man sich eine große Beregnungsanlage mit Anschluß an das Stadtwasser angeschafft.

Die häufigere Bewässerung schaffte ein ideales Mikroklima für diese Feuchtlufttiere. Die Pflanzen waren wahrscheinlich durch die übermäßige Beregnung geschwächt. Zweitens wurde ein französischer Hilfsgärtner eingestellt, der die Weinbergschnecken (Helix pomatia) eifrig sammelte und in pikante Saucen und ähnliche Gaumenkitzel umwandelte. Nun scheint es, daß die Weinbergschnecke nebst Pflanzenteilen auch die Eier der roten und grauen Nacktschnecken frißt. Drittens verschwanden zur selben Zeit die Igel; einer wurde von einem jungen Schäferhund angebissen, und wahrscheinlich mochten sie die neue Motorhacke auch nicht. Als der Gärtner schließlich zu Gift greifen mußte, stand es schon sehr schlecht um diesen »biologischen« Garten!

Was hätte man anders machen können? Man hätte vorsichtiger mit der Bewässerung sein müssen, hätte weniger, dafür aber gründlicher bewässern und die Bodenfeuchtigkeit mit einer Bodenbedeckung halten sollen. Mulch und ein paar absichtlich stehengelassene Unkräuter hätten den Schnecken etwas anderes zu fressen gegeben als nur die armen Kulturpflanzen. Schnekkenjagende Käfer (Cychrus caraboides) können sich eventuell unter der Mulchdecke verstecken. Den Igeln hätte man jeden Abend einen Teller Milch schenken und im Winter die kleinen Buntspechte mit Talg füttern sollen. Laufenten hätte man tagsüber durch den Garten watscheln lassen sollen. Ein Teich, der Salamander und Kröten ermutigt, sich zu vermehren, hätte in den Garten gepaßt. Um die Bösewichte zu fangen, kann man Bretter auf den angefeuchteten Boden legen, wo sie sich tagsüber verstecken. Tassen, Joghurtbecher oder Blechbüchsen mit Bier gefüllt zieht die Schnecken an wie die Theke den Säufer. Die dort gesammelten Schnecken können in einer Regenwassertonne verjaucht und dann als Düngung dem Garten zurückgegeben werden. Blindschleichen, die viele dieser Weichtiere vertilgen, sollte man gute Lebensbedingungen schaffen.

Ein schneckenfreier Garten ist jedoch nicht anzustreben, denn diese Mollusken haben eine regulierende Wirkung auf den Kalkhaushalt, und ihr Kot begünstigt die Wasserfauna des Bodens.[18] Ich kannte sogar einen alten Gemüsegärtner namens Heinrich Thiess, der die schöne, gebänderte Hainschnecke (Cepaea hortensis) absichtlich in seinem Garten ansiedelte. Wenn Eltern mit ihren Kindern Gemüse bei ihm kauften, schenkte er den Kindern jeweils eine Schnecke.

Wenn die kosmischen, klimatischen und ökologischen Bedingungen doch einmal so schlimm werden, daß man einen Befall hat, kann man den abebbenden Lebenskräften der Pflanzen eine Stütze geben. Kompostwasser, in Regenwasser aufgelöste Kuhfladen und verjauchte Brennessel und Beinwell (Comfrey) stärken geschwächte Pflanzen ebenso wie heiße Hühnerbrühe den kranken Menschen. Bei Blattlausbefall verändert Brennesseltee die Säftezusammensetzung der befallenen Pflanzen, so daß diese den Blattläusen weniger gut schmecken. Ein Kapuzinerkresseextrakt vertreibt Blutläuse.[19] Zerstampfte Tomatensprossen, die einige Stunden in Wasser gezogen haben, können auf Kohlweißling sowie Erdflöhe abschreckend wirken. Ebenso vertreibt ein Wermuttee (Artemisia) und ein Mulch aus Hollunderblättern die Erdflöhe. Ein Zwiebelschalenauszug wirkt gegen die Möhrenfliege.

Nur zuallerletzt und nur im Notfall kann man Gifte anwenden. Insektengifte braucht man nicht zu kaufen, sondern man kann sie im eigenen Blumengarten züchten. Rainfarn (Tanacetum vulgare), Mutterkraut (Chrysanthemum parthenium), Studenten- oder Samtblume (Tagetes), Astern, Margeriten, Petunien, Ziertabak (Nicotiana), Schmuckkörbchen (Cosmea bipinnatus), Kapuzinerkresse (Tropaeolum) und Mädchenauge (Coeropsis) eignen sich alle als natürliche Insektizide. Man sammelt die Blüten und Blätter, trocknet sie und macht einen Aufguß daraus, den man der Haftung wegen mit *Schmierseife* vermischt und auf die Pflanzen versprüht. Man kann auch eine Mischung dieser Blumen zerreiben und als Pulver auf die angefallenen Stellen stäuben. Wermut, Koriander, Chilipfeffer und Knoblauch kann man zerstampfen und den Extrakt auf die Insekten sprühen. Man sollte jedoch höchst vorsichtig sein, denn auch biologische Gifte können in der Gartenökologie sich verheerend auswirken. Wie von Pyrrhetrum, Derris, Tabak und Quassia werden auch von diesen Giften nicht nur Insekten, sondern auch die Blindschleichen, Kröten und andere Kaltblütler getötet.

Es ist eine alte alchemisch-magische Praxis, durch Feuer Unerwünschtes zum Verschwinden zu bringen, genau wie man anders herum durch Wasser neue Erscheinungen hervorruft. Hexenverbrennungen, Scheiterhaufen für Ketzer, das Surturfeuer am Ende der Welt und das Höllenfeuer gehören alle zu dieser Vorstellung. Es gibt Biodynamiker, die, einem Hinweis ihres Großmeisters folgend, einen »Pfeffer« aus verbrannten Insekten herstellen, der, in feiner Dosierung, nach vierjähriger Anwendung die Schädlinge vom Akker fernhalten. soll. Die Insektenleiber werden verascht, wenn die Sonne sich im Wassermann, Fische, Widder, Zwillinge, Stier oder Krebs befindet, denn aus diesen Regionen strömen die Kräfte der Insektenwelt.[20] In einem ökologisch geführten Garten brauchen die sechsbeinigen Plagegeister jedoch kein Problem zu werden, und man kann auf diese Praktiken verzichten. Diese Methode hat man angeblich im Dritten Reich aufgegriffen, um das Ungeziefer des »nichtarischen Untermenschen« zu vertreiben.[21] Trevor Ravenscroft schreibt, daß »Judenpfeffer« vom Flugzeug über das Reichsterritorium gestreut wurde. Diese Behauptung erscheint in der ersten Ausgabe des *Spear of Destiny*, wird aber, wahrscheinlich mangels Beweisen, weder in der Taschenbuchausgabe noch in der deutschen Übersetzung erwähnt.

Elementarwesen

Es braucht nicht weiter erläutert zu werden, daß mikrobiologische Bekämpfung durch Viren und künstlich gezüchtete Bakterien (z. B. Bacillus thuringiensis), der Einsatz von biotopfremden Entomophagen (z. B. Gottesanbeterinnen), die Anwendung von Hormonstoffen (juvenile hormone), die die Metamorphosen hemmen, Selbstvernichtung durch ausgesetzte sterilisierte Männchen ebenso wie die chemischen Bekämpfungsmaßnahmen noch unerkannte ökologische Nebenwirkungen haben. Alle diese negativ ausgerichteten Maßnahmen grenzen an Schwarzmagie und werden wahrscheinlich schließlich den Zorn der Gruppengeister hervorrufen.

Statt dessen sollte man erkennen, daß man mit Maßnahmen, die eine vielfältige, ausgeglichene Lebensgemeinschaft fördern, auch gute Elementarwesen anzieht. Früher wußte man, daß diese übersinnlichen Wesen in jedem Handwerk – auch in der Gärtnerei – segenspendend wirken. Negativität und böse Absichten verjagen sie. Man hatte ihnen mitunter als Dank abends ein Schüsselchen Milch und Brot hingestellt. Es ist auch egal, ob man weiß, daß es der Igel ist, der diese Milch trinkt, denn diese Tiere sind ebenso mit den Elementarwesen verbunden wie mit den Pflanzen.

Da diese Wesen keinen physischen Leib haben, sondern nur Äther- und Astralgestalten sind, verbinden sie sich oft mit den physisch inkarnierten Tieren und ergänzen und führen sie auch.[22] So werden die dummen Regenwürmer durch die schlauen Zwerge ergänzt; die Schnecken, Lurche und Fische erfahren eine Ergänzung durch die Undinen; die Vögel sind umgeben von den Sylphen, und die Insekten werden von den Feuergeistern umschwirrt. Besonders in den Übergangszonen findet man diese Naturgeister, dort, wo die Wurzeln in den Boden dringen, am schilfbewachsenen Ufer des Tümpels, bei der Quelle, am Waldrand, in der Hecke, im Tautropfen auf dem

Kohlblatt oder im Blütenkelch. Der Gärtner als ordnender Geist und Ich-Wesen des Gartenorganismus muß darauf achten, daß diese helfenden Wesen Wohnorte für sich und ihre Lieblingstiere vorfinden. Wenn er das nicht tut oder gar mit Gift und schweren, knatternden, stinkenden Maschinen kommt, dann werden diese Elementarwesen heimatlos und bieten ihre Dienste den menschenfeindlichen Mächten an; dann wirken sie über Insekten, die zu Schädlingen werden. Den hermetischen Gärtner umflattern manchmal Schmetterlinge oder Vögel, Frösche kommen zu ihm hingesprungen, oder eine scheue Schlange zeigt sich seinem Blick: Es handelt sich um *Familiare*, die als Träger befreundeter Elementarwesen zu verstehen sind.

Pilze, Viren und Bakterien

Pilzbefall (Mehltau, Rost, Brände, Schorf, Stengelfäule, Schimmel) und Viruskrankheiten (Kräuselkrankheit, Nekrosen) sind das Symptom niedriger Lebenskraft, die oft von Schlechtwetterperioden abhängen. Feuchtes, kühles Wetter, das einer Trockenperiode folgt, ist gerade richtig für einen Pilzbefall. Durch die Feuchtigkeit öffnen sich die Spaltöffnungen (stomata) der Blattunterseite, aber da die trockenen Wurzeln keinen Turgurdruck nachliefern können, können die Pilzsporen in die Spaltöffnungen hineinwachsen. Auch Kunstdünger kann Pilzschäden nach sich ziehen. Die Düngersalze werden zwangsweise von den Pflanzen schnell aufgenommen und schwemmen die Zellen auf, so daß die Zellhaut zu schwach ist, um den eindringenden Myzelen zu widerstehen. Auch hier wirken die Kompostwirtschaft und sorgfältige Pflegemaßnahmen vorbeugend. Der Kompost unterstützt die Wurzelpilze, die, wie Waksman nachweisen konnte, den Pflanzen Antibiotika vermitteln. Die Setzlinge in der richtigen Entfernung voneinander in den Boden pflanzen, damit sie Licht und Luft erhalten, ist auch eine wesentliche Prophylaxe gegen Pilzerkrankungen.

Im feuchten, kühlen Herbst, wenn der Mond einen höheren Bogen im Himmel zu ziehen beginnt als die Sonne, dann fühlen sich die Pilzorganismen ermutigt, über die Bodenfläche zu steigen und ihre Sporen in den Herbstgemüsen auszubreiten. Da kann der Gärtner sie mit den Licht- und Wärmekräften der obersonnigen Planeten in der Form von kieselhaltigem Schachtelhalmtee oder notfalls mit einer zweiprozentigen Wasserglaslösung ($Na_2Si\,O_3$) vom Gemüse vertreiben. Die Lösung wird als feiner Nebel auf die Blätter gesprüht. Kamillentee, verdünnter Knoblauchextrakt und ein Tee aus

Schnittlauch wirken ebenfalls hemmend auf die Pilzorganismen. Rainfarn und Adlerfarn – eine Handvoll pro Liter Wasser, drei Tage ziehen lassen – haben eine ähnliche Wirkung. *Stengelfäule* im Saatbeet wird durch Beimischung von Torfmull in die Saatbeeterde und Besprühung der Jungpflanzen mit Kamillen- und Schachtelhalmtee verhindert. *Braunfäule* bei Tomaten im Herbst begegnet man mit Spritzung des Baldrianpräparats. Schachtelhalmtee oder Milch.

XV Der Gartenkalender

Das Gartenjahr richtet sich nach dem Klima und der geographischen Lage, in der sich der Garten befindet. Es ist daher schwierig, einen allgemeingültigen Arbeitskalender aufzustellen. Ein Kontinentalklima, wie man es in Osteuropa oder im Mittelwesten der USA findet, ist durch ganz klar unterscheidbare Jahreszeiten gekennzeichnet. Der feuchte, milde Frühling schmückt sich mit einer Blumenpracht, die aus dem Boden schießt, ehe sie vom Sommerlaub der Bäume beschattet wird. Dann folgt der heiße, schwüle Sommer, ein farbenprächtiger, klarer Herbst und schließlich ein eiskalter Winter. In einem mediterranen Klima, wie in Südeuropa oder an der Küste Kaliforniens, hat man es dagegen mit grundsätzlich zwei Jahreszeiten zu tun, eine regnerische, kühle Winterzeit und eine heiße, trockene Sommerzeit. Im atlantischen Küstenklima Westeuropas sind die Grenzen der Jahreszeiten ziemlich verschwommen. Der hier angegebene Kalender trifft für die Gegend um Genf zu, die sich in der Übergangszone der erwähnten Klimagebiete befindet. Zuvor wollen wir aber das sich jährlich wiederholende Naturgeschehen im Bilde des aus- und einatmenden Erdorganismus fassen, in dessen Atemzug Mensch, Tier, Pflanze und Großwetterlage eingebettet sind.

Das Jahr: Atemzug der Erdenseele

Die Einteilung des Jahres ist nicht etwas willkürlich Ausgedachtes, sondern ein objektiv feststellbares, rhythmisches Zusammenwirken der Sonne und der Erde mit dem Tierkreis im Hintergrund. Es ist der Lebensrhythmus des Erdorganismus. Wenn wir vom Erdorganismus sprechen, dann ist nicht der heute im geläufigen Sinne Raumschiff Erde genannte Planet, sondern die Erde zusammen mit der Sonne, dem Mond und den Planeten als pulsierendes, sinnlich-übersinnliches Wesen gemeint. Bei allen Völkern nahm man diesen Pulsschlag wahr und begleitete ihn mit kultischen Handlungen und Tänzen. Das Wechselspiel zwischen Sonne, Mond und Erde wurde beim Sonnentanz der Prärieindianer, beim Ballspiel der Mexikaner, beim Diskuswerfen der ersten olympischen Spiele und beim Maibaumtanz nachempfunden und mitvollzogen. Ball, Diskus und Tänzer repräsentieren die Sonne und die Planeten in ihren Bahnen.

Anfang Februar merkt man, wie die Tage länger werden und die Lichtkräfte ans fest verriegelte Erdenhaus anpochen, in dem die Tiere, Knospen und Samen Winterschlaf halten. Aber obwohl es von Tag zu Tag heller wird, traut der Landmann dem Vorfrühling noch nicht, auch wenn die Sonne hell scheint.

Uf unser frowen liechtmesstag (2. Februar)
schint die sunn, ist der alten sag,
dass noch eyn winter sy do hynden.
Darumb sich niemand on futer lass finden!
Das weys das unvernünftig thier:
der ber, er kumpt noch nit herfür!

(L. Reymann, Wetterbüchlein 1505)

Erst nach dem Paulustag (25. Februar) werden die Frühlingsanzeichen stärker, so daß in einigen Gegenden die Bauern in den Obstgarten gingen, um die Bäume wachzurütteln, damit sie mit ihrem Saftfluß beginnen. Zur Zeit der Tag-und-Nachtgleiche gegen Ende März erringt die Sonne ihren Sieg über den Mond: Helios zieht nun in die höheren Tierkreiszeichen hinein, und die Tage werden bedeutend länger. Kräuter und Gras fangen an zu sprießen. Die Lebenskräfte schießen immer kräftiger aus der Erde empor. Jubelnd strömen die Elementarwesen, die im Winter in der Erde gefangen waren, in die durchwärmte, durchsonnte Luft. Die holde Göttin Ostera, ihr Wagen von fruchtbaren Hasen gezogen, hält ihren Einzug. Blumen werden ihr auf den Weg gestreut. Wo sie vorbeizieht gibt es frisches Leben; Kücken und Entlein entschlüpfen ihren Eiern, und Lämmer, Fohlen und Kälber werden geboren. Lerchen steigen, Bienen und Ameisen schwingen sich zum Hochzeitsflug empor, und die Zugvögel kommen wieder, um die liebliche Göttin zu besingen. Am 1. Mai feiert man das Hauptfest dieser der Unterwelt entronnenen Erdenseele. Das Zwitschern, Singen, Sprießen, Blühen, Gebären und Wachsen scheint kein Ende zu haben. Die Germanen zündeten ein Osterfeuer an und verbrannten den Winterriesen als Strohpuppe. Die Kelten feierten den ersten Mai als das Fest des Sonnengottes Beltene, und im alten Rom wurde der Maia, nach der der Monat benannt ist, ein Schwein geopfert. Die ganze Natur feiert die Maiennacht, die Walpurgisnacht mit:

Höre, wie's durch die Wälder kracht!
Aufgescheucht fliegen die Eulen.
Hör', es splittern die Säulen
Ewig grüner Paläste . . .

Im fürchterlich verworrenen Falle
Übereinander krachen sie alle,
Und durch die übertrümmerten Klüfte
Zischen und heulen die Lüfte.
Hörst du die Stimmen in der Höhe?
In der Ferne, in der Nähe?
Ja, den ganzen Berg entlang
Strömt ein wütender Zaubergesang!

Wilde, ausgelassene Feste naturnaher Menschen begleiten das elementare Geschehen, in dem die kosmischen, befruchtenden Kräfte des Uranos sich mit der Erdenseele, mit der Gaia vereinen.

Die Hexen zu dem Brocken ziehn,
Die Stoppel ist gelb, die Saat ist grün.
Dort sammelt sich der große Hauf',
Herr Urian sitzt oben auf.
So geht es über Stein und Stock,
Es f....t die Hexe, es s....t der Bock.

(Goethe, Faust I)

Die Christen feiern gemächlicher. Der Auferstehungstag wird auf den ersten Sonntag nach dem Vollmond, der der Tag-und-Nachtgleiche folgt, verlegt. Es ist die Zeit, in der die Natur am üppigsten wächst. Am Karfreitag, an dem der Heiland in das Grab gelegt wird, pflanzt man auch gerne den Karfreitagsgarten mit Erbsen, Möhren, Salat und so weiter. Genau wie Er die Todeskräfte überwindet und den Stein wegrollt, so werden auch die Samen sprießen und gedeihen.

Immer weiter atmet die Erdenseele aus und reißt alle Pflanzen, Tiere und Elementarwesen mit sich. Die siegreiche Sonne zieht immer höhere Bögen – unüberwindlich ist sie, nichts scheint ihren Siegeszug aufhalten zu können. Alle Wesen freuen sich, nur der Feuergott Loki beneidet sie. Am Gipfel ihrer Macht tritt auch die Wende ein – die Sommersonnenwende. Der Sonnengott Baldur wird vom außerordentlich starken, aber blinden Gott der Zeit,

Hördur, mit Hilfe Lokis tödlich verwundet. In der christlichen Bilderwelt ist es Johannes, der zu dieser Zeit geköpft wird. Im Emmental konnte ich es noch erleben, wie man nach altem Brauch zur Sonnenwende ein Johannisfeuer anzündete und dann über die Glut in die zweite Jahreshälfte sprang.

Nun beginnt das Leben sich langsam wieder von der Erscheinungswelt zurückzuziehen. Von Tag zu Tag werden die Sonnenstunden kürzer. Die heißesten Tage stehen jedoch noch bevor; sie wurden von den Kelten am 1. August im Fest des Lug zelebriert.

Die Früchte und Samen reifen aus. Bald ist es Tag-und-Nachtgleiche, die Erntezeit, die Zeit, in der Michael und die himmlischen Heerscharen gegen das himmelstürmende Dunkel ankämpfen. Die Sonne schreitet durch das Zeichen der Jungfrau, der Tochter der Erdenmutter Demeter und des Himmelsvaters Zeus, die ihr sattes Füllhorn mit Obst, Früchten, Getreide und Blumen über die Gärten und Felder schüttet. Aber dann wird es immer kälter und feuchter, da die Sonne immer tiefer in die niederen Zeichen des Zodiakus steigt. Mondpflanzen wie Hutpilze, Mehltau und Flechten blühen auf, während die Sonne durch die Waage in Richtung des Hauses des Todes, in den Skorpion zieht und ihre Vorherrschaft an den Mond verliert. Nun werden die Elementarwesen wieder von der Erde eingeatmet. Sie sind mürrisch und stürmen mit Wodan und dem wilden Heer durch die Lüfte. Die Kelten feierten Samain, wobei alle Feuer gelöscht wurden, anfangs November. Noch immer wird zu dieser Zeit in Amerika Halloween gefeiert, wobei sich die Kinder, als Kobolde, Geister und Ungestüme verkleidet, Zuckerwerk, Äpfel und Nüsse erbetteln. Zum Allerseelenfest in dieser düsteren, unheimlichen Zeit zünden die Christen Kerzen auf den Gräbern der Verstorbenen an.

Zur Wintersonnenwende hat die Erdseele ganz eingeatmet, wenn die Natur in den zwölf heiligen Nächten ihren Atem anhält, ist es vollkommen still und ruhig. Die Sonne ist am tiefsten Punkt angekommen, die Tage sind kurz, grau und trüb. Aber hier in der Tiefe wird sie neu geboren. Der Schütze weist sie auf die neue Bahn, während im Mikrokosmos das Feuer des Logos im Seeleninneren, im kleinen Stall des Herzens neu entfacht wird. Behutsam beginnt die Erdseele wieder auszuatmen. Doch nun kommen erst noch die eiskalten Kristallnächte in Januar und Februar, wenn die Mächte der Sterne bis tief in die Erde hineinwirken. Es glitzert und funkelt, und kristallene Eisblumen wachsen auf den Äckern und kahlen Ästen: Für die Mineralwelt ist es nun Hochsommer. Die Pflanzen schlafen, geborgen in Samen und Knospen, der äußeren Manifestation entzogen. Sie ruhen im Übersinnlichen, wo die Erde und die Gnomen ihre schönen Gestalten und kunstvollen Formen in ihrem Bewußtsein bewahren. Schon im Februar kann man feststellen, wie die Tage länger werden. Lichtmeßtag, der als Orakeltag beim Landvolk eine große Rolle spielte, war für die Kelten der Frühlingsanfang. Im Februar, wenn der Saft schon in die kahlen Bäume steigt, hören die Bauern auf zu holzen. Die Irokesen zapften die Ahornbäume an, um deren zuckerhaltigen Saft zu süßem Ahornsirup zu verdicken. Die stark werdende Sonne eilt dem Frühlingspunkt in den Fischen zu und überwindet die Mondkräfte.

Und so schließt sich der Kreislauf. Der Gärtner lebt wie der Bauer ganz mit diesen makrokosmischen Rhythmen. Mit der Pflanzen- und Tierwelt fühlt er sich im Frühling in den Kosmos hineingegossen und im Herbst von der Erdseele wieder eingeatmet. Mit dem geistigen Auge sieht er hinter den Naturerscheinungen den Geist und die Seele der Natur walten. In den zwölf Monaten des Jahres, während die Sonne die »Häuser der zwölf Götter« durchwandert, nimmt er im Garten die wesenhaften Unterschiede ihrer Wirkungen wahr. Der kosmisch orientierte Gärtner wird nicht verlangen, Tomaten oder Erdbeeren zu Weihnachten zu haben. Auch wenn das möglich ist, tut er das nicht, denn ein solcher Verstoß gegen die Naturgesetze braucht gewaltige Energien: künstliches Licht, Pflanzenschutzmittel und Gewächshäuser, die mit arabischem Öl geheizt werden müssen.

Der Arbeitskalender

Wir wollen einen Blick auf die wichtigsten Arbeiten im Gemüsegarten werfen, die Monat für Monat getan werden müssen. Die naturbezogenen Monatsnamen aus der Zeit Karls des Großen (742–814) und das Tierkreisbild, in dem sich die Sonne befindet, stellen wir neben den gewöhnlichen Monatsnamen.

Januar (Schneemonat, Schütze-Steinbock): Die Obstbäume, Hecken und Beerenbüsche können noch ausgelichtet werden. Vögel soll man fleißig mit Samen, trockenen Beeren und Talg füttern. In den Mußestunden kann man Samenkataloge und Gartenbücher lesen, und die Sämereien, die man nicht selber zieht, kann man schon bestellen.

Februar (Hornung, Steinbock-Wassermann): Die Gründüngerbeete können umgegraben werden, damit das zarte Blattgrün richtig verrottet, ehe man die Erdäpfel und das Sommergemüse in diese Beete setzt. Gegen Monatsende können schon Puffbohnen, Kiefen (Zuckererbsen), Erbsen, Feldsalat

Frühbeet unter Plastik.

(Nüßli), Steckzwiebeln, Schalotten, Gartenkresse und Radieschen gesät werden. Tiefgelockerte Hügelbeete erwärmen sich schneller und trocknen leichter ab; man schafft dadurch bessere Wachstumsbedingungen. Ein Plastikzelt, mit Bögen über die Beete gespannt, kann nachts und an kalten Tagen Schutz gewähren.

Tagsüber muß man achtgeben und die Zelte lüften, damit man die Pflanzen nicht »kocht« und damit sich kein Mehltau entwickelt. In besonders kalten Nächten kann man noch Säcke und Strohmatten über die Zelte legen und vielleicht auch Eimer mit heißem Wasser unter die Decke stellen. Das Wasser gibt dann langsam über Nacht seine Wärme ab.

In einer milderen Gegend steckt man die Erbsen am Petrustag (22. Februar) in den Boden. Wie bei allen Leguminosen sollte man die Samen mit den Sporen der Knöllchenbakterien impfen. Samenbäder dafür sind billig im Gartenbauhandel zu kaufen. In den 1,20 Meter breiten Beeten nutzt man die Sonneneinstrahlung am besten, wenn man die kurzstämmigen Erbsen als Reihe an der Südseite pflanzt und die hochwachsenden Erbsen in der Reihe dahinter. Zwischen den Reihen können Spinat und an den beiden Seiten Frühsalat oder Radieschen gepflanzt werden. Topinambur und die ägyptische Luftzwiebel (Rockenbolle) können, sofern sie noch nicht im Beet sind, jetzt auch gesteckt werden.

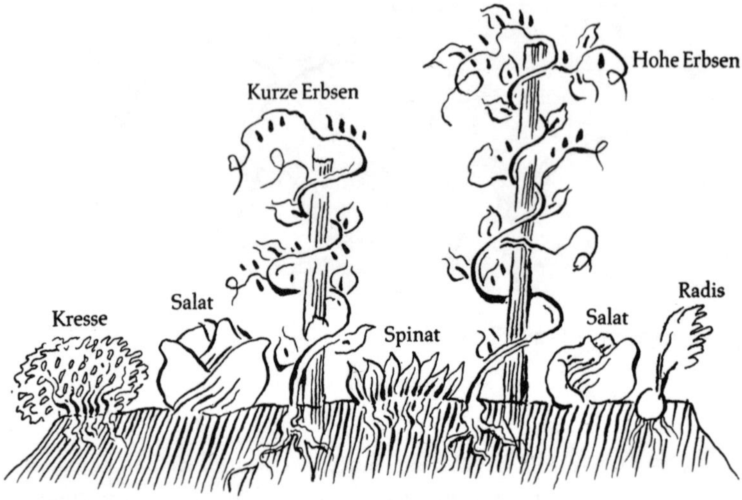

Frühjahrsbeet

März (Lenzmonat, Wassermann-Fische): Wenn das Gras in der Weide anfängt zu wachsen, kann man auch ein Jungpflanzenfrühbeet für Sommerkohl, Blumenkohl, Spargelkohl, Blattkohl, Kopfsalat, Rippenmangold (Krautstiele), Lauch, Sellerie und Endivien bereiten. Das Beet wird ringsum mit Brettern vor dem Wind geschützt und mit Fenstern abgedeckt. Eine besonders feine, gut gesiebte Erdmischung aus

1 Teil Torfmull, 1 Teil Sand, 1 Teil reife Komposterde, 2 Teile gute Gartenerde

wird den Sämereien als Wachstumsgrundlage bereitet. Die Jungpflanzenzucht wird in kleine Quadrate in das Frühbeet eingesät. Der Kasten wird nachts zugedeckt, morgens je nach Temperatur aufgedeckt. Die Pflänzchen werden von Unkraut freigehalten, ab und zu etwas gelichtet und schließlich pikiert. Eine wöchentliche Besprühung mit Kamille-Schachtelhalmtee wirkt vorbeugend gegen Stengelfäule und Mehltau. Beim langsam aufkeimenden Sellerie oder Bleichsellerie – drei Wochen – sind das tägliche Gießen mit der feindüsigen Gießkanne und das Unkrautzupfen besonders wichtig. Die winzigen Selleriesamen kann man mit Sand mischen, damit sie sich bei der Aussaat besser verteilen.

Mitte März kann man schon die kältebeständigen Pflanzen in die offenen Beete einsäen. Dazu gehören Haferwurzel, Schwarzwurzel, Gemüselöwenzahn, Gartenmelde, Rote Beete, Möhren, Kohlrabi, Senf, Petersilie, Wurzelpetersilie, Pastinake, Speiserüben und Kohlrüben. Die langsam keimenden Doldenblütler – Möhren, Pastinake und Petersilie – sollte man zusammen mit einigen Salat- oder Radieschensamen als *Markiersaat* aussäen, damit man später die Reihen wiederfinden kann. Zwischen den Reihen muß man fleißig mit der Pendelhacke den Boden lockern, um das sprießende Unkraut zu vernichten und dem Boden die Atmung zu erleichtern. Besonders nach dem Regen muß gehackt werden, damit sich keine Krusten auf der Beetoberfläche bilden. Im März kann man weiterhin Erbsen, Feldsalat, Schalotten und Spinat säen. Spargel, der dann später verpflanzt wird, kann jetzt auch ausgesät werden.

Erdäpfel kann man gegen Ende März in den Boden legen. In den USA gibt es viele Gärtner, die ihre Kartoffeln am Patrickstag (17. März) in die Erde stecken. Patrick, der Schutzheilige Irlands, dem Land, das wie kein anderes mit der Kartoffel karmisch verbunden ist, soll dieser Knolle besonderen Schutz gewähren. Die Kartoffel ist, wie viele Nachtschattengewächse, eine stark lunare Pflanze, daher schaut man auf die Mondstellung, wenn man sie pflanzt. Man steckt sie, wenn der Mond sich in einem Erdzeichen – Stier ist besonders günstig – befindet, womöglich bei Erdferne (Apogäum). Die wäßrigen Zeichen Krebs und Skorpion sind ungünstig für die Erdäpfel. Wie die Schmetterlingsblütler kann man Erdäpfel auch bei Neumond setzen.

Wie jedes Hauptnahrungsmittel werden auch die Erdäpfel von Tabus und magischen Ritualen umgeben. Das war schon der Fall im Ursprungsland Peru, wo die Kartoffel dem Jaguarschöpfergott geweiht war, dessen Ungunst man mit blutigen Ritualen beschwichtigen mußte und wo die zuletzt geerntete Knolle von den Bauern als »Kartoffelmutter« gefeiert wurde. Bei uns gibt es auch ziemlich ritualisierte Ansichten, wie man die besten Kartoffeln erzeugen kann. Einige Gärtner schwören auf Mulchkultur, wobei man die Saatknollen einfach unter eine Decke Mulch legt; andere pflanzen sie in Tonnen oder ausgediente Autoreifen, andere wieder in Hügelbeete. Wie dem auch sei: Der dümmste Bauer hat die dicksten Kartoffeln, denn er ist derjenige, der tief in das Wesen dieser eigenartigen Pflanze einsteigen kann. Dort, wo die schlauen Theorien aufhören, läßt er sich von der Kartoffel selbst sagen, wie man sie am besten behandelt

Arthur Hermes, der die Rosenkartoffel vor dem Aussterben bewahrt hat, bestellt seinen Kartoffelacker mit verrottetem Stallmist, Holzfeuerasche und Hornmistpräparatbehandlung. Die Saatkartoffeln werden eine Woche lang in flachen Kisten beim Fenster vorgekeimt. Am Pflanztag werden sie »geäugelt«, das heißt, jedes Auge wird mit etwas Fleisch aus der Knolle geschnitten und in der kalihaltigen Holzasche gebeizt, ehe man sie auf 60 Zentimeter Abstand voneinander in die Reihen steckt. Die Erde wird mit dem Rechen darübergehäufelt. Wenn sie dann hervorsprießen, werden sie wieder gehäufelt, so daß nur noch die oberen Blätter zu sehen sind. Das wird mehrmals wiederholt, bis man sie dann mit einer Mulchdecke versieht. Wenn sie gegen Ende Juni zu blühen beginnen, kann man die ersten Frühkartoffeln schon in die Küche holen.

Im Obstgarten kann man Edelreiser pfropfen und neue Bäume und Sträucher einpflanzen. In die Dauerbeete kann man die mehrjährigen Gewächse wie Spargel, Meerrettich, Kermesbeere (Phytolacca), Rhabarber, Topinambur und Beinwell pflanzen. Das kräftige Wurzelgeflecht der Kräuter wie Brennessel, Schnittlauch, Lavendel, Minze, Salbei, Rockenbolle und Ysop kann geteilt werden; die Kamille kann man in leicht alkalische Böden aussäen. Man sieht, daß die alte Bauernregel, daß das Gartenjahr nun richtig ins Rollen kommt, recht hat.

Ist Gertrude sonnig, (17. März, wie Patrick)
Wird's dem Gärtner wonnig.

April (Ostermonat, Fische-Widder): Die im März angefangenen Arbeiten gehen auf Hochtouren weiter. Die Saatkästen bedürfen weiterhin genauester Pflege. Die Osterzeit ist ohne Zweifel die fruchtbarste Zeit des Jahres.

Wenn man kein Gewächshaus hat, kann man gegen Ende März und Anfang April ein *Mistbeet* bereiten, um die Setzlinge der wärmebedürftigen Sommerpflanzen aufzuziehen. Zu diesen gehören Tomaten, Pfeffer, Paprika, Eierfrüchte (Auberginen), Abelmosch (Okra), Neuseeländer Spinat, Malibar-Spinat, Gurken und Squash. Man schachtet ein ein Meter breites Beet einen Meter tief aus und füllt das Loch mit frischem Pferdemist, der mit Jauche, Urin, Gülle oder Belebtschlamm angefeuchtet ist und dem Branntkalk (Ätzkalk) beigegeben ist. Darüber kommt eine Handbreit (ca. 10 Zentimeter) Torfmull, der die giftigen Ammoniakgase auffängt, und ganz oben drauf kommen zwei bis drei Handbreiten (ca. 25 Zentimeter) gesiebte, gut gemischte Anzuchterde. Wie beim Frühbeetkasten werden die Seiten mit Brettern verschlossen und das Ganze mit Fenstern, die zur Südseite schräg abfallen, überdeckt. Die Sonne heizt von oben durch das Glas, und der Pferdemist heizt den Boden von unter her. Die beständige Wärme des Pferdemistes, die bis zu sechs Wochen anhält, wurde schon von den Alchimisten zur Herstellung von Präparaten benutzt: »Nimm Ventrem equi, das ist Pferdemist, der wohl digeriert ist, ein Theil, und reinen lebendigen Kalk ein Theil, diese zu-

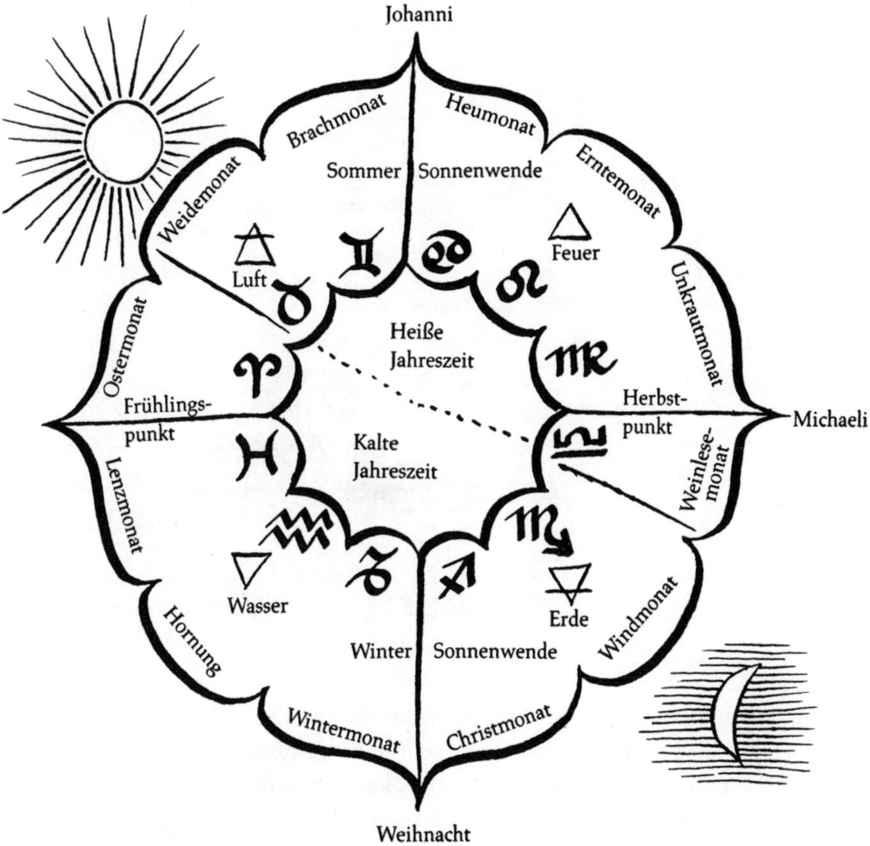

sammen vermischet; . . . und das Gefässe, darinn die Materia lapidis ist, in die Mitte gesetzt, und den Ofen fleißig verschlossen, so wirst du haben ein fürtreffliches Feuer ohne Licht und ohne Kohlen.«[1]

Vierzig Tage heizte man gewöhnlich das spagirische Präparat im Pferdemist, eine Zeitspanne, die auch im Mistbeet zutrifft. Wie beim normalen Saatbeet muß man lüften, wenn es zu warm wird, nachts bei Frostgefahr zudecken und die Keimlinge vorsichtig mit lauwarmem Wasser begießen. Wenn die Pflanzen dann groß genug sind und keine Frostgefahr mehr besteht, dann können sie im Mai in weitere Saatbeete gepflanzt werden. Gurken, Zucchini und Squash, die sich nicht gerne umpflanzen lassen, kann man in Papptöpfen oder in Preßtorftöpfen großziehen und später gleich mit den Behältern in ihre Beete setzen.

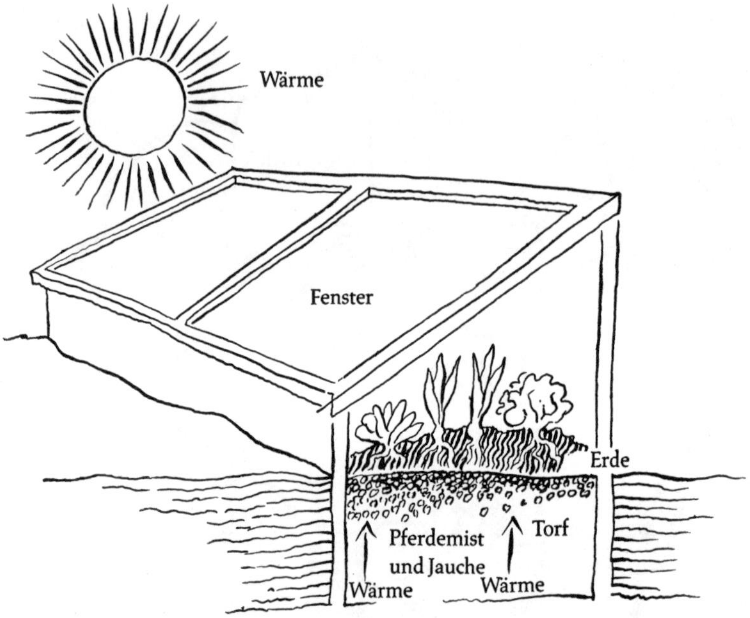

Warmes Mistbeet.

Mai (Weide- oder Wonnemonat, Widder-Stier): Die Kohlsorten, Endivien, Salate, Lauch und Rippenmangold sollten nun schon in ihre Beete gepflanzt sein. Wenn es keinen Frost mehr gibt, kann man die Stangen- und Buschbohnen, Zuckermais, Kürbisse, Gurken und Sommersalat direkt in die Beete säen. Nun kommen auch bald Tomaten, Abelmosch, Neuseeländer und Malibar-Spinat, Eierfrucht, Tomatillos, Paprika, Squash und Chilipfeffer in ihre Beete. Der Sellerie sollte ebenfalls ausgepflanzt sein. Obwohl er Frost vertragen kann, sollte man ihn davor behüten, denn er macht sonst keine Knollen, sondern schießt in Blüte. Auch die kälteempfindlichen Kräuter wie Basilikum, Bohnenkraut, Majoran, Rosmarin und Kapuzinerkresse können gesät werden.

Im Mai sollte man auch schon etliches vom Garten in die Küche nehmen können: Zuckererbsen, Erbsen, Puffbohnen, Spinat, Brennessel, Salat, Schnittlauch, Radieschen, Kresse, Raucke und Senfgemüse.

Juni (Brachmonat, Stier-Zwillinge): Die Frühbeete, in denen man Spinat und Erbsen hatte, können abgeräumt und mit Folgesaaten von Möhren, Salat, Buschbohnen, Kohlrabi und anderen Saaten bestellt werden. Verdünnte Jauchen und Güllen leisten bei Kohl, Mais, Gurken und anderen Starkzehrern

Nachschub. Erdbeeren können gelichtet, gedüngt und gemulcht und ihre Ableger in ein neues Beet gesetzt werden. Vor der Sonnenwende sollte man auf alle Fälle mit dem Spargelstechen und der Rhabarberernte aufgehört haben, damit sie für das nächste Jahr neue Kräfte sammeln können.

Juli (Heumonat, Zwillinge-Krebs): Nun kommt die heiße, lichte Zeit nach Johanni, wo auf die richtige Bewässerung und auf die schützende Bodenbedeckung geachtet werden muß. Die Tomaten werden aufgebunden und mit ihren eigenen Geiltrieben gemulcht. Die Gurken werden ebenfalls an schrägen Hühnerzäunen aufgebunden, damit sie nicht so viel Platz wegnehmen. Nur muß man vorsichtig sein und darf die Triebe nicht knicken, denn dann werden die Gurken bitter. Wir richten das Saatbeet wieder her, um gegen Monatsende Endivien, Winterkohl, Blumenkohl, Rosenkohl, Grünkohl, Zuckerhut und Kopfsalatsetzlinge einzusäen. Das Saatbeet muß mit Kartoffelsäcken, Strohflechtwerk oder kalkmilchgetrübtem Glas beschattet und gut feucht gehalten werden, damit die Saat auch keimen kann. Das Keimen ist in dieser Jahreszeit manchmal ein Problem. In die Beete, in denen schon wieder – oder noch – Platz ist, kommt Wintergemüse wie Möhren, Speiserüben, Chinesenkohl, Wurzelpetersilie, Rote Beete und Knollenfenchel. Auch diese Beete müssen gut mit Humuskompost vorbereitet und feuchtgehalten werden, damit die Samen keimen können. Zucchini sollten täglich geerntet werden, denn solange man die jungen Früchte schneidet, produziert die Pflanze neue Blüten. Tomaten, Gurken und Mais können mit gegorener Geflügeljauche gedüngt werden.

August (Erntemonat, Krebs-Löwe): Die Arbeit vom Juli geht weiter. Nun kann man für den Herbst Feldsalat (Nüßli), Spinat, Kohlrabi und weiter Chinakohl und Senf aussäen und Perlzwiebeln pflanzen. Die Ernte ist voll im Gang, und man sollte die Pflanzen, die man für die Samenzucht behalten will, markieren. Viele Kräuter können nun geerntet und in Büscheln in einer durchlüfteten, schattigen Kammer zum Trocknen aufgehängt werden.

September (Unkrautmonat, Löwe-Jungfrau): Spinat, Radieschen und Feldsalat können immer noch ausgesät werden; auch der Knoblauch muß in die Erde gesetzt werden. Wo man schon abgeerntet hat, wird ein Gründüngergemisch aus Hafer/Roggen und Wicke/Erbse eingesät. Diese Gründüngung wird sich gut entwickeln können, denn es ist noch genügend warm, und die Vögel werden die Saat nicht auskratzen, da es jetzt genügend Wildbeeren und -früchte gibt. Ansonsten wird der Gärtner mit Ernten im Gemüse- wie

Baumschnitt im Winter.

im Obstgarten und mit dem Gurken- und Sauerkrauteinlegen beschäftigt sein.

Oktober (Weinmonat, Jungfrau): Nach der Herbst-Tag-und-Nachtgleiche schwindet die Üppigkeit der Vegetation. Die Beete sehen leerer und flacher aus. Man holt wieder die Folien hervor. Falls es noch kühler wird, werden die Beete der Tomaten, Eierfrucht und Paprika damit überdacht. Die Knollensonnenblumen (Topinambur) sind mit ihrer Blüte fertig und reif zum Verzehr. Rhabarberwurzeln können geteilt werden.

November (Windmonat, Waage-Skorpion): Das Wintergemüse kann mit einer lockeren Stroh- oder Laubdecke geschützt werden, wenn sich die ersten Frostmännlein in den Garten schleichen. Erdbeeren, Spargel und Rhabarber werden mit altem, verrottetem Mist gemulcht. Die Komposte werden noch einmal umgesetzt und winterfest abgedeckt, damit man im nächsten Frühling guthumifizierte Erde für die Saatbeete hat. Man beginnt, die Wurzelgemüse in Mieten und im Wurzelkeller einzuwintern. Dazu gehört auch der

Witloof (Chicorée), den man nach Weihnachten zu treiben beginnt. Grünkohl, Rosenkohl, Zuckerhut und andere harte Gesellen bleiben draußen. Topinambur bleibt auch in der Erde.

Dezember (Christmonat, Skorpion-Schütze): Im Weihnachtsmonat macht man die Treibkisten für den Witloof bereit, fängt mit dem Reben- und Obstbaumschnitt an, flickt das Gartenwerkzeug, schaut nach den Komposten und ruht sich aus. Mit den zwölf heiligen Weihnachtstagen vom Heiligen Abend bis zum Dreikönigstag hat man eine Vorschau der nächsten zwölf Monate. Jeder Tag zeigt jeweils den Charakter und das Wetter der kommenden Monate an.

Vom Schnee bedeckt liegen die ruhenden Beete. Das Leben und Treiben der Pflanzen und Tiere des Gartenmikrokosmos ist entschwunden. Es ruht unsichtbar in der Erde, im Kosmos, aber auch im Geiste des Gärtners. Vor seinem inneren Auge werden jetzt schon die Beete bestellt und die Fruchtfolgen und Pflanzengemeinschaften des kommenden Jahres ausprobiert. Die Erfahrungen vergangener Jahre spielen da mit hinein und bereiten im Einklang mit den Kräften und Wesen des Makrokosmos die neue »Inkarnation« des Gartenmikrokosmos vor.

XVI Präparate, Tinkturen und Elixiere

Wir haben sehen können, wie der Boden von Trilliarden von atmenden, metabolisierenden, assimilierenden Kleinlebewesen durchwirkt ist. Wie alle lebendigen Zellen sind sie allen möglichen Einflüssen zugänglich. Kunstdüngersalze, Insektizide, Fungizide, Herbizide, aber auch die Abgase, die winzigen Öltröpfchen und die geringfügigen Rost- und Metallteilchen wirken auf das Bodenleben ein.[1]

Ein gesunder Boden kann bis zu einem gewissen Grad die negativen, lebenshemmenden Einwirkungen puffern, schädliche Metalle binden, pH-Werte ausgleichen und eine Balance zwischen den kosmischen und terrestrischen Wirkkräften erhalten. Wenn das nicht geschieht, dann wird die Störung im Pflanzenwachstum registriert. Pflanzen als rein ätherische, makrokosmisch orientierte Wesen können nicht krank sein, sondern sie spiegeln die Krankheit ihrer Umwelt wider.

Wir leben in einem Zeitalter solch katastrophaler Umweltverschmutzung, daß es der Natur immer schwieriger wird, sich gesund zu entfalten. Man kann sagen, daß Mutter Natur schwach geworden ist und daß Feld und Garten – die Grundlage unserer irdischen Existenz – nun unsere Hilfe brauchen. Wenn der menschliche Leib krank wird, dann bereitet der Arzt eine Medizin, die heilende Kräfte vermitteln kann. Wenn Feld und Garten »krank« und schwach werden, bedarf es ebenfalls eines helfenden Eingriffs, der die natürlichen Anlagen verstärkt und Heilkräfte herbeizieht. Da es sich um ähnliche Lebensvorgänge in der kleinen Welt (Mikrokosmos) wie in der großen Welt (Makrokosmos) handelt, sollte man fast die gleichen Arzneien, entsprechend zubereitet, dem Acker geben können, die man den siechen Menschen gibt. Eine Anzahl solcher besonders zubereiteten Tees (Heißwasseraufgüsse), Absude, Kaltwasserauszüge, Elixiere, Extrakte, Mixturen und Präparate aus Kräutern, Steinen und Tierorganen werden zu diesem Zweck von der biodynamischen Landwirtschaft schon benutzt.

Diese Präparate, die Rudolf Steiner im *Landwirtschaftlichen Kurs* angibt, gehören ganz in die alchimistisch-spagirische Tradition. Es handelt sich weder um giftige, starkwirkende Substanzen noch um irgendwelche Pflanzennährstoffe, sondern um Mittel, die es dem Boden ermöglichen, sich wieder mit den formativen Kräften des Kosmos zu verbinden, und um Tinkturen, die die Balance zwischen dem Astralischen und dem Ätherischen wieder herstellen können. Als Tinktur wurde von der Alchimie das Mittel bezeichnet, welches einen Umwandlungsprozeß erwirken kann.

Herstellung der biologisch-dynamischen Präparate

Wir wollen uns erst einmal die offiziellen biodynamischen Präparate, die Steiner in Koberwitz empfohlen hat, anschauen. Daß es sich dabei um alchimistische Aufbereitungen handelt, die einen magischen Hintergrund haben, wird von den Anthroposophen oft verschleiert. Schon die numerische Benennung der Präparate – 500 bis 508 – durch den ersten Forschungsring enthält eine gewisse Pseudowissenschaftlichkeit, weil solche Ziffern sich auf nichts konkret Meßbares beziehen.

Hornmistpräparat (500): Frischer Kuhmist wird in ein Kuhhorn gestopft. Im Herbst wird das Horn in gutem Humusboden vergraben und, nachdem es den Winter im Boden verbracht hat, im Frühling wieder ausgegraben. Von diesem wohlverrotteten, gutriechenden Präparat nimmt man einen walnußgroßen Krümel pro Eimer lauwarmen Regenwassers. Mit der Hand oder mit einem Besen rührt man eine Stunde lang, abwechselnd nach rechts und nach links schwenkend, so daß sich immer ein Trichter in der Flüssigkeit bildet. Wenn das rhythmische Rühren fertig ist, wird das Präparat mittels einer Rückenspritze oder eines feinen Besens in geringen Mengen über diejenigen Felder und Beete gespritzt, in denen man die terrestrischen Kräfte und die Wurzeltätigkeit anregen will. Die beste Zeit zum Ausspritzen ist am Nachmittag.

Hornkieselpräparat (501): Quarzsteine, wenn möglich Bergkristalle, werden zu Pulver gemahlen. Das angefeuchtete Pulver wird in ein Kuhhorn gepackt, das man, wie beim andern Hornpräparat, ungefähr 60 Zentimeter tief in die Erde vergräbt, nur wird es über Sommer anstatt über Winter in der Erde gelassen und im Herbst ausgegraben. Man nimmt eine Portion, so groß wie ein Pfefferkorn, und verrührt sie in lauwarmem Regenwasser, rhythmisch entgegengesetzte Spiralen formend. Dieses Präparat vermittelt kosmische Wärme- und Lichtkräfte und sollte in den Morgenstunden direkt auf die Blätter, Blumen und jungen Früchte gesprüht werden. Saatbeet und Jungpflanzen sollten nicht damit behandelt werden.

Die Präparate 502 bis 507 sind die Heilkräuterpräparate, die man der Kompostmiete zusetzt, um bestimmte Kräftewirkungen und Umwandlungsprozesse einzuleiten und anzuregen.

Schafgarbe (Achillea millefolium): Angefeuchtete Schafgarbenblüten, die im Frühjahr gesammelt worden sind, werden in die Blase eines Hirsches gestopft. Die Blase wird über Sommer an einem sonnigen Ort in der frischen Luft aufgehängt und dann im Herbst bis zum Frühling in guter Humuserde vergraben. Dieses Präparat entwickelt »im Kalibildungsprozeß ihre Schwefelkraft«.

Kamille (Chamomilla officinalis): Die im Sommer gepflückten Kamillenblüten werden mit Kamillentee angefeuchtet und in den Dünndarm einer frischgeschlachteten Kuh zu »Würstchen« gedreht. Diese Würstchen werden im Herbst im Boden vergraben, wo ihnen das Schneeschmelzwasser zugute kommt, ehe man sie im Frühling ausgräbt. Mit dem Kamillenpräparat wird die »Kalziumwirkung« reguliert.

Brennessel (Urtica dioica): Kurz vor der Blüte geschnittenes Brennesselkraut wird, ohne besondere Hülle, das ganze Jahr im Boden gelassen. Dieses Präparat reguliert die Eisenprozesse.

Eichenrinde (Quercus robor): Die vom Stamm abgeschabte Eichenrinde wird durch das foramen magnum (Hinterhauptloch) in einen unbeschädigten Haustierschädel (Rind, Schaf oder Ziege) gestopft. Der Schädel wird im Herbst an einer Stelle begraben – bei einer Quelle oder Dachtraufe –, wo das Wasser durch die Erde rieselt. Im Frühling ist das Präparat fertig und hilft, dank seines organischen Kalkinhaltes, die Kulturpflanzen infektionsresistent zu machen.

Löwenzahn (Taraxacum officinale): Die im Frühling gesammelten Blüten werden angefeuchtet, in das Gekröse – die Haut, an der der Darm befestigt ist – eines Rindes gewickelt und vom Herbst bis in den Frühling vergraben. Dieses Präparat bringt »die Kieselsäure in das richtige Verhältnis zum Kali«.

Baldrian (Valeriana officinalis): Dieses letzte der Kompostpräparate hilft den »Phosphorprozeß« im Kompost regeln. Die Pflanze wird ausgepreßt, und der Preßsaft, einige Tropfen pro Eimer Regenwasser, wird über den Kompost gesprüht.

Kamille

Löwenzahn

Schafgarbe

Schachtelhalm

Eiche und
Eichenrinde

Baldrian

Kuhhorn

Brennessel

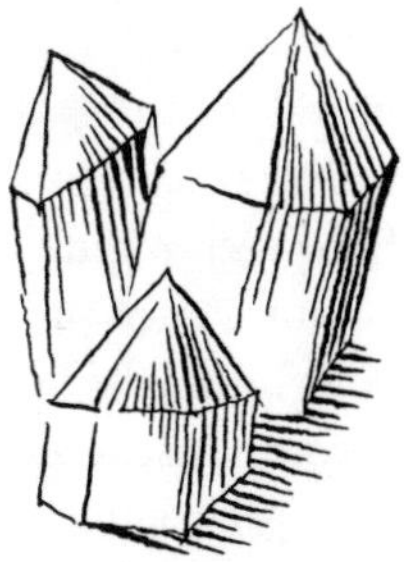
Quarz

Die Kompostpräparate, ziemlich schwierig und zeitaufwendig in ihrer Herstellung, können auf Vorrat hergestellt werden. Nachdem man sie im Frühling ausgegraben hat, füllt man sie in Glas- oder Tongefäße um – nie in Metall – und bewahrt sie in einer Kiste, die mit Torfmull gepolstert ist. Torfmull absorbiert die »Strahlungen« der Präparate. Der Baldrianlikör wird in einer verkorkten, dunklen Glasflasche aufbewahrt.

Für den Komposthaufen nimmt man pro Kubikmeter jeweils die Menge eines gestrichenen Teelöffels. Man formt kleine Kügelchen und steckt sie in folgender Anordnung in die Löcher, die man mit einem Stock in die Miete stößt:

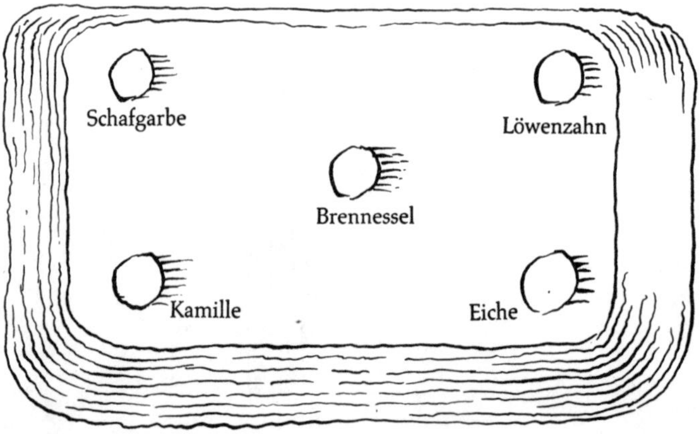

Vom Baldrianpräparat wird ein Tropfen eine Stunde lang rhythmisch in lauwarmem Regenwasser verrührt und dann mit einem Besen über den Haufen gesprengt, ungefähr so wie der Priester Weihwasser segnend über einen Gegenstand spritzt.

Als ein weiteres Präparat (508) gibt Steiner den Schachtelhalm (Equisetum arvense) an. Diesmal wird ein Absud gekocht, 1:10 mit Wasser verdünnt und als Mittel gegen Mehltau und Pilzbefall auf die Pflanzen gesprüht.

Natürlich wird es noch andere Präparate geben. Nach dem Gesetz der Entsprechung des Mikrokosmos-Makrokosmos sollte jede materia medica botanica auch für den Garten-Hof-Organismus anwendbar sein. Es ist auch nötig, ähnliche Präparatpflanzen für die Gegenden zu finden, in denen diese euro-asiatischen Kräuter nicht wachsen. Was soll der Gärtner in Mittelamerika, Australien oder Afrika nehmen? Die offizielle Biodynamik ist da nicht viel weitergekommen. Oft werden die Präparate mechanisch, stur und abergläubisch mit derselben Gesinnung wie die chemischen Produkte der konventionellen Landwirtschaft gehandelt und gebraucht.

Wie kann man die Wirkungen verstehen?

Für jemanden, der in den heutigen agrarwissenschaftlichen Instituten geschult worden ist, ist es verständlich, daß man die biodynamische Methode als muck and magic (Mist und Magie), als schieren Aberglauben bezeichnet hat. Steiner gibt bei der Besprechung der Präparate während des *Landwirtschaftlichen Kurses* selbst zu: »Nicht wahr, all das erscheint heute wie verrückt – das weiß ich schon –, aber denken Sie doch einmal, was alles den Leuten bis heute in der Welt für verrückt erschienen ist und was nach ein paar Jahren doch eingeführt wurde.«[2]

Als ich zum ersten Mal auf diese Methode aufmerksam wurde, konnte ich mir höchstens eine psychologische Wirkung auf das Gemüt des Gärtners vorstellen, aber nicht auf die Natur. Das russische Märchen eines jungen Mannes, der eine unrentable, verkommene Länderei erbt, dessen Leibeigene arbeitsscheu und Äcker und Scheunen verwahrlost sind, kam mir in den Sinn. Er geht zu einer alten, weisen Frau, um Rat zu erbitten, was er machen soll. Sie gibt ihm einen Beutel »mit magischem Sand« und rät ihm, jeden Morgen ein Körnchen in jede Scheune und auf jeden Acker zu streuen. Er tut dies auch gewissenhaft, und siehe da, der Betrieb läuft wieder gut: die Scheunen sind hergerichtet und die Felder werfen Ertrag ab. Der Zauber bestand eigentlich nur darin, daß die faulen Leibeigenen glaubten, es mit einem richtigen Draufgänger zu tun zu haben, denn welcher Herr würde jeden Tag schon so früh nach ihnen schauen kommen. Im objektiven, materialistischen Sinne war eigentlich keine Wirkung in den Sandkörnern.

Auch aus der Perspektive der Psychologie Freuds könnte man geneigt sein, das rhythmische Rühren, das Spritzen, das Vergraben der Präparate und die anderen Handhabungen als unbewußtes Zwangsverhalten anzusehen, das auf Fixierungen im genitalen und analen Bereich beruht oder, wie mir ein französischer Psychologe bestätigte: »C'est une phantaisie typique de la masturbation.« Jeder, der einmal die Zubereitungen gerührt und ausgespritzt hat, der den Kompost präpariert und mit dem Handbesen besprengt hat, wird erfahren haben, daß eine ruhige, friedliche Gemütsstimmung in ihm aufgestiegen ist. Natürlich spielt die psychologische Befriedigung eine große Rolle in der Präparatanwendung, aber es wäre falsch, die Wirkung einzig und allein darauf zu reduzieren.

Wir wollen etwas näher auf die Einzelheiten der Präparate eingehen. Warum werden beim Kiesel- und Mistpräparat Kuhhörner genommen? Wir müssen uns wieder erinnern, was für ein gewaltiges Verdauungstier die Kuh mit ihren vier Mägen und ihrer fast zwanzigtägigen Verdauungszeit ist.

Nach außen scheint das Tier so langweilig, stumpfsinnig und träge zu sein, aber im Inneren erschließt es sich die Kräfte und Geheimnisse, die sich im Jahreslauf in der Vegetation verkörpert haben, und wandelt sie, wie ein wahrer Alchimist, in allerbesten Dünger und in hochwertige Milchnahrung um. Die Kuh ist ein regelrechter Meditant, der seine Sinne hauptsächlich nach innen kehrt. An ihren Extremitäten, den Füßen und dem Kopf, trägt sie Hornspitzen, die wie Trichter diese inneren Verdauungs- und Verwandlungsprozesse auffangen, zurückstauen und intensivierend zurückwerfen. Die Hörner der Kuh sind nicht, wie die Darwinisten meinen, zum Kampf gegen andere Tiere da – obwohl sie gelegentlich dazu gebraucht werden –, sondern zum Hören, zum Wahrnehmen der inneren Vorgänge geschaffen. Man kann sie als biologische Kondensatoren oder Verstärker auffassen. Diese Fähigkeit des Hornes wird vom Gärtner genutzt, um die Kräfte, die im Erdboden wirksam sind, auf ähnliche Weise zu konzentrieren.

Auf den ersten Blick scheint diese Fähigkeit des Kuhhorns eine völlig unbegründete Annahme zu sein. Aber man muß bedenken, wie wichtig die architektonischen Formverhältnisse sein können. Im Kraftwagenmotor kommt das Funktionieren auf die exakte Einstellung der Zündkerzenfunkstrecke, der Ventile und des Vergasers an. Es handelt sich um Bruchteile von Millimetern. Die Klangqualität der Musikinstrumente hängt ganz und gar von der Form ab. Obwohl keine Substanzveränderung stattfand, klingt eine verbeulte Trompete oder eine Trommel mit einem Loch nicht mehr. In einem Behälter, der nach den genauen Proportionen der Großen Pyramide zu Giseh konstruiert ist, kann man Kadaver mumifizieren, Maden davon fernhalten und Alphawellen akkumulieren.[3] Man kann sich an dieser Stelle fragen: warum trugen die Druiden und Magier spitze Hüte? Der tschechische Ingenieur Karel Drbal ließ einen solchen pyramidenartigen Behälter patentieren, in dem aufgestellte Rasierklingen scharf bleiben. Die Qualität des Pilsner Bieres wird beeinträchtigt, wenn es in viereckigen anstatt den traditionell runden Fässern aufbewahrt wird.[4] Eine Brille, die nicht die genau entsprechende Dicke und Krümmung hat, verschlechtert das Sehvermögen. Unzählige weitere Beispiele der Bedeutung von Formverhältnissen könnten angegeben werden. Vielleicht stimmt es also doch mit den Kuhhörnern als Kondensatoren. In ähnlicher Weise benutzte man im alten China (Ming-Periode) und in Indien, später in der Renaissance und am Hof des Kaisers Rudolf II. (1552 bis 1612) Nashornhörner zum Aufbewahren und Verstärken von Giften und Elixieren. »Die Kräfte dieser Hörner kommen mit dem Einhorn überein, welchem sie zuweilen auch substituiert und an dessen Stelle gebrauchet werden.«[5]

Auch der Embryologe und Arzt Karl König, der die biodynamische Landwirtschaft zur Grundlage seiner Camphill-Dorfgemeinschaften machte, kommt zum Schluß, daß die tierischen Hüllen für Kräuterpräparate wegen ihrer architektonischen Formen genommen werden.[6] Im lebenden Organismus sammeln, konzentrieren und verstärken diese Organe gewisse Kräfte, die das Tierleben ermöglichen. Wenn man sie richtig handhabt, wirken sie in derselben Funktion im Erdboden weiter.

Die meisten Präparate werden über Winter in der Erde vergraben. Das hat auch seinen guten Grund, denn im Winter sind andere Kräftewirkungen in der Natur vorhanden als im Sommer. Im Winter zieht sich, wie wir gesehen haben, das Leben in die Erde zurück. Die kristallenen Sternenkräfte wirken bei Frost und Eis bis in den Erdboden hinein, während Insekten, Lurche und Nagetiere Winterschlaf halten und Samen, Wurzeln und Knollen in sich geschlossen ruhen. Das Kuhhorn sammelt und verstärkt die in den Boden zurückgezogene, von Sternenkräften durchpulste Lebenskraft und konzentriert sie in die ungestalte, amorphe Mistsubstanz hinein. Ganz in Analogie zum Schädel – dem Menschenkopf im Bereich des Mikrokosmos –, der die Gedanken auffängt und sie im Gehirnbrei bewußt werden läßt, sammelt der Mistbrei im Kuhhorn die in die Erde kommenden kosmischen Formkräfte. Steiner sagt dazu: »Die Hirnmasse ist einfach zu Ende geführte Darmmasse. Verfrühte Gehirnabscheidung geht durch den Darm. Der Darminhalt ist seinen Prozessen nach durchaus verwandt dem Hirninhalt.«[7] Die kosmischen »Gedanken« werden dann, wenn das Präparat potenziert und auf das Saatbeet ausgespritzt wird, den Jungpflanzen übermittelt, damit sie vernünftig keimen, wurzeln und wachsen.

Das Quarzpräparat wird dagegen den Sommer über in der Erde gelassen. Das ist die Zeit, wenn die Lebenskräfte Gestalt annehmen und ganz nach außen dem Kosmos entgegenströmen. Anstatt in inneren »Gedanken« versunken, tief im Wurzel- und Gnomenbereich zu harren, hat das Pflanzenleben nun seine Sinne in den Sylphen- und Salamanderbereich gerichtet und wird von Licht- und Wärmekräften durchströmt. Um diese Kräfte zu steigern, wird Bergkristall im Kuhhorn präpariert. Bergkristall kann von Licht und Wärme durchstrahlt sein, ohne seine Eigenschaften zu verlieren. Wenn man es präpariert und potenziert, kann man diese Eigenschaft nutzen, um den Pflanzen Licht- und Wärmekräfte zu vermitteln. Das photosensitive, grüne Blattwerk ist das »Auge« des Erdorganismus, das in den weiten Kosmos hinausspäht und das »Gesehene« dann in Form, Farbe, Aroma und Reife in sich zur Gestalt bringt. Diese Lichtempfindlichkeit der Vegetation soll mit diesem Präparat gestärkt werden.

Der Tageslauf ahmt im kleinen den großen Rhythmus des Jahreslaufes nach. Deswegen wird das Quarzkieselpräparat in den Morgenstunden, wenn das Pflanzenleben, von der Sonne geweckt, den Saft steigen läßt und der Turgor und die Assimilation zunehmen, auf die Vegetation gespritzt. Dagegen wird das Mistpräparat gegen Abend ausgespritzt, wenn sich Stärke und Zucker in die Wurzeln zurückziehen.

Wieder drängt sich uns die Frage auf: Liegen diese angeblichen Wirkungen der Präparate tatsächlich vor oder bildet man sich das nur ein? Obwohl es einige wissenschaftlich einwandfrei durchgeführte Experimente gibt, die eine objektive Wirkung beweisen,[8] werden wir später sehen, daß die Frage, so formuliert, eine zu einfältige Erkenntnistheorie voraussetzt.

Die Dosierung

Von den Hornpräparaten nimmt man nur ein paar Prisen pro Hektar, und von den Kräuterpräparaten kommen einige Teelöffel pro Kompostmiete in Frage. Auch hier wird der moderne Mensch stutzig. Es ist also doch nur Einbildung, meint er. Die Praktiker der biodynamischen Methode verweisen dann immer auf die Heilerfolge der Homöopathie, die ja oft mit so geringen stofflichen Mengen in solch hoher Verdünnung arbeitet, daß man kaum mehr von Substanzwirkungen reden kann. Anderseits zeigt Pfeiffer, daß Kupfersulphat in einer Verdünnung von 1:1000 Millionen die Alge Spirogyra schädigt, 1:700 Millionen Weizenkeimlinge hemmt und 1:800 000 noch deren Wachstum stoppt.[9] Der Emmentaler Käsemacher weiß, daß die Milch von einer Kuh, die eine einzige Antibiotikaspritze bekommen hat, den ganzen Inhalt eines Tausendliterkessels verderben kann. Als Nebenprodukt der Phenoxy-Wuchsstoffherbizide, die man im Getreidebau gewöhnlich anwendet, entsteht Dioxin, das in einer Verdünnung von 1:1 Trillion bei Versuchstieren mutagen und krebserregend wirken kann.[10] Ein Überschuß einiger Gramm Molybdenum pro Hektar veranlassen das Vieh, das Gras dort nicht zu fressen. Und welche femme fatale wüßte nicht um die betörende Wirkung eines Tropfens exotischen Parfüms hinter dem Ohr? Solche und ähnliche Beispiele zeigen, daß es doch nicht unmöglich zu sein braucht, daß kleinste Mengen eines Präparats Träger von außerordentlichen Wirkungen sein können. Jedoch sollte man die Präparate nicht im gleichen Sinn wie stark wirkende Chemikalien oder gar wie radioaktive Teilchen auffassen, denn es handelt sich bei den Präparaten um harmlose, einfache Naturstoffe, die aber *dynamisiert* oder *potenziert* worden sind.

Drei der Präparate werden in starker Verdünnung rhythmisch gerührt. Wir haben es mit einer sehr alten spagirischen Technik zu tun. Stoffe sind nach dieser Ansicht erstarrte Kräfte, das Denkmal eines einstigen dynamischen Geschehens. Wenn man nun Stoffe wie Quarz, Mist, Kalkschalen oder Pflanzenteile zerreibt und dann rhythmisch verrührt, dann chaotisiert man die festgewordene Gestalt. Durch Schütteln und gleichmäßig bewegtes Hin- und Herrühren werden die ponderablen, schweren, festen Stoffe gelockert, aus ihrer Starre gelöst und wiederum rückgängig in ätherische Bildekräfte verwandelt. Die Bildekräfte sind leicht und lebendig und können als Tinktur Metamorphosen bewirken. Da es sich um Kräfte (Qualitäten) und nicht um Stoffmengen (Quantitäten) handelt, kann man die Tinktur immer weiter verdünnen. In der homöopathischen Medizin verläßt man die Stoffwirkung der Stammlösung (Urtinktur) ganz und steigt in die hohen Potenzen, wobei der ursprüngliche Stoff – meistens ein Gift – nicht einmal mehr molekular aufzufinden ist. Die Verdünnungen werden so hoch, als schütte man ein paar Salzkörnchen in den Genfer See. Die ursprüngliche Giftwirkung der groben Substanz schlägt dann um und wirkt ätherisch – similia similibus – als Gegengift.[11]

So weit geht man mit den Verdünnungen der landwirtschaftlichen Präparate nicht. Man steigert die Kräfte einfach und benutzt sie, noch in ihrer Stofflichkeit, als Reizmittel. Die »ätherisierten« Ausgangsstoffe haben das Wasser als empfindlichen Träger. Schwenk konnte nachweisen, daß rhythmisch gerührtes Wasser – wobei die einzelnen Wasserteilchen in verschiedenen Schichtungen und in unterschiedlichen Geschwindigkeiten aneinander vorbeigleiten – äußerst eindrucksfähig ist und sich auch den Einflüssen der planetarischen Konstellationen öffnet.[12] Daß Stoffe sensibilisiert werden können, sollte klar sein, wenn man an Schallplatten oder magnetisierte Stecknadeln denkt.

Aus ähnlichen Gründen rührt man auch ab und zu die Brennessel-, Beinwell-, Kohlblatt-, Hühnermist- oder Kuhfladenjauchen, die man als Hilfsmittel im Garten benutzt. Es handelt sich um ein Lebendigmachen (Ätherisierung oder Oxygenisierung) und läßt sich mit den rhythmischen Kreisläufen des Blutes im Körper, den Strömungen des Wassers in den Seen und im Meer und den Bewegungen der Luft vergleichen. Auch beim Kochen rührt man nicht nur, damit die Suppe nicht anbrennt.

Schafgarbe. Dieses hübsche Heilkraut ist eine Venuspflanze. Im Mittelalter hieß sie Supercilium veneris (Augenbrauen der Venus) und wurde zum Austrocknen und Heilen der venerischen Krankheiten benutzt. Ihr anderer Name *Achilleskraut* deutet auf die Eigenschaft, Wunden austrocknen zu können, da sie angeblich auch den griechischen Helden Achilles heilte. Der englische Kräuterarzt Nicholas Culpeper (1616 bis 1664) teilt sie auch der Venus zu und beschreibt ihre Eigenschaften als »bindend und trocknend, die bei Männern schwache Nieren heilt und bei Weibern den Weißfluß«.[13] Im Allgäu wird sie immer noch der Jungfrau geweiht, wenn man zu Maria Himmelfahrt einen »Sang« oder Kräuterbüschel bindet. In der stark aromatischen, feinblättrig gefiederten Pflanze kann man einen lösenden Sulphurprozeß erkennen, der eben auf das wäßrige Element trocknend wirkt. Da Nieren und Blase in der Korrespondenzlehre zur Venus gehören, ist es kein Wunder, daß die Blase des Hirsches als Präparathülle benutzt wird. Der Harn des Hirsches enthält beträchtliche Mengen Kalium, ein Element, das auch in der Schafgarbe in größeren Dosierungen vorhanden ist. Die I-Ging-Stäbchen, die in China zum Orakelwerfen benutzt werden, werden aus den Stengeln der Schafgarbe geschnitten. Auch im alten England benutzte man die Schafgarbe zum Orakeln. Eine Jungfrau, die wissen wollte, wer ihr liebster Schatz werden würde, legte die Schafgarbe unter ihr Kissen und sagte den Spruch:

Thou pretty herb of Venus tree
Thy true name is Yarrow
Now who my bosem friend may be
Pray tell thou me tomorrow

Die Antwort kam über Nacht im Traum. Da Geschlechtlichkeit mit dem Verhältnis zwischen astralischem und ätherischem Bereich zu tun hat, können wir im erweiterten Sinn verstehen, daß diese Funktion auch im Kompost von der Schafgarbe geregelt wird.

Kamille. Dieses schmächtige, feinblättrige, duftende Kraut, das gerne auf alkalischen Böden wächst, ist schon seit vorchristlichen Zeiten als mächtige Heilpflanze bekannt. Nicholas Culpeper teilt sie der Sonne zu. Die alten germanischen Stämme hatten sie ebenfalls dem Sonnengott Baldur geweiht. Ihre konisch-kegelförmige Blüte, von weißen Zungenblüten umrandet, trägt auch ganz die Signatur der Sonne. Als Tee wirkt sie entzündungshemmend bei Wunden, Geschwüren und Halsschmerzen. Da sie schmerzstillend bei Geburtswehen und regulierend auf die Menstruation wirkt, hat sie den lateinischen Beinamen matricaria (lat. *mater* = Mutter) bekommen. Sie wirkt auch hervorragend bei Darmstörungen. Diese Verbindung mit dem Darm tritt bei der Präparatherstellung in den Vordergrund, da man Kuhdärme als Hülle benutzt. Im Fall des Präparats beruft man sich auf die heilkräftige Merkurwirkung dieser Pflanze, die auf die ätherischen Kräfteströmungen harmonisch regulierend wirkt.[14]

Brennessel. Wenn man die Brennessel anfaßt, besteht kein Zweifel, daß sie zum feurigen, kriegerischen Mars gehört. Sie enthält auch soviel Eisen, daß man sie als Heilmittel gegen Eisenarmut im Blut (Anämie) verwendet. Im Frühling, nach dem kalten, feuchten Winter, kann man eine Frühlingskur mit Brennesselspinat machen. In Brennesseltee gewaschene Haare werden kräftiger und »strahliger«; bei Gicht oder Rheuma hilft die martiale Hitze der Pflanze wegen ihres Ameisensäuregehaltes (Methansäure), wenn man Umschläge um die arthritische Körperstelle mit ihr macht. In der Jauche harmonisiert sie die Gärung und kann selbst als Jauche zum Düngen und zum Vertreiben der Blattläuse genommen werden. Die Brennessel enthält soviel Astralität in Form von Histaminen und Ameisensäure, daß bei der Präparatherstellung eine tierische Hülle nicht nötig ist.

Stieleiche. Unter würdigen Eichen, die bis zu tausend Jahre alt sein konnten, wurde früher Gericht (Thing) gehalten. Jedes Dorf hatte eine schützende Eiche, die dem Donnergott geweiht war. Die Römer schmückten verdiente Bürger mit Eichenlaub, und noch heutzutage pflanzt man Eichen als Denkmäler großer Persönlichkeiten. Das alles deutet auf eine Verwandtschaft mit dem königlichen Planeten Jupiter hin. Die Eichenrinde jedoch enthält viel Kalk – bis zu 78 Prozent im Aschengehalt –, auch wenn sie auf kalkarmen Böden wächst; der Kalk gehört wiederum eindeutig zum Mond. Man hat es mit einer jupitertemperierten Mondwirkung zu tun, wenn man die Eichenrinde in einen Schädel packt. Schädel gehören auch zum Mond. In der naturopathischen Medizin wird Eichenrinde wegen der adstringierenden Wirkung des Gerbstoffes als Mittel gegen Magengeschwüre, Hämorrhoiden und Nasenbluten gebraucht. In Form des Präparates wirkt die Eichenrinde gegen Pilzkrankheiten und Parasiten, die eine unkontrollierte, exzessive Mondwirkung darstellen. Der strenge, gerechte Jupiter zügelt die Ausschweifungen der negativen Luna.

Löwenzahn. Der Löwenzahn hat eindeutig die Jupitersignatur. Er wirkt auf Gelbsucht und Leberleiden, hat eine strahlende gelbe Blüte, und auch die kristallene Kugel der ausgereiften Samen – die Pusteblume – gehört zu dieser Signatur. Der große Meister der Makrobiotik, Georges Ohsawa, erklärte: »Wo soviel Löwenzahn wächst, braucht man kein Ginseng.«[15] Lebensverlängerung und Geistesklarheit, die man im Fernen Osten, wo Ginseng (Panax schinseng) als Allheilmittel gilt, dieser Pflanze nachsagt, sind ebenfalls Jupiterwirkungen. Die Jupiterkräfte, die durch die Pfahlwurzeln tief in die Erde dringen, lassen in der Präparathülle des Rindergekröses die kieselige Wirkung der obersonnigen Planeten bis in die Stoffwechselsphäre hineinstrahlen.

Baldrian. Diese bei kühlen Waldbächen gedeihende Pflanze enthält ätherische Öle, die eine wärmeerzeugende, »phosphorisierende« Wirkung haben, so daß man das Baldrianpräparat im Spätherbst als Frostschutz auf die Tomaten sprühen kann. Die Pflanze wirkt anziehend auf Katzen und fördert die Regenwurmzucht im Boden und im Kompost. Die krampflösende, schlaffördernde Wirkung des Baldrians wird synthesisch im *Valium* hergestellt. Nach Culpeper gehört Baldrian zum Merkur, wahrscheinlich wegen seiner Heilkraft. Der Name hingegen deutet auf Baldur, den Sonnengott, während G. W. Surya[16] ihn zum Mars zählt. In diesem Allheilmittel sind gleichwohl alle Planeten vertreten. Im Präparat ist es jedoch die Saturnwirkung, die hervorgehoben wird. Die Urbilder, die sich hinter der Saturnsphäre befinden, wirken vermittels der saturnischen Wärme in die ungestalte Kompostmasse hinein.[17]

Der präparierte Kompost

Ein Kompost ist ein großer, nach außen verlegter Verdauungsvorgang. Absterbende tierische und pflanzliche Stoffe werden hier völlig zersetzt, ins Chaos getrieben und dann zu völlig neuen Molekülen zusammengesetzt. Man steht vor dem Mysterium des Werdens und Vergehens, des Lebens und des Todes, wenn man über den Kompost meditiert. Überall da, wo alte Formen zusammenbrechen, zerfallen und ins Chaos getrieben werden, können die verschiedensten Kräfte und Impulse Eingang finden. Das ist auch beim Menschen so, wenn sein Leben durch Drogen, Unmäßigkeit und Ausschweifung chaotisiert wird; es können da dem Menschen ganz neue seelische und geistige Inhalte aufgeprägt werden. Er kann der Suggestion böswilliger Verführer verfallen oder sich der heilsamen Lehre eines Menschenfreundes öffnen. Beim Kompost sind es elementare, makrokosmische Einflüsse, die in die chaotisierte Substanz einwirken können. Die Heilkräuterpräparate stellen eine solche, absichtliche Beeinflussung dar; sie lenken den Verrottungsprozeß. Durch die Präparate können ätherische, auch geistig-seelische Kräfte über den Kompost in den Boden und anschließend in das Tier und in den Menschen hineinwirken.

Man kann den Komposthaufen als ein äußerst unspezialisiertes, strukturloses Lebewesen betrachten. Seine strukturelle Organisation ist noch primitiver als die primitivster Algen oder Lebermoose, wie bei diesen ist das Lebenselement über den ganzen Corpus gleichmäßig verteilt. Wie bei Würmern, Seesternen oder Wurzelknollen wird das Leben nicht zerstört, wenn man den Corpus zerteilt. Jeder Teil regeneriert und lebt weiter, denn nirgends ist das Leben in spezielle Organe gegliedert. Auch im Anfangsstadium des menschlichen Embryos – aber nur da – kann man die Keimzelle teilen (Klonbildung) und Zwillinge bekommen. Man kann folgendes Kontinuum aufstellen:

Obwohl den primitiven Organismen am untersten Ende der Skala spezialisierte Organe fehlen, können sie trotzdem alle Lebensfunktionen wie Stoffwechsel, Fortpflanzung, Ausscheidung oder Atmung ungehindert ausführen. Sie können das, weil ihre Lebensfunktionen den makrokosmischen Rhythmen angeschlossen und darin eingegliedert sind. Die kosmischen Tag/Nacht-, Monats- und Jahresrhythmen, der Wasser- und Luftkreislauf und andere Naturzyklen kommen da zur Geltung. Man kann bei diesen Wesen höchstens von *Organanlagen* sprechen.

Dem Kompost, dem allerprimitivsten und höchstätherisierten Wesen, pflanzt der Kompostmeister diese Anlagen in Form der Präparate ein, damit die makrokosmischen Kräfte besser *organisierend* eingreifen können. Die Präparate verkörpern die Anlagen der Hauptdrüsen, die Lebens-Chemie, Wachstum, Ionenaustausch und andere Vorgänge regulieren; ebenso funktionieren die Präparate als Anlage der sieben Hauptorgane. Das Schafgarbenpräparat wird zur Anlage für die Venusfunktion der Blase, Niere und Geschlechtsorgane. Die im Tierschädel präparierte Eichenrinde wird zur Anlage der Mondfunktion des Gehirns und Nervensystems. Die Brennessel ist Anlage zur Sonnenfunktion des Herzens und zur Marsfunktion des roten Blutes. Baldrian wird zur Saturnanlage, die sich in der Milz konzentriert, Löwenzahn zur Anlage der jupiterhaften Leberfunktion. Kamille hat als Merkurfunktion die Lungenanlage. Die Kalkbeigabe ist die Anlage zum Knochengerüst des Kompostes, und die Abdeckung ist die Haut des Organismus.

Die Planeten im Kompost.
Mylins: Philosophia reformata. (1622)

So ausgerüstet von seinem »Schöpfer«, dem Gärtnermeister, beginnt der Kompost ein richtiges Leben, das drei Metamorphosen beinhaltet: das Hitzestadium, das Regenwurmstadium und das reife Salpeterstadium. Dieses primitive Lebewesen gedeiht und reift und wird schließlich auf dem Altar des Ackers oder Gartenbeetes »geopfert«. Das Opfer wird zur Tinktur, die dem Gartenmikrokosmos urwüchsige, makrokosmische Lebenskräfte vermittelt. Kunstdünger, der nur quellend im wäßrigen Bereich der Erde und Pflanze wirkt, kann gar nicht mit diesem ätherträchtigen Arcanum verglichen werden.

Bei der Kompostbereitung und Präparierung befinden wir uns ganz und gar in der alchimistischen Begriffswelt. Der Kompost ist ein regelrechter Homunkulus (lat. *homuncio* = kleines künstliches Menschlein). Karl König nennt den behandelten Kompost »ein werdendes Wesen«, das einen physischen und ätherischen Leib besitzt und zur Grundlage der Manifestation des Pflanzenarchetypus wird.[18] Paracelsus beschreibt den Homunkulus als »das

Wesen, außerhalb des Weibes Schoß gezeugt, durch die Kunst des Spagyricus ... mit dem arcanum sanguinis hominis präpariert, vierzig Wochen in Pferdemist gekocht ...« usw.[19]

Auch im *Golem* (hebr. *golem* = der Ungeschlachte), einem künstlichen Menschen aus Lehm, dem vom Prager Oberrabbiner Löw ben Bezaleel (1513 bis 1609) die Buchstaben des Namen Gottes eingepflanzt wurden und der dadurch zum Leben erwachte, finden wir die Züge dieser alchimistischen Kunst, die uns wieder im Kompostmachen begegnet.

Man sieht, daß die biodynamischen Präparate eine tiefe philosophische Grundlage haben, die eine rege geistige und seelische Anteilnahme des Gärtners erfordert. Auf keinen Fall können diese Präparate im materialistischen Sinne als einfache Kompoststarter verstanden werden, die man gedankenlos kaufen und verkaufen kann. Man hätte es dann tatsächlich mit unverhohlenem Aberglauben zu tun.

Wie findet man neue Präparate?

Die Präparatepflanzen, die Steiner angibt, sind nicht die einzigen Pflanzen, die man als Medizin für den Gartenmikrokosmos nehmen kann. Jedes Heilmittel, das im Menschenleib wirken kann, kann auch im Leib der Natur wirken, wenn es verständnisvoll präpariert wird. Das ist dann nötig, wenn man in einer Gegend gärtnert, in der die angegebenen Pflanzen nicht wachsen, oder wenn man eine ganz besondere Tinktur braucht. Die Frage ist aber: Wie findet man die richtigen Pflanzen und wie präpariert man sie? Nur in alten Schriften nachzukramen und blindlings obskure Rezepte nachzuahmen, entartet oft zu einer leeren Handlung, die wenig Wirksamkeit aufweist.

Greifen wir auf die goetheanistische Erkenntnismethode zurück. Wie erkennt man das Wesentliche an einer Pflanze? Erstens beobachtet und betrachtet man sie genauestens unter allen möglichen Aspekten. Man kennt alle ihre Wachstumsstufen, weiß, wie die Blüten duften, wie sie im Winter aussieht; man lernt die mit ihr verbundene Folklore kennen; man ahmt sie in Gedanken nach oder zeichnet sie mit Buntstiften ab; man weiß, wo und in welcher Lebensgemeinschaft sie wächst. Mit anderen Worten: Man befaßt sich lange und innig mit ihr, ohne jedoch eigene Vorstellungen oder vorwitzige Hypothesen anzustellen.

Aus dieser langen, meditativen Betrachtung kommen dann, als zweite Stufe, die richtigen Einfälle. Da bleibt das Denken nicht ein subjektives Kombinieren, sondern wird selbst zu einer Art inneren Wahrnehmung. Die

Innenseite des Phänomens erschließt sich uns. Vor dem inneren Auge stellt sich die Äthergestalt oder gar die Seele der Pflanze ganz objektiv dar. Durch verschiedene Behandlungen wird uns dann diese Pflanzenseele nähergebracht, das Bild sozusagen schärfer eingestellt. Man tut das, indem man die Pflanze sammelt, trocknet oder in den Garten pflanzt, indem man ihr Aroma riecht, wenn man sie verjaucht oder als Tee kocht, und indem man sie schmeckt und an sich selbst beobachtet, was für einen Einfluß eine Kostprobe auf den eigenen Leib und die Seele haben kann. Wenn man nüchtern ist oder sogar länger gefastet hat, dann empfindet man die Eindrücke viel stärker. Man achte dabei genau auf die Gedanken und Imaginationen, die im eigenen Innern aufsteigen. Betrachtet man das Schneeglöckchen, dann kommt einem vielleicht der Besuch der Großmutter vor vielen Jahren in den Sinn; beim Schilfrohr kommt die Kindheit in den Sinn, als man Indianer spielte und Schilfkolben als Friedenspfeife rauchte; beim Huflattich kommt einem das flachshaarige Mädchen in den Sinn, das daraus einen Hustentee braute. Man steige ganz in diese Bilder ein. Man versenke sich in die Imagination, ohne aber dabei Inhalte zu phantasieren, die nicht dazugehören. In den flutenden Imaginationsbildern tritt einem das Wesen der Pflanze immer näher. Das Pflanzenwesen, die Leimoniaden, Dryaden oder Blumendevas, sagen schließlich über ihre Eigenschaften aus. Sie werden ihre Wunder zu erkennen geben. Aber wie Goethe selber sagte: Mit Hebeln und mit Schrauben, mit Experimenten und chemischen Analysen wird man nicht darauf kommen. Die Pflanze begnadet den Suchenden und teilt ihm selbst ihr Wesen mit. Es ist ein Dialog, der oft viele Jahre dauert und der mit dem unbewußten Dialog, den ein Mensch mit seiner Lieblingsblume führt, zu vergleichen ist.

Das gewonnene Präparat wird der Vermittler der ätherischen Kräfte dieses Pflanzenwesens. Die Ermittlung dieses Präparats ist das Resultat des Dialogs zwischen dem Menschen und einem übersinnlichen, makrokosmischen Wesen. Der verstehende, fühlende Mensch kann aus dieser Beziehung nicht weggedacht werden. Rühren, Schnuppern, Behandeln, Denken und Vorstellen gehören mit zu dieser Beziehung. Der Mensch kann nicht durch einen Computer oder eine Rührmaschine ersetzt werden. Auch chemische Analyse und synthetische Herstellung des Präparats sind nie das Richtige. Man muß vorgehen wie in der früheren spagirischen Medizin, wo der Arzt den Patienten kannte und wo alle Umstände wie Planetenstand, seelischer Zustand des Kranken und des Arztes bei der Heilmittelzubereitung miteinbezogen wurden. Da gab es weder abstrakte Massenanfertigung noch den Verkauf von Mitteln an Patienten, die es als solche noch nicht einmal gab.

Wenn einmal ein ganz inniges, persönliches Verhältnis zu einem Heilkraut gewonnen ist, dann erweist es sich oft als ein *Panazeum*, ein richtiges Allheilmittel. *Panakea*, die schöne Tochter des Asklepios, des Gottes der Heilkunde, hebt sich über die allgemeine Medizin hinaus. Für Maurice Mességué kommt das Schöllkraut (Chelidonium maius) einem Panazeum nahe, das schon sein Vater benutzte. Für den britischen Biogarten-Enthusiasten Lawrence Hill ist Comfrey (Beinwell, Symphytum asperum) das Allheilmittel, und für viele biodynamische Gärtner ist es die Brennessel, die als Tee, Jauche, Mulch oder Hühnerheu zur allgemeinen Gartengesundung, als Humusbildner und gegen Ungeziefer benutzt wird. Ein Gärtner behauptete sogar, daß Raupen von den Ameisen angegriffen würden, wenn sie brennesselgedüngte Pflanzen fräßen.

Das neugefundene Präparat muß einen geeigneten Träger haben. Der naturnahen Medizin folgend nimmt man dazu Wasser, Öl, Alkohol oder Honig. Bauern haben lange ihre Heilmittel mit Osterwasser bereitet. Reines Quellwasser wird in der mondhellen Osternacht von einer unschuldigen Jungfrau mit einem Krug geschöpft. Sie muß allein zur Quelle gehen, darf mit niemandem reden und sich auch nie umblicken. Ein solches Wasser hält sich sehr lange, da es dämonischen Einwirkungen unzugänglich ist. Die Spagiriker sammelten für ihre Präparate frischen Morgentau, den sie als neue, aus dem Himmel kommende Materie betrachteten. Der Frauenmantel, in dessen Blättern man oft glitzernde Tauperlen findet, wurde von den Alchimisten zur Herstellung des »himmlischen Wassers« benutzt; daher stammt sein lateinischer Name Alchemilla vulgaris. Edward Bach, der englische Kräuterarzt, führt seine Heilerfolge auf den Morgentau zurück. Das lebensgeschwängerte Vollmondregenwasser kommt als drittes Wasser für die Präparateherstellung in Frage.

Ölhaltige Heilpflanzen wie das Johanniskraut (Hypericum perforatum), aus dessen gelben Blüten das Johannisöl gewonnen wird, können mit einem milden Pflanzenöl präpariert werden. Beim Johanniskraut zum Beispiel legt man die Blüten in eine Flasche Sonnenblumenöl und läßt sie in der Sonne mehrere Wochen lang ausziehen. Man schüttelt die Flasche öfters. Langsam entsteht das rubinrote Johannisöl, dessen konzentrierte Sonnenkräfte auf Entzündungen der kalten Nervengewebe wohltuend heilend wirken. Wieder andere Pflanzen kann man in Wein präparieren, wo man sie ziehen läßt. Das sind die galenischen Zubereitungen, nach Galen, dem berühmten Arzt der Antike benannt. Honigpräparate, die auf eine Idee von Miß M. Bruce zurückgehen, werden in der Gärtnerei der Abtei Fulda sowie von vielen englischen Gärtnern benutzt. Die biodynamischen Präparatepflanzen werden dabei in Honig gekocht, anstatt sie dem langen Prozeß mit den Tierhüllen zu unterziehen, und dann zum Kompost gegeben.

Der Bauer-Gärtner muß die Präparate für die tatsächlich vorhandenen Bedürfnisse selbst herstellen. Er sollte den Mist von den eigenen Tieren, die er pflegt und liebt, nehmen. Er sollte die Kräuter selbst anbauen oder sammeln. Seine Seele sollte bei der Präparateherstellung Schritt für Schritt mitgehen; er und die Pflanzendeva sollten zusammenarbeiten. Er sollte daher auf seine Lebensführung, sein Gefühls- und Gedankenleben achthaben. Diese müssen lauter und aufrichtig sein, denn sonst vertreibt er die Deva, und sein Präparieren kann zu einem leeren Ritual werden; oder er projiziert seelische Unreinheiten in die Präparatematerie. Wenn die Substanz durch stundenlanges rhythmisches Schütteln aufgeschlossen ist, wenn sie im wandlungsfähigen flüssigen Medium aufgelöst oder durch Zerreibung chaotisiert ist, dann ist diese Materie besonders für die Einflüsse des mikrokosmischen sowie des makrokosmischen Firmaments empfänglich. Wüste Gedanken und böse Gefühle wirken dann wie schlechte Konstellationen.

Die gute Stunde

Außer auf die Regungen des inneren Himmels sollte der Gärtnermeister auch auf den äußeren, makrokosmischen Himmel achten. Eine gute Stunde, eine gute Konstellation ist erwünscht. Morgen- und Abendstunden sind immer der Zeit um Mittag oder Mitternacht vorzuziehen.[20] Man sollte den Hauptplaneten kennen, der in der Signatur der Pflanze zur Geltung kommt, und die Pflanze pflücken, wenn dieser Planet besonders wirksam ist oder in einem guten Aspekt oder guten Tierkreiszeichen steht. Auch wenn er am Aszendent, in einem Eckhaus oder im zehnten Haus ist, kann es günstig sein, ein ihm zugehörendes Kraut zu nehmen.[21]

Seit babylonischen Zeiten pflückt man Heilkräuter in ihren *Planetstunden.* Diese sogenannten Temporalstunden, die man noch in den mittelalterlichen Klöstern beachtete, waren nicht von gleichmäßiger Länge, wie sie es heutzutage durch die mechanische Abzählung eines Uhrwerkes geworden sind. Man teilte die Nacht in zwölf Stunden und den Tag in zwölf Stunden. Daraus ergab sich, daß im Sommer die Tagstunden viel länger waren als die Nachtstunden, während im Winter umgekehrt die Nachtstunden viel länger waren. Es waren eben Stunden, wie man sie auf einer Sonnenuhr ablesen konnte. Nur zur Tag-und-Nachtgleiche im Frühling und im Herbst waren die Tag- und Nachtstunden gleichlang. Jede Stunde hat einen planetarischen

Regenten. Am Sonntag gehörte die erste Morgenstunde der Sonne, die zweite der Venus, die dritte dem Merkur, die vierte dem Mond, die fünfte dem Saturn, die sechste dem Jupiter, die siebente dem Mars, die achte der Sonne, die neunte der Venus, die zehnte dem Merkur, die elfte dem Mond und die zwölfte dem Saturn. Die Nachtstunden gehen dann der Reihenfolge weiter mit Jupiter, Mars, Sonne, Venus, Merkur, Mond, Saturn und so weiter. Folgerichtig – wenn man die Geduld hat, es nachzuzählen – ist der Regent der ersten Tagesstunde am Montag der Mond, am Dienstag der Mars, am Mittwoch der Merkur usw.[22]

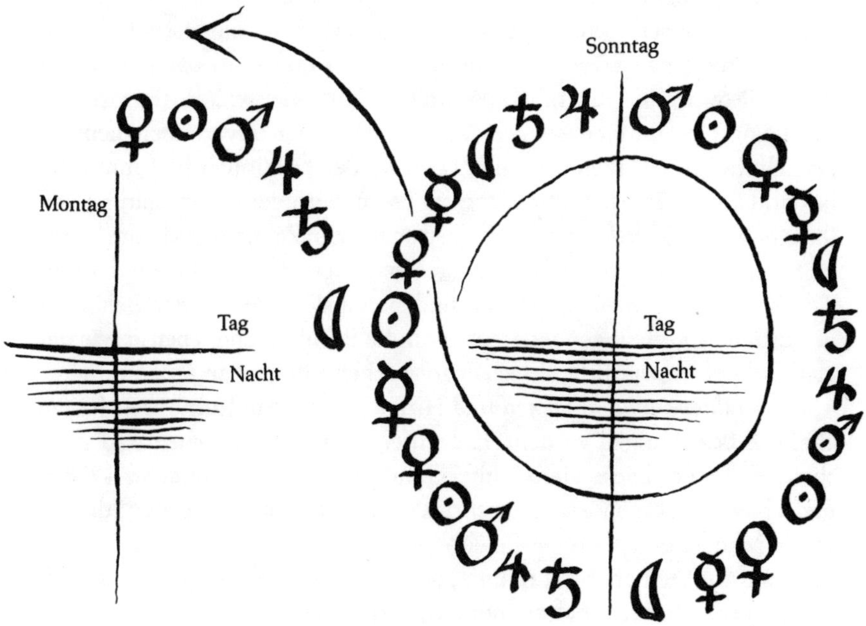

Planetenstunden.

Die Hauptsache bleibt immer das persönliche Verhältnis des Gärtners zu den makrokosmischen Wesen, mit denen er so viel zu tun hat. Dies läßt sich nicht auf eine starre Formel bringen. Diese persönliche Beziehung war immer ein Bestandteil des Auffindens von Heilmitteln und Nahrungspflanzen. Die Sagen berichten von Göttern, Heroen, Avataren, Pflanzenfeen, Najaden und anderen Nymphen, die den Menschen erschienen und ihnen die Kräuterkunde brachten.

Die Indianer treten mit diesen Wesen heutzutage immer noch in Beziehung. Der Indianer geht in die Einsamkeit der Wildnis, nimmt vier Tage lang weder Wasser noch Nahrung zu sich und erwartet die Erscheinung eines übersinnlichen Wesens. Wenn dieses nicht erscheint, opfert er etwas Blut oder sogar ein Fingerglied. Wenn der Geist, meistens in Tierform, zu ihm kommt, bekommt er seine »Medizin«, die ihm in irgendeinem Lebensbereich Kraft oder Erkenntnis gibt. Dazu werden fast immer bestimmte Tabus und Verhaltensregeln in bezug auf Essen, Sex oder Lebenshaltung von ihm gefordert. Oft bekommt er ein Lied oder einen Zauberspruch, um dieses Hilfswesen herbeizurufen. Noch heute verstecken Indianer diejenigen Kinder, die als Schamanen auserkoren sind, damit sie nicht von den Behörden in die Schule gezwungen werden, denn die Schulbildung, ebenso wie das Haareschneiden, verdirbt die schamanistischen Fähigkeiten.

Die Kräuterweiblein, Hexen und Hirten in unserem Kulturkreis hatten ähnliche Beziehungen zu den Pflanzenfeen, Heinzelmännchen und sprechenden Tieren. Diese alten Wurzelkundigen hegten besonderes Wissen und lebten nach besonderen Vorschriften, mieden zum Beispiel den Alkohol völlig. Man kann das aus der Beschreibung des Vaters von Maurice Mességués und aus Steiners Beschreibung des Kräutersammlers im Wienerwald, mit dem er als Student befreundet war, entnehmen.

Im alten Ägypten und in Griechenland wurden Heilmittel von den Kranken selbst entdeckt, indem die Heilpriester sie im Tempel der Isis in tiefen Schlaf versetzten, während dem die Göttin selbst ihnen ihre Heilmittel im Traum anzeigte. Edgar Cayce – »Der schlafende Prophet« – hatte anscheinend noch die Fähigkeit, ähnlich den Schamanen, sich in Trance zu versetzen und die Heilmittel in diesem Zustand ausfindig zu machen. Ähnlich steht es mit solchen Sensitiven wie Edward Bach, der die »Strahlungen« der Pflanzen fühlen konnte, oder der Hellseherin von Prevorst, die immer gleich das Heilmittel neben dem Kranken wahrnahm.

Uns modernen Menschen sind diese atavistischen Fähigkeiten verlorengegangen. Wenn sie zufällig vorhanden oder durch Drogentrips neu aufgeschlossen sind, sind diese Fähigkeiten oft gefährlich irreführend. Wir können uns jedoch in der sinnenden Anschauungsmethode Goethes schulen und diese Fähigkeiten auf eine ganz neue, hellere Art und Weise wiederfinden. Die Hellsehergabe hat ihr altes Gewand abgestreift und sich ein prächtigeres angezogen.

Zusammenfassend können wir auf Paracelsus, den großen Erneuerer der mikrokosmischen und makrokosmischen Medizin, zurückgreifen und uns die Eigenschaften, die ein Arzt – auch ein Gärtnermeister als Arzt makrokosmischer Vorgänge – haben muß, aufzählen lassen. Im Paragranum nennt er sie:

1. *philosophia:* Er muß ein genauer Beobachter des Menschen und der Natur sein (philosophus terra et philosophus hominis)
2. *astronomia:* Er muß die kosmischen Wirkungen und Einflüsse des kleinen und großen Himmels kennen (astronomus mundi et astronomus hominis)
3. *alchemia:* Er muß die Kunde der Heilmittelbereitung kennen. Der archeus und vulcanus in ihm müssen wach werden.
4. *virtus:* Er muß sich in den Tugenden üben. Nur was man liebt, kann man erkennen!

Wie erkennt man den Planeten in einer Pflanze?

Heben wir noch einmal hervor: Alle Planeten sind in jeder Pflanze wirksam, ein Planet ist jedoch dominanter als die anderen. Nach diesem herrschenden Planeten, den man an Physiognomie, Blütenfarbe, Blattstellung und anderen Kriterien erkennt, ist die Signatur der Pflanze benannt. Zuweilen kommt es vor, daß zwei Planeten gleich stark sind und einander modifizieren. So gehört zum Beispiel der Chilipfeffer als Nachtschattengewächs dem Mond an, aber die knallrote, feurig-scharf schmeckende Frucht verrät den Mars in ihr. Man spricht da von einem lunaren Mars oder einem martialen Mond. Grob verallgemeinert unterscheidet man die Planetenzugehörigkeit nach folgenden Merkmalen:

Mond. Mondpflanzen wachsen schnell, sind weich und wäßrig. Oft sind es Kriechpflanzen, die fremdartige Formen annehmen. Die Blüten sind weißlich gelb bis zart lila, die Früchte sind oft groß, wäßrig und geschmacklos. Oft sind diese Pflanzen alkalisch, giftig oder veranlassen Halluzinationen.

Sonne. Sonnenpflanzen folgen mit ihrem beständigen Wachstum dem Jahreslauf und schließen mit einer strahlenden, oft gold-gelben, aromatisch duftenden Blüte ab. Die Früchte sind süß. Gewächse, die auf das Herz wirken, wie Weißdorn, Ziest oder Schwarznessel (Ballota nigra), und solche, die sich mit der Sonne wenden, wie die Sonnenblume, haben eine solare Signatur.

Merkur. Schnellwüchsige, gefiederte Blätter, Kräuter, die eine Heilwirkung auf Zunge, Nerven und Lunge ausüben, und schillernde, glänzende Blüten, die aber nicht besonders duften, kennzeichnen die merkuriale Pflanze. Viele Schlingpflanzen gehören zu diesem Planeten.

Venus. Auch bei den Venuspflanzen hat man ein relativ lebhaftes Wachstum. Die Formen der Pflanzen sind anmutig, die Blüten weiß bis rosa, mitunter grün (Frauenmantel), der Duft ist angenehm. Alle Aphrodisiaka haben eine Venussignatur.

Mars. Stachelige, borstige und dornige Pflanzen, solche mit roten Blüten und Früchten, mit scharfem, prickelndem Geschmack und Duft, mit anregender Wirkung (Pfeffer, Meerrettich) oder mit Pfahlwurzeln (Möhre und Rote Beete) sind martiale Pflanzen.

Jupiter. Bei den Jupiterpflanzen ist das Wachstum üppig, aber langsam. Die Pflanzen sehen stattlich und edel aus. Die Früchte sind zuckersüß (Weintraube, Feige). Die Farben der Blüten sind Gold-Gelb bis zum königlichen Purpur. Ölhaltige und nahrhafte Früchte und Samen (Oliven, Eichel, Buchecker) gehören dem Jupiter, ebenso wie diejenigen, die das Gemüt anregen und eine joviale Stimmung herstellen (Gerste, Weintraube).

Saturn. Saturnpflanzen wachsen noch langsamer als Jupiterpflanzen. Die Rinden, Blätter und Blüten haben ein mattes, rauhes, dunkles Aussehen. Der Duft der Blüte ist meistens unangenehm (Baldrian), und wenn es Früchte gibt, sind sie oft herb oder bitter.

XVII Gartenprodukte als Nahrungsmittel

Wer bis hierher mitgelesen hat, sollte sich ein Bild machen können, wie man kräftige, gesunde Gemüse züchten kann. Nun müssen wir schauen, daß wir nicht durch schlechtes Aufbewahren und unvernünftiges Kochen unsere Gartenerzeugnisse wieder verderben.

Im Vergleich zu den Tieren haben die Menschen ihre Instinktsicherheit bezüglich der Nahrung verloren. Wer kann eine ihm unbekannte Pflanze anschnuppern und sofort erkennen, ob sie genießbar oder giftig ist? Diese Unsicherheit ist die Folge der Tatsache, daß sich der Mensch aus den makrokosmischen Zusammenhängen herausgelöst hat, daß er ein Mikrokosmos – ein »Ich« – geworden ist, daß er sich wie ein Hühnerembryo in die Eierschale seiner Häuser und Stadtmauern verkrochen hat, wobei sein Blick oft nicht weiter als zum gedruckten Papier oder zum Bildschirm reicht. Naturvölker scheinen da noch viel sicherer zu sein; sie zeigen mehr Vernunft in dem, was sie essen und wie sie es essen. Das rührt aber weniger von den Instinkten her als von alten kulinarischen Traditionen, Nahrungsvorschriften und -verboten, die den Eigenschaften der Ökologie und des Volkes angepaßt sind. Die Theosophen sind der Ansicht, daß diese Traditionen in einer längst vergessenen Zeit, als der Mensch dem Makrokosmos noch viel näher stand, von Hellsehern, Rishis und geistigen Führern instituiert worden waren. Der moderne Mensch hat dieses Weisheitserbe weitgehend verlassen. Wenn er sich aber wieder auf seinen Instinkt verlassen will, sind die Folgen katastrophal. Wenn er ißt, was er will und so viel er will, dann wird er entweder hyperaktiv oder fett und bekommt faule Zähne, weil er zu viel raffinierten Zucker zu sich nimmt; seine Nerven werden schwach, und der Blutkreislauf stockt, weil er zu viele Reizmittel genießt; sein Stuhlgang rebelliert gegen zu weiche, industriell verarbeitete oder überkochte Kost. Nur die Pharmazeutikaindustrie hat von all dem Gewinn. Auch der prächtigste Selbstversorgergarten hilft nichts, wenn man nicht weiß, was man mit den Erzeugnissen macht.

Sämtliche Lebensmittel kommen ursprünglich von *lebenden* Organismen. Der Technokrat mit all seiner Apparatur und seinen kostspieligen Forschungen hat noch nicht das winzigste Salatblättchen herstellen können. Alle Nahrungsmittel, auch die tierischen, sind auf das Leben der Pflanze gegründet. Bei jedem Bissen und jeden Atemzug, den wir machen, könnte die Pflanze uns sagen: Du kannst leben, weil wir da sind!

Was tut die Pflanze, daß sie zum Lebensmittel für Mensch und Tier werden kann? Man kann die Formel der Assimilation und Photosynthese aufstellen, wobei 12 Teile Wasser (H_2O) und 6 Teile Kohlendioxid (CO_2) in der Gegenwart von Licht, Wärme und einigen Katalysatoren zur Herstellung von Zucker ($C_6H_{12}O_6$) führt, der dann weiter in Stärke oder Fett umgewandelt werden kann. Sauerstoff und Wasser sind Nebenprodukte dieses Prozesses. Eine anschaulichere Weise, um diesen Vorgang zu verstehen, wäre es, zu sehen, wie grüne Blätter das einzigartige Vermögen haben, die »toten« Elemente – Erde (Mineralien), Wasser, Luft (Kohlendioxid), Feuer (Sonnenlicht) – zu verbinden und dann zu beleben. Die Energien, die diese Belebung in der Pflanze zustandebringen, sind kosmische Kräfte, die hauptsächlich von der Sonne, aber auch vom Mond und den Planeten der Erde zuströmen. Indem wir unsere Nahrung verspeisen, haben wir am ganzen Weltall teil: Wir essen kosmische Lebenskräfte, die in die Pflanzenstoffe eingebunden sind. Diese kosmischen Lebenskräfte werden dann unsere eigenen Lebenskräfte.

Man muß noch hinzufügen, daß die Nahrung, die wir zu uns nehmen, nur die gröbste Form der Ernährung ist. Die Sinneseindrücke, die als Licht, Form, Farbe, Klang und Geruch die Tore der Nase, Ohren und Augen passieren, stellen auch eine Art kosmische Ernährung dar, die für uns erbaulich ist. Der Garten nährt also nicht nur unseren Magen, sondern auch die frische Luft, die Blumendüfte, das Vogelgezwitscher sowie die schön hergerichteten Beete sind Nahrung für Leib und Seele.

Wenn wir Nahrung verdauen, werden die in der Pflanze verankerten makrokosmischen Impulse vom inneren Alchemisten, dem Archaeus, wie ihn Paracelsus nennt, zu mikrokosmischen Impulsen umgewandelt. Dieser Archaeus zerkleinert die makrokosmische Substanz, löst sie in Laugen und Säuren auf, läßt Gase aufsteigen, chaotisiert die Stoffe und setzt im Feuerprozeß die Energien frei. Die Schlacke und Asche (faecis), die sich dabei bildet, schiebt er durch den Darm wieder in den Makrokosmos.

Bei den Tieren werden die freigesetzten kosmischen Energien zum Laufen, Springen, Zeugen und anderen Ausdrücken ihres Seelenlebens einge-

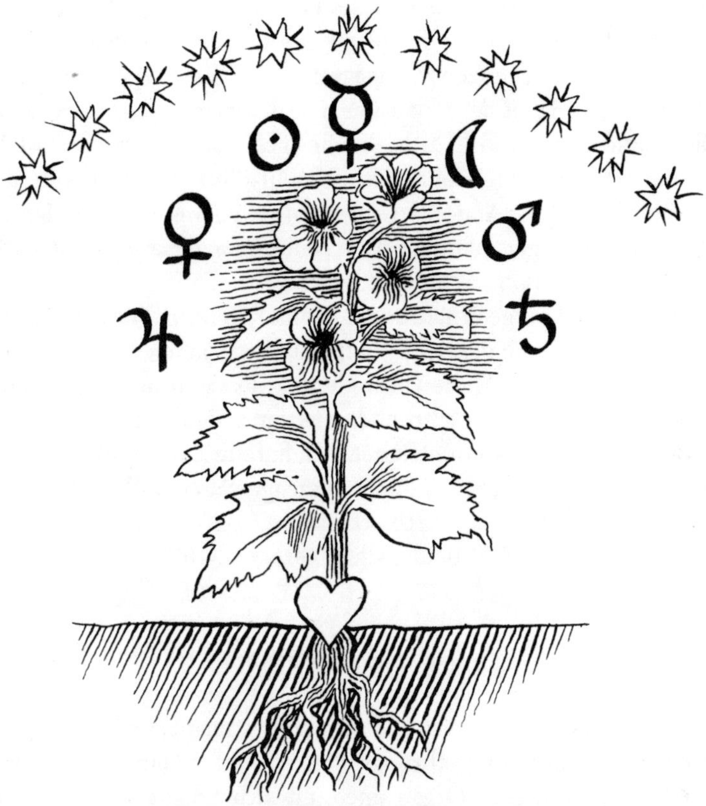

Die Pflanze als Vermittler zwischen Erde und Kosmos.

setzt. Beim Menschen ist das auch der Fall, nur kann er einen Schritt weiter gehen: Er kann nicht nur denken und reflektieren, sondern darüber hinaus in das Imaginieren und Intuitieren steigen und kann dem mit Worten und Taten Ausdruck verleihen. Da er nicht wie das Tier der Führung eines weisen, makrokosmischen Gruppengeistes, der seinen Instinkt leitet, unterworfen ist, hat er die völlige Freiheit, mit den in der Verdauung gewonnenen Kräften zu tun, was er will. Er kann die Kräfte nutzen, um anderen Wesen zu schaden, um sich selber zu befriedigen, oder er kann, wie die Pflanze es ihm vormacht, sie in gute Taten umsetzen und weitergeben.

Wir brauchen die kosmischen Energien, um eine gesunde Kultur zu pflegen und Körper, Geist und Seele auf Erden sinnvoll wirken zu lassen. Die Grundlage dazu ist frische, biologisch erzeugte Nahrung. Steiner – von dem man anscheinend erwartete, daß er alles wußte – wurde einmal von Ehrenfried Pfeiffer gefragt, wieso trotz der »inneren« Schulung, der geistigen

Übungen und des vorhandenen guten Willens so viele Streitereien, Eifersüchteleien, Machtgelüste und ähnliche Untugenden in den geistig-spirituell orientierten Bewegungen zu Tage treten. Steiner antwortete ohne zu zögern, das sei eine Folge der Ernährung. Die Brücke vom klaren Denken zum Wollen und Tun kann nicht mehr geschlagen werden, weil die (kunstdüngerernährten) Pflanzen nicht mehr die Kräfte hergeben, die die Menschen brauchen.[1] Anderswo sagte Steiner voraus, daß die Menschheit an den Punkt gelangen könnte, wo die Nahrung so denaturiert ist, daß man am voll gedeckten Tisch verhungern würde.

Daß eine vollwertige Ernährung, die unser Denken, Fühlen und Wollen unterstützen kann, mit der richtigen Bodenpflege anfängt, haben schon Are Waerland, I. J. Rodale, André Voisin, Jethro Kloss und andere Reformer aus diesem und dem vorigen Jahrhundert gewußt. Graham, Bircher, Kollath und andere Reformer konzentrierten sich auf die Zubereitung der Lebensmittel und hoben hervor, daß durch unsachgemäßes Aufbewahren, Verarbeiten und Kochen sowie durch schlechte Eßgewohnheiten und scharfes Würzen die Qualität in Mitleidenschaft gezogen wird.

Nahrungsmittelreform

Wie bei der Aussaat und beim Pflanzen gibt es auch beim Ernten gute und weniger gute Zeiten. Die Nahrungspflanzen sind ja keine toten Dinge; sie sind lebende, wachsende Organismen, die sich ständig verändern. Daher muß man sie zu einem günstigen Zeitpunkt ernten. Blattgemüse sollte man in den frühen Morgenstunden ernten, da zu dieser Zeit die vitaminreichen Säfte in die Pflanze steigen. Wurzelgemüse sollte hingegen abends geerntet werden, denn der Zucker- und Stärkebestandteil zieht gegen Abend in die Wurzeln. Nach Ansicht Alan Chadwicks ist eine Frucht eigentlich nur eine kurze Weile richtig reif; vorher ist sie noch unreif, bald darauf schon überreif. Gemüse, besonders Obst und Fruchtgemüse, muß also zum richtigen Zeitpunkt gepflückt und aufgetischt werden. Das kann nur beim Selbstversorger oder im Rahmen einer kleinen Gemeinschaft möglich sein. Somit wird man auch der Forderung Georges Oshawas gerecht, daß des Menschen Nahrung aus seiner umgebenden Landschaft kommen und nicht, in Folien eingeschweißt und chemisch haltbar gemacht, aus allen Ecken der Welt herbeigeschleppt werden sollte.

Der Schweizer Ernährungsforscher W. Kollath stellt als Kriterium auf, daß die Nahrung nicht nur frisch, sondern auch wenig verarbeitet sein muß, wenn die volle Vitalität zur Geltung kommen soll.[2] Nach diesem Erfordernis ist eine frische Möhre besser als Möhrensaft, Vollkornbrot besser als Weißbrot, ein ganzer Apfel enthält mehr ätherische Lebenskraft als Apfelmus.

Je weiter man sich in der Ernährung von der Frische und Ganzheit der Nahrungsmittel entfernt, um so näher kommt man dem Zustand der Mineralisation. Wir haben auf diese Gefahr schon beim Kompostierungsprozeß aufmerksam gemacht, wo der Gärtner darauf achten muß, daß die organischen Verbindungen nicht in den Bereich der anorganischen Elemente abrutschen und dem Lebenszyklus verlorengehen. Dieses Abrutschen geschieht aber in der industriellen Lebensmittelverarbeitung ganz absichtlich, denn dadurch halten sich die Stoffe besser. Es ist nicht mehr viel Leben in Konservengemüse, Weißmehl, Kristallzucker oder gesättigten Fetten.[3] Früher konnten Strafgefangene bei Brot und Wasser einigermaßen gesund bleiben, aber heute – das zeigen amerikanische Experimente – gehen sogar Ratten kümmerlich ein, wenn sie nur Weißbrot und Wasser bekommen. Eingemachtes, gezuckertes oder aus Büchsen entnommenes Obst und Gemüse haben die notwendigen ätherischen Lebenskräfte größtenteils verloren.

Wintergemüse und Wintersalat

Für den Selbstversorger oder eine Gemeinschaft mit Anschluß an eine biologische Landwirtschaft sind denaturierte Lebensmittel kein Problem. Frische, unverdorbene Gemüse, Obst und Salate sind das ganze Jahr verfügbar, auch im Winter.[4] Es ist eine so große Auswahl möglich, daß der wackere Hausherr niemals empört ausrufen muß: »Was, schon wieder Kohl und Bratkartoffeln!«

In einer milderen Gegend kann man Rosenkohl, Grünkohl, Federkohl, Lauch, Feldsalat (Nüssli) und Zuckerhut den Winter über im Beet lassen. Unter Umständen kann man auch Rippenmangold, Blattmangold, Kresse, Senf, Kohl, Rauke, weiße Speiserüben, Petersilie, Schnittlauch, Rote Beete und Sellerie unter dem Schutz des Glaskastens oder einer Folie im Garten lassen. Die Wurzeln und Knollen – Kohlrüben, Möhren, Haferwurzeln, Nachtkerze, Wurzelpetersilie, Knollenziest, Pastinaken, Rote Bete, Sellerieknollen, Erdäpfel, Topinambur und andere – nimmt man meistens in den Wurzelkeller. Die Kartoffeln sollten getrennt von den anderen Gemüsen aufbewahrt werden, da ihre Ausdünstungen sich nicht gut auf die Haltbarkeit der anderen Lagerfrüchte auswirken. In Gegenden, wo der Winter nicht sehr streng ist, können viele Wurzeln und Knollen im Boden gelassen werden, nur sollte man sie bis Februar geerntet haben, denn beim neuen Saftfluß werden sie holzig.

Äpfel, Birnen, Quitten und anderes Obst kann man natürlich auch im Winter aufbewahren; dazu kommen noch Zwiebeln, Knoblauch, Kürbisse, Squash und Fenchelknollen, die aber nicht in den feuchten, kalten Keller kommen, sondern in einen kühlen Raum, in dem die Luft trocken ist. Ein Dachboden könnte dafür geeignet sein.

An frischen Salaten braucht es im Winter ebensowenig zu fehlen wie an frischen Gemüsen. Neben Zuckerhut, Endivien und Feldsalat kommt vor allen Witloof (Brüssler Endivien/Chicorée) in Frage. Die Witloofwurzeln, die über Sommer im Feld gewachsen sind, werden im Herbst geerntet, das Laub wird dem Vieh verfüttert und die Wurzeln werden kühl und trocken – vielleicht im leeren Mistbeet – gelagert. In der Weihnachtszeit werden die ersten Wurzeln in einem warmen Raum in guter Erde in Kisten gepflanzt, mit einer fünfzehn Zentimeter dicken Torf-Sandschicht bedeckt und mit lauwarmem Wasser begossen. Wenn man einen Kuhstall hat, genügt die Stallwärme (12 °C bis 14 °C), um die großen, festen Hauptsprosse der Chicoréewurzeln zum Austreiben zu bringen.[5] Wenn nach zwei oder drei Wochen die ersten Spitzen der Zapfen aus der Torf-Sandschicht herausschauen, kann geerntet werden. Die weißen Zapfen ergeben einen zarten Salat, können aber auch als Gemüse gekocht und mit einer Käsesoße serviert werden. Die gebrauchten Wurzeln schmecken dem Vieh. Man kann sie auch als Gemüse kochen, wenn man sie lange genug einweicht, um den bitteren Geschmack etwas zu unterdrücken. In Frankreich röstet man die Wurzeln und mischt sie in den Kaffee, um ihn etwas bitterer zu machen.

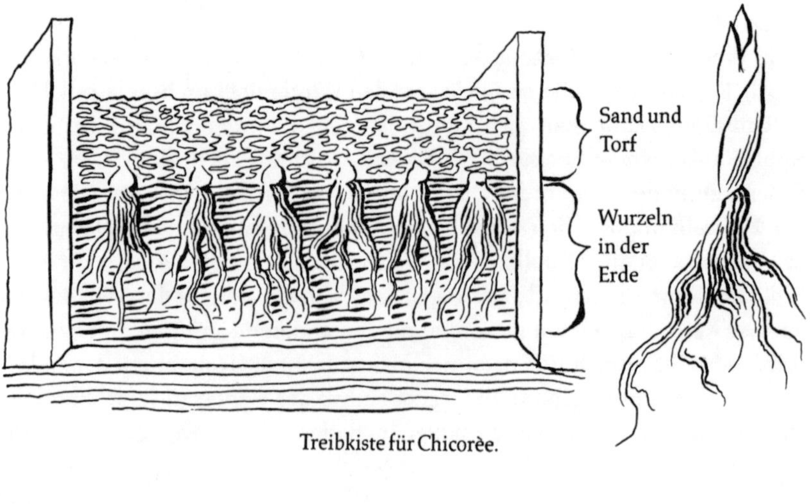

Treibkiste für Chicorée.

Der Wintersalat kann mit den zarten Keimlingen von Kresse, Alfalfa, Senf, Linsen, Soyabohnen und Weizen garniert werden. Diese Samen, die bei der Keimung fast alle lebenswichtigen Vitamine und viele Mineralien aktivieren, werden in feuchten Gläsern im warmen Zimmer zum Sprießen gebracht. Man weicht sie ein, badet sie jeden Tag erneut in lauem Wasser und wartet, bis sich die ersten grünen Keimblätter gebildet haben. Diese Keimlingssalate enthalten so viel Vitamin C, daß man auf importierte Südfrüchte verzichten kann. Wenn man noch das Vitamin-C-reiche Löffelkraut und den Sirup von schwarzen Johannisbeeren und Sanddorn dazu nimmt, hat man einen weiteren Schritt zur Eigenständigkeit in der Befriedigung der Grundbedürfnisse getan.

Unkräuter, die man im Winter noch auf den Beeten oder auf der Wiese findet, geben dem Wintersalat anregende Geschmacksnuancen. Einige Blätter des Gundermann (Glechoma hederaceum), der Vogelmiere (Stellaria media), des Wegerich (Plantago media, P. lanceolata), der wilden Senfsorten (Brassica nigra, B. alba, B. arvensis), des Barbarakrautes (Barbarea vulgaris) und des Sauerampfers (Rumex acetosella) gehören mit zum gesundheitsfördernden Salat. Später im Frühling kommen dann noch der Löwenzahn, die jungen Blätter des Beinwell und der Wegwarte und vor seiner Blüte das Scharbockskraut (Ficaria ranunculoides) und etliche andere grüne Kräuter in den Salat.

Im ganzen hat man eine derart große Auswahl und Kombinationsmöglichkeit, daß man auf Einwecken und Einkochen – mit Ausnahme köstlicher Beeren – verzichten kann. Gedörrte grüne Bohnen, die reich an Eiweiß sind, und eingesäuerte Gurken, Rüben, Rettiche und Sauerkraut vervollständigen die Gemüseauswahl für das Wintermenü.

Diese Art der Behandlung und Aufbewahrung von Wintergemüsen bedarf keines Aufwandes an Fremdenergie (Transport, Einfrieren, Verpackung usw.) und erlaubt uns, auch in der Ernährung den makrokosmischen Lebensrhythmus bewußt mitzugehen. Wenn wir im Winter hauptsächlich Samen, Wurzeln und Knollen, im Frühling frisches Grünzeug und nach der Sommersonnenwende reife Früchte aus dem Garten in die Küche nehmen, dann entwickeln wir ein viel tieferes Verständnis für die Naturmetamorphosen und stehen viel inniger mit der Gartenseele in Beziehung. Obwohl der Mensch sich im Laufe der Entwicklung weit vom Diktat der makrokosmischen Rhythmen entfernt hat, ist er trotzdem, was sein Seelenleben anbetrifft, noch damit verbunden. Ebenso wie die Menschen im allgemeinen lieber nachts schlafen und tagsüber wachen, leben sie im Winter lieber in der Geborgenheit der warmen Stube, während sie im Sommer lieber in der äußeren Natur spielen, träumen oder wandern. Im Winter schaut man um die Weihnachtszeit viel klarer die imaginativen Bilder in den Seelentiefen, während man im Sommer viel leichter das Götterschaffen in der warmen, lichten, strahlenden Natur wahrnimmt. Wenn man auch in der Ernährung diese Rhythmen mitmacht, dann kann es sein, daß das winterliche Imaginieren so stark wird, daß man die Geburt des Lichtes im Stall zu Bethlehem mit den Hirten schauen kann und im Sommer die Sylphen und Feuergeister über den Garten tanzen sieht.

Das Kochen

Das Kochen ist fast das Urbild des alchemistischen Umwandlungsprozesses. Es ist die erste Stufe der Verwandlung makrokosmischer Substanzen in mikrokosmische Energien. Im Kochprozeß werden die durch Wasser und Feuer aufgeschlossenen Stoffe immer empfänglicher für mikrokosmische, seelische Einflüsse. Eine Frau kann ebenso Haß oder Liebe in die Suppe hineinrühren, wie der Gärtner sie in seine Präparate rührt.

Die Chinesen, die sich oft von den Erträgen winziger Flächen ernähren müssen, treiben nicht nur einen äußerst intensiven Gartenbau, sondern geben auch acht, daß Vitamine und Nährstoffe nicht beim Kochen wieder verlorengehen. Sie schnitzeln das Gemüse in bissengroße Happen und lassen einen Teil im Dampftopf kurz kochen, während ein anderer Teil schnell in etwas heißem Fett geröstet wird. Das Gemüsewasser, das die meisten gelösten Mineralien und Vitamine enthält, wird mit frischen Kräutern, Nudeln, Ei, Soyasoße oder anderen Zutaten als magenwärmende Suppe vor der Mahlzeit genossen.

Im Haushalt des Gärtnermeisters in Village Aigues Vertes wird die Gesundheit der Gärtner durch das ebenfalls meisterhafte Kochen der Gärtnersfrau in bester Verfassung gehalten. Die frisch vom Beet geernteten Gemüse werden nie übermäßig geschält, denn die wertvollsten Nährstoffe befinden sich in den Rinden und Schalen. Da verschiedene Verfahren die Nährstoffe jeweils anders aufschlüsseln, werden rund zwei Drittel der Gemüse, die zur Mahlzeit gehören, gekocht, ein Drittel in Öl geröstet und ein kleiner Teil als Rohkost serviert. Das so zubereitete Gemüse wird einem Hauptnahrungsmittel wie Kartoffeln oder Getreide beigegeben. Zu jeder Mahlzeit gehört ein mit verschiedenen Kräutern gewürzter Salat, Vollkornbrot aus der Dorfbäckerei und ein kräftiger Kräutertee.

Ähnlich der hervorragenden Küche der Gärtnersfrau ist das »planetarische« Kochen des Bauern Arthur Hermes. Als Hauptnahrungsmittel gilt immer ein Getreide (Roggen, Weizen, Gerste, Hafer), das er über Nacht, einen »Mondprozeß« nachvollziehend, einweichen läßt. Am nächsten Morgen werden die Körner ganz langsam gekocht, um den Reifevorgang des »Sonnenprozesses« weiter zu steigern. Mit dieser »Sonne« und diesem »Mond« gehen dann die den verschiedenen Planeten angehörigen Gemüse in »Konjunktion«. Am Sonntag wird ein weißes Sonnengemüse hergerichtet; am Montag ein purpurnes oder lilafarbenes Mondgemüse, am Dienstag ein rotes für den Mars, am Mittwoch ein buntes Merkurgemisch, am Donnerstag ein gelbes Jupitergemüse; am Freitag werden grüne Venusblätter genommen, und am Samstag schließlich wird ein dunkles, blaues Gemüse mit dem Getreide kombiniert. Hermes, der immer auf einem Holzfeuer kocht, ist sicher, daß Gasflammen und vor allen Dingen elektrische Hitze – die aus dem untersinnlichen Bereich stammt – eine schlechtere Qualität der Wärme darstellen. Auch das Ofenholz wird bewußt nach seiner planetarischen Zugehörigkeit ausgewählt. Tannen- und Buchenholz geben eine heiße Saturnwärme; Ahorn und Eiche geben Jupiter- und Marshitze; Esche ist Sonnenholz; Ulme ist Merkurholz, und Kirsche, Weide und Pappel liefern eine kühlere Mondenwärme. Indem man an den entsprechenden Tagen diese verschiedenen Holzarten zum Kochen nimmt, kann man in gesteigertem Maß die Qualitätsunterschiede der einzelnen Wochentage miterleben.

»Man soll jeden Tag die ganze Pflanze essen!« Damit meint Arthur Hermes, daß man in jede Mahlzeit Wurzel-, Blatt- und Fruchtteile mit hineinnehmen soll, so daß die entsprechenden Teile des menschlichen Mikrokosmos – der Kopf, das rhythmische System der Atmung und des Blutkreislaufs und das Verdauungs-Gliedmaßensystem – ernährt werden. Eine mit Wildkräutern gewürzte Suppe und Salat gehören mit zu diesen planetarischen Mahlzeiten.

Die Hauptnahrungsmittel

Die makrobiotische Ernährungslehre hat die Bewohner der Abendländer beziehungsweise die Amerikaner wieder daran erinnert, daß das Getreide das Grundnahrungsmittel des Menschen ist. Der Amerikaner liebt große Portionen Fleisch, viele saftige, exotische Früchte, Süßigkeiten, etwas Gemüse, aber sein weiches, weißes Brot und die Kartoffeln sind fast vom Teller verdrängt worden. Man konsumiert in Amerika mehr Getreide als irgendwo anders in der Welt, aber man läßt es erst die Tiere fressen, und dann ißt man die Tiere. Oshawa würde bei diesem Zustand schulmeisterhaft von zu viel Yin und zu wenig Yang reden und auf die tatsächlich vorhandenen gesundheitlichen Schwierigkeiten aufmerksam machen. Auch Selbstversorger müssen auf ihr Yin-Yang in der Nahrung achten, denn zuviel grünes Gemüse und zu wenig Grundnahrungsmittel können der Gesundheit schaden.

Jedes Volk hat sein Grundnahrungsmittel, das es als Stab des Lebens, als Theophanie und Manifestation menschenfreundlicher Götter verehrt. In früheren Zeiten, ehe der Weizen zur Waffe und zum politischen Druckmittel wurde, war das Brot identisch mit dem Leib Christi. Wehe, wenn es vom Tisch fiel oder wenn man es gar verkommen ließ. Die Ernährung der großen Kulturvölker basierte auf einer oder mehreren Getreidearten: in Ostasien Reis, in Amerika Mais, in Afrika hauptsächlich Hirsearten, in Westasien und dem mediterranen Gebiet Weizen und im kühleren Norden Roggen, Gerste und Hafer. Bei den tropischen Völkern dagegen spielen oft Wurzeln und Knollen wie Yam, Taro und Süßkartoffel die Rolle des Grundnahrungsmittels. Aus den Anden kommt die Kartoffel, und im amazonischen Tiefland ist es die Kassave, die erst entgiftet werden muß, ehe sie genießbar ist. Die kalifornischen Indianer hatten die Eichel als Hauptnahrungsmittel. Die im Wald gesammelten Eicheln wurden zermahlen, die Gerbstoffe wurden mit heißen Wasserübergüssen herausgelaugt, und das Eichenmehl wurde dann getrocknet und zum Kochen und Backen verwendet. Die Distanz einer Pflanze vom Grundnahrungsmittel:

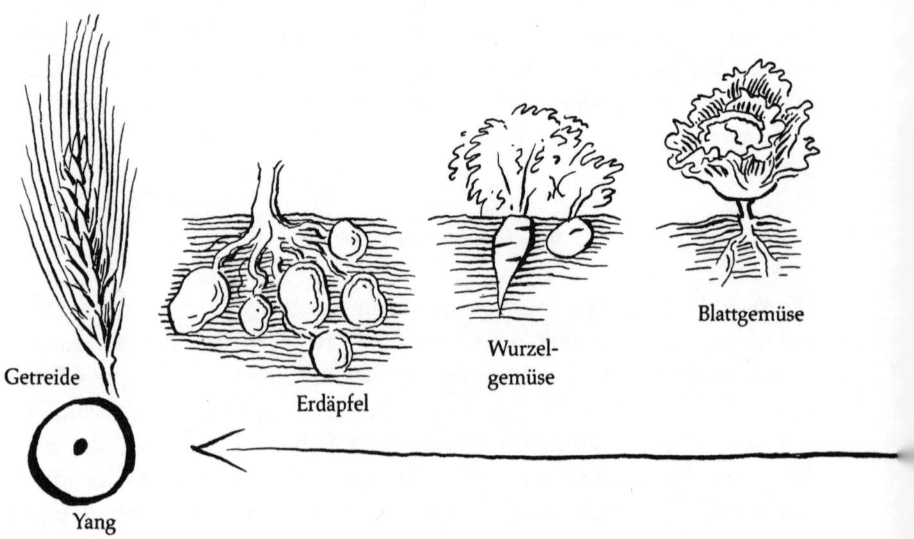

Das Würzen

Dem spätmittelalterlichen Adel Europas war das Leben anscheinend zu fad, denn er verlangte immer mehr nach scharfen, exotischen Gewürzen, die über die Araber in den Handel gelangten. Die Sucht war so groß, daß, ähnlich wie heutzutage mit dem Petroleum, der Reichtum des Westens in islamische Hände floß und prächtige Paläste und Moscheen entstehen ließ. Mit dem Aufstieg des bürgerlichen Handels verbreitete sich beim einfachen Volk die gar nicht so gesundheitsfördernde Gewohnheit, scharf und aromatisch mit tropischen Gewürzen zu kochen. Heutzutage helfen diese teuren Gewürze, über den faden, schalen Geschmack der kunstdüngergezogenen Handelsgemüse hinwegzutäuschen. Biologisch Gezogenes bedarf nicht der starken Gewürze, die schließlich den Gaumen für die feineren Geschmacksnuancen unempfindlich machen. Diese Gemüse können ohne weiteres durch die Kräuter, die man im eigenen Kräutergarten zieht, ergänzt werden. Auch hier kann sich die Befriedigung der eigenen Bedürfnisse günstig auf die Befreiung der Dritten Welt aus den Maschen der Weltwirtschaft auswirken. Anstatt Pfeffer, Zimt, Nelken (Sansibar), Ingwer (Jamaika), Muskat (Indonesien), Curry und andere Gewürze auf dem Weltmarkt zu manipulierten Preisen zu verkaufen, könnten diese Völker mehr Nahrungsmittel für den Eigenbedarf anbauen.

Richtig angewendet unterstützen unsere Gartenkräuter die Verdauung,

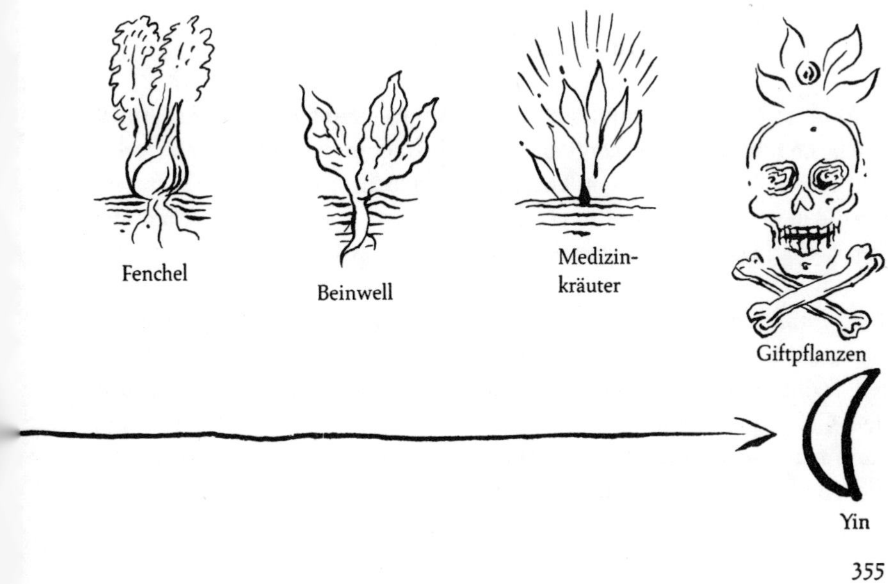

fördern Speichelfluß und Pepsin-, Galle- und Bauchspeicheldrüsenabsonderungen. Die Kräuter heben die Einseitigkeiten der schweren, wäßrigen Gemüse und Knollen auf, indem sie durch die ätherischen Öle und Duftstoffe die Kräfte der obersonnigen Planeten einbringen. Man ergänzt Kohl durch Kümmel, Gurken durch Dill, das wäßrige Sauerkraut durch die trockenen, feurigen Wacholderbeeren, mondenhaften Weichkäse durch Kümmel und Kerbel, Bohnen durch Bohnenkraut (Satureja hortensis) und die Weihnachtsgans durch Beifuß.

Folgende Gewürzpflanzen lassen sich ohne weiteres im eigenen Kräutergarten anpflanzen:

Umbelliferae	*Labiatae*	*Compositae*	*Andere Familien*
Anis	Basilikum	Beifuß	Knoblauch
Kerbel	Origano	Eberraute	Schnittlauch
Fenchel	Minze	Estragon	Kapuzinerkresse
Dill	Salbei		Meerrettich
Kümmel	Majoran		Borretsch
Gewürzsellerie	Thymian		Rauke
Koriander	Rosmarin		
Petersilie	Bohnenkraut		
Liebstöckl	Zitronenmelisse		
Engelwurz	Ysop		

Aufbewahrung über Winter

Man nimmt nur die gesündesten und kräftigsten Exemplare zur Lagerung. Die beste Erntezeit für Lagergemüse ist bei abnehmendem Mond an trockenen Tagen. Temperatur, Ventilation und Luftfeuchtigkeit sind drei Faktoren, auf die man im Lagerraum zu beachten hat, wenn man den physischen und ätherischen Leib der Pflanzen beieinanderhalten will.

Temperatur. Bei Kürbissen, Süßkartoffeln und Squash müssen die Temperaturen um 10°C liegen. Dagegen verlangen die Kartoffeln, Lauch, Kohlsorten, Möhren und andere Wurzelgemüse eine kühlere Lagerung gerade über dem Gefrierpunkt (um 2°C). Wo der Winter nicht seine volle Strenge zeigt, kann man viele Wurzelgemüse im Boden lassen, wenn man ihn mit einer dicken Mulchdecke aus Laub oder Stroh abdeckt.

Luftfeuchtigkeit. Zwiebeln, Knoblauch, Kürbisse, Squash und Knollenfenchel sollen in trockenen Speichern aufbewahrt werden. Zwiebeln und Knoblauch können in Girlande geflochten und auf einen kühlen, trockenen Estrich gehängt werden. Knollenfenchel soll ebenfalls einen kühlen, trockenen Ort finden. Die Blatt- und Wurzelgemüse hingegen brauchen das feuchtere Lager – 75 Prozent bis 90 Prozent Luftfeuchtigkeit – wie man es in einem gutangelegten Wurzelkeller findet.

Wenn man keinen Wurzelkeller zur Verfügung hat, kann man die Wurzel- und Knollenernte in einer Sandmiete unterbringen, die man sorgfältig mit Erde und Stroh zudeckt. Die Gemüse, die hineinkommen, dürfen nicht naß sein. Auch müssen einige Luftrohre zur *Belüftung* da sein, denn die Wurzeln atmen wie eben alle Lebewesen. Wenn man das nicht beachtet, kann es vorkommen, daß man im Frühling einen schlechten Kompost oder Silage hat. Kohlköpfe können mit Strunk nach oben in Gräben gestellt und so, nach oben hin mit Stroh und Laub vor Regen und Kälte geschützt, aufbewahrt werden.

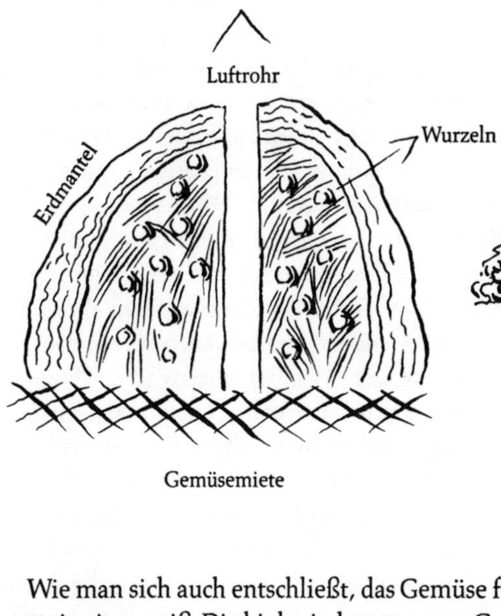

Gemüsemiete

Kohlmiete

Wie man sich auch entschließt, das Gemüse für den Winter unterzubringen, eins ist gewiß: Die biologisch gezogenen Gemüse haben eine viel längere Haltbarkeit als diejenigen, die mit der chemischen Stütze durch das Jahr gebracht worden sind.

XVIII Vererbung, Samen und Saatgut

Seit Tausenden von Jahren haben die Bauern und Gärtner die besten Knollen und die Samen der schönsten Pflanzen sorgfältig ausgesucht und aufbewahrt, um im nächsten Jahr Saatgut zu haben. Abertausende von verschiedenen, den örtlichen Lebensbedingungen angepaßte Sorten wurden treu von einer Generation der anderen weitergereicht. Immer wieder, ihren Urbildern getreu, entsprang den winzigen Samenkügelchen und Knollenaugen die neue Generation der Nahrungspflanzen. In den christlichen Ländern nahm man das Saatgut zum Erntefest mit in die Kirche, damit es gesegnet werde; in anderen Kulturkreisen waren es ebenfalls Priester, Schamanen und die alten Weisen, die auf ihre Art und Weise durch Fürbitte oder Blutopfer das Saatgut betreuten.

Seit dem letzten Jahrhundert hat sich etwas verändert. Die Lebenskraft einzelner Sorten scheint immer mehr abzuebben. Die weißgekittelten Priester der technokratischen Wissenschaft sprachen alsdann von »Degenerationserscheinungen« und begannen, besonders leistungsfähige Sorten auf »wissenschaftliche« Weise zu züchten. Mit immer raffinierter werdender Selektion, mit Einkreuzung von wilden, noch vitalen Verwandten der gefährdeten Kulturpflanzen und neuerdings durch radioaktive Bestrahlung, die, wie man vergebens hofft, irgendwann einmal »günstige Mutationen« hervorbringen könnte, will man den Degenerationserscheinungen begegnen und ertragreichere Sorten züchten. Durch die Züchtung von »Wundersamen« hofft man, den durch neokolonialistische Strukturen verursachten Hunger ein für allemale zu besiegen. Der »Wunderweizen« und »Wunderreis«, der den Tempeln der technokratischen Forschung entsprang, ist jedoch nur durch künstliche Bewässerung, maschinelle Bearbeitung, Herbizid-, Insektizid- und NPK-Anwendung lebensfähig. Dieses Saatgut der »Grünen Revolution« können die Bauern nie selbst züchten, da es sich um hybride Kreuzungen handelt. Die Kontrolle und Verfügung über das Saatgut bleibt in den Händen der von großen Industriefirmen finanzierten technokratischen Experten. Nur die reichsten Landwirte in der Dritten Welt können sich das Saatgut und die dazugehörigen Maschinen und Chemikalien leisten. Die Armen werden hingegen vom Land verdrängt und werden in den

Statistiken, die von Überbevölkerung sprechen, als »überflüssige« Menschenleiber betrachtet.

Genetische Verarmung

Wenn lokale Gemüsesorten, Kartoffeln und Getreide zugunsten einer Hochleistungssorte aufgegeben und einige Jahre lang nicht angebaut werden, dann ist das alte Saatgut verloren. Die genetischen Eigenschaften, die sich über mehrere Jahrtausende in diesen einheimischen Sorten herausgebildet haben, können nie wieder auf die Erde gebracht werden, wenn das Saatgut – der physische Anker der Sorten – fehlt, ebenso wie man ausgestorbene Tierarten nicht künstlich wieder herstellen kann.[1] Schon so viele örtlich angepaßte Sorten sind von den einheitlichen, lebensschwachen »Wundersorten« verdrängt worden, daß die UNO ihre Besorgnis bekundete und »Samen- und Erbgutbanken« aufstellen ließ, um bedrohte Sorten zu bewahren. Diese Banken sollen den Züchtern eine Reserve geben, wenn die neueren Kultursorten weiter degenerieren.

Trotz einiger Saatbanken, die in den USA und anderswo an botanischen Instituten gegründet wurden, schreitet die Erosion des Erbgutes weiter. Zwei Beispiele: 75 Prozent der Luzernesorten und 90 Prozent der Kleesorten sind seit der Jahrhundertwende verschwunden.[2] Man erinnere sich nur, wie viele verschiedene Apfel- und Birnensorten, sogar noch nach dem Zweiten Weltkrieg, auf den Wochenmärkten feilgeboten wurden. Die Gefahr ist, daß unsere Lebensmittel auf eine immer beschränktere genetische Basis gedrängt werden. Welcher Bauer und welcher Gärtner züchtet heutzutage noch sein eigenes Saatgut? Die Gefahren einer verarmten genetischen Grundlage der Nahrungsmittel wurde 1970 den Maisfarmern vor Augen geführt, als eine neue Pilzkrankheit 15 Prozent des hochgezüchteten, hybriden Maises in Amerika – trotz Fungiziden – vernichtete und die Lebensmittelpreise in die Höhe schnellen ließ. Nur durch hektische Nachzüchtung neuer Kreuzungen im selben Winter auf der Insel Hawaii konnte das Saatgut für den Mais des nächsten Jahres sichergestellt werden. Viel schlimmer jedoch war die Katastrophe in Europa, als 1853 die Kartoffelknollenfäule in den schwachgewordenen Kartoffelmonokulturen wütete. Da in ganz Irland nur eine einzige Sorte wuchs, war die Katastrophe so vollkommen, daß die Bevölkerung der grünen Insel von acht auf vier Millionen Menschen sank. Gegen Ende des letzten Jahrhunderts »degenerierte« der seit Jahrtausenden geliebte und umsungene Weinstock. Fast die ganze Weinkultur Europas erlag der amerikanischen Reblaus und dem Schimmel. Nur das Pfropfen auf eine amerikanische Wildsorte sowie Gift und Schwefel scheinen heutzutage die Bacchuspflanze noch am Leben halten zu können. Trotz der vielen Forschung verkommen die Kulturpflanzensorten immer schneller.

Bei der Tierzucht hat man die gleichen Probleme. Kühe, die auf Milchhöchstleistung gezüchtet werden, können ohne Tierarzt kaum mehr kalben. Auch hier wird die genetische Basis immer schmaler. Ein Viertel des amerikanischen Buntviehs zum Beispiel stammt vom gefrorenen Samen eines einzigen Hochleistungsbullen. Wie viele Erbanlagen für Krankheitsresistenz, Futterverwertung, Intelligenz usw. sind bei den Haustieren dieser Praktiken wegen verlorengegangen! Haben die Miste solcher entarteter Tiere überhaupt noch die belebende, astralisierende Kraft, die Boden und Pflanze brauchen?

Schon in den vierziger Jahren kritisierte der große Bodenkundler William Albrecht von der Universität Missouri die sture Idee, daß man etwas durch genetische Züchtung erreichen könne.[3]

> Es gibt einige Leute, die meinen, daß man so weit selektionieren und züchten kann, daß eine Leguminose z. B. aziden Boden verträgt, oder daß Weizen rostresistent werden kann. Aber solche Vorstellungen beruhen auf fehlerhafter Logik. Sie halten nicht stand vor dem *reducto ad absurdum*. Wenn man diese Vorstellungen bis zu ihrem logischen Schluß entwickelt, dann sollte es möglich sein, Pflanzen zu züchten, die gegen absoluten Nährstoffmangel widerstandsfähig sind.

Er konnte zeigen, daß die viel größeren Ernten der hybriden Kreuzungen der Kulturpflanzen weniger Eiweißstoffe und Mineralien enthalten und gegen Krankheiten weniger resistent sind.[4] Der Rohproteingehalt bei Mais lag bei 10,3 Prozent im Jahre 1911, sank jedoch durch Hybridisierung auf 5,3 Prozent im Jahre 1956. Albrecht kam zu dem Schluß, daß das Instandhalten des Bodens durch Humuspflege, nicht aber genetische Manipulation die Antwort auf die fortschreitende Degeneration ist.

Zum gleichen Schluß kam Sir Albert Howard. Bei den Wildpflanzen in der freien Natur und bei den uralten Sorten, die von den Primitiven angepflanzt werden, gibt es keine Saatgutdegeneration. In Indien erlebte er Sorten, die so alt waren, daß sie noch ihre Sanskritnamen beibehalten haben.[5] Sir Howard sah den Grund der Degeneration in den kunstdüngerbehandelten Böden, die den Pflanzenkeimen nicht genügend Lebenskraft nachliefern können. Nur durch Kompostierung könne man sicher sein, daß die Pflanzen nicht nur gute Nahrungsqualität enthalten und schädlingsresistent sind, sondern daß sie auch gutes Saatgut liefern. Auf dieser Grundlage stellte er auch den Irrtum beim hundertjährigen Weizenanbauversuch in Rothhamstead bloß: Hätte man nicht immer wieder neues Saatgut bezogen, hätte sich die Degeneration schnell herausgestellt.

Arthur Hermes bestätigte diese Ansicht ebenfalls. Der alte Bauer zeigte mir seine Kartoffeln – eine kleine rosa Sorte, mit rosa Fruchtfleisch – und erklärte: »Hier ist eine Kartoffelsorte, die offiziell schon längst ausgestorben, degeneriert ist. Es ist die Rosenkartoffel, die ich aus der norddeutschen Heide mitgebracht habe.« Hermes hielt die Rosenkartoffel und eine andere, nicht mehr marktfähige Sorte (die gelbe Krauskartoffel) über mehrere Jahrzehnte bei kräftigem Wachstum durch Kompostdüngung, dem Beizen der einzelnen Augenstücke mit Holzasche und dem Pflanzen in Hügelbeeten bei günstigen Mondzeichen. »Man muß dazu auch liebevolle Gedanken denken«, verriet er nebenbei.

Rudolf Steiner, der von den beunruhigten Bauern gebeten wurde, einen landwirtschaftlichen Kurs zu geben, da unter anderem bemerkt wurde, daß das Saatgut immer schwächer wurde, war wahrscheinlich der erste, der den Kunstdünger dafür mitverantwortlich machte. Kunstdünger kann nur bis ins Wäßrige, Mondenhafte hineinwirken, aber nicht wie der Kompost bis in den »Lebensäther« hinein. Die jungen Keimlinge aber brauchen den Lebensäther; sie saugen ihn auf, um sich auf der Erde physisch zu manifestieren. Wenn diese Ätherkraft den Pflanzen nicht zuströmt, dann verkümmern sie und liefern auch nicht das richtige Futter für die Haustiere, die ihrerseits krank werden. Diese Verkümmerung ist nicht sofort offenbar, denn sie macht sich erst in den folgenden Generationen bemerkbar.[6]

Die offizielle Meinung der etablierten Genetik

Nach der Überzeugung dieser Reformer und vieler kritischer Landwirte kann das Saatgut durch Kompostierung, gute Pflege und die günstige Gestaltung von Umweltfaktoren beeinflußt und verbessert werden. Dieser Gedanke wird jedoch von der etablierten, neo-darwinistischen Genetik als längst überwundener Lamarckismus oder Lysenkoismus strikt abgelehnt. Die Gene sind, so heißt der Lehrsatz, von Umweltfaktoren absolut unabhängig! Nur durch Züchtung (Selektion und Kreuzung), Genmanipulation und natürliche oder induzierte Mutationen kann Veränderung im Erbplasma geschaffen werden, aber nicht durch Humus und Pflegemaßnahmen, und erst recht nicht durch »mystische« Faktoren wie »liebevolle« Gedanken! Durch Umweltmanipulation kann nur die Erscheinung (Phänotypus), aber nicht der genetische DNS-RNS-Kode (Genotypus) verändert werden. Die Vererbungsregeln Gregor Mendels beweisen das!

August Wassermann hat bei Laborversuchen die Schwänze von Laborratten über zwanzig Generationen hinweg abgeschnitten, und jedesmal wurde die nächste Generation mit Schwänzen geboren. Lamarck hatte also unrecht, wenn er meinte, daß eine äußere Einwirkung nach einigen Generationen einen Eindruck auf das Erbgeschehen macht. Auch der von Stalin begünstigte und später unter Chruschtschow in Ungnade geratene Biologe T. D. Lysenko, der Erbanlagen durch Pfropfen, Veredeln und Umweltveränderung (Vernalisation) beeinflussen wollte, ist völlig widerlegt. Die Entdeckung der Vererbungsmechanismen mit dem Auffinden des genetischen Codes (Watson-Crick-Modell) unterstreicht die Tatsache, daß die Chromosomen, wie die Professoren in ihren Laboren, gegen äußere Einflüsse gefeit sind, aber nach außen hin mächtigen Einfluß haben. Diese *splendid isolation* erlaubt es den am besten angepaßten Genen, die Willkür der Erscheinungswelt sicher zu überleben. (Die Wissenssoziologie hätte dazu sicher einiges zu sagen!)

Diese Einstellung ermöglicht es offiziellen Seiten auch, zu behaupten, daß Hühnerbatterien, unnatürliche Hochleistungsbetriebe, das Trennen der Viehwirtschaft von der Pflanzenzucht, Monokulturen, Kunstdünger, Chemikalien und Gifte dem Erbgut absolut nichts antun können. Es wird behauptet, daß durch diese Maßnahmen niemals die Degenerationserscheinungen zu erklären sind. Weiterhin hegt man die Meinung, daß es die Degeneration eigentlich doch gar nicht gibt, denn der Begriff würde eine gesunde Gestalt, einen »Typus« voraussetzen. Dobzhansky argumentiert eindringlich, daß der Gedanke des »Typus« nur eine leere, idealistische Vorstellung ist, die auf die Ideenlehre Platons und auf die statische Vorstellung des Christentums zurückgeht, die sagt, daß jede Art von Gott einzeln erschaffen ist oder als Urbild irgendwo existiert.[7] Er plädiert, anstatt eines »typologischen« Denkens ein »populationelles« Denken einzusetzen. Es gibt keine Urbilder, aber es gibt Populationen (Fortpflanzungsgemeinschaften), die zufällig eine Kombination von verschiedenen Erbanlagen zu einem Zeitpunkt besitzen. Dieser populationelle gene pool verändert sich sowieso im Laufe der Zeit durch Fehlinformationen in der DNS-RNS-Duplikation, durch genetische »Unfälle« wie Deletionen (deletions) und cross-overs und durch die Labilität der Fortpflanzungsgemeinschaften (gene drift). Da liegt kein übersinnlicher Plan vor – etwa eine Entelechie –, sondern der Mechanismus ist der reine Zufall. Warum sollte nicht der Mensch zu seinem eigenen Nutzen eingreifen und, anstelle des reinen Zufalls, die Gene so manipulieren, daß er massenweise mehr und bessere Nahrung produzieren kann? Warum nicht Superkühe und Supergemüse züchten, die sich den Bedingungen einer maschinell leicht zu handhabenden Monokultur und chemischer Fürsorge anpassen können?

Eine andere Ansicht

Diese vom preisgekrönten Genetiker Dobzhansky aufgestellte These, die den Technokraten so viele interessante Möglichkeiten bietet, steht jedoch auf tönernen Füßen. Es zeigen sich Risse im Panzer der etablierten Genetik. Tierkrankheiten und Saatgutschwund nehmen verheerend zu, trotz Manipulierung, Bestrahlung und weitläufigen Züchtungsexperimenten. Aber auch im Labor wird klar, daß die Umwelt doch einen Einfluß auf die Erbmasse haben kann. Howard Temin (University of Wisconsin) entdeckte, daß eine tumorgene Virenart das DNS ihrer tierischen Wirtzellen verändern kann. Anderswo konnte gezeigt werden, daß pneumococci Teile ihrer DNS-Ketten untereinander austauschen können. Der Genetiker Waddington ist der Ansicht, daß nicht a priori auszuschließen ist, daß die Nukleinsäuren durch enzymatische Einflüsse bis in den Zellkern hineinwirken und dort genetische Veränderungen hervorrufen können.[8]

Die Weissmann-Barriere ist nicht so dicht, wie angenommen wurde. Diese Schranke, die die Erbanlagen vor Umwelteinflüssen schützt, ist wahrscheinlich ein Filter, der nur wenige nützliche Stimuli hindurchläßt und die anderen von sich weist.[9] Bei den höheren Organismen wird dieser Filtermechanismus heutzutage wahrscheinlich von harmvollen Stimuli überschwemmt. Ständig neue und verschiedenartige, giftige Chemikalien und synthetische Stoffe, die in der Natur nicht vorkommen, sowie radioaktive Strahlungen scheinen bei vielen höheren, spezialisierten Organismen die genetischen Substanzen zu beeinträchtigen. Die primitiven Organismen hingegen, die Viren, Bakterien, Protozoen bis zu den Insekten, scheinen noch flexibel genug zu sein, um sich an die radikale Umweltveränderung anpassen zu können. Sie leben eben noch auf Atlantis, wo die Wesen ihre Äthergestalt leicht verändern können.

Nach Waddington kann ein so kompliziertes Gebilde wie ein Ei, aus dem in ein paar Wochen ein fertiges Küken schlüpft, oder ein Auge, mit dem man die Umwelt farbig differenziert wahrnimmt, oder ein Samen, der die ganze Pflanzenanlage unsichtbar in sich trägt, unmöglich das Resultat von blinden, zufälligen, kleinen Mutationen in der Erbmasse sein. Zu glauben, daß die DNS-RNS-Bestandteile sich zufällig zu dieser oder jener Pflanze gestaltet haben, ist ebenso widersinnig, als wenn man glaubt, daß ein Haufen Steine und Bretter sich zufällig zu einem Haus zusammensetzen.[10] Kommt man da nicht unversehens wieder zu einer gestaltenden, organisierenden, übersinnlichen Intelligenz, die wir hier »Ätherleib« oder auch geistig-seelisches Wesen genannt haben?

Der Versuch, großartige Mutationen zu induzieren und neue Pflanzen- und Tiersorten durch radioaktive Bestrahlung zu schaffen, ist, wie die Experimente von H. J. Muller und T. H. Morgan beweisen, ein Fehlschlag. Man hat nichts als Schädigungen hervorrufen können. Bei den Tau- oder Essigfliegen (Drosophila fasciata melanogaster), die durch Bestrahlung ihrer Chromosomen blinde oder flügellose Generationen hervorbrachten, traten nach einigen Generationen plötzlich, ganz unerklärlich, wieder Flügel und Sehvermögen auf. Es scheint, als ob sich der zugrunde liegende Bauplan nach dem erlittenen Schock wieder in den Tieren manifestieren konnte.

Welche Sprache man mit Pflanzen spricht

Während man auf der einen Seite, in der etablierten Genetik, nur Verkrüppelungen des Erbguts und einige »Wundersamen« hervorbringt, die aber ohne Gift und technologische Unterstützung lebensunfähig sind, haben auf der anderen Seite einige Menschen, allerdings mit anderen Methoden, erstaunliche Erfolge mit neuen Sorten erzielt. Luther Burbank, der »Gartenzauberer von Menlo Park« (Kalifornien), war der Ansicht, daß Pflanzen formbar sind wie Ton in den Händen eines Töpfers. Er überschwemmte die Gartenbaukataloge mit neuen Pflanzensorten, riesigen Blumen, stachellosen Kakteen und einer neuen Kartoffelsorte, die in den USA immer noch gezüchtet wird – die Burbank-Kartoffel. Er hatte, was sonst nie geschieht, diese neue Kartoffelsorte über Samen gezüchtet anstatt über Wurzelklonen.[11] Seine Methode hat er nirgendwo so richtig formuliert. Er »rede« mit den Pflanzen, wurde ihm nachgesagt. Er selbst äußerte sich nebenbei, daß die Pflanzen zwanzig Möglichkeiten der Sinneswahrnehmung besitzen, daß sie jedoch wie alte Männer festgefahrene Lebensgewohnheiten haben; wenn man aber mit ihnen »spreche«, sich liebevoll ihnen zuwende, dann könne man sie überreden, ihre Gewohnheiten etwas zu ändern, damit sie sich auf eine andere Art äußern. Die Gedankenübertragung des Menschen habe eine formative Kraft.

George Washington Carver, der dem von Baumwollmonokultur verarmten Boden und den noch ärger verarmten schwarzen Pächtern der Südstaaten Erdnüsse, Süßkartoffeln und Tannenhölzer zur Genesung gab, sagte folgendes über seine Erkenntnismethode:

»Alle Blumen sprechen mit mir, und auch viele andere Lebewesen im Wald. Was ich weiß, lerne ich, indem ich *beobachte und liebe*.«[12] Ähnliche Erfolge scheint der russische Pflanzenzüchter J. W. Mitschurin gehabt zu haben. Durch Veränderung der Umwelt dieser Tiere konnte der österreichische Biologe Kammerer bei einer Molchart anscheinend sogar eine vererbbare Veränderung der Handschwielen hervorrufen, und es gelang ihm, daß sie sich in seinem Labor vermehrten. Diese Tatsache paßte ganz und gar nicht in das Schema der neodarwinistischen genetischen Theorie. Anscheinend verfälschte man seine Explanationen, warf ihm Betrug vor, und er beging Selbstmord. Keiner der ihm kritisch gegenüberstehenden Wissenschaftler hat es je vermocht, seine Molchzüchtung nachzuvollziehen: die Molche wollen einfach nicht kooperieren. Wenn Kammerer kein Schwindler war – was nach seinem ehrwürdigen Biographen Arthur Koestler gar nicht in Frage kommt, wie erklärt man den eigentümlichen Erfolg in der Züchtung? Er liebte seine Kaltblüter so sehr, daß er sich sogar den Spitznamen »Krötenküsser« erwarb, als er auf einer Wanderung in Mähren eine Kröte fand und sie sachte auf den Kopf küßte. Seiner einzigen Tochter gab er den Namen der hübschen Zauneidechse Lacerta als Vornamen. Es war ihm fast unmöglich, seine Laborexempel zu töten, um sie zu präparieren. Auch bei diesem Wissenschaftler erkennen wir einen Faktor, der der konventionellen Wissenschaft fehlt: seelische Wärme und eine liebevolle Beziehung!

Hier haben wir den Schlüssel, um zum Wesen zu gelangen, das hinter der Erscheinung liegt. Hier kommen wir über das Manipulieren des zur starren Materie geronnenen Einzelorganismus hinaus und dringen zu den lebendigen, plastischen Bauplänen, zum noch Formkraft enthaltenden »Typus« vor. Auch hier gilt das Prinzip similia similibus: Totes Denken nimmt nur eine tote Welt wahr und führt zu Abbruch und Degeneration. Liebevoll einfühlendes Denken schafft Kontakt mit lebenden Wesen. Der mikrokosmische Geist des Menschen spricht die übersinnlich im Makrokosmos weilenden Wesen an, die dann ihrerseits, dem Menschen zu Gefallen, auf ihre Erscheinungsform einwirken. Der wahre Pflanzenzüchter hat übersinnliche Verbindungen mit den plastischen Urbildern, ebenso wie der Schamane der Wildbeuter Kontakt mit den Gruppengeistern des jagdbaren Wildes hat. Immer wieder wird dem Ethnologen erzählt, wie der »Herr der Tiere« seine Kinder auf den Berg oder in den tiefsten Wald zurückzieht, wenn die Jäger böse oder unmoralisch werden, und wie er sie auf Bitten des Schamanen, gegen das Versprechen der Besserung, den Menschen wieder als Nahrung zuschickt. Noch viel schwieriger herzustellen ist diese Verbindung mit dem Gruppengeist der Pflanzen, die ja »viel weiter entfernt« sind in der übersinnlichen Welt. Der Pflanzenzüchter muß ein Pflanzenschamane werden und muß dort, wo die Toten und Ungeborenen weilen, mit den »Herren der Pflanzen« sprechen. Die Hochschulwissenschaftler, die in der untersinnlichen Welt der DNS-Moleküle herumstöbern, suchen in der falschen Richtung und verbauen sich sogar den Zugang zu diesen Wesen. Bestrahlung, Elektrokultur, Hydrokultur, Hydroponik und ähnliche, aus Habgier motivierte Methoden vertreiben die Wesen der Erscheinungswelt, so daß ihre Manifestationen degenerieren oder gar aussterben. Gesalzene und vergiftete Böden, die keine Lebensätherkräfte enthalten, verhindern die volle, gesunde Ausprägung der Pflanzengestalt; Insekten und Pilzsporen kommen dann, um diese kränklichen Ausgestaltungen abzuräumen.

Der biologisch-hermetische Gärtner kann jedoch sein Saatgut erhalten. Er braucht diese Lebensanker nicht den lebensfeindlichen Technokraten und den großen Handelsgesellschaften zu überlassen. Er kann sogar bessere Pflanzen züchten, denn er hat eine direkte seelische Verbindung mit den lebenden makrokosmischen Seelen.

Wie erhält man das Saatgut?

Wenn der Same in den Boden gestreut wird, wird er von den Elementen Wärme, Wasser und Bodenluft erfaßt. Er quillt, Fermente und Katalysatoren zersetzen Öle und Fette, Stärke wird gespalten, Eiweißstoffe zerfallen. Es entsteht ein »Chaos«; der Sameninhalt gleicht dann der prima materia. In dieses Chaos können die formgebenden kosmischen Kräfte hineinwirken. Daher schaut man, daß man zu den richtigen Zeiten bei günstigen Konstellationen aussät. Wenn man einfach gute Nahrungsmittel anbauen will, richtet man sich hauptsächlich nach den Mondphasen, dem Vollmond und Neumond. Wenn man aber speziell Saatgut nachziehen will, dann sollte man auf die Mondzeichen (siderischer Mond) achten, so daß man Wurzelgemüsesamen an Wurzeltagen in die Erde bringt, Blattgemüse an Blattagen und Früchtesamen an Fruchttagen aussät. Auf diese Weise kann der Archetypus stärker eingreifen. Man muß sich meditativ nach der goetheanistischen Methode in die Bilder und Pflanzeneigenschaften hineinversetzen, um das genau entsprechende Zeichen, das am besten für die einzelne Art ist, heraus-

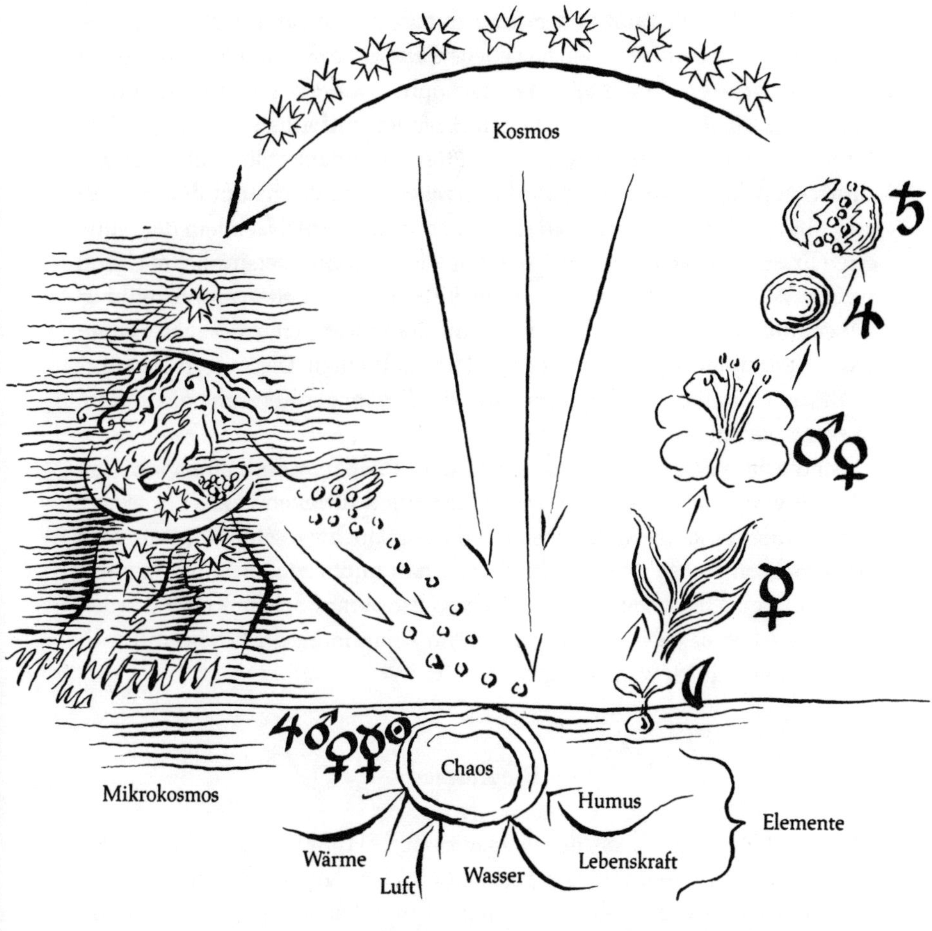

zufinden. So werden zum Beispiel die Knollen für Kartoffelsaatgut am besten im Erdzeichen des Stiers.

Der innere Kosmos hat auch eine in-formierende, bildende Wirkung auf das Saatgut, wenn sich die Samen im Stadium des Chaos befinden. Hermes läßt im inneren Firmament die Sonne scheinen, wenn er aussät; er schüttelt den Samen in seiner Hand und lenkt seine Gedanken dabei auf das Sonnenwesen des Christus. Bei einigen Völkern wird beim Säen gesungen, bei anderen bewußte Stille bewahrt; bei einigen feiert man Orgien in den Feldern und in anderen übt man Enthaltsamkeit. In jedem Fall ist die seelische Verbindung mit dem Keimungsprozeß und mit dem Pflanzenwesen hergestellt.

Nicht nur das innere und äußere Firmament sind zu beachten, sondern auch der Boden als irdischer Faktor. Der Same muß genügend Humus vorfinden, damit er sich mit Lebenskraft durchtränken kann. Der präparierte Kompost liefert genügend solche Lebenskräfte, so daß sich die Pflanze nicht vor der nächsten Samenbildung erschöpft, sondern von der Keimung (Mond) bis zur Reife (Saturn) die ganze planetarische Leiter hinaufsteigen kann. Wir erinnern uns, daß man die Pflanzenmetamorphose planetarisch ausdrücken kann: Keimling (Merkur), vegetatives Wachstum (Sonne, Venus), Blüte (Mars), Frucht (Jupiter) und Samen (Saturn). Nachdem der Same erreicht ist, zieht sich die Pflanzengestalt wieder in ihr übersinnliches Urbild zurück. Wenn der Gärtner im Frühling die Samentüte hervornimmt, wird er selber zum Saturn (lat. *sator* = Sämann). Seine warmen, trockenen Hände lassen den Samen sozusagen aus dem »Himmel« fallen. Die kalte, feuchte Erde ist der »Mond«, die Mondensphäre, aus der bei der Keimung die Pflanze in eine neue Inkarnation tritt.

Man erhält das Saatgut, wenn man dem Pflanzenwesen einen schönen Weg bereitet, daß es sich an seiner Inkarnation erfreuen kann. Ein weiser Gärtnermeister kann unter Umständen das Pflanzenwesen bitten, aus dem »Himmel« eine neue Anlage oder Eigenschaft mitzubringen. Aber wer von uns heutigen Menschen hat eine solche Geisteskraft? Solche Kräfte wurden den Menschen des goldenen Zeitalters, im Atlantis, als die Schöpfung noch jung und beweglich war, nachgesagt.

Die Aussaat

Man wählt die Saatzeit, die der Pflanze zusagt. Das Beet ist von Unkraut gesäubert, gelockert und mit Kompost gedüngt worden. Die Entfernung zwischen den Reihen ist auf die Sorten abgestimmt. Die Menge der Samen und die Dichte der Saat ist keine allzuschwierige Erfahrungssache, wobei der Anfänger immer zu dicht sät. Das macht aber nichts, denn man kann immer die zusammengedrängten Keimlinge lichten. Genauere Angaben findet man in Manfred Stauffers *Gemüsebau für Gemeinschaften* (1979) und in der Ausgabe »Gartenbau« des *Grünen Zweig*.[13]

Einige Sorten, wie Bohnen und Erbsen, läßt man zwölf Stunden vorquellen. Wenn man sie länger im Wasser vorquellt, können sie ersticken, da sie ja atmende Lebewesen sind. Gurken, Kürbisse, Melonen und Squash läßt man in Milch vorquellen. Gesundes Saatgut braucht nicht mit Fungiziden gebeizt zu werden, aber ein Saatbad, mit Präparaten vermischt, kommt ihnen zugute. Das Hornmistpräparat hilft ihnen bei der Wurzelentwicklung.[14]

Die Regel für die Saattiefe ist, daß man die Samen so tief in den Boden bringt, wie sie breit oder lang sind. Eine Ausnahme bilden die Lichtkeimer wie Salat, Tabak oder Fingerhut, die man nur an die feuchte Bodenoberfläche drückt.

Einige Gemüsearten springen fast aus dem Boden, sobald man sie ausgesät hat; dazu gehören die Kreuzblütler, Sonnenblumen und Salate. Sehr langsam hingegen keimen die Doldenblütler (Möhren, Pastinaken, Petersilie usw.), Neuseeländer Spinat und die meisten Küchenkräuter. Da man manchmal bis zu einen Monat warten muß, bis die Jungpflanzen sich zeigen, ist es günstig, die Reihen mit einer Markiersaat aus Schnittsalat oder Radieschen, die man unter die Langsamkeimer mischt, zu markieren.

Das Aufbewahren von Saatgut

Nur die besten Pflanzen – der Salatkopf, der am spätesten »schießt«, der festeste Kohlkopf, die größte Topinamburknolle – werden für die Saatguterzeugung ausgesucht. Es handelt sich natürlich um Pflanzen, die zur rechten Konstellation in den Boden gebracht worden sind und die mit Kompost gedüngt wurden. Von Hungerformen, die vorzeitig zur Samenreife kommen, nehmen wir keine Samen.

Die Samen müssen an der Mutterpflanze so lange ausreifen können wie nur möglich. Eine über die reifende Dolde oder Ähre gebundene Tüte schützt die Samen vor frechen Finken und vor Ausfall. Wenn sie dann ganz reif sind, schneidet man die Rispe, Ähre, Dolde oder den Blütenkopf, drischt sie in der Tüte aus und worfelt sie. Bohnen, Erbsen und Mais läßt man in den Hülsen oder am Kolben nachreifen. Fleischige Früchte wie Tomaten, Squash, Gurken, Eierfrucht oder Paprika läßt man am Stock überreif werden, dann kratzt man die Samen heraus und läßt sie ein oder zwei Tage in Wasser leicht gären. Auf diese Weise säubert man die einzelnen Samen von dem klebrigen Fruchtfleisch. Auf Löschpapier oder einem feinmaschigen Gitter werden sie dann getrocknet.

Es ist sinnlos, Sämereien aufzubewahren, wenn man sie nicht gut unterbringt und genau mit dem Datum und Sortennamen beschriftet. Samen sollen kühl, trocken und dunkel aufbewahrt werden, damit sie weder Schimmel noch Mehltau befallen und sie nicht in ihrer Samenruhe gestört werden. Schnupftabakdosen, die wegen ihres Nikotingeruchs abstoßend auf samenfressende Käfer wirken und sich dicht schließen lassen, sind die besten Behälter zur Aufbewahrung.

Fast alle Gemüsesorten keimen, nachdem sie geerntet und getrocknet sind. Die Doldenblütler müssen aber mindestens einen Monat nachreifen, ehe sie keimen; Rote Bete und Mangold werden nach zwei bis drei Jahren keimungsfreudiger. Der Knollenziest (Stachys) und Enzian brauchen Frost, um zu keimen; andere Arten keimen besonders gut bei ihnen zugetanen Konstellationen; wiederum andere wie die Tomaten haben in der äußeren Schale Keimhemmstoffe, die verhindern, daß der Same schon in der Frucht keimt, und die erst abgebaut werden müssen.

Keimfähigkeit

Wie lange kann man Samen aufbewahren? Ist es nötig, jedes Jahr frisches Saatgut zu kaufen oder zu erzeugen? 1954 wurde bei einer Expedition ein fast zehntausendjähriger Lupinesamen im Eis des Yukon-Territoriums gefunden – keimfähig! Man weiß, daß Lotussamen nach tausend Jahren noch keimen. Aber der keimfähige Weizen aus ägyptischen Mumiengräbern scheint dem Bereich der Fabel anzugehören. Auf jeden Fall haben Samen eine längerwährende Vitalität, als die verkaufsfreudigen Vertreter der Samenhandlungen es uns glauben machen wollen. Die optimale Keimfähigkeit ist in der folgenden Tabelle angegeben; nach diesen Zeitspannen nimmt die Vitalität langsam ab.

Sellerie	10 Jahre
Gurken, Endivien	8 Jahre
Rote Beete, Eierfrucht, Melone, Squash	6 Jahre
Kohlsorten, Salat, Kürbis, Spinat, Speiserübe	5 Jahre
Spargel, Möhren, Senf, Paprika, Tomaten	4 Jahre
Lauch, Bohnen, Petersilie, Erbsen	3 Jahre
Zuckermais, Zwiebeln, Haferwurzeln, Pastinaken, Wurzelpetersilie	2 Jahre

Wenn man wissen will, ob lange aufbewahrtes Saatgut noch keimfähig ist, kann man den Prozentsatz ermitteln, indem man hundert Samen zwischen nasses Löschpapier sät und dann zählt, wie viele gekeimt haben. Man kann auch zwanzig Samen säen und die gekeimten mal fünf multiplizieren, dann bekommt man ebenfalls den Prozentsatz des keimfähigen Saatguts. Aus dieser Überprüfung ergibt sich, ob es überhaupt wert ist, den Samen auszusäen oder wie dicht man ihn säen soll.

Bestäubung und Kreuzungen

Durch die Bestäubung werden die haploiden Chromosomensätze der einen Pflanze durch die der anderen ergänzt und bilden den »Embryo« der neuen, diploiden Pflanze. Manche Blüten werden von Insekten bestäubt, andere vom Wind, wieder andere sind Selbstbestäuber. Selbstbestäubung, wie man es bei Tomaten, Bohnen, Erbsen und Mais findet, macht es dem Gärtner leicht, gute Samen zu bekommen, da unerwünschte Kreuzungen selten vorkommen. Der Salat kann sich selbst bestäuben, aber auch von den windgetragenen Pollenkörnchen des stacheligen, bitteren Stachellattich (Lactuca scariola) befruchtet werden. Da dies das Saatgut verderben würde, sollte man sorgfältig alle wildwachsenden Stachellattiche in der Umgebung des blühenden Kopfsalates entfernen. Haferwurzel, Witloof und Gartenlöwenzahn sind gleichfalls Selbstbestäuber, werden aber gerne von Bienen besucht, die sie mit ihren wildwachsenden Verwandten Wiesenbocksbart (Tragopogon pratensis), Wegwarte (Cichorium intybus) und Feldlöwenzahn (Taraxacum officinale) kreuzen.

Man muß darauf achten, daß Paprika und Chilepfeffer einander nicht bestäuben. Gurken, Kantalupen und Wassermelonen bringen keine Kreuzungen hervor, aber bei Squash, Zucchini und anderen Kürbissen entwickeln sich eigenartige, mitunter ulkige Bastarde. Blattmangold, Rippenmangold, Rote Beete und Zuckerrüben werden vom Wind befruchtet und können unerwünschte Kreuzungsresultate hervorbringen. Blumenkohl, Grünkohl, Kohlrabi, Rosenkohl, Brokkoli und andere Kohlarten gehören alle der Gattung Brassica oleracea an und werden von Bienen oder Schmetterlingen sehr leicht gekreuzt, was zu unbrauchbaren Bastarden führt. Möhren kreuzen sich mit der Wilden Möhre (Daucus carota) zu einer holzigen, mageren Wurzel. Lauch vermischt sich mit Zwiebeln, wenn man nicht aufpaßt, ebenso wie Sellerieknollen mit Bleichsellerie. Um dergleichen unerwünschte Kreuzbestäubungen zu verhindern, muß man ganz bei der Sache sein. Samennachzucht ist nicht etwas, das man so nebenbei betreiben kann. Zur Blütezeit kann man die auserkorenen Blüten mit einer Papiertüte abschirmen und von Hand die Arbeit des Windes oder der Insekten übernehmen, indem man mit einem weichen Kamelhaarpinsel den Pollen auf die Narbe bringt. Wenn die Früchte sich zu formen beginnen, kann man die Tüte wieder entfernen.

Zu den einjährigen Gemüsepflanzen, von denen man Saatgut innerhalb eines Jahreslaufes gewinnen kann, gehören alle Hülsenfrüchte, alle Nachtschattengewächse, alle Gurken- und Kürbisarten, Kopfsalat, Rauke, Radieschen, Chinesenkohl, Spargelkohl, Gartenmelde, Gartenkresse, Spinat und Neuseeländer Spinat. Zweijährige Arten wie die Kohlsorten, die Doldenblütler, Rote Beete, Mangold, Lauch und Zwiebeln wachsen das erste Jahr ins Kraut, dann brauchen sie eine Winterruhe mit tieferen Temperaturen (Vernalisation). Erst im zweiten Jahr zeigen sie Blühbereitschaft. In tropischen Ländern, wo es keine Winter gibt, gelangen diese Pflanzen nie zur Blüte. Wir lassen diese Pflanzen entweder im Beet, unter einer tiefen Mulchdecke vor dem Frost geschützt, oder graben sie mitsamt einem Erdballen aus und bewahren sie bis zum Frühling im Wurzelkeller, ehe wir sie wieder ins Beet pflanzen.

Wenn Fenchel, Sellerie oder Lauch schon im ersten Jahr Samen machen, nehmen wir diese frühreifen Exemplare nicht als Saatgut.

Viele Gartengewächse werden nicht von Samen gezogen, sondern vegetativ vermehrt. Bei Erdäpfeln und Topinambur zerteilt man die Knollen, wobei jedes Auge (Knospe) eine völlig neue Pflanze bildet. Bei Beinwell, Meerrettich, Baldrian und Rhabarber teilt man ebenfalls den Wurzelstock. Bei Erdbeeren, Minze, Brennessel, Rainfarn und etlichen Stauden werden die Ausläufer zur Vermehrung abgetrennt.

Man sieht, daß die Saatgutvermehrung ziemlich viel Aufmerksamkeit erfordert. Aber weder braucht jedes Jahr frisches Saatgut hergestellt zu werden noch braucht man alle Samen selbst zu züchten. Ein Gartenverein, Nachbarn oder gute Freunde sind immer bereit, nicht nur gute Informationen auszutauschen, sondern auch Samen und Stecklinge. Verschiedene Menschen haben auch ganz verschiedene Erfolge mit der Saatgutherstellung – vieles hängt von ihrem »inneren Himmel« ab. In unserer Nachbarschaft in Oregon lebte ein alter Gärtner aus Texas, der herzensgerne den Abelmosch (Okra) verspeiste und auch einen unglaublichen Erfolg mit der Anzucht dieser Gemüseschote hatte. Er beschenkte die ganze Gegend mit dem Samen. Ein polnischer Einwanderer, der jedes Jahr den ersten Preis für die größten Sonnenblumen an der county fair gewann, segnete die ganze Nachbarschaft mit Sonnenblumenkernen. Auf diese Art kann die Saatguterzeugung eine Gemeinschaftssache werden. Man wird beobachten können, daß es immer die älteren Männer sind, die sich selbst dem Saturnalter nähern, die die nötige Ruhe und Gedankenklarheit haben, die das beste Saatgut erzeugen. Der biologisch-hermetische Gärtner wird eine tiefe Befriedigung erfahren können, wenn er das Pflanzenwesen vom Samen bis zum Samen durch die Pflanzeninkarnationen begleiten kann.

Nachwort

Der Gartenbau ist etwas so Ursprüngliches, daß sich viele Ursprungsmythen des Menschen um Garten ranken. Immer wieder regt sich die Sehnsucht nach dem Paradies, was ja nichts anderes als »Prachtgarten« im Altpersischen bedeutet. Auch in den Utopien der Landkommunenbewegung und Alternativkultur spielt dieses Urbild unbewußt eine Rolle. Wenn die Welt garstig wird, wenn es sich wegen Wirtschaftskrisen oder Kriegen schwer leben läßt, drängt es den Menschen in den Garten wie das erschreckte Kind an den Busen der Mutter. Man denke an die Gemüseflecken in den Bombentrichtern mitten in der Stadt, an die Gärten der Arbeitslosen oder die »Inflationsgärten« in Zeiten der Teuerung, die heutzutage in den USA wieder populär werden. Alte Leute und Rentner – ausgewrungen von langen Dienstjahren in Büros und Fabrikhallen – finden an ihrem Lebensabend Freude und Trost in ihren liebevoll gepflegten Gärtchen. In der düstersten Zeit der Industrialisierung erhielten sich die Ärmsten in England mit ihren »Armengärten« am Leben, und im Laufe der Proletarisierung konnten Arbeiter Erholung, frisches Gemüse und etwas Obst in ihrem Stückchen Paradies finden. Neben Brombeerranken, blühenden Dahlien und duftenden Rosen genoß man in der Gartenlaube den Sonntagnachmittagskaffee und -kuchen, rauchte Pfeife, pflegte die Familienkultur und hing kleinbürgerlichen Träumen nach. Küchenabfälle, Kaffeesatz und »Pferdeäpfel«, die man auf der Straße zufällig fand und den Spatzen streitig machte, kamen alle auf den Kompost. Rings um die rußigen Industriestädte und an den Bahngleisen blühte mit den Schrebergartenvereinen eine regelrechte Volkskultur auf. Der Rückzug des kleinen Mannes in den Schrebergarten spielt in den Ostblockstaaten immer noch eine so bedeutende Rolle, daß Soziologen von dem Phänomen des »Datschaismus« (russ. Datscha = kleines Landhäuschen im Grünen) sprechen.

Man belächelt gerne diese spießigen, biederen Beispiele, und doch wird es wieder der Garten sein, in dem man sich Balsam suchen wird, wenn das Experiment der Reorganisierung der Welt nach dem Fabriksmodell gescheitert ist, wenn der Nahrungsmitteltransport nicht mehr rentabel ist, die Energiekosten ins Unermeßliche steigen und das soziale Gefüge unter Druck wieder einmal zu zerbrechen droht. Nirgends ist der Leistungsgrad pro Hektar und Energieaufwand höher als auf diesen kleinen, liebevoll gepflegten, intensiv bearbeiteten Flächen. Das ist offenbar, wenn man den Nutzeffekt der französischen Marktgärten, der Gartenagrikultur Chinas oder der russischen Privatgärten – wo auf 1 Prozent der Gesamtnutzfläche 30 Prozent der Nahrung der Sowjetunion erzeugt wird – mit den Kolchosen, den neokolonialistischen Plantagen oder den kapital- und energieintensiven Corporation-Farms der USA – wo für jede erzeugte Nahrungskalorie zwei bis fünf Kalorien aufgewendet werden – vergleicht.[1]

Aus den Gärten wird eine sanftere Technologie aus Sonne, Wind und Wasser geboren werden können. Hier wird die der Unterwelt entsprungene Supertechnologie ebensowenig Platz haben wie entfremdende, unmenschliche Arbeitsgänge. Man wird wieder Unabhängigkeit und das Vertrauen zu sich selbst finden und zur selben Zeit die Verbindung zum Nachbarn, mit dem man den Überfluß der Produkte, Saatgut, Werkzeuge und Ideen tauscht, wiederherstellen können. In jedem Garten kann der Lebensbrunnen sprudeln und der Lebensbaum Früchte tragen. Und zuletzt begegnet man, wie einst Maria Magdalena, dem Seelengärtnermeister, der den schweren Stein des toten Materialismus wegrollt, nachdem man geglaubt hatte, es sei nun doch alles verloren gegangen.

Der Familiengarten

Ein kleiner Familiengarten kann in diesen Zeiten der steigenden Lebensmittelpreise nicht nur die ästhetischen Bedürfnisse befriedigen, sondern auch beim Einkommen viel sparen. Mit einem 500 Quadratmeter großen Garten und weniger als 250 Arbeitsstunden kann eine vierköpfige Familie ihren Jahresbedarf an Gemüse, Salaten und Kartoffeln decken. Mit einem 3000 Quadratmeter großen Garten kann sich diese Familie sogar mit Eiern, Fleisch und Honig eindecken, wenn sie Hasen, Hühner und Bienen in die Gartenbiozönose einschaltet.[2] Auf einem größeren Grundstück kann man schon ein paar Milchschafe, Ziegen oder ein Schwein – (»Jedes Schwein eine Düngerfabrik!« Zitat Mao-tse-tung) halten. Mit mehr als einem Hektar kommen schon eine Kuh und ein Karpfenteich in Frage.

Der Familiengarten kann auf die teuren Geräte und den spektakulären Klimbim, den ihm die ausgeklügelten Werbesprüche anhängen wollen, ganz verzichten. Gartenbau ist so urtümlich, daß die meisten Geräte und Techniken (gr. *techne* = Handfertigkeit) schon viele Jahrtausende vor dem

Industriefabrikat perfektioniert worden sind. Auch die Völkerkundler berichten, daß die Technologie der Pflanzenvölker äußerst einfach ist, aber die Techniken sind höchst entwickelt und außerordentlich angepaßt. Wenn man Tiefbeetkultur mit Humuspflege (Kompostierung) verbindet, braucht man auch keinen Gartentraktor, denn der Boden bleibt locker. Die Ruhe, die ein Garten geben kann, will man auch nicht stören, denn sie ermöglicht das Öffnen der Chakras, das andächtige Eindringen in die Welt hinter den Erscheinungen; sie ermöglicht das selten gewordene Denken – im Gegensatz zum modernen, computerhaften Kombinieren. Die einzigen Werkzeuge, die man braucht, sind die folgenden:

1. Grabgabel: zum Tieflockern und Knollenernten.
2. Spaten: zum Rigolen und Zerkleinern von Strünken und Halmen.
3. Hacke (Pendel-, Zieh- und Häufelhacke): zum Unkrauthacken, Anhäufeln, Bodenlockern.
4. Heuforke: um Bodenbedeckung und Kompostmaterialien zu bewegen.
5. Schaufel: zum Bewegen von Kompost und Erde.
6. Rechen: zur Saatbeetvorbereitung.
7. Handschaufel: um Setzlinge zu verpflanzen.
8. Gießkanne.
9. Schubkarre.
10. Sichel oder Sense: um Futter oder Bodenbedeckung zu schneiden.
11. Holzfässer: für Jauchen und andere Gebräue.
12. Taschenmesser.

Am teuersten werden wahrscheinlich die Wasserschläuche und Bewässerungsanlagen, aber wenn man die in diesem Buch angegebenen Vorschläge befolgt, sollte man mit weniger als der Hälfte der normalen Bewässerung auskommen. Tomaten- und Bohnenstangen kann man aus der eigenen Windschutzhecke schneiden. Plastikzelte sind nur von Bedeutung, wenn man die Wachstumsperioden etwas verlängern will, sie sind aber an und für sich nicht notwendig. Die Kosten für Kunstdünger und Gifte entfallen selbstverständlich durch ökologische Anbaumaßnahmen und ein goetheanistisches Naturverständnis ganz und gar.

Anmerkungen

I Der Garten an der hermetischen Quelle

1 Hauser, Albert: *Bauerngärten in der Schweiz*. Zürich/München, Artemis Verlag, 1976. S. 36f.
2 Kropotikin, Prinz Peter: *Landwirtschaft, Industrie und Handel*. Berlin, 1921.
3 Storl, W. D.: »Ideologie und Oekologie emmentaler biologisch-dynamischer Höfe« in: *Studia Ethnologica 4*, Seminar für Ethnologie, U. Bern, Bern, 1980.

II Es war einmal ...

1 Gurjewitsch, Aaron J.: *Das Weltbild des mittelalterlichen Menschen*. Dresden, VEB Verlag der Kunst, 1978. S. 379.
2 Hauser, Albert: *Bauernregeln*. Zürich/München, Artemis Verlag, 1973.
3 ebd. »Zeichenregeln«, S. 493.

III Die neue Landwirtschaft und Rufer in der Wildnis

1 Schmidt, F. L.: *Landwirtschaftlicher Impuls und seine Entfaltung*. Birenbach, W. Müller Verlag, 1974.
2 Wolf, Walter: *Faschismus in der Schweiz*. Zürich, Flamberg Verlag, 1969, S. 46.
3 Vgl. Rusch, H. P.: *Bodenfruchtbarkeit*. Heidelberg, Haug Verlag, 1968.
4 Darwin, Charles: *The Formation of Vegetable Moulds through the Action of Worms*. London, 1882.
5 Howard, Sir Albert: *The Soil and Health*. New York. Schocken Books, 1972, S. 74.
6 Seymour, John: *Selbstversorgung aus dem Garten*. Ravensburg. Otto Maier Verlag, 1978. S. 96.
7 Koepf, Herbert H., et al: *Biologische Landwirtschaft*. Stuttgart, Verlag E. E. Ulmer, 1974.

IV Altertümliche Begriffe

1 Holmyard, E. J.: *Alchemy*. Middlesex, England, Penguin Books, 1968, S. 21.
2 Agrippa von Nettesheim: *De Occulta Philosophia*. Meisenheim/Glan, Reprint: A. Hain; 1530, S. 49.
3 Kolisko, L.: *Agriculture of Tomorrow*. London. Kolisko Archives. 1939.
4 Pfeiffer, Ehrenfried: *Sensitive Crystallization Process:* A Demonstration of the Formative Forces in the Blood. New York, 1936.
5 Schwenk, Theodor: *Das Sensible Chaos*. Stuttgart, Verlag Freies Geistesleben, 1976.
6 Wortmann, Michael: *Konventionelle und Biologische Landwirtschaft*. Darmstadt, Verlag Lebendige Erde, 1977, S. 233.

7 Yates, Frances: *Giordano Bruno and the Hermetic Tradition.* New York, Vintage Books, 1964.
8 Peuckert, Will-Erich: *Theophrastus Paracelsus.* New York/Hildesheim, Georg Olms Verlag, 1976. S. 40.
9 Strube, Wilhelm: *Der historische Weg der Chemie.* Leipzig, VEB Deutscher Verlag für Grundstoffindustrie, 1977, S. 85.
10 Scheler, Max: *Die Stellung des Menschen im Kosmos.* Darmstadt, Otto Reichl Verlag, 1935.
11 Tompkins, P., et al: *Das geheime Leben der Pflanzen.* Bern/München, Scherz Verlag, 1974, S. 151 u. 153 ff.
12 Hartmann, Franz: *Paracelsus: Life and Prophecies.* Blauveldt, N. Y., Rudolf Steiner Publications, 1973, S. 156.
13 Tompkins, P., et al, op. cit. S. 134 ff.
14 Hawken, Paul: *The Magic of Findhorn.* New York. Harper and Row, 1975.

V Transmutation werdender und vergehender Stoff

1 Eliade, Mircae: *Schmiede und Alchimisten.* Stuttgart, Ernst Klett Verlag, S. 57.
2 Ploss, et al: *Alchimia: Ideologie und Technologie.* München, Heinz Moos Verlag, 1970, S. 200.
3 Hauschka, Rudolf: *Heilmittellehre.* Frankfurt am Main, Vittorio Klostermann Verlag, 1965, Kap. IX.
4 Eliade, op. cit., S. 202
5 von Bernus, Alexander: *Alchimie und Heilkunst.* Nürnberg, Verlag Hans Karl, 1969, S. 47.
6 Steiner, Rudolf: *Geisteswissenschaftliche Grundlagen zum Gedeihen der Landwirtschaft* (Landwirtschaftlicher Kursus). Dornach (Schweiz), R. Steiner Verlag, 5. Aufl., 1975, S. 136.
7 ebd. S. 137.
8 Steiner, Rudolf: *Der Mensch als Zusammenklang des schaffenden, bildenden und gestaltenden Weltenwortes.* Dornach (Schweiz) R. Steiner Verlag, 1973.
9 Christian, James: *Philosophy.* San Francisco, Rinehart Press, S. 384.
10 Hauschka, Rudolf: *Substanzlehre.* Frankfurt am Main, Vittorio Klostermann Verlag, 1976.
11 Spindler, Henri: »Bull. Lab. Maritime de Dinard XXVIII (1947)« und »Bull. Lab. Maritime de Dinard XXXI (1948)«.
12 Baranger, Pierre: »Science et Vie«, Nr. 499, April 1959.
13 Krevran, Louis C.: *Biological Transmutations* (transl. M. Abehsera) Binghampton, N. Y., Swan House Publ. 1972, S. 94.
14 Tompkins P., and Bird, C.: *The Secret Life of Plants.* Harmondsworth, Middlesex, England, Penguin Books, Ltd., 1974, S. 246.
15 Pfeiffer, Ehrenfried: *Die Fruchtbarkeit der Erde.* Dornach (Schweiz), Rudolf Geering Verlag, 1977, S. 175 ff.
16 Kolisko, op. cit.
17 Piccardi, G.: *The Chemical Basis of Medical Climatology.* Springfield, Illinois, Thomas Publ., 1962.
18 Tompkins et al. S. 215 ff.

VI Goetheanistische Wissenschaft

1 Voigt, Wolfram, et al: *Johann Wolfgang von Goethe als Naturwissenschaftler.* Leipzig, BSB, B. G. Teubner Verlag, 1979, S. 31.
2 Steiner, Rudolf: *Goethes Naturwissenschaftliche Schriften.* Sonderausgabe sämtlicher Einleitungen der »Deutschen National Literatur« Hrsg. Joseph Kürschner, Bd. 114–117 (1883–97). Stuttgart, Verlag Freies Geistesleben, 1962.
3 Boyd, Doug: *Rolling Thunder.* New York, Random House, 1974, S. 10.

VII Evolution – Involution

1 Roszak, Theodor: *Unfinished Animal.* New York. Harper and Row Publ., 1975. »The Occult Evolutionists« 5. Kap.
2 Schwenk, op. cit.
3 de Chardin, Teilhard: *Le Phénomène humain.* Paris. Edition du Seuil. 1948.
4 Hauschka, op. cit. (1965), S. 194–8.
5 Scheler, op. cit., S. 21.
6 Jensen, William A., et al: *Botany: An Ecological Approach.* Belmont, California Wadsworth Publ. Co. 1972.
7 Fischer Kolleg: *Chemie.* Zürich, Hsg. Wolfgang Glöckner, Ex Libris 1973, S. 149.
8 Eliade, Mircea: *Patterns of Comparative Religion.* New York, Meridian Books, 1963, S. 274–5.
9 Grohmann, Gerbert: *Die Pflanze als Lichtsinnesorgan der Erde.* Stuttgart, Verlag Freies Geistesleben, 1962.
10 Meyer, Rudolf: *Nordische Apokalypse.* Stuttgart, Verlag Urachhaus, 1976, S. 103, 113.

VIII Der irdische Faktor: der Boden

1 Fletcher, John: *Russia: Past, Present and Future.* London, New Knowledge Books, 1968, S. 3.
2 Pfeiffer, Ehrenfried, op. cit. (1977), cf. Kap. X. »Dynamische Eigenschaften des Pflanzenlebens«.
3 Palissa, Alfred: *Bodenzoologie.* Berlin, Wissenschaftliche Taschenbücher, Akademie Verlag, 1964, S. 30.
4 ebd. S. 102.
5 Brookfield, H., et al: *Struggle for Land.* Agriculture and Group Territories among the Chimbu of the New Guinea Highlands. New York, Oxford University Press, 1963.

IX Nährstoffe und Düngersubstanzen

1 von Liebig, J.: *Chemie und ihre Anwendung auf Landwirtschaft und Physiologie*, 1840.
2 Salisburry, Frank, et al: *Plant Physiology*, Belmont, California, Wadsworth Publ. Co. 1969, S. 192.
3 Kleine Enzyklopädie: *Land, Forst, Nahrung, Garten.* VEB Bibliographisches Institut Leipzig, 1978, S. 61.
4 Steiner, op. cit. (1975), siehe 3. Vortrag.
5 Wortmann, op. cit., S. 181.

6 Steele, Dorman J.: *A Fourteen Weeks Course in Chemistry*. New York, A. S. Barnes & Co., 1868.
7 Remer, Nicolaus: *Lebensgesetze im Landbau*. Dornach (Schweiz), Philosophisch-Anthroposophischer Verlag, 1968, S. 38–62.
8 Klett, Manfred: »Untersuchungen von Licht- und Schattenqualität« in: *Biologisch-Dynamischer Land- und Gartenbau* (Band II). Darmstadt, Verlag Lebendige Erde, 1973, S. 178.
9 Pfeiffer, Ehrenfried, op. cit. (1977), S. 54–5.

X Kosmische Einflüsse

1 Golowin, Sergius: *Götter der Atomzeit*. Bern. Morzsinay Verlag, 1980.
2 Callahan, Philip: *Insekts and how they Function*. New York, Holiday House, Publ. 1971, Kap. 10.
3 Wachsmuth, Günther: *Erde und Mensch*. Kreuzlingen – Zürich, Archemides Verlag, 1945, Kap. VI.
4 Troll, Wilhelm: *Allgemeine Botanik*. Stuttgart, Ferdinand Enke Verlag, 1959, S. 766.
5 Brown, Frank A.: »Hypothesis of Environmental Timing of the Clock.« in: *The Biological Clock*. New York, Academic Press, 1970, S. 32.
6 Ostrander, Sheila, et al: *Psychic Discoveries Behind the Iron Curtain*. New York, Bantam Books, 1973.
7 Huntington, Ellsworth: *Mainsprings of Civilization*. New York, Mentor Books, 1962, S. 459.
8 Wolber, G., et al: »Samenjahre der Rotbuche und Planetenstellung im Tierkreis«. in: *Sternenkalender 1973–4*, Goetheanum, Dornach (Schweiz).
9 Adams, George: *The Plant Between Sun and Earth*. Strourbridge, England, 1952.
10 Schulz, Joachim: »Die Blattstellung im Pflanzenreich als Ausdruck kosmischer Gesetzmäßigkeiten«. in: *Goethe in unserer Zeit*. Dornach – Basel. Günther Wachsmuth (Hrsg.), Hyberia Verlag, 1949, S. 95.
11 Kranich, Ernst Michael: *Die Formensprache der Pflanzen*. Stuttgart, Verlag Freies Geistesleben, 1976.
12 Der *Sternenkalender* vom Philosophisch-Anthroposophischen Verlag am Goetheanum Dornach, Schweiz, erscheint jährlich von Ostern zu Ostern.
13 Grobrich, R. F.: »Ancient Indian Cosmology« in *Ancient Cosmologies*. London, Blacker and Loewe ed., George Allen & Unwin Ltd. 1975, S. 121.
14 Jeavons, John: *How to Grow More Vegetables*. Palo Alto, California, Ecology Action of the Midpeninsula, 1974.
15 Thun, M., und Heinze, H.: *Anbauversuche über Zusammenhänge zwischen Mondstellung im Tierkreis und Kulturpflanzen*. Darmstadt, Forschungsring für bio-dynamische Wirtschaftsweise, 1973.
16 Abele, Ulf: Vergleichende Untersuchungen zum konventionellen und biologisch-dynamischen Pflanzenbau unter besonderer Berücksichtigung von Saatzeiten und Entitäten. Diss. U. Giessen, 1973.
17 Thun, Maria: *Aussaattage*, Biedenkopf/Lahn, Verlag Aussaattage.
18 Tompkins, P., et al: op. cit. Kap. 1 u. 2.
19 Hauser, op. cit. (1973), S. 345.
20 Steiner, op. cit. (1975) S. 155 f.
21 Thun, Maria: *Aussaattage* 1979, S. 21.

XI Wind und Wetter: Die atmosphärischen Faktoren

1 Redaktion der Time-Life Bücher: *Das Wetter.* Hamburg, Rowohlt Taschenbücher Verl. GmbH, 1970, S. 151 f.
2 Gotthelf, Jeremias: *Uli, der Pächter.* Basel, Diogenes Taschenbuch, 1978.
3 Schwarze, Achim: *Grüner Zweig* 48, Gartenbau. Löhrbach, Die Grüne Kraft, Werner Pieper (Hrsg.), S. 18.
4 Pfeiffer, op. cit. (1977), S. 145.

XII Kompost und Jauche

1 Müller-Sternberg, R.: *Die Dämonen.* Bremen, 1964, S. 142.
2 King, F. C.: *Farmers of Forty Centuries.* London, Jonathan Cape Publ., 1933, S. 212.
3 Hauser, op. cit. (1973), S. 64.
4 Pfeiffer, op. cit. (1977), S. 94.
5 Schwarze, op. cit.
6 Remer, op. cit.
7 Harris, Marvin: *Cows, Pigs, Wars, and Witches.* New York, Vintage Books, 1975, S. 19.
8 *Comfrey, Was ist das?*, Abtei Fulda, 1972.
9 Hollerbach, Elisabeth und Karl: *Kraut und Unkraut zum Kochen und Heilen.* Haldenwang, Verlag Irisiana, 1979, S. 405.
10 Rodale, I. J., ed.: *The Complete Book of Composting.* Emmaus, Pennsylvania, Rodale Books Inc., 1975, S. 90 ff.
11 Strube, op. cit., S. 85.
12 Jung, Carl Gustav: *Psychologie und Alchimie.* Olten und Freiburg Br., Walter Verlag, 1976, S. 301–2.
13 ebd., S. 276.
14 King, op. cit. S. 19.
15 ebd., S. 257.
16 The Findhorn Community: *The Finhorn Garden.* New York, Harper & Row 1975, S. 15.
17 Todd, John: »Ehrfürchtiger Umgang mit der Natur.« in: *Durchblick* Nr. 4, Herbst 1979, Stuttgart, S. 36.
18 Todd, John: »A Modest Proposal: Science for the People.« in: *Radical Agriculture.* New York, Richard Merrill ed., Hrper & Row Publ., 1976, S. 272.
19 Golueke, Clarence G.: *Biological Reclamation of Solid Wastes.* Emmaus, Pa., Rodale Press, 1977, S. 106.

XIII Pflanzengemeinschaften, Fruchtfolgen und Unkräuter

1 Weitere Quellen, in denen Pflanzengemeinschaften angegeben werden:
Pfeiffer, E.: *Fruchtbarkeit der Erde.* Dornach/Schweiz, Rudolf Geering Verl., 1977.
Philbrick, H. et al: *Companion Plants.* Devin-Adair Co., N. Y., 1966.
Riotte, L.: *Companion Planting for Successful Gardening.* Charlotte, Vermont, Garden Way Publ., 1975.
Rateaver, Bargyla: *The Organic Method Primer,* Pauma Valley, California, 1973.
Jeavons, John: *How to Grow more Vegetables.* Palo Alto, California, Ecology Action of the Midpeninsula, 1974.

2 Coccannouer, Joseph: *Weeds, Guardians of the Soil*, New York, Devin Adair Co., 1964.
3 Geertz, Clifford: »Two Types of Ecosystems« in: *Environment and Cultural Behavior*, A. P. Vayda ed. Garden City, N. Y., Natural History Press, 1969, S. 14.
4 Rappaport, Roy: »The Flow of Energy in an Agricultural Society.« Scientific American, 225, Sept. 1971, S. 121.
5 Anderson, Edgar: *Plants, Man and Life*. Boston, Little, Brown & Co., 1952, S. 137.
6 ibid, S. 140.
7 Jeavons, op. cit.
8 Frank, G.: *Gesundheit durch Mischkultur*. Langenburg, Verl. Boden und Gesundheit.
9 Pfeiffer, E., und Riese, E.: *Der Erfreuliche Pflanzgarten*. Dornach (Schweiz) Rudolf Geering Verlag, 1977, S. 53 ff.
10 Pfeiffer, op. cit. (1977), S. 149.
11 Kreeb, K.: *Oekophysiologie der Pflanzen*. Jena, VEB Gustav Fischer Verlag, 1974, S. 20.
12 Castaneda, Carlos: *Die Lehre des Don Juan: Ein Yaqui-Weg des Wissens*. Frankfurt am Main, Fischer Taschenbuchverlag, 1973.
13 Storl, W. D.: *Shamanism among Americans of European Origin*. Bern, Diss. U. Bern, 1974, S. 59.
14 Hauser, op. cit. (1976), S. 171.
15 Schwarze, op. cit., S. 47.
16 Spencer, Edwin: *All About Weeds*. New York, Dover Publ. Co., 1974, S. 83.
17 Koxloff, Eugene: *Plants and Animals of the Pacific Northwest*. Seattle, University of Washington Press, 1976 S. 184.
18 Janick, Jules: *Horticultural Science*. San Francisco, W. H. Freeman & Co., 1963, S. 259.
19 Thun, Maria: Aussaattage 1979, S. 21.
20 Daubenmire, Rexford: *Plant Communities*. New York, Harper & Row Publ., 1968, S. 170.
21 Cocannouer, op. cit.
22 Rodale, Robert: »Making Enemies into Friends.« Organic Gardening and Farming Magazine, Febr. 1977, S. 58.
23 Rateaver, op. cit., S. 91.
24 Hollerbach, op. cit.
25 Glob, P. V.: *The Bog People*. New York, Ballantine Books, 1975.

XIV Insekten und andere kleine Biester

1 Dethier, V. G.: *Man's Plague: Insects and Agriculture*. Princeton, New Jersey, Darwin Press, Inc. 1976, S. 86.
2 Life Nature Library: *The Insects*. New York, Time/Life Books, 1968, S. 108.
3 Dethier, op. cit., S. 73.
4 ebd S. 73.
5 Storl, op. cit. (1974), S. 112.
6 Hauser, op. cit. (1973), S. 407–8.
7 Frazer, Sir James: *The Golden Bough*. New York, MacMillan Co., 1951, S. 614–16.
8 Dethier, op. cit., S. 105.
9 ebd., S. 106.
10 Rodale, Robert: *Organic Plant Protection*. Emmaus Pennsylvania, Rodale Press, 1974, S. 56.
11 Huntington, op. cit., S. 461.

12 Lindholm, D.: *Wie die Sterne entstanden.* Stuttgart, Verl. Freies Geistesleben, 1973, S. 24.
13 Dethier, op. cit., S. 119.
14 Rodale, op. cit. (1974), S. 22.
15 ebd., S. 26.
16 Dethier, op. cit., S. 119.
17 Hylton, William: »The Companionable Herbs.« in: *The Rodale Herb Book*, R. Rodale ed., Emmaus, Pa., Rodale Press, 1974, S. 254.
18 Palissa, op. cit., S. 156.
19 Pfeiffer, op. cit. (1977), S. 153–4.
20 Steiner, op. cit. (1975), S. 160 ff.
21 Ravenscroft, Trevor: *The Spear of Destiny.* New York. G. P. Putnam's & Sons 1973, S. 325 f.
22 Pfeiffer, Martin W: *Die Landwirtschaftliche Individualität – ein Bild des Menschen.* Schloss Hamborn, 4791 Borchen 3, Selbstverlag Martin Pfeiffer, 1975, S. 36 ff.

XV Der Gartenkalender

1 Plog, et al., op. cit., S. 128.

XVI Präparate, Tinkturen und Elixiere

1 Kekaly, Aloys: »Der goldene Pflug«, Implosion – Biotechnische Schriftenreihe, Nr. 54/55, 1974, S. 44.
2 Steiner, op. cit. (1975), S. 131.
3 Flanagan, Pat: *Pyramid Power.* New York, Davores Co., 1973.
4 Ostrander et al, op. cit., Kap. 27.
5 Zedler, H. J.: *Grosses vollständiges Universal-Lexicon aller Wissenschaften und Künste etc.* Leipzig/Halle, 1732–54, Band 23, S. 778.
6 König, Karl: *On the Sheaths of the Preparations.* Glencraig, England, Glencraig Printery, Reprint 1968.
7 Steiner, op. cit. (1975), S. 201.
8 Wortmann, op. cit., S. 183 ff.
9 Pfeiffer, op. cit. (1977), S. 165.
10 Boly, William: »Sweet Dioxin« Oregon Times Magazine, Sept. 1977, S. 39.
11 Basold, Anselm: »Beitrag zum Verständnis des Potenzierungsprozesses in der Heilmittelbereitung auf Grund einer geisteswissenschaftlichen Betrachtungsweise.« in: *Anthroposophie und Medizin*, Philos.-Anthrop. Verlag, Dornach 1963, S. 58.
12 Schwenk, Theodor, op. cit. (1976): ‚Grundlagen der Potenzforschung« (1972) u. »Wasserrettung und Wassernot« in: *Soziale Hygiene* (1973), Stuttgart, Verlag Freies Geistesleben.
13 Culpeper, Nicholas: *Compleat Method of Physic whereby a man may reserve his body in health; or oure himself being sick, for three-pence charge, with such things onely as grow in England, being most fit for English bodies.* (1649). reprint as *Culpepers Complete Herbal*, London, Foulsham & Co., Ltd.
14 Lievegoed, C. B. J.: *The Working of the Planets and the Life Processes in Man and Earth.* Broome Farm, Clent, Strourbridge, Worcs., 1972.
15 Finsterlin, Hellmut: »Oshawa in Deutschland«, Durchblick. Stuttgart, Michael Ladwein, (Hrsg.), Nr. 4, Herbst 1979, S. 25.

16 Surya, G. W.: *Die verborgenen Heilkräfte der Pflanzen.* Freiburg im Br., Hermann Bauer Verlag, 1978.
17 Liebegoed, op. cit., S. 31.
18 König, op. cit., 4. Vortrag, S. 4–5.
19 Hartmann, op. cit., S. 174.
20 Basold, op. cit., S. 75.
21 Surya, op. cit., S. 85.
22 ebd., S. 100.

XVII Gartenprodukte als Nahrungsmittel

1 Pfeiffer, Ehrenfried, im Vorwort zu R. Steiners *Agriculture*, London, BD Agricultural Association, 1974, S. 7.
2 Löckle, Werner E.: *Bewußte Ernährung und gesunde Lebensführung.* Freiburg im Br., Verlag die Kommenden, 1970, S. 105.
3 Holenstein, Anne-Marie: *Zerstörung durch Überfluß.* Basel, Z-Verlag, 1978, S. 7 f.
4 Stauffer, Manfred: *Gemüsebau für Gemeinschaften.* Dornach (Schweiz), Rudolf Geering Verlag, 1979.
5 Storl, op. cit. (1980).

XVIII Vererbung, Samen und Saatgut

1 Clark, Wilson: »US Agriculture is growing Trouble as well as Crops.« Smithonian, Jan. 1975, S. 64.
2 Gilstrap, Marguerite: *Seeds.* 1961 Yearbook of Agriculture. USDA. Washington, D. C., S. 26.
3 Albrecht, William A.: *The Albrecht Papers.* Raytown, Missouri, Charles Walters, ed. Acres – USA, 1975, S. 253.
4 ebd., S. 374.
5 Howard, op. cit., S. 10–11.
6 Steiner, op. cit. (1975), S. 175 ff.
7 Dobzhansky, Theodosius: »On Genetics and Politics« in *Heredity and Society*, New York, S. Bear ed., Macmillan Co., 1973, S. 31.
8 Koestler, Arthur: *The Case of the Midlife Toad.* New York, Vintage Books, 1973 S. 130 ff.
9 ebd., S. 131.
10 Koestler, Arthur: *The Ghost in the Machine.* New York, Macmillan Co., 1967, S. 127.
11 Thompkins et al, op. cit., S. 125 ff.
12 ebd., S. 132.
13 Stauffer op. cit.; Schwarze, op. cit.
14 Pfeiffer, op. cit. (1977), S. 195.

Nachwort

1 Storl, W. D.: *Culture and Horticulture.* Wyoming, Rhode Island, Bio-Dynamic Literature, 1979, S. 378 ff.
2 Schönauer, Gerhard: *Zurück zum Leben auf dem Lande.* München, Wilhelm Goldmann Verlag, 1979, S. 33.

Register